소련 반체제운동 연구

소련 반체제운동 연구

趙政男 著

한국학술정보[주]

* 이 책은 1983년 도서출판 대왕사에서 펴낸 『蘇聯反體制論』을 저자와의 협의하에 재교정을 거쳐 새롭게 펴낸 것입니다.

머 리 말

　어떠한 정치체제이든 그 체제는 나름대로의 실상과 허상을 동시에 견지하고 있음은 주지의 사실이다. 이렇듯 각 체제가 내포하고 있는 실상과 허상을 각기 그들 체제의 '현실'과 '명분'이라고 하여도 좋다. 따라서 특정의 정치체제를 보다 효과적으로 분석하기 위해서는 그들 체제가 공식적으로 내세우고 있는 각종 '명분'들의 파악에서보다는 그들이 감추려고 하고, 의도적으로 은폐하고, 왜곡하려고 하는 명목 뒤의 '현실'을 통한 그들 체제 실상의 파악이 더 한층 절실한 것이다. 특별히 그 분석의 대상이 극도의 이데올로기 정치집단인 공산주의 국가의 경우, 그들 체제의 실상과 허상 간의 거리는 한층 더 현격한 것이 사실이며, 이에 더하여 그들 체제의 명확한 실상 파악은 고도로 조작되고 왜곡된 그들 체제의 이데올로기 집착성 때문에 더 한층 현실적인 장에 부딪칠 수밖에 없다.

　공산주의체제는 경직된 이데올로기적인 특성을 강하게 견지하고 있는 것이며 이러한 공산체제 특유의 이데올로기적인 경직성은 그들 지배체제의 타당성을 교묘한 논리조작을 통하여 정당화시켜 나가고 있는 것이 그 특징이다. 따라서 그들 체제에 대한 객관적인 자료의 수집이나 공식적인 발표문을 통하여 우리가 파악할 수 있는 그들 공산체제의 현실이라는 것은 오직 그들 체제의 허상의 영역을 좀처럼 뛰어넘을 수 없는 한계성을 가진다. 바로 이 같은 점에서 공산권연구의 곤란성이 존재하는 것이며, 또한 이러한 장애를 극복할 수 있는 방법만이 보다 정확한 공산체제의 이해와 분석을 위한 하나의 결정적인 관건일 수 있다.

공산체제 내의 반체제적 경향의 각종 비공식, 불법 지하간행물들을 종합 분석하는 것이 그들 체제의 실상을 파악하는 것보다 유용한 접근방법일 수 있으며, 나아가 소련의 반체제운동 자체의 분석을 통하여 공산체제 소련의 현실을 보다 적나라하게 파헤칠 수 있을 것이라는 필자의 의도 또한 나름대로 유용할 수 있을 것이다. 공산세계에서 불법으로 유출된 각종 반체제작품들과 그들 국내에서 불법적으로 은밀하게 유통되고 있는 각종 지하간행물들을 통한 반체제운동 자체의 성격과 내용을 규명하는 작업은 다른 어떠한 분석, 접근 방법 못지않게 그들 체제의 실상을 유추하는 실질적인 효과를 기대할 수 있기 때문이다.

소련을 비롯한 공산권 일원에서 야기되고 있는 체제저항 운동 즉 반체제운동(dissent movement)이라는 것이 보편적이며 내용상의 일관성을 견지하고 있는 활동이 아니며, 이는 아직까지도 개별 운동가들의 주관들이 서로 대입되어 있고 그들의 활동 내용도 각양각색의 다양성을 노출시키고 있을 뿐 아니라 그들 반체제적 경향성 또한 전체적인 면에서 보면 극히 미미한 일부의 활동과 경향에 국한된 성격의 것으로 파악될 수밖에 없다. 때문에 이러한 반체제운동 분석을 통한 체제 분석의 접근법에 그 한계성이 어느 정도 내포되고 있는 것도 사실이다. 그러나 이러한 갖가지의 현실적인 한계성은 논리적인 개념조작의 수단을 통하여 어느 정도 극복시킬 수 있는 것이며, 그들 반체제운동의 양적인 제한성 또한 그들의 세력이 각계각층에 고루 분산되어 있다는 사실에서 어느 정도 전체 국민 내지 전체사회와의 연계성을 찾아낼 수 있다. 따라서 이같이 현실적으로 반체제운동을 통한 체제 분석이 내포하고 있는 한계성은 상당 부분 극복될 수 있다.

무릇 갈등 현상이 전제되지 않은 정치현상, 정치체제란 존재할 수 없는 것이며, 이러한 명제는 그 정치체제가 이러한 기존 갈등의 본질적인 해결을 가장 주요한 이슈로 내걸면서 그 성립을 본 공산주의 정치체제의 대표적인 례인 소련의 경우에서도 예외일 수 없다는 것이 이 책의 기본적인 가열이며, 이러한 가열을 논리적으로 검증하는 수단의 하나로 소련의 반체제활동에 그 초점을 맞췄다. 따라서 이 책에서는 이 같은 가열의 검증수단으로 채택한 소련 반체제운동의 분석을 통하여 ① 소비에트체제(Soviet system)의 구조적 속성, ② '마르크스-레닌'주의 정치이데올로기의 실체, ③ 소련 반체제운동의 실질적인 의미 등과 같은 보다 구체적인 문제의 해답을 구해 보려고 노력하였다. 또 그 분석의 대상으로 주로 1960년대 말부터 현재에 이르는 소련 반체제운동을 특히 이 운동 가운데서도 반체제운동가들이 견지하고 있는 이데올로기적인 측면을 중점적으로 밝혀보려 하였다. 이 책은 그 구성에 있어 전체를 7개장으로 나눠 체계적인 분석을 기하려 하였는데 각 장별 내용 구성은 다음과 같다.

제1장: 책의 서론에 해당하는 부분으로 여기에서는 주로 반체제운동에 대한 관계학자들의 개념정의를 소개하고 필자 나름대로의 이에 대한 개념조작을 통하여 소련에서의 인권운동과 반체제운동의 상관관계를 살펴보았다.

또한 소련에서의 시대별 반체제운동의 발전단계를 설정, 반체제운동의 변화상을 살피고 이어 다기한 형태로 나타나고 있는 이 운동을 유형별로 분유, 각 유형의 특징과 경향성을 요약 정리하였다.

제2장: '반체제운동 형성 배경'에서는 현재의 소련 반체제운동의 생성에 제정러시아의 정치문화적인 유산과 현존하는 소련체제의 구조적인 갈등이 각각 그 주요한 자극제가 되었다고 보아, 이 같은 러시아적인 특수상황이 반체세운동 형성에 미친 영향을 고려하였다.

먼저, 제정러시아의 정치문화적 환경이 오늘날의 다양한 사상성을 가진 소련 반체제운동 형성의 정신적인 뒷받침이 되고 있다는 사실에 착안, 제정 당시의 공식적인 통치이념과 이에 반하여 일어났던 서구주의, 슬라브주의, 무정부주의, 인민주의 등의 자생적이고 체제비판적인 대항이데올로기들의 이념적인 특색과 또한 이러한 이데올로기의 실질적인 주도자들에 대한 간략한 경향성도 함께 다루려 하였다.

'소련체제의 구조적인 갈등'이 또한 소련 반체제운동에 결정적인 영향을 미쳤다고 보고, 이러한 소련체제의 구조적인 갈등은 이를 정치제도적 측면과 사회구조적인 측면, 관료제의 문제, 정치문화적 측면 등의 4개 분야로 나눠 기술하였다. 또한 정치이념적 갈등과 민족문제 및 종교문제 또한 독특한 문제점을 제기하고 있어 이 문제들이 소련 반체제운동의 주요한 배경일 수 있기 때문에 본서에서는 별도의 절로 이 문제들을 다루었다.

제3장: '반체제운동과 지하간행물'에서는 소련 반체제운동의 실질적인 매체이자 가장 주요한 이 운동전파수단의 하나로 등장하고 있는 소련의 'Samizdat'(지하간행물)와 'Magnitizdat'(지하녹음테이프)에 대하여 중점적으로 언급하고 이 밖에도 여러 반체제활동 전파수단에 대해서도 고찰하였다.

제4장: '반체제론자들의 이념지향성'에서는 소련 반체제운동가들 중에서 특히 국내외를 통하여 그 명성이 널리 알려진 여섯 사람, 즉 아말리크, 솔제니친, 사하로프, 메데제프, 튜리친, 시냡스키 등을 선정, 그들의 구체적인 반체제적 시각과 이데올로기적인 경향성을 살폈고 이들 반체제론자들의 이데올로기적인 경향성을 살피는데 있어 그들의 논문이나 저술 등을 별다른 평가나 분석 없이 그대로 요약하는 데 치중하였다.

제5장: '반체제운동의 유형별 분유'에 있어서는 소련의 반체제운동을 편의상 '마르크스-레닌주의 유형', '사회주의적 유형', '민주주의적 유형', '민족종교적인 유형' 등의 네 가지 유형으로 나누어 이들 각 유형들의 현실관과 반체제적 경향성 및 이데올로기적인 지향성을 분석하려 하였다.

그리고 각 유형별로 그 유형의 대표적인 반체제작품들과 함께 그 주도적인 반체제운동가를 소개함으로써 그들 유형별 특징을 보다 구체화하려 했다.

제6장: 소련 당국의 반체제운동에 대한 대책을 구체적으로 살펴보려 하였다.

먼저 소련 당국의 반체제운동에 대한 탄압정책의 경과를 개괄하고 이어서 보다 구체적으로 이들 소련 당국이 동원하고 있는 각종 탄압정책을 형태별로 나누어 언급하였다.

제7장: 이 책의 결론에 해당하는 장으로 여기서는 지금까지 분석된 소련 반체제운동 과정을 요약하여 오늘날의 소련 현실과 반체제운동의 성격변화를 검토하고 이러한 맥락하에서 반체제운동이 소련체제에 미치는 영향과 함께 그 운동 자체의 장내를 나름대로 전망하였다.

이상과 같은 구성으로 반체제운동이라는 정치현상을 통하여 오늘날의 소련이 당면하고 있는 이데올로기적인 갈등을 분석하려는 데 그 목적을 둔 본서는 그러한 분석과정에서 될 수 있는 대로 필자의 주관을 멀리하고, 있는 그대로의 현상을 객관적으로 파악하려 하였으며, 따라서 이들 운동의 전반적인 면이나 개별 반체제론자들의 주장에서도 이에 대한 가치판단은 의도적으로 유보시키려고 노력하였다. 이는 보다 객관적 자세를 견지함으로써 적나라한 그들 운동의 실상을 간파할 수 있을 것이라는 필자 나름의 판단에 따른 것이다.

끝으로 반체제운동이라고 하는 극히 단편적이며, 다기한 경향성의 추적을 통하여 소련체제를 분석하려는 시도는 필자와 같은 초학자들에게는 너무나 벅찬 일이다. 나름대로의 정리를 끝내고 나서 느끼는 솔직한 심정은 불만과 부끄러움뿐이다. 그동안 이 저작을 위해서 저를 편달해 주신 은사님들과 주위의 여러 동학들에게도 이 지면을 빌어 감사한 마음과 송구스러운 마음을 함께 전하면서 더욱 정진할 것을 다짐한다.

-조부님의 크신 교훈을 되새기며-

1983년 새봄

차 례

제3장 반체제운동의 매체

제4장 반체제론자들의 이념지향성

제5장 반체제운동의 유형별 분석

제6장 소련의 반체제운동 대책

제7장 반체제운동의 전망

제1장 반체제운동의 본질

제1장 반체제운동의 본질

I. 반체제운동의 개념

공산주의 정치체제는 마르크스-레닌주의 통치이념 구조에서 이른바 공산주의 이상사회 건설의 목표를 지향하고 있는 이데올로기체제로 이를 규정할 수 있다. 공산체제 내에서는 그들이 궁극적인 목표로 설정하고 있는 이데올로기적인 이상과 이와는 크게 상치되는 현실상황과의 사이에는 항시 커다란 괴리현상이 노출되지 않을 수 없다. 따라서 공산체제 내의 지식인 사회에서 이같은 그들 체제의 이상과 현실 간의 괴리현상에 그들 지식인들의 관심이 집중되고 있음은 필연적인 현상일 수밖에 없을 것이다. 어떤 이는 이 같은 괴리현상을 그들 체제가 혁명 이래로 견지하고 있는 이데올로기적인 설계, 즉 마르크스-레닌주의 이데올로기의 잘못에 그 원인을 돌리기도 하는가 하면 또다른 부유의 식자층은 그들의 현실적인 체제 자체가 갖고 있는 구조적인 병폐 때문이라고 보기도 한다.

소련을 비롯한 공산체제 일원에서 그들 체제가 내포하고 있는 이 같은 이데올로기적이거나 체제적 모순에서 야기되고 있는 잡다한 이데올로기 정화운동, 체제비판운동 등을 통칭하여 일반적으로 'dissent', 'dissident movement'로 서구학자들은 이를 개념화하고 있으며 우리는 이를 '반체제운동'으로 번역 사용하고 있다. 그러나 여기서 말하는 'dissent', 'dissident' 혹은 'dissent movement', 'dissident activity' 등의 개념은 정치학적인 측면에서 볼 때 'opposition movement', 즉 '반대운동'과는 그 성격과 내용을 달리하는 개념으로 파악하는 것이 일반적인 관점이다. 물론 광의로 이들 개념을 해석할 경우 모든 '정치적 반대(political opposition)'의 개념 속에는 여기서 말하는 정치적 'dissent'의 내용까지도 포함될 수 있으며 또한 모든 'political dissent' 속에는 '정치적 반대(political opposition)' 개념 또한 명백하게 포함되고 있는 것은 사실이나, 그렇다고 하여 이들 'dissent'와 'opposition'의 두 개념을 구체적인 측면으로 이를 파악할 때 동일시할 수는 없는 것이다.

'정치적 반대'라는 개념은 엄격하게 말해 일반적으로 정치적 권력을 획득하려는 신념과 이러한 신념을 구체화하려는 실천계획을 세우고 있는 정치적인 운동으로 널리 이해되고 있다.[1] 소련에서의 이상과 같은 정치적 반대운동의 구체적인 예는 1960년대 말에 있었던 중국의 지원을 받은 이른바 '마르크스-레닌당 재건투쟁위원회(Fighters' Committee for the Reestablishment of a Marxist-Leninist Party in the Soviet Union)'의 활동 등에서 찾아 볼 수 있으며, 이는 당시에 소련을 통치하던 소련공산당(CPSU)의 지도층을 무자비하게 전복시키고 이에 대체하는 새로운 당지도체제를 형성시키려 하였던 일종의 혁명기도 사건이었다.[2] 이 밖에도 군부의 지원을 받았던 '보나

1) Barghoorn은 소련에서의 정치적 반대를 다음과 같이 정의한다. "the persistent-and from the official point of view-objectionable advocacy of policies differing from or contrary to those which the dominant groups in the Supreme CPSU control and decision making bodies……adopt." in Frederick C. Barghoorn, "Soviet Political Doctrine and the Problem of Opposition." *Bucknell Review*, XII, 2(May, 1964), p.3.
2) *Studies in Comparative Communism*, II, I (January, 1969), pp.125~128.

팔트기도(Bonapartist military coup)'나 또는 소수민족 엘리트들에 의하여 기도되고 있는 'Ukrainians'와 같은 과격한 민족분이주의자들의 행동 등이 소련에서의 '정치적 반대' 운동의 대표적인 예로 들 수 있다.

이상과 같이 소련정치체제에서의 '정치적 반대' 운동이라는 것은 궁극적인 체제 거부적 변화를 전제로 하는 혁명적 성격의 정치운동으로 이를 파악할 수 있다. 이에 반하여 '반체제운동(dissent movement)'이라는 개념은 전기한 '정치적 반대', 즉 체제전복을 통한 새로운 정치권력구조의 형성 등과 같은 과격한 정치적 목적을 그 개념 속에서 완전하게 배제할 수는 없지만, '반체제운동', 즉 'dissent movement'의 현실적이며 주된 속성은 체제전복을 전제로 하는 정치적 반대운동과는 거리가 있는 '체제개량', '체제민주화', '인권운동' 등에 이 운동은 초점을 맞춘 것이라는 점이 전문학자들의 공통된 견해인 것 같다.

'반체제' 혹은 '반체제운동'의 개념 규정에 있어 퇴케스(Rudolf L. Tökés) 교수는 이를 정권전복과는 분명히 구별한다.

> 그들의 문서와 같은 물적 자요에 따르면 반체제인사(dissenter)들 혹은 반체제운동(dissent movement)은 권력에 대한 직접적인 목적은 없다고 파악할 수 있다. …… 따라서 이들 반체제의 특성은 과격한 정권전복을 기도하는 지하세력들의 그것과는 구별된다고 볼 수 있다.[3]

베아미쉬(Tufton Beamish)의 하들리(Guy Hadley) 교수도 이와 유사한 입장에서 이를 파악한다.

> 이들 공산주의 국가들에서의 반체제인사들은 공산주의의 지배에 대한 파괴를 목적으로 한다기보다는 인권문제의 개선을 비롯, 그들 공산주의 명문헌법 UN 헌

---

3) Rudolf L. Tökés, "Dissent: The politics for change in the USSR," in Henry W. Morton and Rudolf L. Tökés(ed.), *Soviet Politics and Society in the 1970's New York*, (The Free Press, 1974), p.10.

장 헬싱키 협정 등과 같은 국내적인 제 규약의 철저한 이행을 촉구하고 있다고 볼 수 있다.4)

한편 로스베르그(Abraham Rothberg) 교수는 사회주의적 경향으로 이를 다음과 같이 파악한다.

> 대부분의 반체제운동가들이나 자유주의자들은 소련헌법을 폐기하는 것이 아니라 그것을 개선(reform)하고 그것에 보다 인도주의적 정신이 부여되기를 바란다. 그들은 또한 자본주의로의 전환(return to capitalism)을 바라지도 않으며 그들이 원한다고 하여 그 같은 전환이 실제 가능할 수 있다고도 믿지 않는다. 그들이 바라는 것은 강제와 독단적이며, 기만과 계급 갈등과 민족적 적대 관계가 누적된 부의로 특정되고 있는 소비에트 체제를 정의와 평등과 형제애와 예절이 충만한 새로운 사회주의(socialism)로 만드는 것이다.5)

메이어(Alfred G. Meyer) 교수는 소련 '반체제운동'의 주요한 물적 자료로 등장하고 있는 'Samizdat(소련의 불법 지하간행물의 총칭)'의 분석을 통하여 이 운동의 성향을 크게 '합리성에 대한 이견(competing conceptions of rationality)'과 '도덕성에 대한 이견(competing conception of morality)'의 두 가지로 이를 요약한다.6) 그는 현존의 권위에 대한 '합리성'과 '도덕성' 시비를 그 주된 내용으로 하는 소련의 '반체제운동'은 그것이 기존체제의 전복을 통한 권력획득을 목적으로 하는 '반대운동'과는 엄격한 의미에서 차이를 보인다는 것이다. 따라서 이는 소련 공산당 지도층의 시대감각과 상치되는 권위주의적 지배의 비합리성과 비도덕성을 개량시키는 일종의 '정치적

---

4) Tufton Beamish & Guy Hadley, *The Kremlin's Dilemma: The Struggle for Human Rights in Eastern Europe* (Qollins and Harvill Press, 1979), p.12.

5) Abraham Rothberg, *The Heirs of Stalin: Dissidence and the Soviet Regime 1955~1970* (Cornell University Press, 1972), pp.276~377.

6) Rudolf L. Tökes, op. cit., p.10.

개량운동(political reform movement)'으로 이를 파악하려 하고 있다.[7]

그리고 그는 이러한 '합리성'과 '도덕성'의 회복에 주안을 둔 정치적 개량운동으로서의 소련의 '반체제운동'은 그들 체제의 구조적이거나 행정적 혹은 정치적인 개량을 통하여 그들의 목적을 달성하려 하든지 혹은 그들 체제의 이념적인 정화(ideological purification)나 문화적인 근대화(cultural moderization) 또는 종래까지 과학적으로 증명할 수 없었던 규범적인 사고의식을 경험적이고 비이념적이며 과학적으로 이를 증명할 수 있는 새로운 가치체계로 이를 대체하려 하는 것과 같은 보다 구체적인 운동목표를 설정하고 있다는 것이다.[8]

이상에서, 소련에서 일어나고 있는 체제비판운동을 '반대운동'과 '반체제운동'으로 분리하여 파악하고 있는 서구학자들의 견해를 살폈다. 그러나 전기한 인용문에서도 보는 바와 같이 이들 학자들의 분명한 개념 분리에도 불구하고 실제적인 문제에 있어서 두 개념의 차이는 그 운동의 정도의 문제에 국한된 것이며 본질적인 운동의 내용이나 성격 자체를 엄밀하게 분리하여 파악한다는 것은 거의 불가능할지도 모른다. 다시 말해 '체제전복'을 그 주된 내용으로 관계학자들이 파악하고 있는 '반대운동(opposition movement)'이나 그의 합리성과 도덕성의 시비를 통한 '체제개량'을 그 주된 내용으로 파악하고 있는 '반체제운동(dissent movement)'의 실질적인 경계수준(boundary level)을 공산권내에서는 명확하게 설정할 수는 없는 것이기 때문에 두 개념의 분리 파악 자체에 커다란 의미를 부여할 수는 없다.

이러한 논리에서 '체제전복', '체제개량'을 각기 그 목적으로 분리되고 있는 '반대운동'과 '반체제운동'을 하나의 포괄개념인 '반체제운동'으로 단일화시키는 데 별다른 무리가 없을 것이다. 이 같은 개념조작은 소련 반체제운동가의 한

---

7) Alfred J. Meyer, "Authority in Communist Political System," in Lewis J. Edinger(ed.), *Political Leadership Industrialized Societies(1967)*, *p.84.*
8) *Ibid.*

사람인 메데베제프(Roy Medvedev)의 '반체제(dissent)'의 정의를 통해서
도 그 타당성이 인정될 수 있다고 본다.

> 반체제인사(dissident)들을 나는 소련(Soviet Union) 체제를 포함한 모든
> 사회영역의 이데올로기적이거나, 정치적이거나, 경제 혹은 정신적인 기반에
> 대하여 어느 정도 이의를 가지고 있는 사람들로 파악하고자 한다.9)

포괄적인 단일개념으로 조작된 소련에서의 '반체제운동'은 그 속성으로 보
아 '체제전복'을 겨냥한 극단적인 '반대운동'적인 면이 완전하게 배제되고 있
지 않은 것이 사실이긴 하나 이 '반체제운동'의 주된 내용상의 속성은 역시
'체제개량'을 겨냥한 이견의 표출(articulation)로 파악될 수 있다. 이러한
개념규정하에서 본서에서 다루려는 소련 '반체제운동'의 본질상의 속성을 보
다 구체화하면 다음 몇 가지로 이를 요약할 수 있을 것이다.

첫째, 소련의 반체제운동은 현존하는 소련체제와 그들의 공식이데올로기인
'마르크스-레닌'주의의 비합리성을 가장 분명하게 지적하고 있다고 볼 수 있다.
반체제운동이 표면적으로는 전기한 바와 같은 소극적인 체제개량운동, 인권운
동의 범주를 벗어나고 있는 것은 아니다. 그러나 이러한 점은 공산체제 소련
이라는 특수한 상황에서 본격적인 체제비판, 체제반대운동 등의 정치적인 반
대운동이 표면화될 수 없는 여건을 감안해서 볼 때 커다란 의의를 지닐 수 있
는 것이다.

따라서 공산체제 소련에서 소극적이긴 하나 반체제운동이 현실화되고 있다
는 사실 자체는 곧 소련의 정치체제 내지는 그들의 통치이념인 '마르크스-레
닌'주의가 가지는 갖가지 비현실성과 불합리성에 대한 지식인들의 인식이 확
대되고 있음을 말한다. 따라서 반체제운동이 가지는 이 같은 소련체제와 그
들의 정치이데올로기에 대한 한계성의 지적은 전체 반체제운동가의 공통된

---

9) Roy Medvedev, *On Soviet Dissent*(Columbia University Press, 1980), p.1.

인식이자, 그들의 반체제적 경향의 출발점이기도 하다.

둘째, 반체제운동 자체는 일반적인 체제유지 과정에서 나타나고 있는 체제유지 지향적인 속성도 내포하고 있다는 점이다. 파슨스(Talcott Parsons)를 위시한 대다수의 행태론자들의 체계이론(system theory)에 의하면 반체제운동과 같은 일종의 일탈행위(deviance)는 일치성(comformity)과 함께 특정 정치체제을 유지시키는 기본적인 속성으로 이를 파악하고 있다.10) 무릇 소외와 반체제라는 것은 정치권력을 실질적으로 항사하고 있는 어떠한 정치체제에서도 정치권력 고유의 특성으로 인하여 결과될 수밖에 없는 현상이며11) 이 같은 체제일탈적인 행위를 적절하게 제도화시킴으로써 특정 정치체제의 발전과 성취를 도울 수 있다는 것이다.

Ted Rgbert Gurr 같은 학자는 반체제인사들도 그들이 과격한 강제력에의 호소를 통한 목적추구를 기도하지 않은 이상 그들의 조직체나 활동은 정치권력의 '제도적인 지원'을 계속하여 받을 수 있다고 전제, 이같이 특정 정치체제는 'regime'과 'dissenters'에 대한 동일한 제도적 지원을 통하여 누적되어 가는 그들 체제유지 과정에서 나타나는 갈등을 효과적으로 처리할 수 있다고 본다.12) 즉, 체제방위적인 운동이나 반체제운동 등을 모두 제도화시킴으로써 그들 간의 상충적인 갈등을 예방함과 동시에 시간의 경과에 따라 필연적으로 쌓여가는 그들 체제 내의 온갖 모순과 갈등을 보다 효과적으로 조정, 처리할 수 있다는 것이다.

셋째, 반체제운동의 일반적인 특성으로 지적할 수 있는 것은 그 운동이 내포하고 있는 비폭력성이라고 지적할 수 있다. 즉, 이 운동은 철저한 강제력의 행

---

10) Talcott Parsons, *The Social System*(Routledge and Kegan Paul Ltd., 1951), p.250.
11) Robert A. Dahl, *The Concept of Power, Behavioral Science*(July, 1957), pp.201~215.
12) Ted Robert Gurr, *Why Men Rebel*(Princeton University Press, 1970) pp.274~316.

사를 통하여 그들의 정당성과 합헌성을 지속시켜 나가려는 정권(regime)의
입장과는 다르게 그들의 목적이 보다 포괄적인 합리성(rationality)과 도덕성
(morality)의 실현에 그 바탕을 두고 있다. 때문에 그 운동전개 과정에서 극
단적인 폭력행위는 잘 용인되지 않고 있으며 설령 그들 반체제인사들이 그들
운동전개 과정에서 강제력을 채택하는 경우가 있다 하더라도 그들이 쓰는 강제
력이라는 것은 전체 국민들에게 다 같이 적용되는 정권 측의 광범한 강제력의
행사와는 크게 다르다.13)

그러나 이상과 같이 일반적인 비폭력적 속성에도 불구하고 반체제운동이라
는 것은 대체로 그들 세력이 정권 측의 그것에 비하여 극도로 취약할 때나
혹은 정권 측의 반체제에 대한 강압이나 압력이 극히 심하게 나타날 경우에
는 흔히 그 운동 자체가 예상 이상으로 과격화하는 경우가 있다. 전자, 즉
그들 반체제세력이 상대적으로 크게 위축되었을 때에는 그들 세력의 확장과
유지를 위해서 그들의 비밀결사조직 등을 통한 과격행동을 유발시킬 수밖에
없는 것이며, 또한 후자, 즉 그들이 정권 측으로부터 거의 감당할 수 없을
만큼의 탄압을 받았을 경우에 있어서는 이에 대항하여 종래와 같지 않은 과
격한 폭력수단을 동원하기 일쑤이다.14) 이렇게 반체제운동을 자극하는 두
가지 경우 그 모두가 다 같이 결과적으로는 반체제집단들을 자극하여 그들을
체제내에서 길들이지 못하고 그들을 혁명세력 내지는 쿠데타 집단으로까지
과격화시키는 가장 직접적인 원인이 되는 것이며 이는 결국 체제능력을 약화
시키는 주요한 동기로 작용될 수 있는 것이다.

넷째, 반체제운동의 속성으로 들 수 있는 것은 그들 운동이 대체로 '이념적
정화'를 특히 강조하고 있다는 점이다. 특히 소련의 반체제운동가들에게서 두
드러지게 나타나고 있다고 말할 수 있는 이 속성은 공산권에서 일어나고 있는
반체제운동의 보편적인 성향이라고도 볼 수 있다. 특히 사회주의적 반체제론

---

13) *Ibid.*,
14) *Ibid.*, p.236.

자의 지향목표는 이른바 '사회주의적 합리성(socialistic rationality)'이 전제된 '마르크스-레닌'주의의 순수성을 강조하는 데 있는 것이며 이러한 지향목표를 달성하기 위해서는 계속적인 '이념적 정화'를 통한 '마르크스-레닌'주의의 과학성이 확립될 수 있어야 한다는 것이다. 이 같은 논리는 소련 반체제운동가의 한 사람인 메데베제프(Zhores Medvedev)가 소련공산당 중앙위 이념분위에 보낸 다음과 같은 한 서한에서 보다 뚜렷하게 나타나고 있다.[15]

그는 "이데올로기가 하나의 과학(science)이고, 공산주의가 하나의 과학이며, 또한 '마르크스-레닌'주의가 하나의 과학이라면, 이러한 과학들에 내포된 어떤 가정들에 대한 여하한 비판도 그것은 마땅히 과학인 것이며, 일탈(deviation)이 아니다"라고 전제, 어떠한 과학이라도 그것이 공허한 도그마의 단순한 혼합이 아니라면, 그 과학 속에 내포된 가정들은 시대상황의 변화에 따라 항상 새로운 것으로 대체되어야 한다고 주장하고 있다. 왜냐하면 새로운 사상(idea)이나 새로운 가정들은 항상 새로운 환경과 새로운 조건, 새로운 상관관계(relationship) 등과 연관되어 파생되기 때문에 이러한 새로운 시대여건에 부응하기 위해서는 기존의 모든 가정들에 대한 수정 내지 보완은 필연적이라는 것이다. 이상의 주장에서 보듯 그들 반체제론자들은 그들이 행하는 반체제운동 자체를 '마르크스-레닌'주의의 이른바 '과학적 성격'을 더 순수화시키고 정화시키려는 것을 주요한 이념적인 목적의 일부로 생각하고 있다는 것이 바로 소련 반체제론자들의 이념적인 정화를 위한 노력의 하나인 것이다.

다섯째, 강한 민족운동적 속성의 견지이다. 소련에서 나타나고 있는 반체

---

15) 'If ideology is a science, if communism is a science, if Marxism-Leninism is a science, then any criticism of any proposition in these sciences is also a science and not a "deviation." In any science, if it is not a collection of empty dogmas, certain propositions are continually going out of date and need to be replaced. New ideas, new propositions are always appearing in connection with new circumstances, new conditions, new relationships.'
Rudolf L. Tökés, *op. cit.*, p.20에서 재인용.

제운동은 후장에서 상론하는 바와 같이 '마르크스-레닌'주의를 그들 전내의 러시아민족주의로 대치시켜야 올바른 소련의 발전이 가능하다고 보는 경우에서 이러한 입장을 읽을 수 있다. 이 밖에도 그들 소련은 다민족적 국가이기 때문에 그들 연방 내의 소수민족의 민족적 독립의 욕구 또한 반체제운동의 커다란 내용의 하나가 되고 있음이 분명하다. 따라서 이 같은 민족 내지는 민족주의의 문제가 실질적인 반체제운동의 뚜렷한 하나의 속성일 수 있다.

여섯째, 종교적인 속성이다. 러시아는 전통적으로 정교회(Russian Orthodoxy) 신앙이 강한 나라이다. 혁명 후 비록 대대적인 반종교활동이 강화되고는 있으나 전체 국민들의 이 같은 종교에의 강한 집착을 완전히 말살시킬 수는 없는 것이다. 특히 소련 반체제운동을 주도하고 있는 지식인들의 의식세계내에는 러시아의 정교사상을 비롯한 강한 종교심이 그대로 견지되고 있으며 이러한 그들의 의식성향이 결과적으로 그들의 반체제활동의 실질적인 원천이 되고 있다. 따라서 러시아정교를 비롯한 유태교, 모슬렘, 불교, 침례교, 가톨릭 등의 내면적으로 살아 있는 잡다한 종교세력은 특히 이 같은 반체제운동과 깊은 연관을 가질 수밖에 없으며, 이는 소련 반체제운동의 종교적 속성을 뚜렷이 하는 현상이다.

II. 인권운동과 반체제운동

'반체제운동'으로 파악되고 있는 소련을 비롯한 동구공산권에서의 지식인들이 중심이 될 체제비판운동은 우선 그들 체제에 대한 반대운동적인 성격보다는 인간(주민)들의 기본권 확보에 더욱 많은 관심과 비중을 두고 있다는 점이 이 운동의 전반적인 특징이라고 말할 수 있다.16) 서구식 가치관으로 볼 때 일반적으로 인권(human rights)의 개념은 기독교 정신에 바탕을 둔 인간의 천부적 권리로 파악되고 있으며 이는 구체적으로 ① 1215년에 제정된 영국의 대헌장(Magna Charta), ② 1679년의 영국의 인신보호령 'Habeas Corpus Act', 그리고 ③ 미국의 독립선언에 그 바탕을 두고 있는 인간의 권리로 본다.17)

그러나 공산당의 배타적인 유일절대성이 강조되고 '마르크스-레닌'주의의 유물사관적인 통치이념체계가 지배하고 있는 공산주의 사회에서는 개인이라는 인간의 존재는 단지 생산수단의 일개 부품 이상의 중요도를 가질 수 없다는 명제에서 좀처럼 벗어날 수 없다. 상기한 바와 같은 서구식 인권의 개념은 그들 공산사회에서는 지식인들의 경우에서조차 제대로 인식하고 있다고는 볼 수 없다. 더욱이 소련의 경우, 그들 국가가 역사적으로 보아 너무나 오랜 기간 동안을 서구사회와는 다른 생활환경 속에서 지내 왔기 때문에 역사적·문화적 측면으로 봐서도, 서구식의 개인의 인권이나 개인의 자유의 개념이 그들에게도 그대로 인지되고 있다고 볼 수 없다. 따라서 그들 서구사회와의 역사문화적 전통의 차이에서 또는 정치체제를 지배하고 있는 정치이데올로기의 상이에서 결과하는 이러한 인권과 자유에 대한 개념의 차이는 1945년의 UN헌장 채택 당시 동헌장 제55조, 즉 인권과 기본적 자유조항의 채택 여부를 놓고 벌어진 소련의 거부소동을 시발로 한 그 후의 여러 가지 국제조약에서 이 상반된 의견대립을 통해서도 이 점은 분명하게 읽을 수 있다.18) 따라서

---

16) Tufton Beamish and Guy Hadley, *The Kremlin's Dilemma, op. cit.*, p.13.

17) Magna Charta에 명기된 인권에 관한 3대 항목은 다음과 같다.

   ① *No free man shall be seized or imprisoned, or stripped of his rights or possessions, or outlawed or exited, or deprived of his standing in any other way, nor will, we proceed with force against him, or send others to do so, except by the lawful judgement of his equals or by the law of the land.*

   ② *To no one will we sell, to no one deny or delay right or justice.*

   ③ *In future it shall be lawful for any man to leave and return to our kingdom unharmed and without fear by land or water, preserving his allegiance to us, except in time of war.*

반체제지식인들에 의하여 주도되고 있는 그들의 인권운동 또한 적극적인 개념으로서 인간의 자율권으로서의 그것과는 다소의 거리를 두고 있는 것이며, 이들 잡다한 공산권 인권운동가 내지 반체제운동가들의 정신적 기반이 되고 있는 것은 한결같이 '헬싱키 협정' 또는 '헬싱키 정신'이라는 공통점에서도 그 성격을 느낄 수 있다.

'헬싱키 협정'이란 주지하는 바와 같이 1973년 7월에서 1975년 7월 사이에 제네바와 헬싱키 에서 번갈아가며 열렸던 '유럽보안회의(Helsinki Conference on European Security and Co-operation: CSCE)'에서 동서 양 진영이 합의한 협정을 말한다. 이 회의는 미국과 소련을 주축으로 하여 서양의 북대서양조약기구와 공산권의 바르샤바조약국, 그 밖에 오스트리아, 핀란드, 말타, 스페인, 스웨덴, 스위스, 바티칸시티, 유고 등의 비동맹 및 중립국들을 포함, 총 35개국이 동서간의 긴장완화의 정착을 위해 특별히 마련된 국제적인 회합이었다. 그러나 이 회의는 소련 당국이 세계제2차대전을 전후하여 탈권에 성공한 동구공산제국에 대한 국제적인 인정을 공식화하려고 하는 목적과 이에 더하여 동서간의 무역의 확대와 이를 통한 선진기술의 도입을 보장받고 또한 후진 공산권과 선진서방국들과의 교이의 길을 트게 함으로써 그동안 해외에서의 친공 게릴라 활동을 지원하기 위해 소련 혼자 부담하고 있던 무기제공 등의 짐을 서방측에 간접적인 방법으로 일부 전가시킴으로써 그들 소련의 국방력 신장 등의 내실을 기하려는 다목적적인 의도가 숨어 있었던 회의였다.[19]

소련은 이 회의를 통하여 전기한 목적 이외에도 NATO동맹국들 사이에 갈등을 조성하고 특히 이 가운데서도 미국과 유럽공동체(EEC)국가들 사이의 반목을 겨냥하였다.[20] 그리고 중국과는 정치적·군사적인 갈등이 심화되어 가고 있는 상황 속에서 소련은 서방국들과의 관계를 정상화하고 이를 바

18) Ibid., pp.16~22.
19) Ibid., pp.28~29.
20) Ibid., p.29.

탕으로 하여 그들의 서방공산권(동구공산권)의 안정을 국제적으로 보장받음으로써 중국을 국제적으로 고입시키는 효과도 함께 노렸다.

소련에 있어서 헬싱키 협정은 이 같은 오래된 그들의 염원을 실현시켜 주는 구체적인 보장으로 파악될 수 있었으며 그 밖에도 전술한 바와 같이 이 회의를 통하여 미국을 비롯 프랑스, 서독, 영국, 이탈리아, 캐나다, 일본 등 선진자본주의국들과 교류를 확대하여 나감으로써 그들의 높은 기술과 긴요한 자본을 원활하게 자국으로 끌어들일 수 있으며 이러한 새 기술과 필요한 자본으로 그들이 지금까지 지연시켜 왔던 각종 개발사업을 본격화하고 뒤떨어진 소비재 생산을 가속화하여 사회구조의 전반적인 발전을 꾀하려 하였다.

소련은 이상과 같은 대내외적인 요청에 직면하여 있었기 때문에 헬싱키 회의에 적극적으로 참가하지 않을 수 없었으며 이 회의에서 채택된 이른바 헬싱키 협정의 원칙들을 일괄하여 승인하지 않을 수 없었다. 그러나 이 헬싱키 협정은 전기한 동서양진영간의 현장유지와 영토권존중, 상호불가침 등의 조항과 동서간의 물적 교류의 확대 등은 소련에 유익한 조항들이었으나 이것 이외에 동협정에 포함된 인권의 존중과 자결권, 자유권 등의 제항목은 사실 소련으로 보아서는 탐탁지 않은 항목이었다. 특히 이에 포함된 출판물을 비롯한 정보의 자유로운 교류 등의 보장은 더없이 소련 당국의 입장으로 봐서는 탐탁지 않은 내용이었으나 결국 헬싱키 협정이 지니는 전반적인 필요성이 우선되었기 때문에 이러한 부문적인 손해(?)를 감수치 않을 수 없었다.

여하튼 소련은 그들이 승인하였던 헬싱키 협정에 따라 동서간의 긴장완화 분위기를 더욱 촉진시킬 수 있었으며 이를 통하여 서방의 자본과 기술의 도입을 통한 경제개발의 실질적인 효과를 볼 수 있었음도 명백한 사실이었으나 이와는 반대로 동협정에서 명문화된 인권과 종교의 자유, 출판물의 교류보장 등의 내용들이 이후의 반체제운동가들의 이론적 근거로 끈질기게 이용되는 것을 피할 수는 없었다.

'헬싱키 협정' 중에서 특별히 소련의 반체제 인권운동가들에게 금과옥조로 신

봉되고 있는 조항은 동회의의 최종협정(Helsinki Conference: Final Act)
의 'Declaration on Principles Guiding Relations between Partici-
pating States' 장의 '인권과 기본적 자유의 존중'을 규정한 제7조와 '인간의
평등권과 자결권'을 규정한 제8조 및 'Co-operation in Humanitarian and
other Fields'장의 제2항 'Information'의 규정이 그것이다.[21]

　헬싱키 협정 인권조항들이 소련 및 그 위성 공산제국들에게는 거추장스러
운 내용이었음은 사실일 수밖에 없었다. 그러나 이 헬싱키 협정도 여타의 국
제협약의 경우와 마찬가지로 그 이행의 강제력이 결하여져 있었기 때문에 공
산제국들에게 실질적인 의의를 가진 것이라고는 볼 수 없다. 비록 1976년에
열린 소련공산당 제25차 전당대회에서 브네즈네프가 '현재 중요한 것은 헬싱
키 협정에서 합의한 제원칙과 양해사항을 실제행동에 옮기는 일이다. 소련은
지금 이 원칙들을 실행하고 있고 그것을 계속할 것이다'라고 분명히 하고 있
기는 하나 이러한 형식적인 의사표시는 소련이 지닌 이념적인 목표에 비추어
현실적인 긴장완화 정책이 더욱 효과적일 것이라는 그들의 판단에 의한 외교
적인 제스처 이상의 인권과 자유권의 궁극적인 실현을 뜻하는 것이 아님은
그들의 대반체제정책을 통해서도 뚜렷하게 나타난다.

---

21) 동조항중 주요 부분은 다음과 같다.
　　'The participating state will respect human rights and fun-
　　damental freedoms, including the freedom of thought conscience,
　　religion or belief, for all without distinction as to race, sex,
　　language or religion.' (동협정 제7조)
　　'The participating states will respect the equal right of peoples
　　their right to self-determination acting at all times in conformity
　　with the purposes and principles of the charter of the United
　　Nations and with the relevant norms of international law, including
　　those relating to territorial of states.' (제8조)
　　이 밖에도 동협정의 'Co-operation in Humanitarian and other Fields'장
　　에서는 oral information, printed information, filmed and broadcast
　　information. improvement of working conditions for Journalists 등의
　　광범한 정보교유의 자유를 규정하고 있다.

소련은 외형적인 헬싱키 정신의 준수와 구현의 부르짖음에도 불구하고 그 실제에 있어서는 공공연하게 이 협정의 정신을 무시하여 왔으며 그들의 형법은 이 헬싱키 협정의 인권조항의 무시를 늘 정당화시켜 오고 있는 것이다.22) 즉, 소련당국은 헬싱키 협정 중 인권조항은 군사적인 안정과 경제적인 협력에 관한 조항에 비하면 별다른 의미가 없는 것으로 해석 평가함으로써 헬싱키 협정 중에서도 동서협력조항과 인권조항, 정보교류 조항을 서방세계의 인식과는 판이하게 서로 구분하여 평가하려는 의도를 나타내고 있는 것이다.23)

이같이 헬싱키 협정을 둘러싼 소련 당국의 이중적인 반응과 해석에도 불구하고 이 협정(특히 인권조항)이 소련사회 내지 전체 공산권에 미치는 영향은 실로 대단한 것으로 평가할 수 있으며 이 점이 소련 반체제운동의 커다란 쟁점의 하나인 것은 사하로프(Andri D. Sakharov)의 다음과 같은 입장에서도 분명히 찾아 볼 수 있다.

1. 사하로프와 지적 자유

지적 자유문제와 인권문제는 소련 반체제운동 지도자 중의 한 사람인 사하로프에 있어서의 가장 핵심적 과제라고 말할 수 있다. 그는 지적 자유를 '정보를 취득하고 이를 전파할 수 있는 자유', '공개할 수 있는 권리', '공식적인 검열이나 압력 등으로 방해되지 않는 자유로운 토론을 할 수 있는 권리' 등으로 요약될 수 있는 '사상의 자유'라고 보고 이러한 지적인 자유가 현재의 소련에서는 대중문화라는 아편과 이기적이고 속물적인 이데올로기 및 관료주의적 독재정치의 경화된 검열제도 등에 의하여 심각한 위협을 받고 있다고 말하고 있다.24)

---

22) *Ibid.*, pp.29~32
23) *Ibid.*,

그의 대표작인 『진보, 공존, 그리고 지적 자유』에 대한 반영(Reflections on Progress, Coexistence and Intellectual Freedom)[25]에서 이러한 지적 자유가 없는 상황 속에서는 더 이상의 문명의 생성과 유지가 불가능하다고 전제, 지적인 자유는 아무런 제한 없이 소련사회 내의 모든 계층들에게 다 같이 향유될 수 있어야 한다고 주장하고 있다.[26]

사하로프는 위의 글에서 '지적 자유는 인간사회에서 필수적인 자유'라고 전제하고 이러한 지적 자유와 같은 사상의 자유를 통해서만 정치, 경제, 문화적인 부분에서 과학적이고 민주적인 접근이 보장될 수 있는 것이라고 말하고 현재의 상황하에서 참다운 인간을 중시하는 정부체제로 재건하는 열쇠는 바로 지적 자유라고 말하고 있다. 그는 이러한 지적 자유에 대한 위협은 인간 개성의 가치와 독립을 위협하는 것이며, 그것은 또한 인간의 생존의미 자체를 위협하는 것으로 단정하고 나아가 사회주의의 사활도 결국 사회주의하에서 지적 자유가 자본주의사회에 비하여 뒤떨어지지 않을 수 있느냐, 아니냐에 달렸다고 보고 있다.[27]

또한 사하로프는 그의 반체제운동 동료인 투르친(V. F. Turchin), 메데베제프(R. A. Medvedev) 등과 같이 3人의 이름으로 당시 소련공산당 중앙위원회 의장인 브레즈네프와 소련방 각료회의 의장 코시긴, 소련방 최고회의상임간부회의장 포드고르니 등 세 사람 앞으로 보낸 1970년 3월 19일자의 공동서한을 통하여 정보교환과 창의성의 보장은 그 활동의 본질과 사회적인 기능으로 말미암아 인테리켄챠들에게는 필요불가결한 것이라고 전제하고 보다 큰 자유에 대한 지식인들의 욕망은 합법적이고 당연한 것이며, 이러한 당연한

24) Abraham Rothberg, *The Heirs of Stalin; Dissidence and the Soviet Regime*, 1953~1970(London, Cornell University Press), p.334.
25) 1968年에 쓰인 Sakharov의 著術로서 이 作品은 그 후 소련 내의 Samizdat 組織을 통하여 국내에서 널리 유포되었으며, 그 후 西方世界에서도 널리 소개되었다.
26) *Ibid.*, p.334.
27) Rudolf L. Tösék(ed.), *Dissent in the USSR: Politics, ideolegy, and pepole*(Johns Hopkins University Press, 1976), p.367.

욕구를 정부가 갖가지의 행정적인 압력과 해고, 재판 등의 수단을 통하여 억제시키는 행위는 결과적으로 정부와 인텔리겐치아 간의 간격을 확대시킬 수밖에 없다는 것이다. 따라서 이들 인텔리겐치아들의 역할이 계속적으로 강조될 수밖에 없는 현대사회에서 이 같은 양자간의 간극은 누구에게서나 바람직하지 못하다는 것이다.[28] 또한 동서한에서 지적 자유는 경제발전과 과학기술향상의 대전제임을 강조, 지적 자유 보장 없이는 경제적인 낙후와 과학기술의 퇴보가 불가피할 수밖에 없다는 입장을 고수하고 있다.[29]

구체적으로 그는 소련도 오늘날 경제제도의 규모와 그 복잡성이 증가되었기 때문에 조직과 경영의 문제가 경제문제해결의 관건으로 제기되고 있음에도 불구하고 이러한 시대적인 요청을 무시하고 경제문제에서 산적된 난제들을 권력을 장악하고 있는 그들 통치정상부의 몇 사람들이 이를 해결하려는 데서 문제의 심각성이 있다는 것이다. 그는 현실적으로 제기되고 있는 갖가지 경제문제를 해결키 위해서는 사회적인 모든 계층의 사람들이 다 같이 참여해야 함은 물론 이에 더하여 다른 나라와의 광범한 지성 및 정보의 교환이 필수적으로 요구되는 데도 불구하고 소련 지도층은 그들 행상부의 소수의 사람들이 외부세계와도 담을 쌓고 경제를 요리하려는 시대착오적인 편견이 오늘의 소련을 여러 분야에서 낙후된 소련으로 만들고 있다고 지적,[30] 이러한 시대역행적인 정보의 폐쇄는 결국 미국과 소련의 격차를 더욱 심화시킬 것이라고 그는 경고하고 있다. 즉, 그는 소련은 그동안 석탄생산에 있어서는 미국에 앞서 왔으나, 원유생산에 있어서는 미국에 뒤떨어졌으며 천연가스와 발전에 있어서는 미국에 비하여 10배나 뒤졌으며, 화학분야는 절망적으로 뒤졌고, 컴퓨터 부문에서도 비교가 안 될 정도로 뒤졌다고 보고 있다. 특히 그는

28) *Ibid.*, p.367.
29) *Ibid.*,
30) Sakharov, *Sakharov Speak*(edited and a foreword by Harrison E. Salisbury), 김종철 역, 『사하로프의 목소리』, 1978, p.127.

제2의 산업혁명이라고 볼 수 있는 컴퓨터 분야의 이러한 낙후성은 모든 산업 연관분야의 낙후의 결정적인 요인으로 작용하고 있다는 것이다.[31]

또한 사하로프는 정보폐쇄 등의 지적 자유의 억제가 과학기술분야에 미친 영향도 구체적으로 지적하고 있다.

> 과학기술분야의 발전에 있어서도 사정은 하나도 나을 것이 없다. 우리가 맡은 역할 속에는 뻗어나는 약동감이 하나도 없다. 오히려 1950년대 말 우리나라는 인공위성을 세계최초로 발사했고 외기권에 인간을 처음 보낸 나라였다. 그러다가 1960년대 말 우리는 우리의 지도적 위치를 상실하여 버렸고 달나라에 최초로 상륙한 것은 미국인들이었다.
>
> 이런 사실은 우리나라와 서방선진국의 과학수준이 사실상 점차 벌어지고 있는 표면적인 증로 가운데 하나일 따름이다. 1920년대와 30년대에 자본주의사회는 위기와 불황의 시기를 맞이했다. 그 당시 우리나라는 혁명의 성과인 국민적인 열성을 동원해서 놀랄 만한 속도로 산업화하고 있었다. 그때 우리의 좌우명은 "미국을 따라가서 미국을 앞지르자"였다. 우리는 사실상 20~30년 만에 이 목적을 달성하였다. 그 후 상황은 달라졌다. 제2의 산업혁명이 시작된 것이다.
>
> 현재 1970년대 초에 와서 우리는 미국을 따라잡지 못했다는 것을 알 수 있다. 우리는 점점 더 뒤떨어졌다. 도대체 어찌된 일인가. 어째서 우리는 제2산업혁명의 개탁자가 되지 못했는가.[32]

사회, 경제, 과학적인 부문에서의 지적 자유의 억압은 갖가지 비이를 결과한 검열제도에서부터 야기되고 있는 것이라고 사하로프는 보고 있다. 그는 쓸모없는 검열제도가 소비에트문학의 살아 있는 정신을 파괴시키고 있다고 전제, 이러한 소련 특유의 철저한 검열제도는 문학뿐만 아니라 다른 모든 지적 분야의 발전과 혁신을 가로 막는 가장 직접적인 원인이라는 것이다.[33]

---

31) *Ibid.*, p.125.
32) Abraham Rothberg, The Heirs of Stalin, op. cit., p.334.
33) *Ibid.*, pp.125~126.

따라서 '적대적인 선전의 확산을 막고 적대적인 이데올로기'의 침투를 방지한다는 공식적인 명목으로 자행되고 있는 소련의 검열제도는 위에서 살핀 대로 소련사회를 전반적으로 낙후하게 하는 것 이외에도 지도자의 통치력 약화에도 결정적인 영향을 주고 있으며 이는 결국 소련을 '이등국가'로 만드는 계기를 마련하여 준다는 것이 사하로프의 주장이다.

정보의 자유로운 유통이 이루어질 수 없다면 인테리켄챠들에게 있어서는 창조적인 에너지와 서로 간의 협동심이 결지될 뿐 아니라 최고지도자층에 있어서도 이러한 정보의 단절은 허위적이고, 불완전하며, 왜곡된 정보만을 접하게 됨으로써 효과적인 통치행위를 방해한다는 것이다. 따라서 정보의 자유는 활용되어야 할 뿐 아니라 오히려 이는 장려되어야 하며, 그렇지 않고 정권당국의 규제나 행정적인 압력, 직업박탈, 구속 등의 정보탄압의 갖가지 행위는 부신과 몰이해를 낳게 되며 이는 결국 갖가지 사회경제적 문제를 해결하는 데 필요한 국가의 창조적 역량을 감소시키는 결과가 된다.[34]

사하로프가 강력하게 그 시정을 요구하고 있는 또 하나의 비이는 개인의 권리보장, 정치적 박해의 중단 및 사형제도의 폐지 등과 같은 인권문제라고 볼 수 있다. 그는 1971년 3월에 발표한 '각서'(Memorandum)를 통하여 인권문제의 중요성을 언급, "국가의 기본적 목표는 시민들의 기본적 권리의 보호에 있다. 이 같은 인권의 방어는 다른 어떤 목적에도 우선한다"[35]라고 전제, 인권보호의 딩위성을 강조하고 있다. 그는 특히 정치적, 이데올로기적 또는 종교적 이유로 박해를 받고 있는 소련의 정치범에 대한 정신의학적 탄압이 소련사회를 병들게 하고 있는 가장 고질적인 탈법행위의 하나라고 지적한다.

우리 사회를 치료하는 가장 본질적인 조건은 재판에 의한, 정신병리학적 형식에 의한 또는 어떤 다른 형식에 의한 정치적 박해의 폐지이다. 특히 시민생활에 대

---

34) *Ibid.*, p.335.
35) Rudolf L. Töséks(ed.) Disset tn the USSR, p.368.

한 국가의 전체주의적 간섭에는 직장에서는 해고, 대학에서의 제적, 거주허가 거부 및 직장에서의 승진제한 등과 같은 것이 있다. …… 스탈린 시대 이래의 기본 계층과 현 정권의 사회적, 이데올로기적 여러 가지 특질은 본질적으로 변하지 않았다. 한 동안 가공적인 자유주의가 풍미한 다음, 또다시 이데올로기적 자유에 대한 억압, 국가에 의하여 통제되지 않는 정보를 억제하려는 노력, 정치적, 이데올로기적 자유에 따르는 새로운 박해, 그리고 민족문제에 대한 고의적인 사태 악화가 다시 나타나고 있다는 사실을 다시 지적하려니 나의 마음은 고통과 놀라움에 젖는다. ……

1920년 초 몇 달 동안 정치적 제도의 거센 파도가 일었는데 이것은 그야말로 아연한 노릇이다. 수많은 사람들이 우크라이나에서 체포당했다. 모스크바, 레닌그라드 및 전국 도처에서도 체포사태가 발생하였다. 정치적 목적으로 정신병학을 이용함으로써 사회에 지극히 위험한 결과를 초래하였으며, 기본인권에 대한 도저히 용납할 수 없는 간섭이 자행되고 있다.36)

인권침해사례를 최소한으로 줄이기 위한 가장 직접적인 조치는 우선 모든 정치범들이 정신병원에 강제로 입원당하는 일이 없도록 하는 정치범보호의 인권법안이 통과되어야 하며 또한 정치범으로 기소되어 있는 동안 그들 피의자들이 정신질환이 생겼을 경우, 이를 보호하여 주는 필수적인 입법조치와 결의안이 통과되어야 하며 또한 이러한 당국의 모든 조치와는 별도로 사적인 정신의학적 조사가 위의 두 가지 경우에 다 같이 허용되어야 한다.

사하로프의 이상과 같은 정치범들에 대한 보호조치는 그가 1973년 10월 1일 그리고리 포디아폴스키, 이고르 샤파레비치 등과 함께 발표한 「인권위원회성명서(Statement of Human Rights Committee)」에서 보다 구체적으로 나타나고 있다. 이 성명을 통하여 그들은 "자신들의 신념과 관련해서 기소된 인사들이 실제로 전보다 더 자주 정신병자라는 판결을 받고 특별감옥의 병원에 강제치료를 받도록 호송되고 있다"고 지적, 당국에 의하여 정신병자라

---

36) 김종철, 사하로프의 목소리, p.162에서 재인용.

제1장 반체제운동의 본질 39

고 선고받은 사람들의 대부분이 정확히 그들이 생활과 활동을 통하여 판단할 때 그들은 분명히 정신적으로 건강을 유지하고 있는 사람들이기 때문에 당국이 그들을 정신병동에 감금할 아무런 의학적 근거가 없다고 보고, 동위원회는 강제치료를 받도록 보내진 인사들이 실제로는 비객관적인 정신과의 검사와 근거 없이 무제한으로 입원을 연장하는 조치와 난폭하고 굴욕적인 치료방법에 맞설 강력한 보호법 제정의 필요성을 역설하면서, 우선 다음과 같은 행동의 합법성 보장을 위한 제안의 실천을 촉구하고 있다.

① 정신과의 검사를 받고 있는 인사들의 친척은 외국의 정신과 전문의의 검사를 요청할 수 있는 권리를 포함해서 독자적으로 정신과전문의를 선택할 수 있는 권리를 가져야 한다.

② 어떤 나라에서 탄압의 목적으로 정신의학을 이용하거나 정신질환을 앓고 있는 사람들의 존엄성을 모독하는 난폭한 치료에 대해 대중이 관심을 갖게 될 때에는 WHO(세계보건기구)와 적십자사 및 기타 국제기구가 정신과 의사들을 포함하는 국제위원회를 구성해야 한다.

특히 드네프로페트로프스키, 시체프카, 오렐, 카잔, 레닌그라드, 체르냐코프스크에 있는 소련내무성이 특별정신병원에 대한 국제적인 조사를 꼭 필요한 일로 간주하여야 한다.

③ 미국의 정신적 치료기관과 난체들이 외국의 병원들을 시찰하고, 필요하다면 거기서 치료를 하기 위해 특별병원을 포함한 소련의 정신병원으로부터 일부 환자들을 이송하겠다고 끈질기게 요청하도록 권고하여야 한다.

④ 국제적·국내적 정신의학 기관에서 소련의 정신의학의 상태에 관한 토의를 마련해야 한다. 특히 정치적 사건에서 위원회를 위해 근무하는 정신과 의사들의 개인적인 역할에 관한 토의가 있어야 한다.[37]

사하로프의 이 같은 부당한 대우를 받고 있는 정치범들에 대한 인권의 관심

---

37) *Ibid*, pp.231~234.

은 보다 그 관심영역을 확산시켜, 민족권의 보호문제, 강제이주의 금지, 통행
증제도의 완화, 이민의 자유보장, 사형제도의 폐지 등과 같은 광범위한 영역
에 걸쳐 나타나고 있다.

2. 메데베제프와 지적 자유

정보교류의 자유에 관해서는 메데베제프도 유사한 입장에 선다. 소련에서의
사회주의적 민주주의 실현의 가장 결정적인 관건은 정보의 자유 여부에 달린 것
이라고 보고 언론과 출판의 자유, 과학적 연구와 예술적 표현의 자유 등의 지적
자유가 보장되지 않는 상태에서는 사회주의사회에서의 진정한 민주주의의 실현
이 도저히 불가능하다는 것이다. 이러한 정보자유에 대한 중요성을 "언론의 자유
없이는 모든 다른 자유는 환상이다"(Marx), "중단 없는 전진을 위해서는 절대적
인 표현의 자유가 관건이라는 사실은 사회의 기본적 원칙"(Augues Babel) 등
의 표현에서와 같이 사회주의 지도자들에게서 이미 여러 가지 형태로 언명되어
오긴 하였으나 이렇듯 그 중요성에 대한 한결같은 강조에도 불구하고 아직도 현
실적인 면에 있어서는 이 같은 정보자유에 대한 어두운 측면만이 강조되고 있는
것이 소련을 비롯한 사회주의 진영의 오늘날의 실정이라는 것이 메데베제프의
분석이다.[38]

소련에는 아직도 과학, 예술, 문학 분야에 대한 전반적인 금기가 그대로
존속하고 있으며 잡다한 일반정보에 대한 엄격한 통제가 더욱 강화되고 있
다. 특히 최근에 이르러서는 세계적인 정보개방 추세에 역항하여 정보교류와
언론자유 등 지적 자유에 대한 탄압과 억제가 더욱 늘어만 가고 있는 실정이
며, 그중에서도 특히 문학, 과학, 예술 분야에서의 검열은 점점 더 그 강도

---

38) Roy A. Medvedev (translated from Russian and edited by Ellen de
   Kadt), On Socialist Democracy(Afred A. Knopf, 1975), pp.3~4.

를 더하고 있으며 또 중요한 생활정보와 시사적인 토픽마저 신문에서 외면당하고 있고, 또한 정치 경제면에서의 주요한 사항과 국제관계의 모든 문제 또한 학술적인 차원의 출판물에서도 언급되지 못하고 있다. 이 밖에도 소련에서는 아직 외국방송이 철저하게 전파방해를 받아 일반이 들을 수 없게 되어 있으며 외국에서 발행되는 수많은 서적과 전문 저널들 또한 소련에서는 구경조차 할 수 없는 실정이며 외국에서 발행되는 수많은 공산주의 신문마저 국내반입이 엄격하게 통제되어 그 신문의 소련 기고가들조차 읽을 수 없는 난센스를 빚고 있다.

소련 등 사회주의국가에서의 이 같은 지적 자유에 대한 탄압에 대해서 그들의 일부 이론가들은 이의 정당성을 말하고 있기도 하지만 이는 스스로의 모순성을 내포하고 있는 허황된 주장이라는 것이다. 그러나 지적 자유의 당위성은 철저하게 인식하면서도 이를 핑계로 한 무차별적인 지적 자유의 남용이 가져오는 혼란을 극도로 경계하고 있는 것이 메데베제프가 지적 자유문제를 보는 전반적인 태도이기 때문에 그의 입장은 제한적인 자유의 확보선에서 벗어날 수 없다고 보아야 할 것이다.

그는 사회주의사회에서의 언론자유를 비롯한 지적 자유의 보장은 필수적인 일이기는 하나 이러한 자유는 일반 국민들이 이에 대한 절제와 규율이 이에 뒤따라야 하며 그렇지 못하고 자유를 빙자한 이에 대한 남용이 행하여질 때에는 이러한 지적 자유에 대한 남용은 지적 사유의 신장에 방해될 뿐만 아니라 사회주의의 발전에도 도움이 되지 못할 것이라는 입장을 취하고 있는 것이 특이하다. 따라서 다른 어떤 사회에서와 마찬가지로 사회주의 사회에서도 언론 등의 지적 자유는 특별한 합리적 제한이 마땅히 요청된다는 사실 자체를 부인할 수 없는 것이지만 그러나 현재의 소련사회에서 보이고 있는 전반적인 언론자유를 비롯한 지적 자유에 대한 통제와 억압은 이상과 같은 합리적인 제한의 범위를 크게 벗어난 것이며 이는 오히려 지적 자유의 남용 방지를 위한, 다시 말해 진정한 의미의 지적 자유의 발전을 위하여 행사되고 있는 제한이 아니라 지적 자유 말살이 전제된 가혹한 억압과 통제라는 데서 그 심각성이 존재한다고 본다.[39)

메데베제프는 특히 소련의 검열제도 자체에 대하여 비난을 집중시키고 있다. 소련의 검열제도에서는 무엇이든지 그것은 국가기밀로 규정될 수 있다고 말하고 전 분야의 지적 활동에 대한 통제와 감시에 대한 총본산이라고 말할 수 있는 소련의 이 엄청난 기구인 검열기구의 전횡은 스탈린체제 이후에도 조금도 위축됨이 없이 그의 권한을 무차별 행사하고 있는 것이 엄연한 사실이다. 그리고 그들 검열기관이 글이나 작품에 대해서 내리는 죄명 또한 갖가지로, 어느 것 하나 그들이 마음만 먹으면 걸려들지 않는 것이 없을 정도라는 것이다.

메데베제프는 이러한 무원칙하고 다분히 의도적이고 감정적인 사전검열제도는 사회주의발전을 촉진시키는 것이 아니라 이의 결정적 장애가 되고 있다고 주장, 이러한 비리의 원인이 되고 있는 사전검열제는 마땅히 폐지되어야 한다는 주장이다. 사전검열제를 폐지하더라도 기사내용이나 작품내용의 유해성 여부는 제작과정에서 편집자에 의하여 충분하게 검토될 수 있는 일이며 그 후 그 작품이 배포된 이후에는 독자들에 의해서도 그 작품의 진실성 여부가 가려질 수 있는 문제이다. 따라서 이러한 자율적인 출판과정을 통하여 지극히 사회주의 이념이나 원칙에 위배되는 보도나 출판물이 나타나는 경우에는 사후에 정부나 당 또는 국민들이 이를 심사하여 그 유해성이 발현될 때는 이를 사직 당국에 넘겨서 이에 대한 적절한 옥석을 가려내면 된다.

그렇게 하기 위해서 아직까지도 생기지 않고 있는 출판에 관한 법률이 응당 제정되어야 하며 이로써 모든 출판물에 대한 시시비비는 무원칙한 사전검열제의 모순으로부터 법에 의하여서만 그 제한이 이루어질 수 있어야 한다는 것이다. 이 같은 현행의 불합리한 출판물에 대한 사전검열제를 없애고 출판물에 대한 법률에 의해서만 판결되어져야 한다는 대원칙론과 함께 메데베제프가 지적하고 있는

---

39) *Ibid.*, p.166~168.

보다 구체적인 소련에서의 지적 자유의 확대방안은 다음과 같다.40)

먼저 그는 과학기술 및 학문적인 출판물에 대해서는 여하한 사전검열도 없어야 할 것이라고 주장하고 있다. 지금까지의 소련에서의 검열제도가 과학의 발전에 엄청난 손해를 끼쳐왔으며, 앞으로도 이 제도가 그대로 시행된다면 이에 따른 손해는 엄청날 것이기 때문에 이러한 과학분야 출판물에 대한 자유의 폭을 대폭적으로 확대하여야 할 것이라고 본다. 그는 이러한 검열 제도가 소련의 사회과학에서는 말할 것도 없고 이 밖에도 생물학, 화학, 물리학, 우주학 등에 미치는 악영향은 대단한 것이라고 말하고 이러한 여러 분야에서의 학문적 정체현상은 결과적으로 전세계의 4분의 1에 해당하는 많은 과학자 인구를 가지고 있으면서도 갖가지 과학적인 성과면에서는 다른 나라들에 비하여 크게 뒤지고 있다는 것이다. 이러한 과학적 성과의 낙후성을 실험장비의 부족, 정부지원의 미약, 연구소의 구조적인 결함, 과학전문저널의 부족 등 갖가지의 이유에서 찾을 수 있으나 그 가운데서도 가장 결정적인 원인은 학문에서의 민주주의의 결지, 즉 학문세계의 권위주의적인 분위기와 지적 자유의 결여 및 검열관의 횡포에서 그 원인을 찾을 수 있다. 따라서 소련에서의 과학기술 발전을 저해하고 있는 가장 결정적인 장애물인 이 지적 자유의 확보 없이는 현대와 같은 과학 기술혁명의 시대환경 속에서 소련은 서구선진제국과의 발전의 거리를 점점 넓힐 수밖에 없을 것이라고 본다.41)

두 번째로는 마르크스수의 빛 사회주의적 입장을 빈영한 학술적이거나 예술작품, 정치물만이 아니라 마르크스주의를 소련의 공식 입장과 다르게 나타내고 있는 출판물에 대해서도 이의 허용을 확대하여 나가야 한다는 것이다.

메데베제프는 오늘날의 국제공산주의운동은 단일통제적(monolithic)인 형태를 지닌 것이 아니고 여러 가지 다양한 경향성과 당파성을 가지고 있으며 그들 소련 공산당내부에도 이러한 다기한 경향성은 현실적으로 존재하고 있

40) *Ibid.*, 170~172.
41) *Ibid.*, pp.172~173.

는 것이기 때문에 이러한 상황을 무시하고 도식적인 기준에 의해서만 검열을 행하고 탄압정책을 사용한다는 것은 도저히 그 실효를 거둘 수 없고 오히려 사태를 악화시킬 뿐이라고 본다. 특히 소련사회는 스탈린 시기의 테러와 흐루시초프의 이에 대한 비판 과정을 거쳐나오면서 지식인들의 사고가 극도로 분열되어 있기 때문에 이러한 현실적 상황을 외면한 단일성을 요구한다는 것은 무리이며 그 효과를 발할 수도 없는 것이기 때문에 이러한 다양한 사상성에 대한 대처방안도 유연성을 가져야 한다는 것이다.

　많은 사람들은 권력당국자가 생각하지 못하는 사회에 기여할 수 있는 새로운 무엇인가를 가지고 있으며 그들은 자기들이 가진 바를 말하고 발표하려 하고 있다. 이러한 자발적인 의사의 개진마저 막아야 할 필요란 아무 데도 없으며, 또 그럴 수는 없다는 것이 소련사회에서 번지고 있는 사미즈다트(Samizdat)의 존재를 통해서도 그들 당국자들이 깨달아야 할 것이며 당국의 검열제도가 강화되면 될수록 이렇게 검열을 받지 않고 유통되고 있는 지하간행물은 더욱 극성을 부릴 것이 분명하여 그 내용에 있어서도 점점 더 마르크스주의에서의 뚜렷한 일탈경향을 더욱 노골화할 것이다. 따라서 그 사람이 마르크스주의자이건 그렇지 않건 간에 그 사람에 의하여 주장된 사상이나 작품을 처음부터 끝까지 외면할 수 없으며, 외면함으로써 얻는 이득보다는 이를 인정하고 그것을 수용할 수 있는 아량이 소련의 발전을 위해 더욱 중요한 것이라고 본다. 솔제니친의 작품을 예로 들어 소련당국이 허용하든 않든 간에 그의 작품은 소련의 전 지식인 사회에서 거의 읽혀지고 있으며, 그러한 그의 소련체제에 대한 고발이 여러 가지 제도와 사회적 모순을 시정하는 데 크게 영향을 주었다는 사실을 인정할 때 그의 소설을 국내출판을 하지 못하게 함으로써 결과적으로 그것이 소련사회를 위하여 이득이 되었다고 단정할 수는 없을 것이라고 주장, 그럼에도 불구하고 작자들에게 작품을 쓸 자유가 있듯이 그들 권력당국은 이들 작품을 선택하여 출판할 자유 또한 가지고 있다는 억지는 소련의 발전을 가로막고 있는 중대한 시대착오적인 편견일 수밖에 없는 것이며 소련당국이 이러한 편견을 하루빨리 버리고 다양한 공산주의 내부의 경향은 물론 여기서 한 걸음 더 나아가 비공산주의적인 저서나 잡지 및 서적의 출판도 널리 일반화되어야 할 것이며 이렇게 하는 것이 현실적으로 커다란 이점이 될 것이다. 그렇기 때문에 반체제적 작품을 가지고 그 작자를 투옥한다는 일은 아주 어리석은 일이며 이는 결과적인 면에서 정권에 도움을 주는 일이 아니라 그들 작가와 그들의 반체제적 경향에 도움을 준다고 본다.[42]

이상의 사하로프와 메데베제프의 지적 자유 확보 문제에 대한 자세한 언급에서 보듯 통치당국이 동서간의 국제관계개선 필요성에 의해 헬싱키 협정을 강조하고 또 이를 운위하면 할수록 그들 인권운동가들을 비롯한 반체제운동가들은 이 협정을 근거로 정부 당국의 인권탄압을 규탄하고 나섰으며 이러한 그들의 규탄행위가 헬싱키 협정에 비추어 정당하다는 논리를 전개시켜 오고 있다. 그리하여 드디어 1976년에는 이들 인권운동을 주도하는 반체제인사들이 중심이 되어 모스크바에서 '헬싱키협정 감시위원회(Promote Observance of the Helsinki Accords)'가 설립되었으며 이와 유사한 단체들이 우크라이나, 조지아, 알메리아, 리투아니아 등지에서 계속하여 설립을 보게 되었다. 동 모스크바 위원회에서는 1977년초 소련 당국의 종교박해, 가족분산, 소수민족에 대한 법적 권리 부인 등 인권침해 사례 19건을 모은 보고서를 발표하였으며 이 보고서가 서방세계에 유출되어 빌표되기에 이르렀다.

우리는 소련의 인권운동은 그것이 곧 소련에서의 반체제운동의 핵심적 내용임을 살필 수 있는 것이며 인권운동과 반체제운동과는 그 내용에 있어 거의 동의적인 성격을 가진다는 점을 인식할 수 있다. 이러한 논리에서 보면 소련의 반체제운동이라는 것은 인권운동의 보다 포괄적인 개념으로 파악하여 별다른 무리는 없을 것이다. 포괄적인 '반체제운동'의 개념은 소수민족해방운동, 체제의 민주화운동(democratic movement)을 비롯, 여기서 다루고 있는 인권운동

---

42) *Ibid.*, pp.191~192.

(human right movement) 등의 개념들을 내포하고 있는 상위개념(high concept)일 수 있기 때문에 단일용어인 '반체제' 혹은 '반체제운동' 속에 전기한 요소들이 포함되고 있다고 볼 수 있다. '반체제운동'의 핵심적인 내용의 하나라고 볼 수 있는 인권운동도 그 속성에 있어서 전기한 그의 상위개념인 반체제운동의 속성과 그 궤를 달리하고 있지는 않다. 이 점은 소련 인권운동가의 한 사람인 알렉세이바(Ludmilla Alexeyeva)43)의 인권운동에 관한 정의에서도 분명하게 나타나고 있다.

그는 소련 인권운동은 궁극적으로 법률이 모든 사람에게 공평하게 적용되는 상태의 실현에 있다고 전제하고 그러나 이 운동은 사회주의자(socialists)로부터 군주주의자(monarchists)들에 이르는 각종 정치적 신념을 가지고 있는 사람들 간에 골고루 그 지지를 받고 있기 때문에 단일신념에 의한 하나의 정치운동의 범위를 뛰어넘는 것이라고 본다. 또한 그는 이러한 인권운동은 법의 테두리 내에서 행하여지고 있는 공개적인 운동이며 따라서 이 운동은 과격한 수단을 동원하는 것을 피하고 있는 것이 원칙이라고 주장하고 이러한 성격의 인권운동의 유일한 무기는 말(word)과 공개성(publicity)뿐이라는 것이다.44) 또, 그는 일반적으로 사하로프가 이 소련 인권운동의 실질적인 지도자로 널리 알려지고 있는 것이 사실이나 이는 잘못된 생각이며 그가 이 운동의 대표자라고는 말할 수 없다는 것이다. 왜냐하면 이 인권운동에는 지도자가 따로 있을 수 없는 것이며 또한 이 운동은 특정 조직체의 성격을 띠고 나타나는 것이 아

---

43) 1977연 2월 소련을 떠나 현재는 미국에서 활동하고 있는 소련의 대표적인 인권운동가, 그녀는 모스크바대학 졸업후 모스크바출판국의 편집자로도 있었으며 1968년 Ginzburg와 Galanskov를 옹호하는 서한에 서명한 것을 이유로 15년간의 당원생활에서 축출되었다. 그 후 그녀는 전통적인 당원가정에서 자라났음에도 불구하고 인권운동에 몸담아 Samizdat를 제작 배포하는 조직을 만들고 「A Chronicle of Current Events」의 기고자로 활동하는가 하면 1976년에는 모스크바 헬싱키 클럽 설립에 관여하기도 하였다.

44) Ludmilla Alexeyeva, "The Human Rights Movement in the USSR," *Survey*(105), p.73.

니라 이에 동조하는 모든 사람들 스스로의 양심의 명령에 따른 스스로의 행동이기 때문이라는 것이다.[45]

이상의 알렉세이바의 지적은 소련 인권운동의 속성을 한마디로 요약하고 있다고 볼 수 있다. 소련의 인권운동은 명확하게 그 이념적 특색이나 목적을 지적하기 곤란한 범국민적 인간 기본권 보호운동의 일환으로 이를 파악할 수 있다. 이러한 속성을 가진 소련의 인권운동이 소련사회에서 본격화한 계기는 일반적인 반체제운동의 시발에서와 같이 소련체제에 대한 비판적인 글을 서구에 유출하여 출판케 했다는 혐의로 체포된 시냡스키(Andri Sinyavsky)와 다니엘(Yuli Daniel)에 대한 소련 당국의 비밀재판이 그 직접적인 계기라고 볼 수 있다. 이들 두 문인에 대한 재판소식이 전해지자 1965연 12월 5일 '소련의 기본법인 헌법을 존중하라'는 구호를 든 최초의 인권시위가 모스크바에 등장하였으며 이들 시위자들은 그들 두 문인을 헌법 명문규정에 따른 공개재판을 하라고 요구하였다.[46]

그러나 이들의 요구에도 불구하고 소련당국은 비밀재판을 통하여 시냡스키에게는 7년, 다니엘에게는 5년의 강제 노동형을 각각 언도하기에 이르자 이때부터 이 판결에 항의하는 물결이 여러 갈래로 일어나게 되었다. 결국 그 후 이 재판에 대한 항의, 항의자에 대한 체포, 또 다른 체포에 대한 항의의 악순환이 계속되었으며 이는 결국 지금까지 계속되고 있는 소련반체제인권운동의 가장 뚜렷한 맥이 되고 있다.[47]

두 문인의 재판에 대한 항의의 소용돌이 속에서 소련인권운동의 첫 번째 조직체가 탄생된 것은 1969년의 15명의 회원으로 구성된 'Initiative Group for the Defence of Human Rights in the USSR'가 그 시초이며, 그 다음 해인 1970년에는 사하로프(Andri Sakharov), 칼리제(Valey Chalidze), 트베르도클레보르(Andri Tverdokhlebor) 등이 주축이 되어 'Committee

---

45) *Ibid.*, pp.73~74.
46) *Ibid.*, p.72.
47) *Ibid.*, p.73.

for Human Rights'라는 단체를 만들어 일반시민들에게 그들의 권리를 교육시키고 정부의 반체제인사들에 대한 부당하고 불법적인 처벌에 대해서 항의하기 시작하였다. 그 후 반체제인권운동의 여파로 투옥된 사람들 가족들에 대한 재정보조를 목적으로 한 'Group-73'이 1973년에 결성되었으며, 1974년에는 'Soviet Section of Amnesty International'이, 1976년 5월에는 10명의 인권운동가들이 중심이 된 'Moscow Group to Promote the Implementation of the Helsinki Accord'가 모스크바에서 결성된 것을 계기로 그 이듬해까지 같은 단체가 우크라이나(9인그룹), 리투아니아(5인그룹), 조지아(6인그룹), 알메니아(3인그룹) 등의 5곳에서 연달아 결성되었다. 또한 1976년에는 이 밖에도 3인으로 구성된 'Christian Committee for the Defence of Believers Rights', 1977년에는 6인의 'Working Commission to Investigate the Use of Psychiatry for Political Purpose'와 'Free Trade Union' 등의 단체들이 각각 출현하였다.[48]

이상 3~4년 사이에 생성된 전기한 소련의 인권운동단체들의 그 이론적인 활동기반은 주로 소련 당국에 의하여 서명된 각종 국제협약과 조약 등에 근거를 두고 있었으며 이 가운데서 특히 '헬싱키 협정'의 'Final Act'가 가장 커다란 무기로 작용되었다.

인권문제에 대해서는 UN 헌장에서도 분명한 언급이 있긴 하였으나 그것은 너무 오래되고 진부한 내용이었음에 반하여 소련 당국이 참가, 서명한 전기의 '헬싱키 협정'은 소련국내 신문지상에 발표된 첫 번째의 인권문제에 관한 국제협정이라는 점에서도 이는 소련사회 일반에 미치는 영향은 절대적인 것일 수 있었다. 따라서 이러한 맥락에서 보면 전기한 여러 인권단체 가운데서도 1976년 5월에 결성된 헬싱키 협정실천촉진그룹인 'Moscow Group to Promote the Implementation of the Helsinki Accord'의 활동이 가장 중심적인

---

48) *Ibid.*, p.74.

것일 수 있었다. 이 그룹은 설립 이후 헬싱키 협정 인권조항에 대한 소련당국의 침범행위를 수집하고, 이러한 침범사항에 대한 소련 일반시민들의 불평을 접수, 이렇게 수집 정리한 온갖 물적 자료들을 헬싱키 협정 조인국들에게 널리 알리는 일을 계속했다. 이러한 그룹의 적극적인 활동은 외국방송을 비롯한 각종 미디어들의 적극적인 협조로 상당한 효과를 거두게 되었으며 그들 또한 이에 발맞추어 외국 특파원들과의 交流를 더욱 빈번히 하여 그들의 활동을 전세계적으로 확산시켜 나갈 수가 있었다.[49]

　이상에서와 같이 그동안 소련의 인권운동그룹이 착실한 성장을 거듭하였다고는 하나 그 그룹들의 참가 인원의 수는 아직까지도 미미한 상태를 벗어날 수 없었으며 그 그룹들의 활동도 크게 표면화되고 조직화되지 못하였다. 수십 명 안팎의 이들 반체제 인권운동가들이 계속적으로 전국적인 인권위반 사례들에 대한 정보를 취합하고 이를 분석 정리하여 그들의 지하간행물인 사미즈다트(Samizdat) 등을 통하여 이를 다시 전국적으로 배포했고 또 이를 외국방송에 넘김으로써 결국 이러한 활동을 통하여 소련 전체사회의 시민의식과 그들의 권리에 대한 자각을 일깨워주는 역할을 하였으며 이에 더하여 대외적인 면에 있어서는 서방 민주진영과 소련 내의 하나의 독립된 의현과의 가교역할을 하였다고 볼 수 있다.

　소련의 인권운동의 선개에서 또 하나 특기할 만한 점은 이 운동이 진전되어감에 따라 민족자결을 부르짖는 민족운동적인 경향이 점차 강하게 나타난 점이다. 이러한 경향의 구체적인 예는 각 소수민족집단에까지 확산된 인권운동에서 흔히 찾아 볼 수 있으며 특히 소련 내의 유태소수민족집단의 인권운동에서 나타났던 그들의 이민주장(이스라엘로의)은 이 같은 경향을 가장 뚜렷하게 나타내고 있다. 즉, 그들 유태인들은 그들의 인권투쟁 전개과정에서 "우리는 이 땅 소련과는 아무런 일도 함께 하기 싫다. 소련에서 통할 수 있는 일은 불법 뿐,

---

49) *Ibid.*,

우리가 할 일은 아무 것도 없다. 우리는 여기에서 떠나기를 원하며 따라서 당국이 걷는 나쁜 길을 함께 걷지 않겠다. 우리를 여기에서 떠나게 하는 것은 그들 정권당국이지 우리 반체제인사들 스스로가 아닌 것이다"[50]라고 주장, 그들의 인권운동 내용 중에 강한 민족적 분리의욕을 내포시키고 있다.

이상에서 소련의 반체제인권운동의 내용과 그 경과를 개괄하였다. 이상의 개괄을 통하여 우리는 소련의 공식적인 이데올로기와 정치제도에 저항하는 모든 사회운동은 인권운동의 성격을 본질적으로 감출 수 없다는 사실과 함께 소련정부당국이 스스로 승인하여 서명한 인권에 관한 각종 기본권과 국제협정 등을 액면 그대로 믿고 실행하려는 사람들은 하나같이 반체제적 경향성을 가진 것으로 파악할 수 있다. 따라서 이러한 논리에서 보면 불법적인 것은 반체제운동 그것이 아니라, 반대로 그것은 소련 당국의 국제적 의무의 위반과 이러한 위반의 지적에 대한 소련 당국의 억압 그 자체라는 모순성이 분명히 나타난다. 바로 이 같은 모순성이 소련에서의 인권운동이 곧 반체제운동의 실질적인 내용이며 또한 반체제운동의 잡다한 형태도 궁극적으로는 인권운동과 그 맥이 닿고 있다는 상관성을 정당화시켜 주는 현상이기도 한 것이다.

Ⅲ. 반체제운동의 발전단계

전후 소련에서의 반체제운동의 경과를 여러 가지 기준으로 그 전개과정을 분류하여 고찰할 수 있겠으나 본서에서는 이를 시기별로 4단계로 나눠서 살피고 있는 퇴케스(Rudolf L. Tökés)의 입장만을 소개하려 한다.[51]

---

50) *Ibid.*, p.77.
51) Rudoirf L. Tökés. *op. cit.*, pp.10~30.

퇴케스에 따르면 소련의 반체제운동은 1946~1954년의 제1기와, 1956~1964년의 제2기, 1965~1971년의 제3기, 그리고 1971~현재까지의 제4기로 구분지을 수 있다는 것이며, 각 시기별 반체제운동의 특징은 제1기는 호전적인 반란기이며, 제2기는 정치적 대항문화의 생성에, 제3기는 민족운동적 성격에, 그리고 제4기는 위축과 다극화의 특징으로 각 단계를 특징화할 수 있다는 것이다. 퇴케스가 분류한 각 단계별 소련 반체제운동의 발전과정을 소개하면 다음과 같다.

제1기, 이는 대전 직후인 1946년부터 스탈린이 사망한 1954년까지의 기간으로 이 기간은 전후의 상황 속에서 소련의 반체제적 운동이 발생기에 해당하는 기간으로 볼 수 있다. '호전적인 반란'의 기간으로 특징지어 질 수 있는 이 시기는 산발적이긴 하나 과격한 반정부활동이 눈에 띄었는데 이 중에서는 특히 우크라이나와 발틱지방을 중심으로 하여 일어난 공개적인 게릴라활동과 대규모적인 반정부 군사활동을 포함한 호전적인 민족주의자들과 중앙정부와의 충돌이 나타났던 기간이었다.

이 밖에도 소련의 여러 도시와 시베리아 등의 정치범수용소에서 극좌파들과 종교적인 반대세력들의 활동이 격화되기 시작한 것도 이 시기의 일이었다. '레닌 그룹(Lenin Group, 1946~1948)', '노동자 반대파(Workers' Opposition, 1947)', '북러시아 민주화운동(Democratic Movement of Northern Russia, 1947)' 등의 각종 반항단체들이 불법적으로 조직되어 활동하던 것도 이 시기의 일이었으며 이들 불법단체들은 그 모두가 과거 제10차 소련공산당 전당대회 당시 레닌에 의하여 채택되었던 당내에서의 반대파의 허용제도를 다시 복활할 것을 주장하면서 레닌에로의 회귀를 강력하게 나타내는 것이 그들 주장의 주된 내용이었다.

제2기, 1956~1964년의 시기로 이는 1956년 흐루시초프에 의한 소련공산당 제20차 전당대회 이후부터 1965년 가을, 당시의 대표적인 반체제작가였던 다니엘과 시냡스키가 체포되기 전까지의 기간을 말한다. 이 시기는 퇴케스가 '정치적 대항문화(political counterculture)' 생성기로 특징화했듯이 소련 반체제운동의 성장과 이의 정치운동화 시기로 볼 수 있다. 따라서이 시기에 소련 반체제운동은 그의 대중적인 기반을 확대하여 나가기 시작하였으며 특히 학생사회와 젊은 인텔리층에서 이러한 운동의 물결이 급속히 진전된 시기이기도 하다.

특히 이 시기는 흐루시초프에 의한 스탈린 비난이 이뤄졌기 때문에 정치권리의 독재화와 1인전권에 대한 비난 등이 당시의 자유화 물결을 자극하였으며, 이 밖에도 폴란드의 10월폭동과 헝가리폭동 등이 각기 이 시기에 일어났던 지식인 중심의 반체제운동 가속화를 측면에서 지원하였다고 볼 수 있다.이 때문에 지식인 사회를 중심으로 한 반체제활동의 매체라고 할 수 있는 지하불법간행물인 '사미즈다트'가 본격화한 것도 이 시기의 일이었으며 대규모적인 반체제적 문학써클만도 7개나 나타났었다.

제3기, 1965~1971의 기간으로 이 시기는 1965년 9월 다니엘과 시냡스키의 체포와 함께 이 운동이 전국화하고 국민운동화한 반체제 개화의 시기이다.

이때부터 소련의 반체제작가들의 저항문학들이 서방세계로 유출되기 시작하였으며 익명으로 서방에서 그들의 작품들이 활자화되기도 하였다. 이 당시 '사미즈다트'에 나타난 주요한 그들 반체제운동가들의 투쟁목표는 정치적 민주주의와 인권 등의 문제로 대별할 수 있다. 이러한 그들의 적극적인 투쟁활동도이 시기 말에 이르러서는 이른바 브레즈네프·코시간·포드고르니의 과두체제에의하여 취하여졌던 정치, 사회, 문화 등의 각 영역에서의 스탈린에의 회귀(re-stalinization) 노력의 결과로 점차 그들 반체제운동이 위축 분산되는결과를 가져왔다. 따라서 이 시기 말에 이르러서는 그동안 반체제 편에 섰던수많은 과학자들과 문필가들을 포함한 저명한 지식인들이 이때부터 끈질기게소련의 비밀경찰 당국의 추적의 대상이 되었으며, 이러한 소련비밀경찰에 의한 반체제운동가들에 대한 체포, 구금의 강화는 결국 한동안 단결된 결속을보였던 이 운동 자체가 분산 약화되는 결과를 초래하였다고 볼 수 있다.

제4기, 이는 1971연 이후 오늘날까지의 시기를 말하는 것으로 이 기는 이 운동의 위축과 다양화(retrenchment and polarization)의 시기로 그동안 전국적인 규모로 성장하였던 반체제운동이 해체되어 가는 시기였다.

이러한 소련 반체제운동의 분산화는 여러 가지 면에서 그 원인을 지적할 수 있겠으나 이는 대체로 소련정권당국이 이들 반체제운동가들의 의견이나 주장들을 어느 정도 수렴하여 정책결정 과정에 그들의 주장을 상당 부분 반영시켜 왔으며 또 한편으로 그때까지는 다소 자유스러웠던 반체제운동가들의 행동을 이때부터는 보다 본격적으로 추방과 체포의 수단을 통하여 엄격히 다스렸기 때문인 것으로 풀이할 수 있다.

그리하여 이 시기부터는 그동안 소련 반체제운동의 매체역할을 하던 '사미즈다트'의 제거운동도 당국이 본격화했다. 지하간행물의 편집자들을 찾아 이들을 체포하고 또한 각 지역에 산재하여 있던 이들의 통신원들도 모두 체포하였으며 이들과 외국의 저널리스트들과의 연락도 봉쇄하기 시작하였다. 이렇게 반체제운동 지도자들에 대한 체포와 추방의 방법을 통한 분산과 고립화에 이어 소련 정권 당국은 또다시 이들 반체제운동의 지지자들에 대한 체포 행위도 활발하게 추진시킴으로써 현재와 같은 반체제운동 진압에 상당한 효과를 보게 되었으며 따라서 현재의 소강상태로까지의 반체제활동 억압에 어느 정도 성과를 거두고 있다고 볼 수 있다.

Ⅳ. 반체제운동의 유형별 분류

소련사회에서 생성되고 있는 반체제운동은 소련이 안고 있는 잡다한 정치문화적 전통과 그가 안고 있는 복잡한 갖가지 이데올로기적인 유산. 그리고

다민족국가체제 등의 내재적인 요인으로 결과된 극도의 사회구조, 정치문화
적인 복합성을 초극할 수 없기 때문에 자연히 그곳에서 형성되고 있는 반체
제운동 자체도 다기한 형태와 내용을 띠지 않을 수 없다.

소련 사회가 안고 있는 이러한 사회구조, 정치문화면의 복합성에서 연유되
고 있는 복합적인 개념으로서의 반체제운동은 그 내용 면에서 인권운동, 민
주화운동, 민족운동 등 엄밀한 의미에서 보면 각기 독립된 속성을 가지는 운
동들을 포괄하는 복합적인 상위개념으로서의 조작이 불가피하리만큼 그 개념
자체의 형태와 내용상의 다양성을 내포하고 있다. 따라서 소련의 반체제운동
을 유형별로 분류함에 있어서도 그 분류기준이 퍽 다양할 수 있으나 본서에서는
이를 편의상 그 형태면과 이념적인 면 그리고 인적 구성 등의 세 가지 측면에서
관계 학자들의 유형분류를 개괄하기로 한다.

먼저 코너(Walter D. Conner)는 소련 반체제운동을 그 형태면에서 보
아 이를 'Insiders'와 'Outsiders'로 분류하고 있다.52)

여기서 말하는 'Insiders'라는 것은 일반적으로 소련 당국의 고위직책에
있는 전문적인 인텔리이거나 혹은 그가 행사하는 역할이 상당한 비중을 갖고
있는 부류이며 이들이 취하는 반체제운동의 특징은 비교적 온건한 방법으로
반체제운동을 전개하는 데 있다. 이 범주에 드는 대표적인 인물로는 소련 핵
무기개발의 아버지로 지칭되고 있는 사하로프 등을 들 수 있다. 이에 반하여
'Outsiders'들은 소련당국에 의하여 아무런 쓸모없는 부류로 배척당하고 있
는 과격파 문필가들을 중심으로 한 부류인바, 여기에는 아말리크 마르켄코스
등이 대표적이다. 그러나 이와 같은 'Insiders'와 'Outsiders'들의 반체제운
동은 그 형태면에서 엄격하게 구별하기는 힘든 일이며 설령 그러한 구분이
이뤄진다 하더라도 이들 양형태간에는 항상 뒤섞일 수 있는 소지가 있는 것
이기 때문에 객관적인 구분의 척도를 마련키는 어렵다고 볼 수 있다.

---

52) Walter D. Conner, "Dissent in the Complex Society: The Soviet Case,"
in *Problems of Communism*(Jan-Feb, 1978) pp.48~49.

그러나 대체로 'Insiders'적인 성격이 강하다고 볼 수 있는 사하로프의 선언, "Reflections on Progress, Peaceful Co-Existence and Intellectual Freedom"[53]에서 나타나고 있는 바와 같이 소련체제의 모순은 그들 자체 지도자들의 과오의 시정을 통하여 그 개선이 가능하리라고 보는 것이 그들의 주된 입장인 반면, 'Outsiders'들의 입장은 현존체제의 구조적 병리가 시정될 수 있다는 데 회의적인 반응을 보이고 있는 아말리크의 저서 Will the Soviet Union Survive Until 1984?의 입장과 동일한 성격을 취하는 비교적 과격한 소수 문필가들의 입장으로 대변되고 있다고 볼 수 있다.

그러나 이같이 소련 반체제운동을 'Insiders'와 'Outsiders'의 양분법으로 분류하는 것은 소련의 지배당국에 의한 임의적인 분류, 즉 양분적인 분류를 통한 이 운동의 말살 의도가 어느 정도 숨어 있는 논리로 봐야 하기 때문에 이 분류에 어느 정도 그 타당성을 부여할 수 있을 것인가에 대해서는 의문이며 그 어느 부류를 막론하고 이른바 '사회주의적 정의'의 실현을 소련에서 이룩하겠다고 하는 소련 반체제운동의 일반적인 속성에서 이들 모두가 크게 벗어나고 있지는 못하다.

두 번째로 소련의 반체제운동을 그 이념적인 지향성을 기준으로 하여 '도덕적 절대주의(moral-absolutist)' 성향을 갖는 유형과 '실용주의(instrumental-pragmatic)'의 성향을 갖는 두 가지 부류로 나눠 볼 수 있다.[54]

여기서 말하는 도덕적 절대론들의 이념적 속성은 현존하는 당관료들의 기생적인 권력추구의 작태는 새롭게 도덕적이며 정신적인 리더십으로 이를 제거하여야 되며, '마르크스-레닌'주의의 유물론적인 논리를 재검토하여 당과 경찰독재의 구성분자들 사이에 죄악을 일소시키며 이러한 이념적인 정화작업을 통하여 이른바 그들의 사회주의적 합리성과 도덕성이 회복될 수 있다고 주장하는

---

53) Sakharov의 대표적인 반체제적 지하작품.
54) L. Feuer, "Scientific Opposition-Literary Opposition," *Problem of Communism* (November-December, 1970), pp.4~10.

솔제니친, 다니엘, 시냡스키 등의 사고유형이 이 범주에 든다고 볼 수 있다.[55]

이에 반하여 '실용주의'의 반체제운동은 그 대부분이 과학, 교육예술적인 엘리트그룹의 반체제적 이념정향으로서 이념적인 경직성이 보다 약한 것이 일반적인 경향이다. 카피사(Peter Kapisa), 메데베제프, 사하로프, 란다우(Lev Landau) 등을 비롯한 수많은 물리학자, 생물학자, 수학자, 화학자 등의 전문적인 과학자들을 포함한 이들 실용주의자들은 거의 공통적으로 소련체제의 이념적인 경직성보다는, 즉 이념지상주의보다는 과학 및 경제적인 실용주의를 보다 강조하는 점에서 그 특징을 발견할 수 있다.[56]

그런데 이러한 실용주의적인 과학자들은 대개 소련사회에서 차지하는 특권적인 지위와 자국의 경제발전과정에서 차지하고 있는 무시할 수 없는 입장 등의 여러 이유 때문에 그들은 이념적 절대론자들의 경우에 있어서 보다도 한결 정치적으로 괴롭힘을 덜 당하고 있는 것도 또한 사실이다.

따라서 이들은 당의 과학 부문 관료들이 결정하는 비합리적인 정책의 강요에 싫증을 느끼면서 점차 그들의 전문영역에서의 '지적 자율성'과 '문화적 획일성에 대한 이견' 및 '이념적 절충주의(ideological eclecticism)'를 주장하고 나섰다.

그들은 소련체제를 지탱하고 있는 이념적인 기반에 대한 시시비비에는 별다른 관심이 없으며 오직 그들의 과학적이거나 학술적 영역에 가하여지는 관료들의 간섭을 배제하는 것에 그들의 관심을 쏟아 왔다.

아말리크 또한 그의 유명한 저서 Will the Soviet Union Survive Until, 1984?를 통하여 소련 반체제운동을 이념적인 기준에 따라 'True Marxism-Leninism', 'Christian Ideology', 'Liberal Ideology'의 세 가지 유형으로

---

55) Timothy Mcclure, "The Politics of Soviet Culture." *Problems of Communism*(March-April, 1967), pp.30~31.
56) Nicholas de Witt, "The Politics of Soviet Science," The American *Behavioral Scientist, VI, 4*(December, 1962), pp.7~10.

각각 분류하고 있다.[57]

아말리크가 말하는 'True Marxism-Leninism'적 유형의 입장이라는 것은 현존하는 소련정권당국이 '마르크스-레닌'주의의 이데올로기적인 순수성을 손상시켰을 뿐만 아니라 그들 정권당국이 '마르크스-레닌'주의를 소련에 실제로 적용하는 데 있어서도 失敗하였다고 보는 입장이다. 따라서 이들 반체제론자들의 견해에 따르면 소련정치체제와 소련사회의 건강성을 회복하기 위해서는 진정한 '마르크스-레닌'주의의 원칙으로 되돌아와야 한다는 것이다.

또한 'Christian Ideology'의 입장은 기독교정신의 원칙들이 소련 내의 공공생활의 지표로서 채택되어야 한다는 다분히 범슬라브주의적인 견해를 표방하고 있다. 그러나 이 'Christian Ideology'는 아말리크에 따르면 종교적이거나 교회적인 이데올로기로서가 아니라 하나의 뚜렷한 정치적 강령(Political doctrine)으로서 이해되어야 한다는 것이다.

'Liberal Ideology'는 생산수단의 공공 및 정부소유를 인정하는 서구타입의 민주주의 사회의 이행을 목적으로 하는 반체제 이데올로기의 하나이다. 아말리크는 소련의 반체제운동을 '민주화운동(democratic movement)'으로 개념화하여 이를 전기와 같이 세 가지 이념적 유형으로 분류한다. 그러나 실제 민주화운동가들을 하나하나 이 기준에 의하여 명확하게 구분할 수는 없는 것이며 오히려 어떠한 반체제운동가에 있어서도 엄밀하게 그가 지닌 이념성을 분석하면 전기한 세 가지 유형이 복합적으로 나타날 수밖에 없을 것이라고 말하고 나아가 이들 세 가지 이념적 경향 자체의 명확한 경향성, 즉 경계도 사실상 구획하기 힘든 것이 소련 반체제운동의 특징이라는 것이다.[58]

메데베제프는 그의 저서 『On Socialist Democracy』[59]에서 특히 소련공

---

57) Andri Amalrik, *Will the Soviet Union Survive Until 1984?* (New York, Harper & Row Publishers, Inc., 1971), pp.11~12.

58) *Ibid.*, pp.12~15.

59) Roy Medvedev, *kniga 0 sotsialisticheskom demokratii*, Amsterdam, Paris, 1972: 불어판인 『De la Democratie Socialise』는 1972년 파리에서, 독어판인 『Sowjetburger

산당내의 엘리트집단은 이를 'neo-stalinists', 'conservatives', 'party-de-mocrats'의 세 가지 부류로 나누고 이들 중 'party-democrats'들이 특히 반체제적 경향이 강하다고 봤다.

메데베제프가 분류하고 있는 당원들의 의식성향 중 반체제적 경향은 'party-democrats'들의 견해에서 나타나고 있다고 보는데, 이는 메데베제프 자신도 스스로 이 그룹유형의 1인이라고 말하면서 이 경향의 특징을 다음과 같이 규정한다.

> 이 경향의 가장 대표적인 특징은 우리 당(소련 공산당)과 공공생활에서 보다 포괄적이고 지속적인 민주화를 요구하는 점이다.
>
> 소련에는 보다 많은 언론, 출판의 자유가 있어야 하며 집회, 결사 외 자유와 과학과 학문의 자유, 예술활동 외 자유가 보장되어야 한다.60)

이상과 같은 입장을 취하고 있기 때문에 메데베제프는 소련 내에서 비마르크스주의적인 입장을 취하고 있는 반대파들을 '서구파(Westernizers)'로 이를 규정한다.

> 그들에게 있어 스탈린주의는 '마르크스-레닌'주의의 하나의 논리적인 발전단계인 것이며, 이는 또한 프롤레타리아독재와 10월혁명의 직접적인 계승이라는 것이다. ……
>
> 이들 서구주의자들은 자본주의와 생산수단의 개인소유를 비판한다. 그러나 그들은 '통제된 자본주의자(controlled capitalism)'의 명백한 이점을 거부하지 않는다.61)

---

in Opposition, Plädoyer fur eine sozialistische Demokratie』는 1973년 함부르크에서, 영문판인 『On Socialist Democracy』는 Alfred A. Knoff, Inc., New York에서 1975년 각각 출판됐다.

60) *Ibid.*, 56.

61) *Ibid.*, p.68

또한 그에 따르면 서구주의자들 가운데는 자본주의체제를 정당화하고, 또한 자본주의체제의 성과에 대하여 이를 감탄하며, 이에 반하여 사회주의 성취에 대해서는 이를 부인하거나 무시하려는 사람들마저 있다는 것이며 이러한 극단적인 입장을 견지한 예는 '이월당(Februarists)', '민주주의자(Democrats)'들에서 찾을 수 있다고 말하고 있다.[62] 그런데 메데베제프가 여기서 극단적인 서구주의자 그룹의 예로 들고 있는 'Democrats'들이란 민주화운동을 지향하는 소련 반체제집단 일반을 지칭하고 있다고 볼 수 있다.[63]

메데베제프에 의하여 지적되고 있는 또 하나의 반체제적 경향은 '윤리적 사회주의(ethical socialism)' 경향이다. 이 경향은 그 명칭이 시사하는 바와 같이 사회주의체제의 경제적인 성과보다는 정신과 윤리적 가치를 더욱 중시하는 입장이다. 또한 이들의 정치적 경향성이 분명하지 않은 점도 이 '윤리적 사회주의' 논자들의 특징이며 솔제니친을 이 입장의 가장 뚜렷한 추종자로 보고 그 밖에 시냪스키와 레비틴 크라스노프(Levitin Krasnov)와 같은 '기독교사회주의자(Christian Socialists)'들도 이 범주에 포함시킬 수 있다는 것이다.[64] 마지막으로 메데베제프는 'Anarcho-Communists'적인 반체제 입장을 들고 있는데 이는 과거 그리고렌코 장군에 의하여 대표되었던 경향이나 현재는 이의 추종세력이 발견되지 않고 있다는 것이다.[65]

한편 서구학사이면서 소련의 반체제운동에 대하여 신구직인 업적을 남긴 레비츠키(Borys Lewytzkyj)는 인적 구성에 따라서 소련의 반체제를 일곱 가지 유형으로 분류하고 있다.[66]

그 첫째 유형은 '시민권운동'의 유형으로 가장 광범한 부류이며, 둘째는 사회

62) *Ibid.*, p.69.
63) 이러한 과격한 일면을 갖고 있기는 하나 메데베제프는 소련의 Westernizers들의 보편화된 경향은 사회주의적이라는 점을 강조하고 있다.
64) *Ibid.*, pp.73~76.
65) *Ibid.*, p.78.
66) F.J.M. Feldbrugge, *Samizidat and Political Dissent in the Soviet Union*, p.33.

주의적인 이념의 순수성을 강조하는 '공산주의 및 마르크스주의' 유형, 셋째는 민주화운동 그룹인 '민주주의자' 유형, 넷째는 'All-Russian Social-Christian Union for the Liberation of the People', 다섯째 '파시스트', 여섯째는 '스탈린주의자', 일곱째 '민족주의자' 등이 그것이다.

지금까지 소련의 반체제운동을 그의 형태적인 면, 이념적인 면, 인적 구성에 따라 각기 다양하게 분류하고 있는 관계학자들의 반체제 유형분류를 개괄하였다. 여기에서 이상의 여러 소련 반체제운동 연구가들의 유형분류를 종합하면 이를 대체로 다음의 4대유형으로 이를 간추려 볼 수 있을 것 같다.

먼저, 크게 보아 '마르크스-레닌'주의자 반체제집단으로 파악할 수 있는 그룹인데, 이는 아말리크, 메데베제프 및 레비츠키에서 각각 'Marxists-Leninists', 'Liberal-Democratic', 'Communist'들로 표현된 그룹들이라고 볼 수 있다. 이들 그룹의 일반적인 특징은 '마르크스-레닌'주의의 순수성을 회복하려는 것이 그들의 주된 관심이며 따라서 소련의 정권당국은 이러한 입장에서 이탈, 스탈린적인 사고에 집착한 결과 레닌적인 정책의 도입에 실패하고 있다는 것이 그들 불만의 주된 내용이다.

두 번째의 유형은 '사회주의자' 집단으로 명령될 수 있는 반체제 경향인데 이는 소련에서의 현재와 같은 곤란들을 야기한 주된 원인은 사회주의 도입의 실패 때문이라고 보고 이는 완전한 사회주의체제의 완비를 통해서만 그 해결이 가능할 수 있다고 보는 그룹이다. 따라서 이러한 입장을 취하는 사람들은 현재의 소련의 사회, 경제체제는 '국가자본주의(state capitalism)'로 이를 규정, 이의 시정을 통해서만이 참다운 그들의 사회주의 이상사회를 달성할 수 있다는 입장이다.

또 다른 하나의 경향으로는 '민주주의자' 집단의 반체제 경향이라고 볼 수 있는데, 이는 '마르크스-레닌'주의적 사고에 반대하는 반체제적인 입장이라고 볼 수 있다. 즉, 이들은 전장에서 언급한 바와 같이 사회주의의 실현에 대한 집착보다는 현실적인 인권운동, 민주화운동, 서구화 등에 더 많은 관심을 가

진 집단이라고 볼 수 있다.[67)

마지막 유형으로는 '민족주의자집단(nationalists)'의 반체제운동 그룹인데 이들 계층은 대러시아 민족주의와 연계된 소련정권 형성을 주장하고 있는 소련의 민족주의운동가들과 그 밖의 소수민족 그룹들이 이에 포함될 수 있다고 볼 수 있다. 다기적이고 복합적인 사상성을 내포하고 있는 소련의 반체제운동을 크게 보아 이를 앞에서와 같이 '마르크스-레닌'주의 유형(Marxist-Leninists), 사회주의 유형(Socialists), 민주주의 유형(Democrats), 민족주의 유형(Nationalists) 등의 4대유형으로 분류하여 각 유형별 속성을 분석하는 것이 보다 적절한 것으로 보아 본서의 후장에서는 이러한 맥락에서 소련 반체제운동의 유형별 속성을 검토키로 한다.

---

67) *Ibid.*, p.35.

제2장 반체제운동의 형성배경

제2장 반체제운동의 형성배경

I. 제정러시아의 유산

소련의 반체제운동 형성배경을 정치문화적인 측면에서 볼 때 우리는 먼저 현대 소비에트 정치문화의 모태가 되었다고 볼 수 있는 제정러시아의 상황에 분석의 초점을 맞출 필요가 있다. 이는 현재 소련에서 생성되고 있는 여러 가지 복잡한 형태와 내용의 반제체운동에서 보여주고 있는 다기한 이념적 지향성의 뿌리를 제정러시아기에 개화를 본 정치문화적 전통, 즉 정치사상적 전통에서 찾을 수 있기 때문이다. 따라서 제정러시아기의 정치사상을 포함한 정치문화적 전통의 고찰 없이 오늘닐의 빈체제성향과 그 내용을 분석하기는 거의 불가능한 일일 것이며, 또한 제정러시아기의 정치사상에 연계를 두지 않은 현재의 소련 반체제운동 또한 상상할 수 없는 것이다.

제정러시아의 정치문화적 전통과 현금의 소련체제하에서 그 생성을 보이고 있는 반체제운동과는 불가분의 밀접한 연관성을 결코 부인할 수 없기 때문에 소련 반체제운동의 형성 배경으로 먼저 제정기의 러시아 정치사상적 조류의 개괄적인 파악이 요청된다고 볼 수 있다.

현재의 소련 반체제운동과 연관된 제정러시아기의 정치사상의 고찰은 그 시기적인 면에서 볼 때 니콜라스 I세 이후로 좁혀질 수 있을 것이다. 러시아에서 니콜라스 I세의 등장기라는 것은 그동안 카더린이나 알렉산더대제치하를 통하여 거침없이 몰아닥쳤던 서구의 민주화 물결이 그 유명한 '12월당 반란'으로 폭발되고 난 다음, 종전까지의 민주화 내지는 서구화 물결의 유입을 이때부터는 가급적 봉쇄하고 또한 사회 각 부문에 팽배해 있던 서구화, 민주화의 요소들을 본격적으로 제거하려는 이른바 '반동정치', '억압정치'의 시기였다.

니콜라스의 등장과 12월반란과 같은 민주화운동의 실패, 이에 더한 반동탄압정치의 실시를 통한 강한 민족주의적 방향으로의 급선회와 같은 과격하고 급작스런 정치상황의 변화는 결국 전통적인 러시아의 지적전통과의 마찰을 야기했을 뿐만 아니라 그동안은 별다른 체계적 정비를 갖추지 못하였던 다기한 정치적인 의식을 하나의 뚜렷하고 체계적인 정치적 이데올로기로 발전시키는 데 크게 기여하였다고 볼 수 있다.

이러한 상황 속에서 니콜라스체제의 반동정치에 저항적인 민주주의자, 서구주의자 등의 이념집단과 과격한 마르크스이념집단, 허무주의적인 이념집단, 순수한 민족주의 이념집단이라고 볼 수 있는 슬라브주의자 등이 각기 니콜라스체제부터 명확한 정치이념적 틀을 갖춘 제정러시아의 공식적인 통치이념(official ruling ideology)에 대항하여 독자적인 뿌리를 내리기 시작한다. 여기에서는 이러한 맥락에 따라 먼저 니콜라스 I세 때에 체계적인 주형이 이루어졌다고 볼 수 있는 제정러시아의 공식이념을 먼저 살피고 이어서 이에 대항하여 다양하게 뿌리를 내린 러시아의 저항이념(anti-offfical ideology)의 내용을 살피기로 한다.

1. 제정러시아의 공식적 정치이념

나폴레옹 전쟁과정에서 유입된 자유주의사상의 팽배와 이에 의한 정치체제의 개편의지는 1825년 12월 알렉산더 I세가 죽자 페스텔(Pauel Peatel) 등 전쟁에 참가했던 귀족층 청년장교들이 중심이 되어 헌법의 개정을 요구하는 항의 (반항) 시위가 니콜라스 I세가 즉위하는 1825년 12월 24일 러시아의 수도 센터 피터스버그에서 일어났다.[1)]

러시아에서의 차르 전제체제에 대한 최초의 정치적 항의로 평가되는 이 '12월 장교단의 반란'(Decembrist Revolt)은[2)] 비록 실패하여 그 주모자들이 모두 처형되고 유배되었으나 이 사건 자체가 그 후의 러시아 혁명 및 러시아의 정치상황에 미친 영향은 절대적인 것으로 평가되고 있는 것이다. 이러한 12월 당의 반란의 와중에서 즉위한 니콜라스 I세(1825~1855)는 그의 30년 치세 동안 강권과 탄압으로 특징지어지는 강한 폐쇄주의적 경향으로 급선회, 일체의 정치활동의 통제와 사상의 통제, 교육통제 등을 비밀경찰 등의 조직을 활용하여 철저히 강화시켜 나갔다.

특히 니콜라스 I세는 서구적인 자유주의의 물결을 막고 그의 반동정치를 보다 영구화하기 위하여 교육을 통한 전제권의 확립에 각별한 노력을 기울여 왔다. 이에 따라서 니콜라스 I세는 1835년 그의 문교장관에 학자 출신인 우바로프(Count Sergei Uvarov: 1786~1855)를 임명하였는데 우바로프가 동직에 16년 재직하는 동안 그는 후일 제정러시아 통치이념의 기본적 골격이랄 수 있는 교육의 3대목표를 설정시킨 장본인이 된 것이다. 처음에는 교육의 목표로 시작되어 그 후 러시아 전제정치의 공식적인 정치이념으로 활용된 우바로프의 3대지표는 그 첫째가 정교(Othodoxy)사상, 그 둘째가 독재(Autocracy)정

---

1) 반란군들의 지향목표는 크게 보아 차르에게 헌법준수를 강요함으로써 러시아가 입헌군주국이 되기만 하면 충분하다는 일파와 또 다른 일부에서는 차르를 폐위시키고 차리즘을 폐지시킨 다음 러시아에 공화국제를 도입해야 한다는 두 가지 입장으로 대별될 수 있다. 금학준, 『러시아혁명사』, 1979, p.2~5 참조

2) 이에 관해서는 A. G. Mazour, *The First Russian Revolution, 1825* (Berkeley, University of California Press, 1937). Warren B. Walsh, *Russia and the Soviet Union: A Modern History*, rev. ed.(Ann Arbor: The University of Michigan Press, 1968) 등을 참조.

치사상, 그 셋째가 민족(Nationality)주의사상이 바로 그것이다.[3]

그는 3대강령을 통해서 조국 러시아와 군주인 차르에게 충성을 약속할 수 있다는 것이며, 또한 이를 통하여 정교회정신을 고양시킬 수 있는 것이며, 이렇게 하여 교회는 국가를 위하여 기도함으로써 러시아 전제정치를 지속적으로 공고화할 수 있으며 이상의 여러 가지 방법을 통하여 그들의 조국 러시아의 민족성을 지켜나갈 수 있다는 것이다. 그는 또한 국가의 질서와 안전의 범위 내에서 모든 국력이 행사되어야 한다고 믿었으며, 이는 오직 정불만이 모든 것을 가장 잘 알기 때문에 일반대중은 정부의 정책결정 과정에서 배제시켜야 되는 것은 당연하다는 것이며 또한 이에 대한 평가에 있어서도 정불만이 독점적인 권한을 행사해야 한다고 주장했다.

우바로프의 이러한 교육정책은 그의 후임 시크마토프(Shikmatov)대까지 연결되어 니콜라스체제의 반동적인 통치이념을 구축시켜 나갔다. 니콜라스 I세는 국내의 자유주의적인 사상의 탄압뿐만 아니라 국제혁명운동의 탄압에도 적극적으로 나서 '유럽의 헌병'이라는 별명을 얻기까지 하였다. 그의 이러한 대외적인 자유화운동 저지에 대한 관심은 터키와의 전쟁을 결과적으로 유발시켰으며 이에 영국과 불란서가 터키에 가세케 되어 크레미아 전쟁에서 드디어 러시아는 패북하게 되었다. 이 결과로 러시아의 지중해와 발칸 방향으로의 남진이 저지됨은 물론 니콜라스 체제의 대외적인 팽창의 한계성을 드러낸 결과를 가져왔다.[4]

한편 대내적인 사상탄압의 면에서도 니콜라스 체제는 그 한계성을 드러내 우바로프 등의 전제권 강화를 위한 부단한 노력에도 불구하고 이와는 달리 제정러시아의 전체주의, 노예국가체제, 쯔아의 독재권 등의 비참한 생활상에 분개하며 내일의 보다 자유로운 러시아를 애타게 갈구하는 지식층, 즉 러시

---

3) Thornton Anderson, *Russian Political Thought-An introduction* (Cornell University Press), pp.174~177.
4) 김학준, 앞의 책, p.17.

아 인테리켄챠의 계층이 뚜렷하게 그 전면에 모습을 나타내 보였다. 특히 이들 지식계층중에서도 문학방면의 푸쉬킨, 고골, 투르게네프, 도스토예프스키 등의 저항성이 특히 두드러졌으며 이들 지식인 중에서도 제정 차리즘에 대해 가장 충격적인 도전장을 낸 사람은 차아다에프(Peter la Chaadaev, 1794 ~1856)라고 볼 수 있다.

그가 1836연 '망원경(Teleskop)'이라는 잡지에 발표한 「역사철학에 관한 서신 제1호」는 니콜라스 체제와 이때부터 정형되기 시작한 제정러시아의 통치사상구조를 정면에서 부인하는 것이었다. 더구나 이는 러시아정교나 전제체제에 대한 신성부가침이 국시로 되어 있고 학계나 예술계에서는 전제체제의 장점을 황실 이상으로 옹호하여 왔던 당시의 러시아적 지적 전통 속에서는 도저히 상상조차 할 수 없는 지적 모험이었다.

차아다에프는 이 글에서 동시대의 러시아의 다른 지식인들과 마찬가지로 그들의 조국 러시아와 유럽 사이에는 근본적인 문화적 차이 때문에 각기 상이한 정치발전이 불가피하다는 점은 인정했다. 그러나 그는 그러한 정치전통의 차이는 러시아 황실이 주장하고 있는 바와 같이 러시아적인 독특성, 즉 우수성 때문이 아니라 오히려 이와는 반대로 러시아의 낙후성 때문인 것으로 파악하였다. 그는 러시아에서 가장 통탄스러운 점은 다른 민족들(러시아보다 후진적인 민족까지도)도 이미 오래전부터 터득하고 있던 진리들을 우리들은 이제야 발견하는 도중에 있다고 주장하고 이러한 원인은 우리가 다른 민족들과 어깨를 나란히 하여 전진하여 본 적이 없기 때문[5]이라고 주장한다.

차아다에프는 그동안의 니콜라스 반동체제 속에서 폐쇄적이고 반서구민족주의적 사상의 장막은 과감히 제거해야 하며 따라서 러시아의 발전을 위해 전제권은 유해할 수밖에 없는 정치통제로 규정, 이의 정당성의 근거를 뿌리로부터 뒤흔들어 놓았다. 결국 차아다에프의 주장을 계기로 하여 러시아의

---

5) *Ibid.*, pp.18~19에서 재인용.

지식인사회에서는 서구주의와 슬라브주의 두 가지의 서로 상치되는 경향성이
노골화되기 시작하였다고 볼 수 있다.

2. 서구주의

전장에서 살핀 바와 같이 니콜라스황제(I세)가 그동안 러시아에 대량으로 유
입되어 온 서구의 민주주의 철학의 뿌리를 제거시키고 러시아 민족주의에 입각
한 전제정치의 아성을 공고히 하려는 끊임없는 노력에도 불구하고, 그의 반동
적인 탄압의 도가 강하면 강할수록 러시아의 지적 분위기 속에서는 이에 반하
는 반전제약 정치사상의 대두가 점차 노골화되었다. 이렇듯 니콜라스 반동정치
분위기에 쐐기를 박는 반체제적인 지적 분위기가 계속적으로 신장되었던 이유
는 여러 가지 측면에서 고찰될 수 있으나 안데르슨(Thornton Anderson)은
이를 다음의 몇 가지로 요약하고 있다.[6]

첫째, 니콜라스의 전임황제인 피터대제, 카더린대제시에 너무나도 많은 러
시아의 학자들이 그 당시의 개방정책으로 서구를 견학하는 기회를 가질 수
있었으며 또한 이러한 기회를 통하여 서구의 문명과 정신이 담긴 서적들을
가지고 귀국하였다는 사실이다.

둘째, 첫 번째의 이유로 인하여 카더린과 알렉산더대제시에 서구의 책들이
러시아에서 너무나도 많이 프린트되어 지식인세계에 광범하게 많이 보급되어
있었던 점이다.

셋째, 나폴레옹 전쟁시에 수많은 러시아의 군인들이 서구로 출정하면서 그
곳의 문물을 직접 확인할 수 있었으며 이러한 출정기간을 통하여 그들 러시
아의 상황과 서구의 그것과를 비교할 수 있었다. 때문에 그동안 눈뜨지 못하

---

6) Thornton Anderson, *Russian Political Thought*. p.194.

였던 러시아적 상황에 대한 비판의식이 싹틀 수 있었으며 이에 더하여 출정 후에 러시아로 되돌아오는 군인들 틈바구니에는 그동안 유럽지역으로 이민하여 생활하고 있던 많은 이민자들이 다시 그들의 고국으로 돌아올 수 있었는데 이들이 귀국 후에 러시아적 상황에 대한 비판의식 형성에 커다란 영향을 미쳤다고 볼 수 있다.

넷째, 전기한 나폴레옹 전쟁과 12월 청년장교단 반란에 가담했던 사람들의 재판과정에서 보인 제정 당국의 너무나 비인도적인 온갖 처사가 의식 있는 러시아인들에게는 커다란 실망을 안겨 주었다는 점이다.

다섯째, 1755년부터 러시아의 모스크바에 새로운 대학이 설립되어 서구, 특히 독일에서 수많은 교수들이 초빙되었다는 사실이다. 독일에서 수많은 교수들이 러시아로 초빙되었다는 사실은 피터대제 이래 러시아의 지적 전통에 커다란 영향을 주어왔던 불란서적 분위기에 새로운 독일의 이상주의, 즉 쉘링, 피히테, 헤겔 등의 영향을 몰고 왔다. 이는 결국 이들 양자간의 갈등을 필연적으로 유발시키는 계기가 되었으며 이로 인하여 새로운 러시아의 정치사상 형성을 촉진하였다는 등의 다섯 가지의 원인이 제정러시아의 강압적인 사상통제의 한계성을 노출시키는 가장 직접적인 원인이라고 본다.

안델슨은 또한 상기한 모든 원인으로 인하여 니콜라스 체제하에서 새로운 합리싱을 자기들의 가치판단의 기준으로 삼으려는 지식인들이 내거 등장할 수 있었으며, 이같이 관제이데올로기 주형작업과는 상반되는 자유주의적인 지식인들의 등장, 즉 합리성을 강조하는 지식인들의 등장이라는 것은 결과적으로 러시아 내에서 서구주의적 지식인집단과 슬라브주의 지식인집단을 형성하는 계기가 되었다고 보는 것이다.[7] 간단하게 말하여 합리성의 제고의 문제는 오직 서구적인 것이 러시아에서 적용, 모방을 통해서만 가능할 것이라는 입장이 서구주의자들의 입장으로 볼 수 있는 반면, 이러한 합리성의 제고 문제는 일방적인

---

7) *Ibid.*, p.195.

서구의 모방이 아니라 러시아적인 역사, 문화, 정치전통에 맞는 형태를 통하여 서만 가능하리라고 믿는 입장이 슬라브주의자의 입장으로 볼 수 있다.

즉 서구주의자들은 그들 러시아의 현실적인 낙후성을 비난하고 차르체제에 서의 개혁 의지의 부진과 낡은 사회제도의 부적합성을 지적하면서 그들 스스 로의 서구지향적인 의식만이 러시아를 근대화시킬 수 있는 진보적인 사상이 라 믿고 있다. 이에 반하여 슬라브주의자들은 제정체제의 비합리성은 인정하 지만 이의 개선은 러시아의 역사전통에 맞는 새로운 규범의 창출, 즉 러시아 적인 정치문화적 전통에 충실한 참다운 민족주의의 개발을 통하여서만 가능 하리라고 믿고 있다.

서구주의자들과 슬라브주의자들 간의 상이한 지향성에도 불구하고 이들 두 지식인집단은 러시아의 제정체제에서 형성된 관제민족주의(official nation-alism)와 우바로프에 의하여 정식화된 그들의 관제 정치이념의 양대 차르 전 제사상체제에 반대하는 입장에서는 동일성을 발현할 수 있다.[8]

대표적인 서구주의자로는 「역사철학에 관한 서신 제1호」로 유명한 가톨릭 신자 인 차아다에프와 후일 러시아 볼셰비즘의 사상적 선구라고 지칭되기도 하는 벨른 스키(Vissarion Grigoryevich Belinsky, 1811~1848)를 들 수 있다. 벨른 스키는 모스크바대학 재학 시 러시아농노제를 비판한 'Dimitry Kalinin'이라는 희곡과 '공동체적인 사회주의조직(Communal Socialist Organization)'론을 주장하기도 했다.

3. 슬라브주의

슬라브주의 혹은 슬라브주의자들(Slavophils)의 입장이라는 것은 한마디

---

8) *Ibid.*

로 말해 서구주의자들과는 달리 러시아의 서구화를 비판하고, 진정한 정교의 회복, 그리고 피터대제 이전 러시아의 슬라브적인 원리로 되돌아 갈 것을 주장하는 교육받은 지식인집단의 사상성이라고 말할 수 있다. 슬라브주의자들의 사상은 1830년대에 구체화되었다고 볼 수 있으나 더욱 정확하게는 전기한 차아다에프(Chaadaev)의 비판론에 대한 응답의 성격으로 표면화되었다.

차아다에프의 사상적 입장은 본질적으로 서구화된 사고로 못박고, 이 같은 서구화된 지성의 모습을 '고향 없는 유랑인' 내지는 소외되고 근본을 상실한 지식인들로 매도하였다.[9] 따라서 슬라브주의자들은 이러한 소외되고 고향 잃은 서구화된 지식인들의 사고로부터는 제정체제의 올바른 개선을 기대할 수 없는 것이며, 이는 오직 아직도 러시아에 살아 움직이고 있는 정교(Orthodox Christianity)나 슬라브적인 전내의 공동체 생활 등의 고유한 원리를 되찾음으로써만 제정체제의 비이는 시정될 수 있으며 고향을 잃은 서구주의자들은 다시 그들의 도덕적 건강성을 회복할 수 있다는 것이다.[10]

슬라브주의자들의 견해는 결국 러시아가 그들의 지정학적인 면에서 볼 때 서구주의자들이 보는 바와 같은 유럽의 일부일 수 없으며 그렇다고 하여 아시아의 일부도 아니고, 이는 어디까지나 러시아이며 따라서 '러시아적'인 것 그 이상도 그 이하도 아니라는 것이다. 따라서 그들은 러시아의 역사적 전통, 그리고 그들 러시아가 스스로 발전시켜 온 제도 및 러시아인들의 신앙의 중심이 러시아정교를 면밀하게 연구함으로써 오늘날 러시아가 처한 환경을 정확하게 이해할 수 있는 것이며 그러한 바탕 위에서 앞으로 러시아가 걸어갈 길을 찾을 수 있다고 믿었다.

그들은 그들의 조국 러시아가 직면한 과업은 하루빨리 모든 것을 서구로부

---

9) Andrzej Walicsi, "Russian Social thought: An Introduction to the Intellectual History of Nineteenth-Century Russia," *The Russian Review*, Vol. 36, No. 1(January, 1977), pp.6~7.
10) *Ibid.*,

터 배워야만 결국 그들의 후진성은 극복될 수 있을 것으로 보았던 서구주의
자들과는 달리 러시아의 후진성의 극복은 오직 전통적인 속성을 내포하고 있
는 전래적인 러시아문명 특성의 재현으로만 가능하다는 입장을 강하게 견지
하였다.11) 이렇듯 슬라브주의자들은 종교 및 철학적 사상의 독자성을 나타
내어 보였다고 볼 수 있다. 그들은 러시아의 사명은 서구라파의 여러 국민들
의 역할로부터 분명하게 구별된다고 논증하고 러시아사의 밑바닥에 깔려 있
는 동방정교적 형태의 기독교의 독자성을 이해하려고 노력하였다.

슬라브주의자들은 종교적 원칙의 절대우위성을 인정한다. 따라서 역사적인
모든 영향에 있어서 왜곡되고 전도되지 않은 순수한 정교신앙을 추구했다.
그리하여 그들은 서구의 합리주의와 기계주의 및 법률주의 그리고 민주적 몰
입간주의(impersonalism)에 대해서도 똑같이 반대하였다. 슬라브주의자들
도 서구주의자들과 마찬가지로 니콜라스 체제에 대한 강한 비판적인 태도를
보였을 뿐만 아니라 나아가 국가체제 전반에 관하여 회의적인 태도를 나타내
었으며 그들 가운데는 강렬한 무정부적 요소까지 나타냈다.12) 그러나 이들
슬라브주의자들은 한편으로 군주제를 옹호하는 입장도 보였다. 이는 원내 항
상 죄 많고 비열한 것이랄 수 있는 권력에 의해서 한 사람의 인간이 오욕을
당하는 편이 전인민이 더럽혀지는 것보다는 훨씬 낫다는 논거에서 나왔다고
볼 수 있다.13)

또한 슬라브주의자들은 인민을 믿었고 인민들의 정교를 무엇보다 강조하였
다고 볼 수 있다. 그런데 이들 슬라브주의자들의 관심의 대상으로서의 인민
이란 무엇보다 먼저 농민이었으며, 농민들이야말로 그들 러시아의 정교신앙
과 국민들의 미풍양속을 보전 유지케 하는 주체라고 본다. 따라서 그들은 러

---

11) 김학준, 앞의 책, pp.29~30.
12) Ibid., p.29.
13) Nichoa's Perdyaev, The Origin of Russian Communism(The Centenary
    press, 1937), 이경식 역, 『러시아지성사』, (종로서적. 1980), p.28.

시아 특유의 전통적 농촌공동체(Mir)의 열렬한 옹호자였으며, 그들은 그것을 나로드니크(narodniks)들이 생각하고 있었던 것과 못지않게 유기적인 경제생활의 구성체로 이를 평가하고 있었다.14)

　슬라브주의자들의 이러한 보수성에도 불구하고 그들은 인권의 자유, 그리고 사상과 언론 자유의 열렬한 옹호자였으며 일종의 독특한 민주주의자였고, 또한 인민주권을 믿는 인민주권론자였다. 여기에 이르러, 즉 시기적으로 보아 1930년대와 40년에 있어서의 러시아의 슬라브주의와 서구주의자들 사이에는 사상의 공통성이 강하게 나타나고 있었다. 즉, 19세기 러시아의 가장 우수한 사람들 그리고 가장 사려깊은 교양 있는 사람들의 집단이라고 볼 수 있는 슬라브주의자와 서구주의 지식인들은 그들 간의 내재적인 이견에도 불구하고 그들 모두가 하나같이 현존체제라는 것은 그들에게 있어서 혐오스럽기 짝이 없는 것으로 평가하고, 과거 속에 안주하려 하거나 혹은 미래 속에 안주하려는 태도에 있어서는 하등의 차이점을 발현할 수 없다고 볼 수 있다.

　슬라브주의자들은 피터대제 이전의 이상적이었다고 보는 과거의 러시아를 항상 회상하였다고 본다면, 서구주의자들은 이상화된 서구라파를 항상 꿈꾸고 있는, 다시 말해 현재의 상태를 도피하려는 똑같은 경향성을 가지고 있었던 것이다.15) 이 같은 슬라브주의 경향의 대표자로는 1825년의 「서구문화의 성격과 러시아문화와의 관계」에서 러시아가 유럽보다 도덕적인 면에서 우월하다는 입장을 나타낸 케레에프스키(Ivan Kireevskii, 1806~1856)와 전통적인 러시아의 미르(Mir)제도의 발전을 강조한 호미야코프(Aleksei Khomiakov, 1804~1860) 및 열렬한 러시아 민족주의자의 한 사람인 아크샤코프(Konstantin Aksakov, 1817~1860) 등을 들 수 있다.

---

14) *Ibid.*, p.29.
15) *Ibid.*, p.30.

4. 무정부주의

무정부적인 요소는 19세기 러시아사상에 아주 강력하게 나타나 있다. 우리는 이미 슬라브주의자들의 군주제도를 옹호하는 논거에서도 강력한 무정부적 요소가 포함되고 있다는 것을 살폈다. 무정부주의 역시 허무주의나 나르드니키 경향과 마찬가지로 매우 특징적인 러시아 정신의 소산이다. 러시아에서의 무정부주의는 특히 프루동 등과 같이 서구 무정부주의자들의 영향을 많이 받았다고 볼 수 있으나 이 밖에 러시아 고유의 역사적 맥락에서도 무정부적 경향을 읽을 수 있다.

Anderson 교수가 러시아 무정부주의의 뿌리로 지적하고 있는 러시아의 역사적 전통은 다음과 같다.[16]

첫째, 15세기 이전까지 성행하던, 러시아 귀족들이 가졌던 그들의 자식들을 외국의 공주와 결혼시킴으로써 그들의 영향력을 넓히려는 풍습이 그 하나이다.

둘째, 러시아인들의 오래된 동방 정교적 종교지향성이다.

셋째, 지주와 차르에 대한 오래된 반항감정이다.

넷째, 1773연 카더린대제시에 있었던, 프카쵸프의 반란 등에서 대표되는 일상적인 농민들의 반란의 생활화이다.

다섯째, 정부와 국민들을 별도로 분리시켜 생각해 온 러시아인들의 오래된 관습 등의 다섯 가지를 들고 있다.

러시아 무정부주의자에게 있어서 가장 이상적인 상태는 항상 무국가로서 대표되고 있었으며, 현존하고 있는 국가는 상대적인 '그들'이었으며 또한 '적'이었다. '우리들'은 모든 국가와 인연이 끊긴, 다른 평면 위에 살고 있다고 그들은 오랫동안 생각하여 왔다.

또한 가장 특징적인 사실은 러시아의 무정부 이데올로기는 대부분 러시아 지

---

16) Anderson, *op. cit.*, p.232.

주, 귀족계급의 사상적 경향성이었다는 점이며 이러한 러시아의 무정부주의가
온 구라파에 커다란 영향을 미쳤다는 사실이다. 대표적인 무정부주의자들로는
독일제국과 사회혁명, 국가주의와 아나키즘의 저작을 가진 바쿠닌(Mikhail
Bakunin, 1814~1876)과 작가 톨스토이(Count Leo Tolstoi, 1828~
1910) 및 진화의 한 요인으로서의 상부구조라는 대표작을 가진 크로포트킨
(Prince Peter Kropotkin, 1842~1921) 등을 들 수 있다.

5. 인민주의

  나로드니키(Narodniki)들의 사상인 인민주의(narodnichestvo)라는 말은
여러 가지 의미를 지니고 있다고 볼 수 있는데 우선 이 말은 1870년대 후반에
있었던 '토지와 자유(Land and Liberty)'파의 혁명사상, 즉 'narod(인민과
농민들 속에서 활동하는 것을 이상으로 삼는 사상)'에서 뿌리를 발현할 수 있
다. 그러나 인민주의라는 용어는 보다 광의적으로 후진된 사회의 소생산자의
입장을 대변하여 비자본주의적 발전양식을 추구하던 러시아의 모든 민족적 이
데올로기(혁명적이든, 비혁명적이든 간에)를 지칭하는 것으로 파악하는 것이
보다 적절하다고 볼 수 있다.[17)
  1870년대의 'narod(go to the people)' 운동은 여러 가지 측면에서 러
시아농민들의 혁명적인 본능에 대한 바쿠닌의 주장, 그리고 자치적인 꼬뮌들
(?)의 자유로운 연방결성에 관한 그의 비전에 의하여 많이 고취되었던 것도
사실이다. 그리하여 그 운동에 참가한 많은 젊은이들은 스스로를 바쿠닌주의
자로 자처하기도 하였다.[18)
  그러나 전반적인 하나의 사상구조로서의 인민주의는 아나키즘과는 매우 다

17) 이계희, 『러시아근대사회사상』, (풀무, 1980), p.51.
18) Ibid.,

르다. 오히려 그들은 사회·경제적 발전에 있어서 자본주의적 발전이냐, 아니면 비자본주의적 방법이냐 하는 문제에 더 많은 관심을 가지고 있었으며 국가체제 자체에 대한 시비는 그들의 관심의 주 대상이 아니었다. 물론 당시에도 아나키스트적인 성향을 가진 인민주의자들이 많았던 것은 사실이나 대부분의 인민주의자들은 국가의 간섭에 의해서만 경제생활에 있어서 자본주의적 경향을 예방할 수 있다고 보고 그러한 국가 간섭을 강화, 확대를 지지하는 것이 그들의 일반적인 경향이었다.[19]

나로드니키들은 러시아에는 그들 고유의 발전의 길이 있는 것이며 따라서 서구 자본주의적인 방법이 아니더라도 그들은 서구보다 더욱 빠르게 발전의 문제를 해결할 수 있도록 운명지어져 있다고 믿었다. 혁명적 나로드니키 사회주의의 지주의 하나는 원래 러시아에는 그 민족적 전통으로 보아 로마법적인 재산 관념과는 아무런 연관이 없다는 견해이다.[20] 결국 이들에게서 사유재산의 절대성은 항상 부인되고 있었으며 그들에게서 중요시되는 것은 사유재산의 원칙에 대한 태도가 아니라 살아 있는 인간에 대한 태도였다. 그들 모두는 전통적인 러시아의 농촌 생활방식을 이상화하였으며, 또한 특유의 농촌공동체인 미르(Mir)는 그들에게 있어서 하나의 이상적 형태로 대두되었다.

러시아의 나로드니키운동을 부채질한 혁명가는 바쿠닌과 라브로프가 대표적이라고 볼 수 있다. 이들은 당시 러시아의 젊은 청년들에게 대학을 자퇴하고 스스로 농촌으로 들어가라고 선동한 것이다.[21] 바쿠닌은 그들 러시아의 농민들은 타고난 무정부주의자이므로 농촌을 혁명의 불길 속에 잠기게 하기 위해서는 오직 하나의 불꽃만 있으면 된다고 주장하면서 그들 청년들이 농촌에 뛰어들어가 그 불꽃을 던지라고 역설했다. 또한 라브로프는 그들 농민들을 혁명가로 바꿔놓기 위하여 우선 농노해방령이 안고 있는 부당성을 농민에

19) *Ibid.*,
20) *Ibid.*, p.59.
21) 김학준, 앞의 책, p.46.

게 깨우쳐 주어야 하며 따라서 농민들에 대한 선전교육이 선행되어야 한다고
주장하였다.[22]

그러나 나로드니키운동의 성과는 그들 지도자들이 생각하는 것과는 같지
않았다. 농촌에 들어가는 청년들의 수가 많아질수록 농민들은 이들 젊은 청
년들을 의심하기 시작하였으며 특히 재정문제에 대해 청년 지식인들과 농민
들 간의 메울 수 없는 견해 차이는 양자의 거리를 더욱 넓혀 놓았다. 귀족과
지주의 가정에서 태어나 안락한 삶 속에서 관념적으로 과격한 혁명사상을 받
아들인 청년지식인들은 그들의 환경 탓으로 재산문제에 대하여 관념적이며
냉소적인 태도를 보일 수 있었으며, 사회의 온갖 모순이 바로 사유재산 때문
에 생긴 것이니 이러한 모순의 근원인 사유재산제를 없애야 한다는 입장을
견지할 수 있었던 반면, 이와는 반대로 가난과 빈곤의 틈바구니 속에서 헤매
던 농민들은 오히려 어떻게 하면 조금이라도 재산을 더 늘릴 수 있느냐에 관
심을 갖고 있었기 때문에 청년지식인들의 이 같은 사유재산폐지론에 반감을
갖는 것은 당연하였다. [23]

이렇듯 농민들의 오해와 무관심 속에서 농촌에 뛰어든 그들 청년지식인들
은 농민들에 의하여 경찰에 넘겨지거나 또는 그곳에서 추방당하기가 일쑤였
다. 그리하여 이러한 나로드니키운동은 농민들의 무관심과 질시, 이에 대한
경찰의 탄압 속에서 그들의 자세를 재정비하려는 움직임이 나타났는데 이는
다음과 같은 세 가지 형태로 파악될 수 있다.[24]

그 첫째 형태가 도시의 청년지식인들이 농민들을 교육하겠다는 자세를 버
리고 오히려 농민 속에 들어가 그들 농민들로부터 무엇인가 배우려는 자세를
취하여야 한다는 그룹이다. 둘째는 이와는 달리, 그러한 입장은 혁명의 포기

22) *Ibid.*,
23) Richard Pipes, *Russia Under, the Old Regime*(London, Weidenfeld
    and Nicolson, 1974), pp.273~274.
24) Leopold H. Haimson, *The Russian Marxists and the Origins of Bolshevism*,
    (Harvrad University Press, 1955), pp.13-14.

를 의미할 뿐만 아니라 농촌은 더 이상 그들의 관심영역이 될 수 없다는 입
장이다. 즉, 이들은 과격파로서 차리즘의 타도는 농민운동에서 오는 폭력에
의존해야 되며 특히 차르와 차르의 고급관리들을 암살해야 한다는 입장을 가
진 집단이 그것이다. 이들은 1878년 마침내 인민의지당을 결성하였으며
1881년에는 알렉산더 II세의 암살에 성공했다. 이같이 러시아의 혁명은 농
민운동으로서는 이미 그 한계를 보였기 때문에 폭력적인 방법을 동원하지 않
을 수 없다는 그들의 입장은 후일 레닌의 폭력혁명론의 이론적인 밑받침이
되었다. 세 번째 인민주의 유형은 전자와 같은 테러리즘을 반대하고 나로드
니키의 전통을 고수하면서 서구의 사회민주주의에 관심을 보인 그룹이다. 이
들은 후일 '흑토재분배당'을 구성했는데 이 당의 지도자가 바로 러시아사회주
의의 아버지라 일컬어지고 있는 플레하노프(Georgi V. Plekhanov)이
다.25) 대표적인 나로드니키 사상가들은 다음과 같다.

(1) **라브로프**(Peter Lavrov, 1823~1900) 역사서한(Historical Letter),
인민의지의 선전자(Herald of the People' will), 현대사상사론(Eassay in
the History of Modern Thought) 등의 대표적인 저작을 갖고 있는 그는 인민
주의운동의 가장 대표적인 철학가의 한 사람이다.

그의 혁명사상은 일반적으로 두 가지 면으로 요약시킬 수 있는데 그 첫째
는 혁명세력의 권력장악 전·후기를 통한 당 역할의 강조와 둘째, 혁명 후 차
리즘의 타도와 혁명으로 생성된 새로운 사회주의적 질서간의 간격을 없애기
위하여 당에 의하여 행사되는 과도기적 독재(transitional dictatorship)
기의 설정 등이 그것이다.26)

그의 1875년도의 저작인 『미래사회에 있어서 국가의 요소(The Element
of the State in the Future Society)에서 분명하게 밝혀진 그의 혁명사상

---

25) Richard Pipes, *op. cit.*, p.274.
26) Darrell P. Hammer, U.S.S.R.: *The Politics of Oligarchy*(The Dryden
    Illinois, Press, 1974), p.106.

은 위에서와 같이 먼저 당 역할의 강조와 혁명 후의 과도기적인 독재기의 설정 등에서 특징되고 있다. 그는 혁명의 발발 전에 있어서도 혁명의 모멘트가 당도 하였을 때 당은 즉시 행동으로 옮겨갈 준비가 되어 있지 않으면 안 된다고 주장, 혁명에서의 당의 중요성을 강조하고 있다. 또한 라브로프는 혁명으로 탈권에 성공한 이후에는 당이 중심이 되어 혁명적 변화기를 잘 주도해야 하며 이러한 혁명 후의 과도기는 독재(dictatorship) 정권이 되어야 한다는 것이다.

권력을 장악한 다음 당은 러시아 사회구조의 혁명적 변혁을 시도하여야 하는데도 일반 대중들은 대체로 혁명에 무관심하거나 혁명정부의 정책에 적대적일 수 있으므로 이들 무관심한 일반대중이 혁명의 새로운 질서를 받아들일 때까지의 과도기간에는 사회주의 혁명정당에 의한 독재정치가 실시되어야 한다고 보았다. 그는 이 기간의 독재를 '과도기적 독재(transitional dictatorship)'라고 불렀으며, 이러한 과도기적인 독재를 담당하는 정부를 당에 의하여 통제되는 '집행부회의(executive council)'라고 불렀다.[27]

그는 이 밖에도 러시아에 사회주의 정권이 세워지는 경우에는 서방의 자본주의 국가들이 침공할 염려가 있으므로 이에 대비하여 사회주의군대를 창설해야 한다고 주장, 군대조직을 통해서 반혁명세력의 발흥을 제거해야 하며 또 이 군대 자체가 반혁명활동을 하지 못하도록 당에 충실한 정치장교의 감시를 받아야 한다고 수상했다. 라브로프의 이 같은 징치징교론은 그 후 트로츠키에 의하여 그대로 계승되었다.[28]

이상과 같은 주도면밀한 계획과 당에 의한 혁명의 주도, 혁명 후의 과도독재, 교육의 강조, 사회주의 군대의 생성 등과 같은 철저한 혁명계획은 그 누구에게서도 볼 수 있는 치밀한 혁명이론이다. 이러한 조직적이고 완벽한 혁명이론은 그가 파리코뮨의 경험과 불란서혁명의 역사적 교훈에서 결코 준비가 없거나 혹은 준비가 허술한 혁명은 실패한다는 원리를 발견한 데서부터

---

27) *Ibid.*, p.107.
28) *Ibid.*,

다듬어진 것이라고 볼 수 있다.[29)]

(2) **트카쵸프**(Peter Tkachev, 1844~1886) 19세기 러시아 사상가 가운데서 후일의 이른바 레닌주의로 지칭되는 레닌혁명사상 형성에 가장 결정적인 영향을 준 사람이 바로 트카쵸프였다. 따라서 트카쵸프의 정확한 이해는 그것이 곧 레닌주의 이해의 선결조건이 될 수 있는 것이다.

트카쵸프의 혁명사상에서 가장 중요한 부문은 대중과 혁명가와의 관계, 그리고 혁명을 통하여 집권한 통치자와의 관계라고 볼 수 있다. 대중관에 있어서 트카쵸프는 아무런 환상도 갖고 있지 않았다. 즉 그는 대중을 강조한 다른 인민주의자들과는 달리 대중은 무지할 뿐만 아니라 보수적이어서 혁명적 용기와 정열도 전연 갖고 있지 못하다고 보았다. 그는 일반대중들이란 그냥 내버려 두면 새로운 것이라고는 아무 것도 건설하지 못하고 오직 그들이 익숙해 있는 낡은 생활방식을 전파할 뿐이라고 지적하고 인민들은 지도자를 갖지 못하는 한 낡은 것의 파괴 위에 새로운 질서를 세울 수 없으며 이들은 공산주의의 이상을 실현시키는 방향으로 전진하지도 못한다고 보았다.[30)]

혁명과정에서의 대중에 대한 트카쵸프의 이러한 불신은 결국 혁명적인 소수 엘리트에 대한 그의 신뢰를 반영하는 것이기도 하며, 이는 후일 레닌의 '인위적 혁명론'의 이론적 선구가 된다. 즉, 그는 지적이며 과격한 소수의 혁명가들이 대중에 앞장서서 혁명의 목표도 설정하고 또한 혁명의 지도력도 제공하지 않으면 안 된다는 것이다. 또한 혁명은 다수의 대중이 혁명적 의식이 충만되어질 때까지 앉아서 기다려서는 안 되며 소수의 혁명가들이 이들을 앞장서서 지도해야 한다고 주장하였다.

이러한 논리에도 불구하고 트카쵸프는 혁명과정에서의 대중의 역할을 일방적으로 무시하였다고 볼 수는 없다. 즉, 그는 권력의 핵심에 대한 공격이 대중적인 봉기를 수반하지 않거나 이와는 달리 또한 혁명가에 의한 권력장악이

---

29) Anderson, *op. cit.*, p.254.
30) *Ibid.*,

대중적인 봉기를 수반하지 않을 경우에는 이들 모두가 성공을 거둘 수 없다
는 점을 들어 혁명과정에서의 대중봉기의 필요성 또한 결코 무시하였다고는
볼 수 없다.31)

트카쵸프는 또한 혁명과정을 크게 3단계로 나누고 있는데 그 첫 단계가 혁명적 파괴
단계(destructive phase)이며 그 다음이 혁명의 건설단계(constructive phase)
이며 그 다음이 최종적인 혁명국가(permanently-revolutionary state) 단계라
는 것이다.32) 이러한 혁명의 3단계 중 최종적인 혁명국가의 성격에 대해서 그
는 이 국가가 중앙집권적이며 권위주의적인 체제이어야 한다는 점을 강조하고
있는데, 이는 만약 혁명 이후에 지방분권을 실시할 경우 당초의 혁명목표에 역
행되는 결과를 초래케 될 것이기 때문에 특히 그러하다는 것이다. 또한 혁명국
가는 경제, 사회, 정치적인 모든 권력을 장악할 뿐 아니라 교육, 언론, 가족내
부의 관계에 대해서까지도 통제할 수 있는 전체적 권력을 행사할 수 있어야 된
다고 주장하고 이러한 국가의 주권에 항의하는 불순세력을 제거하기 위해 중앙
위원회(K.O.B.: Commission for Public Security)를 세울 것을 주장한
것도 그였다.

이밖에도 그는 러시아의 상황을 언급, 그들 러시아가 자본주의 발전단계를
거치지 못하였지만 사회주의혁명은 가능하다는 입장을 보여 마르크스-엥겔스
의 입장에 반하는 입장을 견지했으며 그러한 입장은 레닌주의에 커다란 영향
을 미쳤다. 이 점, 트카쵸프는 1874년의 엥겔스에게 보낸 공개서한을 통하
여 다음과 같이 서양과 러시아 상황의 차이를 들어 분명히 하였다.

우리의 상황은 서구 어느 나라의 그것과는 전연 다르고 독특하다. ……우리는 전
혀 프롤레타리아트를 갖고 있지 못하며 또한 부르주아지도 갖고 있지 못하다. 피
압박 대중과 그들을 억압하는 국가의 압제 사이에서 우리는 중간계급(middle

31) *Ibid.*,
32) 김학준, 앞의 책, p.53.

class)을 갖고 있지 못하다. 우리 노동자들은 단지 국가권력과 투쟁해야 할 뿐이다.33)

II. 소련체제의 구조적 갈등

1. 정치제도적 측면

1936년에 제정 공포된 이른바 '스탈린 헌법' 이래로 소련의 집권자들은 그들의 정치체제가 이미 사회주의(socialism)기에 도달하였기 때문에 그동안 그들 사회에서 존재하였던 계급들 간의 갈등은 더 이상 소련 사회내에는 존재하지 않으며 또한 부의 국유화가 이미 달성되었으며 공산당에 의한 계획생산이 이루어지고 있다고 주장한다. 이렇듯 소련은 이미 사회적인 부와 재화의 분배와 생산과정에 모두가 동참하기 때문에 사람은 모두가 평등을 이룩한 것이며 그들의 관계는 이제 경쟁적 관계에서 벗어나 이른바 동지적인 협조와 친선의 관계로 변하였다는 것이 그들의 주장이다.34)

정치제도적인 면에서도 그들은 스탈린 헌법의 공포와 더불어 각종 소비에트의 직접선거를 선언하고 비밀투표제와 모든 계층에 대한 투표권 또한 보장되었다고 주장하고 있다. 그러나 이 같은 외형적인 선거제도의 개혁에도 불구하고 아직까지도 거기에는 정당결성과 같은 자유로운 선거의 절대적인 전제가 되는 정당형성의 자유가 허용되기는커녕 정당이라는 것은 그들의 논리에 따르면 계급적 토대에서만 형성될 수 있는 것이기 때문에 소련에서와 같

---

33) Anderson, op. cit., p.257에서 재인용.
34) *Fundamentals of Marxism-Leninism*(Moscow, 1961), p.695.

이 이 같은 계급적 토대가 이미 제거되어 버린 사회에서는 정당이라는 것은 당연히 그 존재근거도 존재이유도 없다는 것이다. 또한 스탈린 헌법에는 강제력의 합법적 조직체로서 국가가 여전히 존재한다고 밝히면서 이는 소련이 아직까지는 호전적인 자본주의 국가들에 의하여 둘러싸여 있기 때문에 이러한 환경하에서 사회주의 소련을 보위하기 위하여서는 강력한 무역을 뒷받침한 중앙집권적인 독재 국가의 존재가 여전히 필요하다는 것이다.

또한 스탈린에 의하면 소련에는 인텔리, 노동계급, 농민 등과 같은 주요한 세 가지 사회그룹 간의 '친밀한 협동'은 이미 이루어졌다고 보나 아직도 이러한 그룹 간의 '완전한 협동'은 이루어졌다고는 볼 수 없다는 것이다. 따라서 이들 그룹 간에는 다소의 갈등이 내재하고 있는 것은 사실이나 이러한 내재된 갈등이라는 것은 소비에트 국가체제의 기능으로 충분하게 극복될 수 있는 '비적대적 갈등'이기 때문에 이러한 유의 갈등은 그 결과가 계급대립을 야기하는 근본원인일 수 있는 서구 자본주의사회에서의 '적대적 갈등'과는 그 성질을 달리한다는 것이다.[35]

그는 현재의 갈등이라는 것은 선진자본주의 국민들과 소련과의 사이에 존재하고 있는 것이며, 대내적인 사회질서와 사회관계는 기본적으로 조화를 이루고 있다는 것이 그들이 사회주의하에서의 이른바 새로운 '갈등'관이라고 볼 수 있다.

그러나 스탈린 시기에 이미 정식화된 소련 당국의 이 같은 수상에노 불구하고 그들 특유의 정치제도가 갖는 구조적 모순은 소련체제 자체가 갖는 비리와 갈등의 원천이 되고 있으며, 바로 이 같은 정치제도상의 모순과 갈등의 소지는 오늘날 소련 반체제운동가들의 한결같은 표적의 핵으로 등장하고 있다. 이에 여기에서는 소련의 정치제도상의 갈등과 모순의 현장을 그들의 당조직, 정부구조, 선거, 의회제 등으로 구분하여 살펴보려고 한다.

---

35) David Lane, *Politics and Society in the USSR*(New York University Press, 1978), p.126.

먼저 정당구조의 특성을 보면 소련의 정치체제는 제도적인 면에서 당(party), 행정조직(bureaucracy), 의회(parliament)의 삼원 조직으로 설계되고 있다. 그러나 이 같은 정치기구의 명목적인 분화에도 불구하고 당권, 즉 소련공산당(CPSU)의 우월적 권한은 절대적인 것으로 볼 수 있으며 바로 이 점이 소비에트 체제의 구조적인 한계성이라고 볼 수 있다.[36]

10월혁명 이후 소비에트러시아에서는 그들 공산당이 모든 가치의 유일한 근원이었으며 모든 정치적 조직의 우월적 독점체로 군림하여 오고 있는 것은 주지의 사실이다. 이러한 점에서 볼 때 그들 공산당의 권위는 서구의 정당(Political Party)과는 그 기능과 권한에 도저히 비교가 되지 않을 만큼의 배타적이고 독립적인 지위를 확보하고 있다. 공산당의 이러한 배타적이고 독점적인 권위는 그들의 헌법에서 분명히 나타나고 있다.

> 소련공산당은 소비에트사회의 전위세력이며 지도세력일 뿐 아니라 정치체제 및 모든 국가와 공공조직의 핵심이다. 소련공산당(CPSU)은 국민을 위해 존재하고 국민에게 봉사한다. '마르크스-레닌'주의로 무장된 공산당은 사회발전의 전반적인 방향을 결정하며 소련의 대내외정책을 결정한다.[37]

이상의 명문규정에서도 분명하게 나타나는 바와 같이 CPSU는 소련의 모든 정치권력을 독점하고 있을 뿐만 아니라 이 밖에도 사회, 경제, 외교 등의 모든 부문의 실질적인 구심체이며 향도자인 소련내의 유일의 정당이다. 전반적인 사회발전에 따라 결과되는 정치적 분화를 외면한 일당의 유일적 전권의 독점을 기도하고 있는 소련의 이 같은 공산당의 지위설정 자체가 정치적 근대화와 합리화를 부르짖고 있는 대다수 반체제인사들의 비난의 대상임은 말할 것도 없다. 더욱이 레닌에 의하여 도입되어 아직까지도 소련공산당의 절

---

36) *Ibid.*, p.127.
37) *Ibid.*, p.128에서 재인용.

대적인 당조직원리로 생동하고 있는 이른바 '민주집중제(democratic cen-tralism)'의 원칙은 이러한 그들 당의 배타성과 강경성을 한결 더하게 해 주고 있다.

현재 민주집중제의 당 지도원칙 아래 구체적으로는 ① 최하위기구로부터 최상위기구에 이르는 모든 주요한 당기구의 추천제 채택, ② 최고위 당기구를 제외한 모든 당조직과 기구는 그들의 차상급 당기구와 조직에 대하여 정기적인 보고의 의무화, ③ 다수에 대한 소수의 절대복종 등과 같은 엄격한 당규률의 실시, ④ 차상급 당기관의 결정에 대한 하급기관의 무조건적 복종 등과 같은 실천사항을 특히 강조하고 있어 당내의 자율성과 정책결정과정에서의 민주화는 물론 현실적인 면에서 당내 반대파도 존재할 수 없다.

당원수에 있어서도 소련공산당의 절대적인 권력성은 표출되고 있다. 오늘날의 CPUS는 혁명전의 RSDLP(Russian Social-Democratic Labour Party)와는 달리 엄청난 규모의 당원수를 자랑하고 있는 대규모조직체로 변화했다. 1918년의 당원수가 115,000명이던 것이 1977년에는 유사단체인 Komsomol 회원을 제외하고도 그 당원수가 1,590만여 명으로 이는 19세 이상의 소련 성년인구의 10.6%에 해당하는 숫자이다.[38]

---

38) T. H. Rigby, *Communist Party Membership in the USSR, 1917~67*, (New Jersey, 1968), p.433.

소 련 공 산 당 수39)

	1945	1950	1955	1960	1965	1970	1975	1976
당원수	5.760.367	6.340.183	6.957.105	8.708.667	11.758.169	14.011.784	15.000.000	15.638.891
인구비	3.6%	3.6%	3.6%	4.1%	5.1%	5.8%	5.9%	6.1%

당원으로 가입할 당시의 직업별 분류40)

년 도	1927	1930	1946	1956	1966	1976
전체 당원수	1,144.053	1,677.910	5,510.862	7,173.521	12,357.308	15,638.891
노동자	637.768	1.090.000	1.865.126	2.291.455	4.675.871	6.509.312
%	55.7	65.3	33.8	32.0	37.8	41.6
농부	217.411	340.000	1.023.903	1.227.767	1.999.138	2.169.813
%	19.0	20.2	18.6	17.1	16.2	13.9
비육체노동 지식인 학생 자영업	264.649	240.000	2.621.833	3.654.299	5.682.291	6.959.766
%		14.5	47.6	50.9	46.0	44.5

39) Paul S. Shoup. *The East European and Soviet Data Handbook* (New York. Columbia University Press. 1981). pp.82~85.
40) *Ibid.*. pp.102~103.

Rigby가 1950~1961 사이의 소련 공산당원의 분포상황을 조사한 바에 따르면 그가 분석의 대상으로 삼은 2천 5백여 개의 정부투자기관에서 공장감독급의 99%가 당원이며, 부감독급관리자의 51%, 십장과 다른 상위감독직의 38%, 관리직이 아닌 전문가들의 27%가 각기 당원으로 집계되고 있다. 또한 그의 또 다른 한 조사는 1969년의 경우 전체 소련기술자의 3분의 1, 전체 교사의 4분의 1, 의사의 5분의 1이 각각 당원이었다고 밝히고 있다.[41]

당원수의 양적 규모나 전사회적인 분포 이외에도 소련공산당의 당원구성은 다음 몇 가지 점에서 그 특징을 찾아 볼 수 있다.

첫째, 비육체노동자인 당원 중에서 가장 많은 비율을 차지하는 것은 기술전문가들인데 이러한 현상은 서구 정당의 그것과는 커다란 차이를 보인다.

둘째, 전체당원 중에서 육체노동자들이 차지하는 비율이 높긴 하지만 다수는 아니라는 사실이다.

셋째, 농촌 등 시골 출신 당원의 수는 적고 기술적으로 숙련된 농장노동자의 당원수가 많다.

넷째, 기술전문인들의 충원이 증가하는 반면, 집단농장노동자들의 비율은 줄어들고 있다.[42]

이상의 특징들에서 보면 소련공산당의 당원조직은 소련사회의 모든 부문에 균형 있게 퍼져 있다고는 볼 수 없다. 즉, 당의 개방정책을 공식화하고 있는 그들이지만 아직도 소수민족이나 집단농장노동자, 여자들의 구성비율은 타민족이나 타 집단의 그것에 비하면 그 비율이 크게 떨어지고 있으며 바로 이 같은 문제가 또 하나의 뚜렷한 불만의 소지로 작용되고 있다.

---

41) T. H. Rigby, "Social Orientation of Recruitment and Distribution of Membership in the Communist Party of the Soviet Union," *The American Slavic and East European Review, Vol. 16*(Oct, 1957), p.189.

42) David Lane, *Politics and Society in the USSR*(New York University Press), 1978, p.138.

당원(CPSU)들의 사회적 배경

	1961연(%)	1964년(%)	1977년(%)	전체인구수에 대한 %(1976)
육 체 노 동 자	35.0	37.3	42.0	61.2
비육체노동자 기 업 종 업 원	47.7	46.2	44.4	22.4
집단농장농부	17.3	16.5	13.6	16.4
계	100%	100%	100%	100%

메데베제프의 당관 메데베제프와 같은 반체제론자들은 궁극적인 면에서는 이 같은 당원구성에 있어서의 특정계급출신의 편중현상과 여기에 더하여 현실적으로 크게 문제가 되고 있는 당내파벌 문제는 다당제의 도입만이 그 구조적인 불균형과 당내파벌을 근본적으로 해결할 수 있으며 현존체제를 살릴 수 있다고 주장하고 있다.[43] 그는 현존하는 소련공산당내에는 외현상의 단일성에도 불구하고 그 내부에 있어서는 잡다한 경향성을 가지는 당내 파벌들이 존재하고 있다고 분석하고 이러한 당내의 이견집단의 존재를 어떤 식으로 처리하는 것이 이른바 그가 말하고 있는 소련 체제의 사회주의적 민주주의(socialistic democracy)화에 바람직한 것인가에 대하여 나름대로의 처방을 내리고 있다.

그는 소련공산당내에는 현재 여러 가지의 경향성을 제각기 가지고 있는 집단들을 대체로 ① Neo-Stalinists, ② moderate-conservative, ③ party-democrats로 대별할 수 있다고 보고 이 같은 여러 당내파벌 간의 의현과 주장들의 계속적인 투쟁이 없이는 소련공산당은 그 역사적인 사명을 제대로 수행할 수 없을 것이라는 입장에 서서 현재와 같은 소련공산당내의 파벌과 이견의 존재는 탄압할 것이 아니라 그대로 각기 방치함으로써 그들 당의 새로운 발전과 시대적 사명을 완수할 수 있다는 입장을 취한다.

당내의 민주화, 즉 반대의 허용 없이는 그들 당이 더 이상의 발전이 없음은

43) Roy Medvedev, *On Socialist Democracy*, pp.51~65.

물론 현실적으로 당에 부과된 산적한 문제들을 효과적으로 풀어나갈 수 있는 힘도 생길 수가 없다. 따라서 그에 의하면 진정한 마르크스 주의자라면 그는 토론과 대립 없이는 당의 결속이 이루어질 수 없다는 논리를 수긍하여야 할 것이라고 주장하고, 특정한 문제가 생겼을 때 이에 대한 당정책에 대한 불만이 생기는 것은 일종의 당연한 현상일 수 있으며 당은 이러한 불만과 불평, 대입의 과정을 효과적으로 수용함으로써 당의 발전에 대한 장애를 극복할 수 있는 것이며 또한 그 생명력을 연장시킬 수 있다. 때문에 맹목적인 규율과 무조건적인 상부에의 복종만을 미덕으로 여기고 있는 Neo-Stalinists들의 주장은 참다운 당의 발전에 위배될 뿐만 아니라 이는 또한 레닌의 이른바 당내 민주제의 원칙과도 상충된다고 볼 수 있다.

당내에서의 이견의 허용과 반대파의 허용으로 파악할 수 있는 레닌의 당내 민주주의의 원칙이 스탈린에 의하여 왜곡되면서 오늘날의 변형된 당체제를 구축하여 놓았으나 지금의 이 시점에서는 다시 레닌의 당정신으로 옮아가야 한다는 것이며 레닌의 당 운영원칙이라고 할 수 있는 '민주집중제(democratic centralism)'라는 것은 당 운영의 민주화와 당규율의 준수로 이를 요약할 수 있다고 본다.

그는 이렇듯 당 운영에 있어서 레닌에게 회귀를 강력하게 주장하면서 현재 소련 당내의 Neo-Stalinists적인 일부 인사들이 레닌도 소련공산당 10차대회시에 일체의 당내 파벌과 이견들을 금지시킨 조치를 끄집어내고 있으나 이 10차대회의 결의는 당시의 상황으로 보아 어쩔 수 없이 행하여졌던 임시조치이기 때문에 영속적인 효력을 가질 수 없다고 주장, 이러한 점은 레닌 스스로도 분명히 하고 있다고 밝히고 이 조치는 벌써 그 효력이 없어진 것이라고 주장하고 있다. 따라서 그는 현대와 같은 다원화되고 복합적인 상황하에서는 당내의 반대와 대립이 필수적이며 오히려 이러한 대입의 허용은 발전을 위해서도 유익하다고 거듭 천명, 당내에서의 여러 가지 이견들 간의 공개적인 대립은 경우에 따라서는 몇몇 당 지도자나 또는 몇몇 그들 지도자 그룹들에게 위험이 될지는 모르나 이는 당 전체나 소련의 사회주의의 장내를 위해서는 바람직한 현상으로 본다.

메데베제프는 전기한 바와 같은 사회주의적 민주주의 원칙에 입각하여 사회주의체제하에서도 복수정당제가 도입되어야 하며, 이러한 복수정당제를 통하여서만 진정한 사회주의적인 자유와 민주화가 가능하다는 입장을 내세우고 있다. 그는 우선 사회주의를 초기의 사회주의 건설단계, 즉 프롤레타리아트 독재의 단계와 후기의 성숙한 사회주의의 단계로 이를 구분하여 이들 각 단계에서의 정당제의 유형을 다르게 설정하고 있는데 초기의 과도기, 즉 사회주의와 자본주의의 중간단계인 프롤레타리아 독재기에 있어서는 명실상부한 다당제의 원칙이 지켜져야 하며, 이러한 프롤레타리아 독재기의 복수정당제를 통한 정치적 다원주의(political pluralism)의 원칙은 마르크스나 레닌에서부터 그 논리적 타당성을 찾을 수 있다고 주장, 그러나 1918년부터 지금까지 지속되어온 소련에서의 일당제도라는 것은 전기한 '마르크스-레닌'주의의 원칙에도 반하는 것이며 따라서 소련에서의 사회주의와 사회주의적 민주주의 건설에 커다란 장애가 되어왔다고 본다.

소련은 소비에트정권의 최초 1년의 경우에서처럼 볼셰비키 주도하에 다당의 원칙이 오늘날의 동구공산국들에서 보이는 다당제의 형태와 같이 존재할 수 있었어야 했다. 따라서 과도기간 동안의 다당제의 원칙이 도입되지 못하면 앞으로의 세계공산주의운동에 결정적인 타격을 받을 것이라고 보고 있다.

한편 사회주의의 후기단계, 즉 완숙한 사회주의 단계에서도 그 이전 단계인 자본주의와 사회주의 건설간의 과도기적인 프롤레타리아 독재단계에 있어서와 같이 원칙적으로 복수정당제를 통한 정치적 다원주의가 보다 효과적일 것이라는 입장을 보이고 있음은 주목할 만한 일이다.

다른 공산주의 이론가들에게서는 별로 찾아볼 수 없는 이러한 색다른 주장은 완숙한 사회주의 단계에 도달했다고 하는 소련의 현실적인 상황이 아직도 그들의 약속과는 달리 여러 가지의 불평등과 사회·문화·정치적인 계층의식이 그대로 남아 있기 때문에 그러한 현실적인 모든 상황 아래서 그들의 이상이랄 수 있는 사회주의적 민주주의를 꽃피우게 하기 위해서는 각 계층과 민족이익을 대표할 수 있는 정치제도인 복수정당체제가 요청된다는 것이다. 공산주의의 이론과 실제에 있어 성숙한 사회주의 단계에 있어서는 오직 공산당만이 그 존립근거를 가진 것으로 인정되고 있는 것이었으며 거기에는 더 이상의 정당들 간의 경쟁과 대입의 사회적 기반이 이미 없어졌다고 주장되어졌다. 그러던 것이 근래에 들어 서구에 공산주의자들에 의하여 반대당을 포함한 복수정당에 대한 정치적 자유의 문제는 비단 사회주의의 과도기적인 단계에서 뿐만 아니라 이는 완전한 사회주의가 건설된 후에도 보장된다는 정강이 나타나면서 정식으로 사회주의 전기간을 통한 복수정당제의 가능성이 운위되기 시작하였다는 것이며 그 후 소련공산당(CPSU)에서도 그들의 당 강령을 통하여 이 같은 원칙을 삽입하게 함으로써 전기한 서구공산주의자들의 입장에 동조하는 듯한 입장을 분명하게 하였으나, 실제문제에 있어서는 아직도 이러한 입장에 대한 완강한 거부의 자세를 버리지 않고 있는 것이 소련의 현실이라고 본다.

소련 공산주의자들은 1968년 체코에서 사회민주주의 정당이 다시 생겨나려는 기도가 보이자 소련 당국은 체코의 이러한 움직임은 반사회주의적이며 반혁명적인 운동이라고 이를 극렬하게 비난하고 나섰던 예에서도 그러한 태도를 분명하게 볼 수 있다. 당국의 입장이야 어떻든 간에 현실적인 문제에서 볼 때 복수정당의 존재 가능성은 현재의 소련에서도 충분할 뿐만 아니라 조만간 그러한 정치적 다원주의가 소련에서도 현실로 나타날 수밖에 없을 것이다. 소련사회는 그들 집권 공산주의자들의 말에 의하면 사회적 불평등과 계급적 대입이 이미 자취를 감춘 성숙된 사회주의 단계라고들 말하고 있는 것이 사실이지만 실제 현실에는 아직도 수없이 많은 사회적 불평등과 대립의 소지가 남아 있기 때문에 이러한 현실적으로 존재하고 있는 다양한 정치적 경향들은 또한 하나의 정당이나 조직체로의 발전 가능성을 이미 그 속에 내포하고 있다고 보아야 하는 것이며 그렇기 때문에 앞으로 가까운 장래에 이러한 새로운 정당이나 정치적 조직이 소련에서 현실적으로 대두할 것이 거의 확실시된다고 보는 것이 메데베제프의 분석이다.

　이 같은 현실적인 상황들에 비추어서 그는 소련에서의 정치적 다원주의의 도래는 필연적인 것으로 볼 수밖에 없다고 말하고 다만 그러한 복수정당제가 실현된다고 하더라도 소련의 상황에서는 그것이 서구와 같이 명실상부한 정치발전을 통한 경쟁정당으로서의 복수정당제가 정착되기는 어렵다는 입장이다. 이는 수십 년 동안 오직 강력한 일당, 즉 공산당에 의한 지배를 받아왔기 때문에 일반시민들은 이에 대한 거부반응이 그렇게 심각하지 않으며 그동안 소련을 지배한 유일당인 공산당은 각종 언론 매체를 철저히 조작하여 그들 자체에 대한 비판의식을 말살시켜 왔으며, 교육·경제·정치·문화·과학·군사 등의 모든 분야를 철저하게 그들의 의도대로 조직, 통제하여 오고 있기 때문에 이러한 모든 상황의 근본적인 개선 없이는 비록 야당이 생성될 수 있다 하더라도 이러한 상황하에서 탄생을 보게 된 그 야당은 별다른 정치적 성과를 이룩할 수 없다. 그러나 당장에는 그 지지세력도 미미하고 별다른 정치적 활동도 이들 신생 정당들에게서 기대할 수 없기 때문에 그들 정당의 생성이 현실적으로 소련의 사회주의체제나 또는 소련에서의 CPSU의 지도적 역할에 타격을 줄 수 있는 것은 물론 아니지만 그렇다고 하여 이들의 생성이 전혀 소련의 정치상황의 개선과는 무관치 않다. 즉, 그 영향력의 강도 여부를 떠나서 현실적으로 여러 개의 정당이나 이와 유사한 새로운 정치적 결사가 소련에서 나타나게 된다는 것은 궁극적으로 전반적인 소련의 정치적 환경과 CPSU의 역할에 변화를 일으키게 될 것은 필연적이며 이는 결국 소련체제의 내일의 발전에 중대한 하나의 계기가 될 수 있다고 볼 수 있다는 것이다.

　둘째, 정부구조면에서도 소련 정치체제의 모순은 야기되고 있다.

　소련의 정부형태는 크게 보아 서구의 입법기관과 같은 선거에 의하여 수립되는 의회제도, 즉 소비에트(soviet)44)와 집항구조의 이원구조로 외형적인

---

44) In Russian terminology the Soviets are working corporations vested with authority both to decide matters and to implement the adopted

면에서는 분리하여 볼 수 있다. 그러나 이러한 이원적 조직구조에도 불구하고 모든 국가기관은 인민대표기관이라고 볼 수 있는 소비에트의 통제하에서 벗어나지 못하고 있다는 점이 소련체제가 갖는 경직성의 커다란 한 원인으로 작용하고 있다.

또한 소련의 정부구조는 련방체제(Federal System)이기 때문에 명목적으로는 중앙 및 연방정부(Central or Federal Government)와 지방 및 공화국정부(Regional or Republican Government) 간의 권력분립이 보장되어 있다. 따라서 외관상으로는 연방제실시에 따른 독자성을 견지하고 있는 것처럼 보이고 있으나 그 실은 정부조직상 최고 소비에트(Supreme Soviet)에서 지방 소비에트(Rural Soviet)에 이르는 유일체제의 경직성을 그대로 유지하고 있으며 차하급 소비에트 조직은 차상급 소비에트의 명령이나 결정에서 단 한 발짝도 벗어날 수 없는 상태에 있는 것이 소련 정부조직의 특색이다.[45]

셋째, 소련의 선거제도에서 나타나고 있는 모순점이다. 소련의 현행선거법에서 18세 이상의 모든 시민에게는 평등한 투표권을 부여하고 있으며 정부기관 구성원에 대한 선거는 직접·비밀선거를 원칙으로 하고 있고 또한 23세 이상의 어떤 사람도 최고 소비에트에 출마할 수 있으며 21세 이상이면 연방이나 자치공화국 소비에트에 출마할 수 있다고 명시하고 있다.[46] 그러나 이러한 선거원칙에도 불구하고 소련의 정치체제라는 것은 자유민주주의 국가의 그것과는 여러 면에서 그 성격을 크게 달리한다.

먼저 소련에서의 선거는 후보에 대한 선택의 여지가 없다는 점이 가장 커다란 특징이다. 물론 선거시 유권자들은 투표지에 기재된 입후보자의 이름에 대하여 가위표(×)를 하여 그의 지지를 거부함으로써 당해 입후보자의 당선을

decisions, i. e. to pass legislation and to administer., *The Soviet Parliament*(Moscow, 1967), p.8.
45) David Lane, *op. cit.*, p.143.
46) *Ibid.*, p.152.

저지시킬 수 있는 방법이 있기는 하나 실제 대부분의 입후보자는 투표인 절대다수의 지지를 받아 당선되고 있는 것이 상예인 것이 소련 선거제도의 특색이다.47) 일예로 1974년 6월에 있은 연방소비에트 선거의 경우를 보면 전체유권자의 99.79%가 입후보자에게 지지표를 던졌으며, 나머지 332,664명이 부표를, 767명이 무효로 각각 나타날 만큼 그들의 선거에서의 지지율은 압도적인 것이라고 볼 수 있는데 이러한 이유 중의 가장 근본적인 것은 그들의 선거에서의 비밀이 말대로 지켜지지 않는다는 점이다. 비록 그들은 투표의 비밀은 절대로 지켜진다고 말하고 있지만 실제 투표과정에서 반대표를 찍기 위해서는 별도로 마련된 투표소에서 이곳에 설치된 투표함에 투표지가 넣어져야만 그 부표가 인정되는 투표방식을 쓰고 있다. 따라서 이렇게 별도로 마련된 부표를 찍는 투표소에 들어간다는 것은 반대표를 찍는다는 사실을 전제로 하고 있기 때문에 사실상의 소련의 선거제도는 비밀이 보장되는 것이 아니라 공개선거와 하등의 다를 바가 없다.48)

소련의 선거제도가 이 같은 비밀이 보장되지 않는 공개선거의 형태를 취하고 있기 때문에 소련의 선거제도에서 가장 중요한 것은 선거절차 그 자체보다도 입후보자의 지명 그 자체가 훨씬 더 큰 비중을 차지하고 있다. 소련에서는 각종 선거의 입후보자 지명과정은 대단히 까다로운 것이며 이 지명과정 자체가 선거과정의 전부라고 볼 수 있으며 그 다음의 투표과정은 하나의 요식행위 이상의 의미를 부여할 수 없다. 당이나 무력단체, 기타 집단농장, 정부기관 등의 공식기구에의 회합에 의하여 후보자로 지명된 사람은 국가선거위원회(state electoral commission)로 그 명단이 추천되며 이렇게 국가선거위원회에 추천된 명단이 접수되면 동 위원회는 당, 연방 등의 각종 조직의 대표들로 구성된 선거준비모임(Pre-election meeting)을 통하여 이들에 대한 각종 이력과 경력, 당성 등을 감안하여 심사, 이에 대한 지명을 최

---

47) *Ibid.*, p.153.
48) Robert Conquest, *The Soviet Political System*, p.44.

종적으로 확정하며 그런 과정을 거친 후에 정식후보자로 지명된다.[49] 또한 이러한 후보 선정 과정을 통하여 특정한 후보자를 선정함과 동시에 그 후보자에 적합한 선거전략까지도 이미 공식적인 결정을 보게 되는 것이다. 이렇게 하여 후보자로 선정된 사람은 그를 지명하여 준 조직체의 이름으로 그 지역선거위원회에 정식으로 후보 등록을 하게 되는 것이며 이어 득표과정에 들어간다.

이 과정에서 특기할 점은 특정인이 국가선거위원회가 마련한 사전선거회합에서 후보자로 선정된 후 공식후보자로 나서기 전에 앞으로 자기가 출마할 지역의 일반대중 앞에 자기의 후보문제를 정식으로 거론하여야 한다. 이 과정에서 그의 과거의 이력과 실적에 대해서 일반대중들의 비판과 토의가 주어질 수 있는데 만약 여기에서 그에 대한 불만의 도가 정도 이상으로 심하게 나타나면 그는 내정된 지명을 포기해야 한다. 물론 이런 방법으로 실제로 후보자의 자리를 포기당한 사람의 수는 극히 적은 것은 사실이지만 최종적인 후보자로 확정되기 전까지 그는 자기의 후보문제의 궁극적인 열쇠를 쥐고 있는 국가와 당에 대하여 조금의 해이도 절대 용납될 수 없음을 이 제도는 강조하여 주고 있다.[50] 이상에서와 같이 선거 아닌 일방적인 지명과정으로 이해될 수 있는 선거를 통하여 각종 정부기관의 대의원들이 선출되는데 이러한 과정을 통해서 선출되는 대의원들은 다음의 몇 가지 점에서 그 특이성을 나타내고 있다.

첫째, 선출된 대의원들의 대부분이 공산당(CPSU)의 당원이라는 사실이다. 소련정치체제의 특성으로 보아 결코 이상하다고 볼 수 없는 이러한 사실은 선출된 각종 정부기구의 구성원 분포에서 그대로 증명되고 있는 것이다. 물론 실제로 선거를 통하여 선출된 대의원 중에는 비당원이 상당수 있기는 하나 비당원들이 대표로 선출된다 하더라도 이들은 결코 그 기구의 정책결정

49) David Lane, *op. cit.*, p.153.
50) *Ibid.*, p.154.

과정에 별다른 영향력을 행사할 수 없는 일이며 실제 각급기관에서의 정책결
정을 주도하고 그 기관을 움직여 나가는 것은 전부 당원인 대의원들에 의하
여 좌우된다.

이러한 사실은 1974년 최고 소비에트 선거에서 실제로 선거 결과 27.8%
의 비당원이 대의원으로 선출되긴 하였으나 최고 소비에트의 핵심 정책결정
기관인 각료회의 구성에 있어서는 비당원인 대의원은 한 사람도 끼일 수 없
었으며 또한 1978년의 간부회의(Presidium)에는 오직 한 사람의 비당원만
이 포함되어 있었다는 예에서[51] 소련사회에서의 공산당원의 전횡을 읽을 수
있다. 이러한 당원들의 전횡은 비공산당원인 일반시민에게는 물론 양식 있는
당원들 사이에서도 커다란 불만의 소지를 마련하고 있다.

둘째, 선거를 통하여 등장하는 소련의 각급기관 대의원들에게 볼 수 있는
특징으로는 각종 공직에 선출되는 대의원들은 그 구성분포로 보아 항상 많은
신인들로 충원되고 있다는 점이다. 매번의 선거에서 신인이 대거 등장하고 있
다는 사실은 일반 시민에 대한 참여의 확대라는 면에서 볼 때 일견 바람직한
일이라고 볼 수도 있으나 이는 결코 정치참여의 확대라는 선심의 결과가 아니
라 그와는 정반대의 그들 특유의 당통제력의 지속과 강화를 겨냥한 고차원적
인 책략이 뒤에 깔린 것이다. 예컨대 1974년의 최고 소비에트의 경우 전체대
의원의 55.9%가 초선의원들이었으며, 연방공화국 소비에트의 경우는 전체대
의원의 68.1%, 자치공화국 소비에트의 경우는 69.4%, 지방 소비에트의
49.4%가 각각 초선의원들이었다.[52]

소련의 각종 소비에트 선거에서 이 같은 초선의원들이 대거 등장하고 있다는
사실은 전기한 바와 같이 하찮은 일에는 참여의 기회를 널리 부여한다는 점도
인정될 수 있다. 허나 그것보다는 오히려 이러한 잦은 대폭적인 대의원들의 교
체는 결국 그들 대의원들에 관리경험을 실질적으로 낮춤으로써 그들 소련체제

---

51) *Ibid.*,
52) *The Soviet Parliament*(Moscow, 1967), p.150.

의 실질적인 주역인 공산당의 통제력을 계속하여 견지하며 이들에 대한 행정조직의 견제력을 약하게 만드는 실질적인 효과를 노리는 점이 한층 더하다.

셋째의 특징은 소련의 각종 소비에트의 대의원들은 다음 도표에서 보는 바와 같이 그들의 지도이념인 '마르크스-레닌'주의에 충실하려는 듯 그 출신 성분으로 보아 노동자 계층의 출신이 상대적으로 선출비율이 높다는 점이다. 즉, 하기표에서 나타나고 있는 바와 같이 1974년의 소련방 최고소비에트의 경우 전체대의원 1,517명 중 그 32%가 노동자들이고, 17.9%가 집단농장원들이며, 5.1%가 기업종업원 및 관리전문가들, 9.3%가 과학, 기술교육계 종사자들이며, 14.2%가 정부기관 관료, 17%가 당 및 기타 단체 종사원의 분포를 보이고 있어 결국 전체 대의원 중 직접적인 육체노동자층으로 볼 수 있는 노동자와 집단농장원들이 전체의 50%나 된다. 이러한 비전문지식인들인 노동자 출신의 정부조직에의 대거 등장 또한 그들의 노동자 지상이라는 이데올로기에의 요청에도 불구하고 현실적인 복합, 다원체제인 소련의 정치체제의 현상에 비추어서는 결코 부합될 수 없는 정치적 작태이며 현실을 외면한 당 지배체제의 영구화를 겨냥한 술책 이상일 수는 없다. 따라서 이는 수많은 지식계층의 비난의 대상이 되기에 충분한 것이다.

소련 정치체제상 사법제도의 운영에서도 반체제운동가들의 불만의 소지는 여러 곳에서 발견된다.

각급 소비에트 대의원들의 직업적 분포

	전체대의 원수	노 동 자	집단농장 종사자	관리전문가 기업체종사자	과학, 문화, 예술, 교육,보건부문종사자	정부관료	당, 부여조합, 청년동맹종사자	기 타
Supreme Soviets of the USSR(1974)	1,517	498 32.8	271 17.9	77 5.1	142 9.3	215 14.2	258 17.0	56 3.7
Supreme Soviets of the Union Republics(1967)	5,830	1,500 25.7	1,346 23.1	374 6.4	443 7.6	947 16.2	1,032 17.7	188 3.2
Supreme Soviets of the Autonomous Republics(1967)	2,925	700 23.9	561 19.2	286 9.8	233 8.0	525 17.9	563 20.8	57 2.0
Local Soviet(1967)	2,045,418	604,997 29.6	639,280 31.3	249,844 12.2	281,588 13.8	156,215 7.6	58,407 2.8	55,087 2.7
Territory Regional Area Soviets	25,747	8,654 33.6	4,674 18.2	2,953 11.5	1,876 7.3	4,642 18.0	2,271 8.8	677 2.6
Town Soviets(1975)	223,250	54,219 24.3	67,833 30.4	29,603 13.3	18,965 8.5	32,285 14.4	14,256 6.4	6,059 2.7
District Soviets(1975)	238,250	112,902 47.4	3,437 1.4	53,233 22.3	31,037 13.0	15,789 6.6	11,273 4.7	10,579 4.5
Ward Soviets(1975)	86,642	41,965 48.4	46 0.1	19,457 22.5	11,777 13.6	5,241 6.0	5,064 5.8	3,092 3.6
Village or Rural Soviets(1975)	1,287,825	305,837 23.7	552,186 42.9	105,004 18.2	189,849 14.7	88,285 6.9	21,988 1.6	24,676 1.9
Township Soviets(1975)	183,734	81,420 44.33	11,104 6.0	39,594 21.5	28,084 15.3	9,973 5.4	3,555 2.0	10,004 5.4
계	2,210,932 100	896,180 40.5	601,867 27.2	231,127 14.5	244,615 11.0	164,630 7.5	68,105 3.1	- -

※ 각항의 아랫단은(%)
※ Source: The Soviet Parliament(Moscow, 1967). p.158.

소련의 공식적인 이론에 따르면 그들 사회에서의 법률이라는 것은 사회의 공산주의적인 진보를 위하여 도움이 되는 사회질서의 형성을 촉진키 위해 국가에 의하여 수립된 규율체제[53]로 정의되고 있다. 이상과 같은 정의에서도 분명하게 나타나는 바와 같이 법이라는 것은, 그리고 그것을 집행하고 있는 사법기관이라는 것은 하나의 독립기관일 수도 없으며, 이 기관에 의한 재판 또한 결코 독립적으로 행사될 수는 없다.

공산세계에서의 법률이란 지배계급에 의하여 만들어진 그들 지배계급의 의지의 표현 이상이 될 수 없기 때문에 그러한 법률에 의하여 산출되는 강제력은 그것이 곧 지배계급의 이익이며, 법률에 의하여 표현되는 정의는 지배계급의 정의 이상일 수밖에 없다.[54] 이 같은 마르크스주의자들의 법률관은 궁극적으로 법이 지배계급, 즉 공산당의 정치적 권위의 수단으로 인식되는 소련식의 법체제에 직접적인 영향을 미쳤다.

소련에서는 '명목적인 법(formal law)'은 혁명의 법(law of revolution)에 언제나 종속되는 것이며 또한 이 같은 '명목적인 법'과 '프롤레타리아트의 혁명의 법' 사이에는 어떠한 상황에서도 충돌이나 불일치가 있을 수 없다. 가령 그러한 충돌과 불일치가 나타난다고 가정할 때에도 그러한 경우에 있어서는 '명목적인 법'이 당의 규율인 '혁명의 법'에 종속됨으로써만이 그러한 사태가 해결될 수밖에 없다는 것이 그들의 법률관의 핵심이라고 볼 수 있다.[55]

이상에서 당조직, 정부조직, 선거과정, 사법제도 등의 여러 가지 정치제도에서 나타나고 있는 소련정치체제의 구조적인 모순과 비이를 극히 개괄적으로 살펴보았다. 이 같은 정치체제적 측면에서 소련반체제운동가들의 비판의 대상이 되고 있는 요인들을 다시 한번 간추려 보면 다음과 같다.

첫째, 소련의 통치당국은 여러 가지 논리조작을 통해서 그들 체제의 합리

---

53) Fundamentals of Soviet Law, p.126.
54) David Lane, Politics and Society in the USSR, p.158.
55) H. J. Berman, Justice in the USSR(New York, 1963), pp.42~43.

성과 정당성을 주장하고 있지만 그들의 이러한 논리조작에도 불구하고 현실적으로는 상당한 권력의 분립을 통한 자율권의 신장이 요청되는 사회 각 부문, 예컨대 경제계, 군대조직 등과 그들 당 간의 효과적인 권력배분을 정당화시킬 수 있는 논리를 발현할 수는 없다. 또한 그들의 주장대로 프롤레타리아의 계급독재를 실시한다고 하면서 스탈린식의 1인 독재에서 보는 바와 같은 권력의 개인집중을 타당성 있는 논리로 정당화시킬 수는 없다는 점이다.

둘째, 소련의 통치당국은 기회 있을 때마다 1936년 이래로 그들 소련사회에는 적대적인 계급이 없어졌다고 주장하면서도 현실적으로는 국가나 당은 소멸되지 않고 계속하여 그 권한만을 강조하고 있다는 점이다. 즉 소련사회가 그들 통치계층의 주장대로 적대적인 모순이 소멸되고 사회적인 조화를 이룩했다면 노동계급만의 배타적인 통치권을 나타낸다고 하는 공산당과 독재국가의 계속성은 무엇으로 어떻게 정당화시킬 수 있는가 하는 점이 반체제인사들의 시비의 표적이 되고 있다.

셋째, 소비에트라는 통치구조는 하나의 명목에 불과하며 실질적인 소련의 정치권력은 공산당(CPSU)에 집중되어 있다고 하는 점이다. 이렇듯 소련 정치체제에서 초월적 권위를 가진 당이라는 것이 밑으로부터의 선거의 원칙에 의하여 구성되는 것이 아니라 위로부터의 권위적인 통제의 방법에 의하여 이루어졌다는 점과, 또 당원들이 당내의 의사결정 과정에서 차지하는 영향력이라는 것은 당 엘리트들이나 서기들의 그것에 비하여 보면 보잘 것 없다는 점, 소련의 정부조직은 연방조직의 성격을 가지고 있지만 각종 지방정부기구의 권한은 서구의 그것과는 비교조차 되지 않는 점이다.

넷째, 소련에서는 사회적인 그룹들 간의 논리적인 갈등의 소지가 없기 때문에 거기에는 독립적인 그룹 이해를 전제로 한 경쟁적인 선거나 정당의 육성의 필요성이 없으며, 또한 거기에서 정부는 동질적인 사회이익을 대표할 뿐만 아니라 정부에 의한 시민의 정치적 억압 또한 없기 때문에 자연히 그곳에서는 각종 정부기구 사이의 세력균형이라는 것이 필요치 않다고 하는 그들 지배계층들의 주장 등과 같은 현실과 괴리된 논리조작 자체에서도 커다란 모순성을 내포하고 있는 것이며 이 같은 그들 체제의 명분과 현실 사이의 괴리가 바로 반체제의 생성 이유로 작용되고 있는 것이다.

2. 사회구조적 측면

'반체제'라는 것은 소외현상과 마찬가지로 모든 권력의 항사, 특히 정치권력의 행사에 있어서는 필연적으로 일어나기 마련이며 이는 정치권력을 위시한 모든 권력행위가 강제력의 행사를 전제로 하고 있기 때문인 것으로 설명될 수 있다.

우리가 이상과 같은 일반현상으로서의 반체제적 경향에서보다 공산권, 특히 소련에서의 이 운동에 대하여 관심을 두게 되는 것은 소련과 같은 공산주의사회에서는 그들 체제의 구조적 특징 때문에 이러한 운동자체가 설 자리가 없을 것임에도 불구하고 반체제운동이 현실적으로 나타나고 있다는 사실 때문이다. 소련사회를 우리가 일단 '마르크스-레닌'주의적인 목적을 실현하려 하는, 또한 전체 구성원들의 '새로운 사회주의적 인간(new socialist man)'에로의 개조에 집착하고 있는 동원체제(mobilization system)로 이를 파악할 때 그들 사회의 치자(ruler)와 피치자(ruled) 간의 권력관계는 여타의 비공산국가의 경우와는 본질적으로 그 관계를 달리하고 있다.

권위나 정치적 정당성의 근거에 있어서도 비공산주의 국가들에 있어서 이는 '법적합리적(legal-rational)', '전통적(traditional)', '카리스마(charismatic)'적인 웨버(Max weber)유의 요소에 의존하는 데 반하여 공산주의 국가에 있어서는 '강제(coercion)', '조직(organization)', '설득(persuasion)' 및 '보상(reward)'이라는 여러 요소의 혼합에 의하여 이루어지고 있음이 특이하다.[56)]

이념적인 측면에서 보면 소비에트체제와 같은 공산주의 국가는 그 국가의 정통성을 이데올로기적인 상부구조와 현존하는 실제의 발전상태 사이의 변증법적 비균형을 스스로 제거시키려는 데에 그 토대를 두고 있기 때문에 이와 같은 구조적 갈등을 내포한 국가에 있어서의 그들 지도자에 대한 비판이나 지배관료들에 대한 비판, 그들의 정책에 대한 비판과 같은 반체제적 경향이 일어날 수 있는 소지를 원천적으로 가지고 있다.[57]

현재의 소련은 그들 체제 나름대로의 구조적 분화(structural differentiation)가 전제된 고도의 복합사회적인 성격을 띠고 있다.

버클리(Walter Buckley)와 같은 체계론자들은 소련과 같은 복합사회를 '복합적인 적응체제(complex adaptive system)'의 개념으로 이를 파악하고 있다. 이러한 복합적인 적응체제하에서는 현존체제가 내적인 긴장의 요인으로 작용되어지는 구성요소들을 그 속에 내포하고 있으며 또한 이러한 체제는 대내적인 환경과 대외적인 환경간의 끊임없는 상호작용을 야기해 결과적으로는 그 체제의 구조 자체가 외부의 영향을 받게 되는 '상호영향(remapping)'현상을 나타낸다는 것이다.

이와 같은 복합적인 적응체제적 사회구조는 대안적인 행동(alternative action)이나 혹은 구성요소들의 작용에 합일하는 방향으로 그 행동 패턴을 정착시키는 경향을 가지거나, 아니면 그러한 대안적인 행동 자체에 제한을 가하는 방향으로 작용하기도 한다.[58]

체계론적 입장에서 보면 소련과 같은 고도의 복합적인 적응체제는 '사회적 분화(social differentiation)'와 '문화적 확산(cultural diffusion)' 등이 필수적인 현상을 나타나게 되며 이러한 사회적 분화와 문화적 확산은 또한 계속적

---

56) Afred G. Meyer, "Authority in Communist Political System," in Lewis J. Edinger(ed.), *op. cit.*, p.92.

57) Barrington Moore. Jr., *Soviet Politics-The Dilemma of Power*(New York, 1965), pp.38~58.

58) Walter Buckley, *Sociology and Modern Systems theory*(Frentice-Hall, Inc., 1967), pp.128~130.

으로 체제의 다양화(variety) 물결을 야기한다.

이렇듯 체제의 구조적 속성으로 생성된 다양화의 물결은 자연히 대내적으로는 상호작용하는 체제구성요소 간의 긴장을 초래하지 않을 수 없는 것이며 따라서 이러한 복합적인 적응사회가 갖는 체제내적인 긴장이 결국 소련과 같은 사회에서의 반체제운동의 요인으로 작용한다. 여기서 사회구조적 측면에서 소련 반체제운동의 생성배경을 보다 구체적으로 파악하기 위하여 이를 다시 그 '통합유형', '그룹 간의 갈등', '제도화' 등의 문제로 이를 세분하여 살피고자 한다.

(1) **통합양식의 문제점** 소련의 통합유형은 한마디로 말하여 '중앙집중적인 명령유형(centralist-command mode of integration)'을 취하는 데 그 특색이 있다고 볼 수 있다.

리그비(T. H. Rigby)는 체제의 통합양식을 세 가지 유형으로 분류하였는데 그 첫째 유형이 전통사회에서 행하여지는 관습유형이며, 이러한 유형의 통합양식하에서 사회적 제분파들은 전통사회가 설정한 이상형에 맹종하는 순종적인 성향을 갖게 된다는 것이다. 둘째 유형은 시장사회를 전제로 한 계약적인 통합유형으로 이러한 유형이 지배하는 사회에서는 각 분파들이 제각기 독립적인 주관과 이해관계에 따라 독자적인 행동노선을 견지하며 그들 간의 타협과 계약에 의하여 사회적 통합을 이루어 나가는 유형이며, 셋째 유형은 조직사회를 전제로 한 명령 유형이며 이러한 유형에서는 어느 일 분파 혹은 정당이 전권적인 권력을 행사하게 되며 나머지 분파 혹은 정당들은 별다른 힘을 발휘하지 못하게 된다. 따라서 이 같은 명령유형의 통합양식은 자연히 중앙집권적이고 획일적인 통합형태를 가져옴으로써 다원화의 움직임이 나타나고 있는 현대의 복합사회에서는 그 기능을 제대로 발휘할 수 없다.[59]

이상의 세 가지 통합유형에 비추어 볼 때 소련은 계약적인 통합형태에 비

---

59) T. H. Rigby, "Traditional, Market, and Organizational Societies, and the USSR," in Frederick J. Fleron, Jr., (ed.), *Communist Studies and the Social Science*(Rand McNally and Company, 1969), pp.170~187.

중을 두는 서구사회와는 달리 고도의 획일적인 조직사회라는 그들의 구조적 속성과 공산주의라는 특유한 정치체제의 특성으로 '명령적 통합유형'을 견지하지 않을 수 없는 것이 현실이다.

소련이 택하고 있는 명령적 통합양식 자체가 그들의 분화된 사회구조와 효과적으로 병행될 수 없다는 데서 반체제와 같은 구조적 갈등이 소련사회에서 생성될 수 있는 여건을 만들고 있는 것이다. 왜냐하면 필드(Mark Field)가 주장한 바와 같이 근대사회에서의 구조적 복합성과 사회적 분화현상은 그것이 공산주의사회이건 비공산주의사회이건 가릴 것 없이 공통적으로 일어나는 현상이며 또한 이러한 사회의 구조적인 속성의 변화는 궁극적으로 사회적 조직들 내지 단체들에 대하여 상대적으로 자율영역을 확대시키지 않을 수 없다.60) 그러나 소련과 같이 중앙집권적이며 획일적인 명령 통합양식으로는 이러한 사회적 구조변화에 따른 사회영역들 간의 갈등을 효과적으로 수습할 수는 없는 것이며 이러한 갈등의 노정에 대하여 점차 더 탄압적인 강제력을 발동하게 되는 것이다. 여기에서 체제의 내적 부조화와 갈등이 있을 수밖에 없다.

이 점에 관해서 브레진스키(Zbigniew Brzezinski)는 소련사회가 제도적인 성숙을(institional maturity) 이룩한 것은 사실이라 하더라도 과거에 있어서 보다 체제의 유연성이 많이 약화되었다고 볼 수 있기 때문에 종래와 같은 획일적인 일당의 전횡적인 지배양식에는 문제가 있다고 지적하고 있다.61) 콘퀘스트(Robert Conquest)도 소련과 같은 고도의 산업사회에서 통합형태로서 일당 강권의 비합리성을 지적하고 있다.

(2) **그룹갈등의 문제** 이익집단(interest group)에 대한 '마르크스-레닌'

---

60) Mark G. Field, "Soviet Society and Communist Party Controls: A Case of Constricted Development," in Donald W. TreadGold(ed.), *Soviet and Chinese Communism: Similarities and Differences*(Seattle University of Washington Press, 1967), *pp.189~190.*

61) Zbigniew Brzezinski (ed.), *Dilemmas of Change in Soviet Politics* (Columbia University Press, 1969), pp.20~26.

주의의 전통적인 부정의 입장에도 불구하고 소련의 현존체제는 그 사회적 분화결과로 비공식적이긴 하나 실질적인 이익단체의 형태가 형성되어 있다. 이러한 그룹들 간의 갈등이 또한 소련사회에서의 반체제운동을 생성시키는 또 하나의 커다란 요인으로 작용하고 있다.

스킬링(Gordon Skilling)에 의하면 소련을 비롯한 공산주의사회는 대체로 정책결정에 중심적 역할을 수항하고 있는 '지도자 그룹(leadership group)'과 군대, 비밀조직, 당, 국가조직의 근간을 이루고 있는 '관료그룹', 문필가, 언론인, 과학자, 학자 등으로 구성되는 '지식인 그룹', 그 밖의 대중들이 포함되는 '광범한 사회적 그룹(broad social group)' 등의 네 가지 정치적 그룹들이 존재한다고 전제, 비록 공산주의 국가에서는 이러한 그룹들이 공식적인 조직형태를 갖지는 못하지만 실제적인 면에 있어서는 상당한 유대의식을 형성한다고 본다.[62]

스킬링(H. G. Skillig)이 분류한 이상의 그룹들 중에서 소련의 반체제운동과 직접적인 연관성을 갖는 계층은 '인텔리 그룹'이라고 말할 수 있는바 이들 인텔리그룹의 구성인원을 그는 다음과 같이 파악한다. 즉, 1959년의 센서스에 의하면 대체로 소련에는 약 2천만 명의 인텔리계층이 있다고 주장되고 있지만 이는 하급직종에 종사하는 인원까지 포함하는 것이며 좁은 의미에서 인텔리계층에 속할 수 있는 사람은 이보다 훨씬 적다. 소련에는 약 5백만 명의 기술경제적 인텔리와 또한 약 5백만 명의 과학문화인텔리, 약 2백 50만의 군, 안보관계, 당, 정부관계 엘리트들이 있다고 추산한다. 특히 고위층의 엘리트들은 10~20만 명의 당료들과, 10만여 명의 중국업관리자, 10만여 명의 군 간부, 동수의 경찰간부, 6천여 명의 문필가 엘리트들이 있다는 것이다.[63] 이렇듯 소련사회 내부에 산재해 있는 각 계층조직과 이에 더하여

---

62) H. Gordon Skilling, Group "Conflict and Political Change," in Chalmers Johnsons (ed.), *Change in Communist System*(Standford University Press, 1970), pp.216~222.

63) H. Gordon Skilling, "Group Conflict in Soviet Politics." in H. Gordon Skilling and Franklyn Griffiths (eds.) *Interest Group in Soviet Politics*

복합사회의 구조적 속성이라고 말할 수 있는 엘리트 계층 내부의 다기한 전문영역별 집단의 생성은 불가피한 일이며 이는 또한 내재적인 그룹들 간의 갈등 또한 피할 수 없는 것이다.

물론 전기한 바와 같이 공산사회의 그룹이라는 것이 '마르크스-레닌'주의의 기본속성 때문에 어떤 정당성을 행사할 수 있을 만큼 외형적인 조직형태를 갖출수는 없다는 점과 또 전기한 맥락에서 그들 그룹들의 자율영역이 거의 제한되어 있다는 점, 그들의 활동이 비공식적인 절차에 따라 행하여질 수밖에 없다는 점 등과 같은 그룹활동의 온갖 한계성 때문에 소련에서는 정치적 그룹이 존재할 수 없다고까지 주장하고 있는 예도 있다. 그러나 그렇다고 외형적인 조직체가 적극적으로 활동하지 못하고 있다는 사실만으로 소련사회의 그룹갈등 자체를 무시하는 것은 논리의 타당성을 갖지 못한다. 소련 체제내에서도 실질적으로 그룹갈등의 대전제가 되는 집단목적(group goal)의[64] 영향은 사실상 대단한 것이며 전문집단별로 날카로운 대립상을 나타내고 있는 이러한 집단목적들의 팽팽한 대입 자체가 소련의 반체제운동의 직접적인 생성요인이 되고 있다.

(3) **제도화의 문제** 소련 반체제운동의 사회구조적인 생성요인으로 들 수 있는 또 한 가지는 공산주의체제의 제도화에 관한 문제이다.

'제도화(institutionalization)'란 체계론적인 입장에서 보면 어떤 체제의 구조라 하더라도 이는 결코 스스로의 내재적인 힘만으로 유지될 수 없기 때문에 그 생성을 보게 된다. 즉, 기존의 사회적 구조는 항상 정도의 차는 있지만 특정한 위험에 대하여 적절한 대응책을 효과적으로 창출할 수가 없는 것이며, 뿐만 아니라 사회구조 그 자체가 이익갈등과 모순역할(role discrepancies)과 같은 위기상황을 스스로 만들어 냄으로써 그 목적달성에 장애를 가져오기 때문이다.[65]

(Princeton University Press, 1971), pp.379~381.
64) Walter Buckley, *op. cit.*, pp.186~191.
65) *Ibid.*, pp.129~130.

따라서 이상과 같은 사회구조 자체가 내포하고 있는 취약성 때문에 특정한 체제는 사회적 질서를 강조하는 세심한 메커니즘, 즉 '제도화'의 생성을 추진시켜 나갈 수밖에 없다. 파슨스(Talcott Parsons)에 의하면 사회적 복합성의 증대와 이로 인한 구조적 분화의 야기는 결과적으로 '내부적 질서(internal order)'에 대한 요청이 증가하며 결국 이는 중앙집권적인 통제를 요구하게 되는데 이러한 중앙통제에 대한 욕구가 바로 '제도화' 문제와 직결된다고 보고 있다.[66]

일당지배의 소련에서 이러한 제도화의 문제는 한결 심각성이 더하며 특히 이념적 측면에서 '마르크스-레닌'주의의 제도화를 통한 무오류성의 고집이 1960년대부터 시작된 중소분쟁의 와중에서 커다란 시련을 받으면서부터는 그 뿌리가 흔들리기 시작하였다. 그밖에도 당정 단일체제의 전통적인 획일화의 뿌리가 어쩔 수 없이 밀어닥친 사회적 분화의 거센 물결 속에서 체제유지를 위한 재조직(re-organization)을 외면할 수 없는 상황에서 갈등의 소지가 나타난다. 즉, 사회적 분화와 문화적 확산으로 생성되는 새로운 하위제도(subinstitution)의 등장으로 인한 갈등 속에서 기존의 제도 자체를 유지시키기 위해서는 대체로 ① 새로운 제도적 설계를 통한 적응적 분화(adaptive evolution)를 추진하거나, ② 주어진 제도적인 틀 속에서 그 관리를 개선함으로써 기존제도의 결점을 보완하거나, ③ 제도의 분산(disintegration or malintegration) 등의 조치를 통하여 효과적으로 대처해야 한다.[67] 이상과 같은 제도 자체의 위기타파를 위한 모든 노력에 있어 소련과 같은 공산체제에서는 효과적인 체제반응(system respose)을 행사할 수 없다. 때문에 이러한 제도화 문제와 결부시켜 소련의 구조적 갈등이 한결 더 심화되는 것이며 여기에서 반체제의 원천적인 소지가 마련되는 것이다.

66) Talcott Parsons, "Evolutionary Universals in Society," *American Sociological Review*, 29(1964), pp.339~357.
67) Walter Buckley, *op. cit.*, pp.142~143.

3. 관료제의 측면

소련의 반체제론자들은 당관료를 비롯한 현존하는 모든 지배권력 엘리트들이 전문성과 유연성을 상당히 결하고 있기 때문에 그들이 소련체제를 위한 창조적인 역할을 수행하지 못하고 있다고 비판한다. 반체제론자들에 일종의 기생적인 집단으로 평가되는 소련사회의 관료집단의 생리를 마이스너(Meisner)는 다음과 같이 설명하고 있다.

> 그들 소련사회 관료들의 주된 관심은 산업사회에 필요한 경제적 합리성(economic rationality)에 있는 것이 아니라 그들 권력의 정착과 확장에 있으며 또한 그들 지배엘리트들은 다른 사회계층들에 대하여 착취를 향하고 있다. 그들은 절대적인 권력의 독점과 국가재산과 부에 대한 통제를 통하여 사회적 부를 과다하게 취하며 동시에 고수준의 개인소득을 계속적으로 확보해 나가고 있다.[68]

관료계급은 사회적 배분에 있어서 독점적 위치를 그들의 권력을 이용해 계속 장악함으로써 사회주의적 평등원리에 반하여 그들은 부당한 대중착취의 새로운 계급으로 등장하고 있다.

(1) **아밀리크의 관료제 비판** 아말리크는 소련체제의 모순을 그들의 관료조직의 성격에서 찾는다.[69] 구체적인 면에서 소련은 지난 수년 동안 다양하고 과격한 내적 변화(internal change)를 이룩하여 온 것은 사실이나 이러한 과정에서 있어 온 관료들의 충원내용에서 보면 충원된 관료들의 성분은 한결같이 복종적이고 무비판적인 맹종파들로 채워졌다는 것이 그의 분석이다.

관료사회 내의 자율적 부류는 여러 가지 이유로 제거되어 갔고 이에 따른 새로운 충원 역시 무비판적이고 맹목적인 복종만으로 길들여진 사람으로 대체

---

68) Zhigniew Brzezinski, *op. cit.*, p.83.
69) Andri Amalrik, *Will the Soviet Union Survive Until* 1984, pp.22~30.

되어 오고 있다는 사실은 결국 소련 관료사회 전체를 비창조적이고, 나약하며, 힘없는 체제로 만드는 데 결과적으로 영향을 줄 수밖에 없다. 그들은 권력을 획득하기 위하여 아무런 생각 없이 무조건적으로 그들 정권에 복종하는 것이 습관화되어 왔기 때문에 일단 그들이 권력, 즉 어떤 직위에 오른 다음에는 그들 관료들은 그들이 장악한 권한의 보존에만 안달하였지 그 권력을 어떻게 적절하게 사용할 것인가에 대해서는 생각을 미치지 못하고 있다.

관료들은 스스로가 기발한 아이디어를 창출할 수 없음은 물론, 다른 사람들이 제시하여 놓은 아이디어는 이를 그들 스스로가 가지고 있는 특권을 침범하는 사고로 이를 배척하기까지 한다. 관료들의 이러한 수구성과 맹목적성은 결과적으로 모든 정부의 조직과 기구들이 단순히 현존체제의 단순한 유지만을 지켜올 뿐이며 여기서 한 발 더 나아가 이 체제의 발전과 새로운 상황 변화에의 적응력까지를 마련하는 데는 커다란 취약성을 나타내고 있는 것이다.

이상의 독특한 관료적 특성을 강하게 내포하고 있는 소비에트정권 그 자체도 궁극적으로 강한 자기보전(self-preservation)적 성격으로 특징화시킬 수 있다. 이 성격을 아말리크는 다음과 같이 분명히 하고 있다.

> 자기보전이 가장 뚜렷한 경향이다. 정권당국은 스탈린주의의 부활도 바라지 않고 또한 지식인들을 박해하려고도 하지 않으며 체코에 있어서와 같이 그것을 요구하지 않는 사람들에게 우애적인 지지를 보내는 것도 아니다. 그들이 원하는 것은 모든 것이 종전과 같이 행해지기를 원한다. 즉, 위험하고 익숙하지 못한 개혁을 통하여 그들 체제가 동요되기보다는 그들의 권위가 그대로 존속되며, 또한 지식인들은 그대로 침묵을 지킬 것을 원한다. 정권은 공세적이기보다는 수세적이다. 그들의 모토는 우리를 건드리지 말아라. 우리도 너희들을 건드리지 않는다는 것이다. 그들의 목적은 오직 모든 일이 과거와 같이 되어 주는 것이다.[70]

소비에트 정권의 이러한 이율배반적인 모순성은 법의 운용면에서도 두드러지

---

70) *Ibid.*, pp.22~23.

게 나타나고 있다. 혁명 후 정권당국은 그들 체제에의 합법성을 부여하고 국민들에 대한 통치의 원활성을 기하기 위하여 '법의 지배' 원칙이 필요시되었다.

고위층의 정권 담당자들에서 시작된 이 원칙이 그 후 스탈린의 실각과 때를 같이 하여 광역화되고 이어서 그 후에는 외국과의 잦은 교류과정에서 국제적인 상호조약의 체결 등이 빈번해지는 과정을 통하여 보다 전체적인 통치의 원칙으로 일반화될 수 있었다. 그러나 이같이 '법의 지배' 원칙의 일반화와 더불어 소련사회에서는 이의 실현에 장애가 되는 몇 가지 현상들이 뚜렷이 표출되었는데, 아말리크는 이를 다음과 같이 네 가지로 지적한다.71)

첫째, 소련당국이 잡다한 이유를 붙여 그들이 방금 조인한 국제조약이나 그들의 소련 법률에서 제기된 원칙들에 반하는 각종 법령이나 법칙들을 양산하고 있다는 점이다.

둘째, 소련사회에서는 관이나 일반을 불구하고 인적 교류가 극히 제한적이고 또한 불규칙적이기 때문에 법의 지배원리에 대한 이해를 널리 전파시키지 못하고 있다는 점이다.

셋째, 행정관료들 사이에 팽배해 있는 직업적인 배타주의(professional egotism)는 결국 궁극적으로 사회 내에서 그들이 확보하고 있는 특권을 없애거나 또는 약화시킬 수 있는 소지가 있는 법의 지배를 비롯한 어떠한 원칙론에 대해서도 이를 철저하게 반대하고 있다는 점이다.

넷째, 법의 지배원칙이라는 바로 그 같은 통치주의적 사상은 소련 사회에서 실질적인 뿌리를 갖고 있지 않다는 점과 또한 이 원칙은 모든 현상을 계급적 상황으로 설명하고 있는 그들의 정치이념과도 상치된다는 점 등을 들고 있다.

법의 지배원칙이 시간의 경과에 의해서 '밑에서부터의 요구(from the below)'로 확산되기 시작하면서 이는 이상과 실제 간의 커다란 간극을 낳음으로써 거부되고 부정되며 그리고 제한되어야 할 개념으로 화하였다고 볼 수 있으

---

71) *Ibid.*, p.24.

며 여기서 또 다른 정권의 모순이 배태되고 있다고 볼 수 있다.

소련 사회에는 현재 그 강제성과 폭력성이 강조되는 정권차원의 법논리와 이와는 상반되는 일반성과 보편성이 강조되는 시민차원의 법논리가 각각 따로 존재하고 있다. 따라서 원칙과 실제 간의 모순 속에서 소련에서는 현재 사법체제에서 벗어난 대량박해와 선별적인 법적 제재가 크게 성하고 있다. 소련의 정권당국이 자행하고 있는 직장에서의 추방, 당적박탈, 조합이나 회원자격의 박탈 등이 사법체제에서 벗어난 박해의 대표적인 예인데 소련 반체제인사들에 대한 각종 재판에 항의하는 문서에 서명한 대다수의 인사들이 이를 이유로 직접적으로 소추되어 재판에 회부되기보다는 그들의 직장에서 쫓겨나거나 그들이 보유하고 있던 당적이 박탈되는 등의 탈법적인 보복을 당하였던 것이 그 구체적인 예로 지적될 수 있다.

또한 여기서 말하고 있는 '선별적인 법적제재(selective judicial persecution)'라는 것은 동일한 내용의 범법행위를 할지도 모르는 모든 사람에게 경각심을 제고하기 위한 고차원적인 행위이다. 이는 정권의 입장에서 평가할 때 아주 중대한 범법행위에 대해서는 오히려 이를 불문에 붙이고 그 범법자를 방면하는 반면, 보다 범법도가 낮은 자는 이를 재판에 회부하고 투옥하는 등의 차등적인 법적용을 정권당국이 판단하는 상황에 따라 실시하는 것을 말한다.

(2) **메데베제프의 관료제 비판** 그는 행정의 권위주의적 체계와 같이 모두가 책임성이 결여된 구조로 소련관료제를 파악하고 이러한 체제에서는 어떠한 독창성이나 비판도 무시되고 억압되며 권력이라는 것은 권력구조의 상부로부터만 배타적으로 행사된다고 이를 비판한다. 또한 이러한 관료주의의 핵심적인 톱니바퀴가 관료, 즉 관리들이라고 말하고 이러한 관리들은 일반국민들의 요구에는 별다른 신경을 쓰지 않고 오직 그 자신의 이력이나 그 자신의 직위 및 그러한 자리에서 오는 물질적인 보상에만 신경을 쓰고 있는 집단이다. 그리고 그들은 또 자기자신들이 맡고 있는 일 자체에 대해서는 별다른 흥미를 갖고 있지 않으면서도 오직 그 자리를 지키기 위하여 안간힘을 쓰며

그들의 자리를 이용한 최대한 권위만을 주장하고 있다.

메데베제프는 관료주의와 관료들의 특성을 이상과 같이 지적하고 제정러시아의 통치구조 자체는 전형적인 관료주의의 폐습에 물들어 있었으나 그 후 1905년의 1차 혁명 후의 임시정부에서는 이러한 관료주의 풍조가 말끔히 없어지고 잠시 민주주의가 이룩되었으나 임시정부에 의하여 단행된 이 같은 비관료주의적인 통치구조는 그 후 10월 혁명을 거치면서 다시 되살아나 새로 탄생된 소비에트와 그 밖의 당기구에 급속하게 퍼져 나갔다고 본다.

러시아의 10월 혁명은 응당 반관료주의적인 정치기풍을 진작시켜야 하였을 것임에도 불구하고 이와는 반대로 이같이 현상이 예상과는 상반되게 현실적으로 더욱 기세를 떨치고 나타났으며 특히나 종전까지 혁명지도자들마저 그들이 권력의 자리에 앉게 되자 강한 권위주의 의식과 함께 일방적인 관료주의적인 태도를 표출시켰다는 점에서 러시아의 강한 정치적 영향력을 불식시키지 못하였다고도 볼 수 있다.

혁명초기의 이러한 관료제적인 경향은 강력하게 이의 시정을 촉구하는 레닌의 끈질긴 노력에 의하여 크게 세를 확산시킬 수는 없었으나 레닌 사후 스탈린이 등장하고 그의 개인숭배가 자리를 잡기 시작하면서 또다시 원점으로 돌아가 국민들에 대한 하등의 책임의식도 없이 공포적인 테러의 수단에 호소하여 그들 관리들의 자리가 배타적이고 절대적으로 권력의 핵심이 되었다.

제22차 소련공산당 전당대회 이후 이러한 극단적인 일인체제적인 관료주의 작폐를 없애기 위한 많은 노력들이 경주되어 온 것은 사실이다. 그러나 관료제에 대한 투쟁방법 또한 관료주의적인 방법에 의하여 진항되었기 때문에 별다른 효과를 거둘 수 없었으며, 이는 마치 도적을 잡기 위해 도적한테 집을 지키게 한 결과 이상이 아니었다. 결국 관료주의라는 병폐는 지도자들이 그들 소련사회에서 일어나고 있는 갖가지 변화의 추세마저 제대로 파악하지 못하게 하고 있음으로써 소련사회의 발전이라는 측면에서 보아도 가장 결정적인 장애요인이 되고 있다는 것이다.

또한 반체제론자들의 한 사람인 조린(Zorin)과 알렉세프(Alekseev)는 비대해진 이들 소련의 관료조직을 가리켜 다음과 같이 이의 비리를 꼬집고 있다.

> 소련사회에는 주인이 없다. 그러나 거기에는 전권적이며 탐욕스러운 소비자, 즉 '당·국가관료(party state bureaucracy)'들의 무리가 판을 치고 있다. 이제 이들 정치 엘리트들은 소련체제에서 새로운 잉여가치의 착취자로 등장하였다.[72)]

반체제운동가들에 의하여 '기생집단' 혹은 '새로운 잉여가치의 착취집단'으로까지 혹평되는 소련 관료조직의 비리는 어떤 원인에서 결과되는 것인가.

소련은 일당전제의 획일적인 명령체제가 그들 정치기반의 대전제가 되기 때문에 자연히 이러한 상황하에서의 관료집단은 배타적인 권위의식과 선민의식이 그들에게 뿌리를 내리지 않을 수 없는 것이며 또한 그 나라 특유의 관료특권을 만드는 것으로 볼 수 있다. 따라서 그들은 이들 전체주의사회의 공통적 현상으로 나타나고 있는 '무사안일'적인 사고에서 벗어나지 못하고 있다. 그들에게 자기를 감시하는 조직이 있다면 그것은 유일한 독재권력 그것이기 때문에 그들에게만 충성을 보이면, 이른바 당성에만 충실하면 직무적인 성실도 여부는 별다른 문제가 되지 않기 때문에 오직 당과 상관의 눈치만 살피는 기회주의적인 무사안일주의적 방종에 흐르기 쉬운 것이다. 그들은 대중과의 관계에 있어서 타협과 설득의 방법보다도 일방적인 명령관계를 수립함으로써 반감의 소지를 마련하고 있다고 볼 수 있다. 소련체제가 안고 있는 갖가지 정치, 경제, 사회적인 문제들, 예컨대 경제성장의 둔화, 농정의 실패 등과 같은 현시적인 실패의 원인이 이들 지배 엘리트의 정치적 실패에 기인한다고 그들 반체제론자들은 생각하고 있기 때문에 이러한 대관료 불신감정은 그 도를 더하고 있다.

---

72) Walter D. Conner, "Dissent in a Complex Society: The Soviet Case," *Problems of Communism*, p.45.

4. 정치문화적 측면

소련 반체제운동의 생성요인으로 들 수 있는 또 한 가지 측면은 '양분적 러시아관'과 '짜르 독재(tsar-autocratism)'로 통하는 러시아적 정치문화의 지속적인 계승이다. 19세기 이래 러시아 지식인들의 일반적인 사고패턴은 그들 국가와 국민을 하나의 유기체로 보는 대신 두 개의 양분된 존재로 인식하고 있다는 점이다. 러시아 지식인들은 국가와 국민을 표리관계로 보는 단순한 관념상의 구분에서 벗어나 실제로 이들 국가와 국민을 서로 그 존재이유와 목적을 달리하는 대립된 세력으로 구분하는 성향을 가졌다.[73]

러시아를 두 개의 서로 다른 실체가 공존하는 것으로 파악하려는 태도는 비록 혁명적인 인텔리에게만 국한된 것이 아니었고, 그러한 양분적 러시아관은 러시아의 역사발전법칙은 서구와 같이 권력투쟁에 있지 않고 정신적 융화에 있었음을 강조하는 친슬라브파 지성인들에게서도 똑같이 나타나고 있다. 전제정권과 농민대중의 중간적 위치를 차지하고 있는 러시아의 지성인들 사이의 이러한 양분론적 의식이 만연된 것 이외에도 전제정권은 전제정권대로 민중은 민중대로 그들 나름의 양립된 러시아관을 견지하였다.

전제정권은 러시아를 전제주의원칙을 절대적인 것으로 받아들이는 러시아와 그렇지 못한 쪽으로 양분하여 보았으며 이러한 후자에게는 그 존재이유 자체를 부인하였다. 전제정권에 의하여 존재이유마저 부정 당한 범주에는 전제정권에 대하여 비판적 자세를 취했던 인텔리겐차뿐만 아니라 유태민족 등 충성심에 의혹이 가는 모든 소수민족집단이 여기에 포함되었으며 이들에게는 탄압 이상의 여유가 허용되지 못하였다.

또한 농민의 양분적 러시아관은 좀더 묘한 양상을 띠었다. 농민들에게 있어서 그들의 러시아는 바로 Mir(농민공동체)였으며 미르의 테두리를 벗어나

---

73) 이인호, "양분적 러시아관과 러시아의 정치적 비극"(서울대학신문, 1977. 6. 21일 자) 1면 참고.

서 그들과 가장 가깝게 느끼는 존재는 지주도 정부의 관료도 아니었고, 그들의 대변자로 자처하는 도시의 인텔리겐차 또한 아니었다. 그들은 오직 황제만을 자기들의 보호자로 추앙하고 있었으며, 자기들과 황제를 제외한 러시아는 바로 '그들과는 다른' 러시아로서 거기에는 관료들의 횡포, 지주들의 탐욕, 지식인들의 오만과 배타성으로 가득찬 그들 농민세력을 위협하는 존재로만 그들을 인식하고 있었다. 따라서 러시아의 농민들에게는 정치라는 것은 선량한 황제와 그리고 선량한 백성들 사이를 이간질하는 무리들의 농간으로 인식되었다. 지배층 전반에 대한 러시아 농민들의 부신과 불만은 여러 가지 형태로 나타났다. 지주와 관료들에게는 표면적으로는 복종과 아부, 이면적으로는 배척 등의 방법으로 이들에게 대항하였고 또한 농민들을 계몽시켜 그들의 사회주의적 혁명 잠재력을 개발하겠다는 환상에 사로잡혀 도시로부터 몰려온 젊은 지식인들에게는 그들을 관헌에 고발하는 등으로 배척하였다.

이와 같이 러시아의 전계층을 통하여 만연되었던 양분적인 러시아관을 1917년의 혁명을 통하여 그들 혁명적 인텔리겐차들은 화해를 통해서가 아니라 일방의 말살로(혁명적 방법) 이를 극복하려 하였다. 그들 혁명인텔리들은 혁명을 통하여 하나의 러시아, 즉 관권 러시아를 붕괴시키면 그 자리에 또 하나의 러시아, 즉 민중의 러시아가 자유로운 자세로 등장할 것으로 착각하였다. 그것은 커다란 하나의 환상에 불과하였다. 혁명 이후 60여 년이 지나 오늘날에도 소련에는 관권 러시아와 민중의 러시아라는 이중적인 사고의 구조가 극복되지 못하고 있으며 오히려 그러한 구조적인 벽은 공산주의 독재의 탈을 쓰고 더 한층 심화되었다.

러시아를 보는 흑백논리가 이러한 전통적인 러시아인의 양분적 의식구조에서 생성된 것은 당연하며 또한 그렇게 철저한 흑백적 양분논리가 대중화되어 가는 반체제론자들의 의식기반이 되고 있는 것이다.

러시아의 이러한 전통적인 의식구조에서 볼 때 그것이 자유민주의(liberal democracy)이건 아니면 사회민주주의(socialist democracy)이건 간에 러시아에 진정한 민주주의의 실현은 불가능할 것이라는 브레진스키의 논리는 그 타당성을 발

견할 수 있다.[74]

아말리크는 소련은 역사적인 맥락에서 볼 때 자치정부(self government)
나 법 앞에서의 평등, 개인적 자유와 같은 사상이나 이에 대한 책임의 관염은
러시아적인 역사전통으로 보아서는 그 타당성이나 당위성이 일반화되기는 어렵
다고 주장한다.[75] 전통적인 러시아인들의 사고 속에서는 일상적인 자유의 개
념도 이를 그들 스스로의 보다 양질의 삶을 확보하게 하여 주는 가능성으로 파
악하는 것이 아니라, 그것은 약삭빠른 사람들이 희생을 각오하면서 행하는 위
험스런 것으로 이를 파악하고 있다. 따라서 대다수의 사람들은 이 자유라는 개
념을 무질서와 동일한 개념으로 인식하거나 또는 법망을 피해 반사회적이거나
위험한 행위를 함으로써 욕망을 만족시킬 수 있는 기회로 이를 파악하고 있다.

인본주의적 전통에 있어서도 러시아는 유럽과는 아주 다른 인식을 생활화하
였다고 볼 수 있다. 그들 러시아인들에게는 전통적으로 인간이란 항상 하나의
수단으로 인식되어 왔을 뿐 인간 자체가 목적으로 생각되어 오지도 않았다.
이러한 의식을 가진 러시아인들에게 스탈린에 의하여 행하여졌던 '개인숭배'
현상을 전에는 도대체 체험하지 못하였던 인간성의 말살이라느니 인간성에 모
욕을 준 행위라고 인식하고 있다는 사실은 어쩌면 하나의 아이러니일 수도 있
다. 전통적인 러시아적 인간 이해에 더하여 소련의 관제 선전매체들이 의도적
으로 개인적인 것보다는 공공적인 것의 중요도를 계속 강조하며 궁극적으로는
개인적인 사고는 비자연적이며 배타적인 바람직하지 못한 것이며, 이에 반하여
공공적인 사고는 자연스럽고 바람직한 사고라는 식의 계속적인 주입을 통하여
이들을 보다 경직시키고 있다. 그리고 전통적 러시아적 사고에는 강한 힘에 대
한 복종의 인습과 다른 사람이 나보다 잘 살아서는 안 된다는 유의 생각이 그

---

74) Zbigniew Brzezinsk: "The Soviet Past and Future," *Encounter*(1970. 3),
    p.6.
75) 이 부분은 Andrai Amalrik, *Will the Soviet Union Survive Until 1984*,
    pp.33~35까지 참조.

들의 마음속에 깊숙하게 내재되어 있는데 이들 모두는 하나같이 개인주의에 바탕을 둔 민주주의적인 사상과는 근본적인 차이를 나타낸다고 볼 수 있다.

아말리크는 소련 반체제운동의 속성. 즉 체제에 대한 불만의 성격도 이를 '나약한 불만(passive discontent)'으로 규정하고 있다. 구체적인 예로 노동자들의 경우 그들은 공장경영에 참여하지 못한 데서 오는 불만을 가지며. 집단농장 노동자들의 경우에 있어서는 그들이 농장 책임자의 일방적인 예속상태에 대하여 불만을 느낀다든지 하는 것이 그것이다. 즉 대다수의 사람들은 대개의 경우 부의 엄청난 불평등이나 또는 낮은 급료. 나쁜 주거환경, 생활필수품의 부족, 거주, 이전의 통제 같은 데서 그들의 불만을 가장 잘 나타내고 있다. 물론 정권당국은 이 같은 불만의 소지를 없애기 위하여 그동안 끈질긴 노력을 해 오고 있는 것이 사실이긴 하나 상대적인 소득의 격차와 생활필수품의 부족과 같은 가장 직접적인 불만의 소지는 점차 더 심화되어 가고 있는 것이 현실이다. 그러나 그렇다고 하여 이러한 일상적인 불만이 쌓여 보다 과격한 행동이나 사상이 갑자기 나타날 수는 없다는 것이 러시아적인 특징이라는 것이 아말리크의 견해이다.

III. 정치이념적 갈등

현존하는 공산주의 국가들이 공식적으로 내걸고 있고 이데올로기가 하나같이 '마르크스-레닌'주의를 표방하고 있음은 주지의 사실이다. 그러나 이러한 여러 공산주의 국가들이 공통적으로 내걸고 있는 외형적인 허울에도 불구하고 현실적으로 개별 공산국가에서 실행되고 있는 구체적인 통치이념은 그들의 외형적인 '이상이념(utopian goal)'인 '마르크스-레닌'주의와는 별개의 독특한 통치이념을 토착화하여 가고 있음도 또한 분명한 사실이다. 현존하는 공산체제를 그들의 통치이념의 측면에서 분석하여 볼 때 '마르크스-레닌'주의는 하나의 추상적인 형식논리의 범주를 벗어날 수 없는 것이며 더 이상 그들 각국의 공산정치체계를 지배하는 실질논리로 작용하지는 못하고 있는 것이다.

'마르크스-레닌'주의는 현실세계에서 통치논리로서의 실질적인 영향력을 그만큼 감소하여 가고 있으며 그에 대치하여(정확하게는 병행하여) 각 개별 공산주의 국가에서는 그들 나름의 독특한 혁명패턴, 전통적인 정치문화, 경제발전 수준 등의 모든 조건에 부응한 독특한 통치논리를 정립하여 가고 있으며 이러한 개별국가들의 통치이념이 각기 '마르크스-레닌'주의의 '창조적 적용'이라는 미명하에 그들의 통치논리의 커다란 울타리 속에서 합법적으로 존재하고 있는 것처럼 위장하고 있다. 그러나 그 실내용에 있어서는 '마르크스-레닌'주의와의 이념상의 동질성보다는 비동질적인 각국 나름의 자의성이 훨씬 더 강하게 내포되어 있기 때문에 이는 엄격한 의미에서 보면 그들의 주장과 같은 '마르크스-레닌'주의의 창조적 적용의 범위를 훨씬 넘어선 '마르크스-레닌'주의에 대한 독자적인 변형에 불과한 것으로 볼 수밖에 없다.

우리가 일반적으로 이데올로기가 갖는 두 가지 속성, 즉 포괄성과 애매성을 용인하지 못하는 바는 아니다. 그러나 그러한 포괄성과 애매성을 전제하고서도 레인(Robert Lane)이 현실적인 정치적 이데올로기의 속성으로 들고 있는 ① 지배자의 피지배자에 대한 뚜렷한 원칙제시, ② 적대적인 이데올로기에 대해서는 이를 설득해서 용해시키거나 또는 일방적으로 이러한 반대의견을 물리칠 수 있는 속성을 가져야 하며, ③ 이데올로기는 그 개념 속에 기존의 주요한 사회기구에 대한 방어, 또는 개편 내지는 폐기의 수단을 내포하여야 하며, ④ 이데올로기는 그 내용이나 속성에 있어서 규범적이며, 논리적이고 도덕적이어야 한다[76]는 이데올로기가 갖는 현실적인 기능을 상기하여

---

76) Robert Lane, *Political Ideology*(New York, Free Press of Glancoe, 1962), p.15.

볼 때 '마르크스-레닌'주의가 갖는 현실적인 당위성에 대한 공산권 내부에서의 한계성 또한 자명한 것이다.

이상의 맥락에서 '마르크스-레닌'주의의 현실적인 정치이데올로기로서의 한계점을 분명히 하였다. 따라서 이러한 '마르크스-레닌'주의의 현실적인 한계성의 요인을 다음의 몇 가지 측면에서 파악할 수 있는 것 같다.

첫째, '마르크스-레닌'주의의 현실적인 한계요인으로 들 수 있는 점은 '마르크스-레닌'주의 자체가 엄격히 말해 하나의 혁명이데올로기 이상의 속성을 내포하지 못하고 있다는 점이 바로 그것이다. 마르크스주의의 출발이 자본주의 사회의 타파에 그 주안점을 둔 것이었다면 레닌주의의 출발은 사회주의혁명의 실천, 그것에 국한한 제한이념적 속성을 가진 것으로 한마디로 요약될 수 있다. 현상의 타파를 통한 사회주의혁명의 실천으로 개념화할 수 있는 '마르크스-레닌'주의의 구조적이며 원천적인 특성에서 어떤 특정체제의 유지나 체제발전의 논리를 추출하려고 하는 마르크스주의들의 사고는 그 현실성을 기대할 수가 없다. 여기에 '마르크스-레닌'주의의 현실적인 한계가 있는 것이며 그 통시적(diachronic)인 이념작용에 있어서의 본질적인 벽이 있는 것이다.

혁명적 이데올로기로서의 '마르크스-레닌'주의는 먼저 공산주의혁명을 하나의 보편현상으로 일반화하면서부터 그 논리를 전개시켜 나가고 있는 마르크스적이 입장과 이와는 대조적으로 공산주의혁명의 의도성을 강조하는 레닌유의 주의주의(voluntarism)적인 양 이질적인 입장의 혼합으로 그 구성을 보게 되는 것이 그 특색이다. 공산주의혁명을 하나의 보편논리로서 파악하고 있는 마르크스의 논리는 자본주의사회의 어느 특정 국면에서만 볼 때 그의 논리적 타당성을 완전히 배제할 수는 없는 이론체계이긴 하다. 그러한 제한적이고, 한계작용적인 측면들을 확대하여 마르크스주의의 혁명논리를 전체적으로 또는 통시적인 논리로 일반화할 수는 없다.

마르크스주의 혁명논리의 취약점은 그들의 '공산당 선언'에서부터 명확하게 지적할 수 있다. 마르크스(엥겔스를 포함하여)의 초기저작에 흐르는 혁명관은 철저하게 공산주의혁명의 보편성을 전제로 하여 공산주의혁명은 최초에 대표적인 선진자본주의에서 일어나기 시작하여 그 후 전 선진자본주의국가들에 확산하여 갈 수밖에 없는 필연의 현상으로서 사회주의혁명을 파악하고 있다.[77]

그러나 이러한 마르크스유의 혁명낙관론은 그 당대에서 뿐만 아니라 마르크스 사후의 지금까지의 역사에 있어서도 그 실현이 외면당한 철저한 도그마였음이 판명되었다. 1917년의 러시아혁명을 거론할 수도 있겠으나 당시의 러시아에서의 10월혁명은 그것이 공식적으로 주장되는 바가 어떠하든 간에 마르크스주의에 입각한 공산주의혁명의 보편현상으로서의 역사발전이라고 이를 규정할 수는 없다. 그것은 어디까지나 혁명의 실천과정에서 마르크스주의적인 혁명도식이 거의 배제된 레닌주의적 탈권(take over)전략전술의 결과였다고 보는 편이 훨씬 더 현실적인 타당성을 가질 수 있다. 또한 공산주의혁명이 전 선진자본주의국가에서 공통적으로 발생하리라던 마르크스의 주장도 러시아의 10월혁명 이후 독일, 헝가리 등에서 기도되었던 공산주의혁명이 모두 실패함에 이르러서는 그 이론의 현실성은 이미 상실하였다.[78]

한편 레닌의 주의주의적 혁명론도 그의 내재적인 한계성에 있어서는 마르크스의 그것과 별로 다를 바가 없다.

레닌 혁명이론의 대표적인 초기저작의 하나인 『무엇을 할 것인가(what is to be done)』에 나타난 그의 혁명이론은 강력한 집중화와 세포조직으로 대표되는 이른바 '민주집중제(democratic centralism)'에 입각한 혁명의 전위당(vanguard Party)이 능동적으로 혁명을 주도해야 된다는 것인데 이러한 '자본주의의 불균형발전'의 전제를 통한 '약한 고리'에서의 혁명발생과 같

---

77) Karl Marx and Friedirch Engels, "The Communist Manifesto, Part 1," in Iving Howe(ed.), *Essential Works of Socialism*(New York, A Bantam Book, 1971), pp.29~44.
78) 초기의 구라파에서의 공산주의 혁명관계는 Albert S. Lindemann, *The Red Years*': *European Socialism versus Bolshevism, 1919~1921*(University of California Press, 1974)와 『공산주의의 정권장악 유형』(극동문제연구소, 1977)을 각각 참조.

은 레닌식의 혁명상황의 전개는 마르크스 공산혁명의 보편논리에서 중대한
후퇴일 뿐 아니라 보편논리로서의 공산주의혁명 논리를 특수논리로 변화시키
고 있는 것이기도 하다.[79]

　이상에서와 같이 '마르크스-레닌'주의 자체가 체제유지나 발전의 논리가 아
닌 체제타파와 혁명의 과격논리이기 때문에 초기의 공산주의 혁명단계를 거쳐
가까스로 이룩된 각국의 체제유지와 발전이라는 현하의 공산주의 개별국가들
의 현실적 요청을 감당하기 위해서는 이상이념으로서의 '마르크스-레닌'주의라
는 이데올로기적인 무기만으로는 부족한 것이며 한 걸음 이에서 더 나아가 보
다 구체적인 통치이념을 그들 각국 나름대로 정립하지 않으면 안 될 시대적
요청이 가중된다.

　둘째, '마르크스-레닌'주의의 본질적 한계로 지적할 수 있는 것은 그 이론
자체도 시대구속성에서 완전히 초극할 수 없다는 점이다. 마르크스가 분석한
자본주의사회라는 것은 19세기중반기의 영국을 중심으로 한 유럽의 상황에만
국한된 것이다. 때문에 그는 초기의 유럽을 중심으로 한 자본주의사회의 구조
적 모순만을 분석하는 데 그쳤으며 자본주의체제 자체가 스스로의 모순을 제
거, 제도적인 자기수정을 통하여 스스로 멸망하지 않고 오히려 더욱 더 높은
단계로의 체제적 발전을 지속하고 있는 자본주의사회의 참모습은 간과할 수밖
에 없었다. 따라서 자본주의사회에서의 노동자의 소외와 같은 면을 지적함에
있어서도 그는 자본으로부터의 소외가 아닌 자본에 참여하는 노동자들의 새로
운 기능을 외면하였으며[80] 또한 자본주의 발달의 정도와는 아무런 관계없이
대부분이 후진제국에서 현실화할 수 있었던 혁명의 발상지를 선진자본주의로
예측하는 오류를 범하지 않을 수 없었다.

---

79) Richard T. De George, *Patterns of Soviet Thoughts*(The University of
　　Michigan Press, 1970), pp.128~145.
80) Erich Fromm, *Marx's Concept of Man*(Frederick Ungar Publishers Co.,
　　1966), p.42. Robert C. Tucker, The *Marxian Revolutionary Idea* (New
　　York, W. W. Norton & Company, 1970), p.136.

시대제약성은 마르크스와 마찬가지로 레닌의 경우에 있어서도 마찬가지였다. 레닌의 전위당 개념과 당과 대중과의 관계, 혁명의식의 문제 등에서 보이고 있는 폐쇄적인 조직원칙의 고수는 레닌 당시 제정러시아의 강압적인 경찰조직하에서 비합법적인 혁명음모수행에 적합하게 창안된 시대적 혁명의 논리 이상일 수 없다. 비록 마르크스주의의 실천논리로서의 레닌주의가 후대에 미친 영향을 고려하고서도 레닌식의 독특한 당유일체제가 현금에 와서 일반적으로 공산체제 내의 구조적 갈등의 핵심요인으로 작용하고 있음을 볼 때, 레닌의 혁명이론 역시 시공을 초월한 영원한 생명력을 가질 수는 없는 것임이 분명하다.

셋째, 전통적인 '마르크스-레닌'주의의 본질적인 한계요인으로 작용하는 것은 그들 이념의 역사주의(historicism)적 방법논리 가지는 취약점에서 찾을 수 있다. 포퍼(Karl Popper)가 강변하고 있는 것과 마찬가지로 역사적 예언을 창조하고 그것을 이용하여 합리적 이론을 수립하는 것이 사회과학의 과제라는 역사주의적 입장이 자칭 '과학적 사회주의'라는 마르크스철학의 근간을 형성하고 있기 때문에 자연적으로 역사주의적 방법논리 가지는 일반적인 취약점을 마르크스주의 또한 그대로 내포하고 있는 것이다.[81] 그에 의하면 역사주의에 바탕을 둔 마르크스주의의 중심이론은 먼저 자연과학에서 완벽한 정확성을 가지고 일식을 예견할 수 있는 것과 같이 혁명이라는 역사적 사실도 마땅히 예견하여야 한다는 전제하에 사회과학도 근본적으로 자연과학과 동일하게 예측을 내려야 하며 특별히 역사적 진단, 다시 말해 인간의 사회적, 정치적 사건의 발전에 대한 예측을 할 수 있어야 한다는 입장이라는 것이다.[82] 이렇듯 사회과학에서도 분석을 통한 예측이 내려져야만 정치적 과제를

---

81) Karl Popper, *The Poverty of Historicism* (Harper Toch Books, 1961), pp.45~49.
82) Karl Popper, *The Open Society and Its Enemies*(vol. I), (Princeton University Press, 1971), pp.81~88.

설정할 수가 있는 것이며 그렇게 정확한 정치적 과제를 설정한다는 것은 그만큼 많이 역사발전의 진통을 덜어줄 수 있다는 입장이 바로 마르크스주의의 역사주의적 입장이다.

사회과학의 과제를 예측에 둔 역사주의적 입장은 '역사적 예측'을 '학문적 예측'과 서로 구별하지 못한 데서 오는 논리의 비약이라는 포퍼의 분석에도 상당한 타당성이 있다. 학문적 예측의 경우에 있어서도 심한 조건적인 통제 상황하에서만 예측이 가능한 것인데 이러한 제한적인 학문적 예측을 그 조건을 통제할 수 없는 역사적인 사건에까지 확대 적용하려고 하였던 마르크스주의의 역사의식은 그 근원적인 면에서 스스로의 허구성을 노정시키고 있다. 역사발전의 도식화, 혁명필연의 논리, 공산주의사회의 허구 등으로 요약할 수 있는 유물사관의 '마르크스-레닌'식의 역사결정론적 입장은 이상의 역사주의의 비이에서도 대체로 지적된 바와 같이 사회과학적 특성마저 왜곡한 기만의 사관이자 비논리적 논리의 표본인 것이며 바로 이러한 역사주의적 속성으로 말미암아 마르크스주의의 현실통치이념으로서의 허구성이 분명히 나타나는 것이다.

정치 이데올로기적 측면에서 비록 혁명 이래 잠정적인 내용 일부의 수정은 계속하여 왔지만 아직도 그들은 '마르크스-레닌'주의의 정통성을 계속하여 고집하고 있으나 현재와 같은 다양화된 온갖 환경 변화를 무시한 경직한 도그마적 이념구조의 존재 자체에 문제가 없을 수 없다는 것이 바르그훈(Frederjck Barghoon)을 비롯한 여러 학자들에 의하여 지적되고 있다. 유물론적 역사발전법칙에 입각하여 '계급 없는 사회'와 '국가소멸론'에 뿌리를 두고 있는 그들의 정치이념이 지금까지의 획일적이고 일방적인 탄압과 통제의 수단으로 작용되고는 있지만 앞에서 살핀 바와 같은 사회적 분화와 문화적 확산이라는 소비에트 체제가 직면한 현실적인 시대적 요청 앞에 더 이상 그들의 도그마적 전권만을 휘두를 수는 없다.

'마르크스-레닌'주의의 유토피아적 목표가 현실세계에서는 도저히 달성될 수 없는 허구라는 것을 소련인들이 인지한 데서부터 이러한 공산주의 통치이념에 대한 갈등으로서의 반체제적 경향이 야기될 수 있는 것이다. 로벤탈(Richard Lowenthal)은 소련체제의 이념적 갈등을 세 가지 논리적 가정을 통하여 이를 분석하고 있다.[83]

첫째, 발전과정에서 위로부터의 '계획된 혁명'(planned revolution of from above)은 밑으로부터의 '자발적인 진화'(spontaneous evolution from below)와 갈등을 가져오게 되며, 둘째 발전의 지속에 따라 밑으로부터의 진화세력은 점차 쇠퇴되어 간다. 셋째, '혁명적인 변화'(revolutionary dynamism) 시대의 경과와 전체주의적 정치제도에 대한 정통성의 상실의 결과로 새로운 제도상의 변화를 야기한다. 로벤탈의 입장은 위로부터의 고식적이고 획일적인 이데올로기의 지배가 더 이상 소련사회에서는 절대적인 힘으로 작용할 수 없을 만큼 그것이 분화되었다고 말하고 있다.

또한 왈라스(Wallace)도 혁명적 이데올로기가 갖는 두 가지 속성, 즉 목표문화(goal culture)와 전이문화(transfer culture) 사이의 갈등의 심화를 지적하고 있음은 널리 알려진 사실이다.[84]

요컨대 1950년대를 기점으로 하여 소련사회가 당면한 근대화의 추진이나 정치사회화(political socialization), 정당성 형성과 같은 모든 문제들을 효과적으로 수항할 수 있는 이념적인 무기로서 더 이상 그들의 전통적인 '마르크스-레닌'주의의 정치이데올로기가 그 기능을 수항할 수 없었다는 데서 오늘날 소련이 안고 있는 이념적인 갈등이 있는 것이며 그들 사회가 더 이상의 공산주의적 발전단계에 충실한 이념적인 호소만을 거듭할 수 없는 난점이 있다. 이러한 이념적인 이상과 실제적인 현실 간의 괴리로 야기된 갈등 속에서

---

83) Richard Lowenthal, 'Development vs. Utopia in Communist Policy' in Chalmers Johnson(ed.), op. cit., pp.109~110.

84) Chalmers Johnson, "Comparing Communist Nation," in Chalmers Johnson(ed.), op. cit., pp.7~9.

소련 당국은 시대적인 다원화의 요청과 또 한편으로는 통치이데올로기의 순수성마저 외면한 채 그들 특유의 강경노선만을 고집함으로써 현실적으로 이데올로기적인 갈등을 크게 노정시킨다. 여기에서 마르크스주의의 정화와 사회주의적 정의를 부르짖고 나서는 반체제론자들의 이념적인 욕구에 그 타당성을 부여할 수도 있는 소지가 있는 것이다.

솔제니친의 M-L 주의 비판 솔제니친은 '마르크스-레닌'주의의 허구성을 가장 날카롭게 비판하는 반체제작가라고 볼 수 있다. 솔제니친의 '마르크스-레닌'주의 이데올로기에 대한 분석과 비판은 그의 공산주의 고발소열인 이반데니소비치의 하루(One Day in the Life of Ivan Denisovich), 암병동(Cancer Ward), 수용소 군도(The Gulag Archipelago) 등을 통해서 아주 사실적으로 묘사되고 있다. 그러나 여기에서는 전기한 소열형식을 띤 솔제니친의 작품은 너무나 추상성과 우회성이 강하기 때문에 그의 소열 이외의 작품, 즉 편지, 연설, 인터뷰 기사 등의 자료를 통하여 그의 사상성을 추적하여 보고자 한다.

솔제니친은 먼저 그가 서방세계로 추방되기 전인 1974년 파리의 YMCA 출판사를 통해 발표한 「소련지도자들에게 보내는 편지」[85]에서 마르크스주의를 비판하면서 이 이데올로기를 결함투성이이며, 파멸적인 교리로 이를 규정하고, 이러한 보순적인 이대올로기가 아직도 남아 있다고 하는 사실은 '20세기의 가공할 만한 유머'라고 말한다.

그는 마르크스주의는 정확하지도 않고 학문도 아니며 또한 이는 어느 특정한 사건이나 사실의 수나 양, 또는 시간, 장소를 정확하게 예측하지도 못할 뿐만 아니라(그런데도 오늘날 전자계산기는 마르크스의 도움을 조금도 받지 않고도 아주 쉽게 사회의 여러 가지 일을 예측하고 있다.) 모든 사물 가운데서도 가장 미묘한 존재인 인간과 나아가서 수백만 인간의 복합체로 구성되는

---

85) 이 작품의 집필시기는 1973. 9. 5일로 쓰고 있다.

사회를 미숙한 경제적, 기계적 숫자로 설명하려 하고 있어 우리들을 놀라게 하고 있다[86]고 전제, 이러한 논리적인 허구에 불과한 마르크스주의가 오늘날에도 존재하고 있다는 사실 자체가 더없이 설명키 어렵다는 것이다.

마르크스주의의 현실적인 존재라는 이 '20세기의 가공할 만한 유머'는 오늘날 오직 '일부의 탐욕과 일부의 맹목, 또 일부의 광신'에 의해서만이 그 존립이 설명될 수 있다고 주장, 마르크스주의를 '죽은 이데올로기'로 판정, 소련이 유산으로 물려받은 이데올로기는 형편없이 낡아서 이미 제구실을 할 수 없어 아무 짝에도 쓸모가 전혀 없는 고물이 되었을 뿐만 아니라 그 이데올로기가 고물이 되기 이전인 가장 전성기(?)에 있어서도 그것은 하나같이 오류로 판명된 거짓된 예언이었을 뿐 학문적인 이론일 수는 없었다.

과학적인 예언(?)력과 설명력을 잃은 '결함투성이인 파멸적인 교이'이자 '죽어버린 이데올로기'인 '마르크스-레닌'주의는 이제 현실세계에서는 희망에 찬 미래사회의 청사진을 제공하고 있는 목표이념으로서의 권위는 상실한 지 이미 오래이며, 이는 단지 공산주의사회의 경제적인 낙후성과 또 전세계 인류의 공통의 적인 전쟁의 가장 핵심적인 요인으로서만 그 기능을 다하고 있다는 것이 솔제니친의 분석이다.

먼저 솔제니친은 특히 소련이 당면하는 문제 중에서 가장 절박한 문제는 전쟁이라고 지적하고 이러한 전쟁을 일으키는 가장 결정적인 불씨가 바로 이 이데올로기라고 다음과 같이 지적하고 있다.

> 그러나 임박해 오는 전쟁의 첫째가는 이유는 다른 전쟁보다 훨씬 더 격렬하고 탈출구가 없는 그 전쟁의 주된 이유는 '이데올로기'에 있습니다. 이것은 놀라운 일이 아닙니다. 역사를 통하여 이념의 차이로 촉발된 전쟁이나 종교전쟁도 포함한 내란만큼 잔인한 전쟁은 없었습니다. 벌써 15년째 당신들과 중국지도자 사이에

86) 알렉산더 솔제니친 저, 이종진 역, 『소련지도자들에게 보내는 편지』, (분도출판사, 1975), p.54.

는 이른바 '진보적 세계관을 가진 아버지의 교리'를 서로 자기가 더욱 잘 알고 해석했다는 싸움을 계속하여 왔습니다. 국가 간의 심한 충돌은 그만두고라도 이와 같은 이념경쟁이 세계적으로 증대되어 가고 있는 것은 공산주의의 교리를 하나로 해석하고 세계의 모든 인민들을 그 쪽으로 이끌어 가려는 욕심 때문입니다. 당신들은 과연 어떻게 생각하고 있습니까. 전쟁이 일어나면 쌍방은 단순히 정통파라는 이념의 가치만을 들고 나오겠습니까. 그리고 6천만 명의 우리 동포가 오직 신성한 진이가 우리의 적이 주장하듯 335페이지에 쓰여 있지 않고 레닌의 저서 533페이지에 쓰여 있다는 한 가지 사실만으로 죽어야 하겠습니까. 분명히 죽어 마땅한 것은 레닌의 교이 그 자체입니다.[87]

공산주의이데올로기를 둘러싼 이념의 순수성 경쟁 자체가 더할 수 없는 인유의 전쟁으로까지 확대될 중소간의 새로운 불씨가 되고 있다고 본 솔제니친은 이러한 미증유의 충돌사태를 미연에 방지하기 위해서는 더 이상의 이데올로기의 집착에서 소련 지도자들이 벗어나야 할 것이라고 본다. 서로 비슷비슷하면서도 뉘앙스만 다른 이데올로기의 싸움에서 소련의 지도자들은 이제 그 방침을 바꾸는 일만이 전쟁의 불행한 사태를 미연에 방지할 수 있는 가장 안전한 방법이라는 것이다. 따라서 그는 당시에 고조되고 있던 中共과 소련 간의 이념분쟁에 대해 다음과 같이 확언한다.

그 따위 이념 따위는 중국지도자들에게 주어버려라. 그들이 잠시 동안 그것을 자랑하도록 내버려 두어라. 그 대신 잘 이행되지 않는 국제적인 의무를 그들이 송두리째 짊어지고 끙끙거리며 끌고 가도록 내버려 두라. 그리고 또 인유를 부양하고, 만신창이가 된 경제를 부흥하고, 하루에 백만 루블씩 쿠바에 원조하여 남미대륙에서 활약한 테러분자나 유격대원을 양성하도록 내버려 두라. 그렇게 되면 그들과 우리나라 사이에 오가는 야만적인 대입과 오늘날 세계의 논쟁과 충돌의 원인이 되고 있는 수많은 문제들이 해소될 것이며 군사적인 대결 역시 현실과는 먼 이야기가 되거나 아예 발생하지도 않을지도 모른다.[88]

---

87) *Ibid.*, pp.54~55.

솔제니친이 지적하고 있는 또 하나의 구체적인 이데올로기적 죄과는 경제적 낙후성이다. 경제적 평등의 실현을 통한 풍요의 공산주의 사회건설이라는 이데올로기의 허울은 한낱 피상적이고 원시적인 경제이론이라고 못박고, 노동자들만이 가치를 창조한다고 하는 괴변은 관이, 기술자, 수송 판매기관 등의 기여도를 외면한 괴변이며, 또 민주주의사회에서는 프롤레타리아 계층은 항상 억압을 당하고 아무런 소득도 있을 수 없다는 논리 또한 분명한 거짓임을 전제, 현재 소련이 무산계급에 보장해 주려 하고 있는 의식주생활의 여유는 모두 그들이 이미 자본주의하에서 얻은 것들에 불과하다고 본다. 그는 소련이 현재 처하고 있는 경제적 현실과 이데올로기와의 관계를 다음과 같이 설명하고 있다.

> 경제부문으로 시선을 돌려 봅시다. 믿을 수 없는 패러독스가 있습니다. 외교면에서 그처럼 빛나는 성공과 군사면에서 그처럼 막강한 힘을 가진 우리나라가 어째서 경제면에서는 그렇게 궁지에 빠져 허덕이고 있는 것입니까. 우리가 이 나라에서 성취한 것은 모두 두뇌에 의해서가 아니라 수량으로, 즉 무수한 인간의 힘과 물자를 과도하게 낭비함으로써 얻어진 것입니다. 소련이 만들어낸 것은 실제 가치보다 비싸게 친 것이 거의 대부분입니다. 그런데도 국가는 그것을 검토해 볼 생각도 않고 그대로 내버려두고 있습니다. 우리의 '이데올로기 농업'은 이미 전세계의 웃음거리가 되었습니다. 전세계에 퍼지고 있는 식량위기는 머지않아 소련에도 큰 위험부담이 될 것 입니다. …… 소련은 한 해만 가물어도 먹을 식량이 부족할 정도로 농작물이 줄어들고 충격을 받습니다. 우리나라의 농업역사를 보면 7년씩이나 계속해서 흉작으로 고생한 일이 있잖습니까. 그 이유는 모두 소련이 집단농장의 실패를 인정하려 들지 않기 때문입니다.89)

솔제니친은 집단농장제를 비롯한 이 같은 경제부문의 낙후성을 결과한 배후에는 '마르크스-레닌'주의의 이데올로기의 장애가 있었기 때문이라고 강조

---

88) *Ibid.*, pp.22~23.
89) *Ibid.*, p.42~43.

하고 있다. 이른바 그 '진보적 교리' 때문에 집단화가 전국적으로 이루어졌고
또 소기업이나 서비스업마저도 국유화되었다. 이러한 조치는 결과적으로 전
국적인 경제구조를 침체의 늪으로 끌어들였다. 또한 경제부문의 이러한 집단
화와 국유화는 일반시민들의 생활을 어렵게 만들었고 이렇듯 생활고에 시달린
소시민사회에 허위와 부정행위를 성행케 만들었으며 이는 결국 남을 기만하거나
부정행위라고는 조금도 모르는 선량한 노동자들에게 나쁜 영향을 주어 사회전체
가 기만한 부정행위로 고통을 받고 있다. 이러한 모든 현상은 다 마르크스주의
가 가져다 준 반갑잖은 선물이다. 따라서 소련 사회와 국가발전에 이데올로기의
무기는 한 가지 면에서도 유익치 않으며 해만을 끼치기 때문에 소련사회의 오
늘날과 같은 질곡의 상태에서 해방시키기 위해서는 하루빨리 이러한 이데올로기
의 집착에서 벗어나야 한다.

　　죽은 이데올로기를 내동댕이쳐 버리십시오. 그것은 당신들의 경쟁자들에게 넘겨
　　주고, 마치 먹구름과 같이, 전염병같이 우리나라를 그냥 지나치게 내버려두고,
　　그에 관심을 갖는 다른 사람이나 연구하도록 내버려두십시오. 그리고 우리는 그
　　에 상관하지 맙시다. 이 이데올로기를 버림으로써 우리는 거짓으로 가득찬 생활
　　에서 해방될 수 있을 것입니다. 6천 6백만의 피로 얼룩진 땅에 젖어 더러운 이
　　이데올로기의 옷을 우리 모두 함께 벗어 던져버립시다. 그것은 지금 우리들의 숨
　　구멍을 죄고 있습니다. 지금까지 우리가 흘린 모든 피는 그 책임이 전적으로 이
　　이데올로기에 있습니다. 당신네들은 내 말을 알아들을지 모르겠습니다만 우리는
　　한시 바삐 이데올로기를 버려야 하겠습니다. 그리하여 누구든 우리 대신 그것을
　　원하는 사람이 있다면 그것을 주워 갖도록 내버려 둡시다. 나는 결코 당신네들
　　에게 마르크스주의를 박해하거나 금지하거나 반박(앞으로 마르크스주의를 가
　　지고 논쟁을 벌이는 일조차 귀찮아서 아무도 얼른 하려 들지 않겠지만 말입니
　　다)하는 따위의 극단적인 방향을 취하도록 제의하고 있는 것은 아닙니다. 나
　　의 제의는 다만 당신들 스스로 마르크스주의로부터 구제받고 아울러 국가와
　　국민을 거기서 구제하자는 것입니다. 이를 위하여 당신네들이 해야 할 일은
　　또 한 가지 마르크스주의에 강력한 국가적 지원을 하지 말고 그 주의가 스스

로 자기 발로 걸어 나가도록 하는 것입니다.90)

솔제니친은 또한 그가 서방세계로 추방된 이후 최초의 공식연설이랄 수 있는 1975년 6월 30일에 미국 워싱턴 AFL-CIO 집회시의 강연을 통해서도 '마르크스-레닌'주의 이데올로기의 허구성을 계속하여 폭로하고 있다. 이 연설을 통하여 '만국의 노동자들이여 단결하라'는 공산당선언은 이미 낡아빠진 구호로서 그 현실성은 상실된 것이라고 주장하고, 소련의 경우 구체적으로 10월혁명 4개월 후인 1918년 3월에 벌써 페트로그라드의 공장노동자들의 대표들은 공산주의자들이 그들을 기만하였다고 항의함으로써 혁명 초기부터 공산당과 노동자들과는 실질적인 연계마저 상실했다고 지적했다.91)

또한 당시 공산주의자들은 페트로그라드 노동자들을 춥고 굶주리게 방치하였을 뿐만 아니라 독자적인 공장위원회 설치를 위한 선거를 요구하는 노동자들을 무차별 사살하기에 이르러서는 소련의 공산주의가 이미 노동자를 위한 공산주의의 허울을 완전히 벗어던진 결과로 볼 수 있다는 것이다.

솔제니친은 소련공산주의의 이러한 경향성은 혁명초기의 공산주의혁명의 지도자들의 성향에도 그 원인이 있다고 말하고 있다. 혁명전후의 소련공산당 중앙위원회의 주요 구성원들은 거의 전부가 오랫동안 해외에서 생활해 온 해외망명파들이었기 때문에 이들은 실제로 당시 러시아의 현실을 바로 볼 수도 없었으며 강한 민족의식도 결여되어 있었다.

농민의 권익과는 아무런 상관없이 폭동의 수단을 통하여 정권을 찬탈하고 의회를 폐쇄하고 비밀경찰제도를 도입하여 재판절차를 거치지 않고 무고한 사람들을 사살하거나 처형했다. 또한 그들 공산주의자들은 노동자들의 파업을 분쇄하고 촌락을 약탈하고 가장 잔혹한 방법으로 농민들을 억압하였다. 결국 그들은 권력의 장악과 이의 유지를 위한 강권만을 자기 것으로 하여 그

---

90) Alexander Solizenisyn, *Warning to the West*(Straus and Giroux 1976), p.7.
91) *Ibid.*, p.8.

들 특유의 독재권을 형성한 다음에는 세계적화의 꿍꿍이속만을 차리고 있는 것이 오늘날의 소련공산당의 당위이자 그 목표이며 노동자의 주권확보, 근로조건의 개선, 세계노동자의 이익보호와 같은 마르크스주의의 순진성 부분은 이미 사라진 지 오래이다.[92] 반대계급의 탄압, 끝없는 숙청, 세계적화혁명에의 강한 의지 등의 마르크스주의의 일반론은 시간의 경과에 따라 그 속성이 퇴색되거나 변질되기는커녕 오히려 그 농도가 짙게 나타나고 있다. 이러한 기본적인 현대공산주의의 세계진략과 정권유지전략을 제대로 간파하고 있지 못한 것은 서구자본주의이라고 솔제니친은 개탄한다.

또한 1975년 7월 9일 뉴욕에서 있은 그의 서구에서의 두 번째 공식연설을 통하여도 '마르크스-레닌'주의의 본질적인 허구성을 중점적으로 파헤치고 있다. 공산주의이데올로기는 그것이 생성된 이래 지금까지 125여 년의 전력사를 통하여 전혀 그 모습을 변화시키지 않고 있는 괴물이나 이러한 생명의 지속력은 그 이데올로기 자체가 갖는 생명력에 의해서가 아니라 그 이데올로기의 명목으로 권력을 잡은 집단들의 탄압과 조직력을 통한 권력유지와 확산에 의하여 이루어진 것이라고 볼 수 있다는 것이다. 공산주의 그 자체는 과학이라고 말할 수 없는 허위라는 것이 솔제니친의 대공산주의관의 전부라고 말할 수 있다. 공산주의이데올로기가 과학이 아닌 이유로 그는 첫째, 그 이데올로기 자체가 예측력을 갖지 못하고 있다고 하는 점과 둘째, 그 이데올로기를 구성하고 있는 기본적인 가정들이 모두 다 허구이기 때문이라는 것이다.

첫째, 공산주의이데올로기가 예측력을 갖고 있지 못하다는 점에 대해서 솔제니친은 현재의 수학, 물리학 등의 자연과학과 심지어 사회과학마저 특정한 사건이 언제 어떤 형태로 일어날 것인가에 대한 예측력을 나름대로 구비하고 있다. 그러나 이에 반하여 공산주의는 그러한 예측이 분명한 바도 없거니와 더욱이 언제, 어떻게 무엇이 일어날 것인가를 정확하게 예측하거나, 또한 막

---

92) *Ibid.,*

연한 그들의 장담이 현실적으로 맞아떨어진 적은 아직 한 번도 없다. 그 가장 대표적인 예가 다름 아닌 그들 이데올로기의 변증법적 유물론에서 말하고 있는 역사발전단계열의 허구라고 볼 수도 있다.[93]

둘째, 공산주의이데올로기의 기반을 이루고 있는 모든 기본가정들의 허구의 문제인데, 솔제니친은 이 항목에서 먼저 그들의 계급투쟁론과 공산주의사회 건설이라는 약속의 허구성을 지적한다. 계급대립의 심화는 궁극적으로 전세계의 프롤레타리아가 전세계의 부르주아지를 타도하고 역사는 최종적인 발전을 이룩하여 가장 행복하고 가장 찬란한 사회가 도래될 것이라는 그들의 기본전제는 이미 오래전에 현실적인 타당성을 잃어버린 것이다.

또한 그들 이데올로기에서 말하고 있던 영국, 불란서, 미국, 독일 등과 같은 선진산업국가에서 공산주의운동이 먼저 시작될 것이라던 그들의 가정도 역사가 증명하듯 하나같이 거짓된 허구였으며, 또한 그들의 국가소멸논, 즉 자본주의 국가가 전복되고 혁명으로 이에 대치되는 사회주의가 실현되면 그동안 존속하여 왔던 국가체제는 그 기능영역이 없어짐과 동시에 소멸(wither away)될 것이라던 그들의 예언은 소위 '사회주의국가'라는 것이 버젓이 이 지상에 존재하고 있는 엄연한 현실이 이를 반증하고 있는 바와 같은 분명한 허구논리라는 것이다.

솔제니친은 공산주의 이론에서 주장되고 있는 전쟁종말론도 허구라고 이를 비난, 공산주의 이론이라는 것은 자본주의사회에서 일어나고 있는 계급대립의 연장으로 이는 자본주의단계에 국한된 현상으로 파악하고 사회주의단계에서는 계급 간의 대입과 같은 모순성이 나타날 수 없기 때문에 전쟁이라는 현상도 생성될 수 없다고 주장하고 있으나, 현실적으로 부다페스트, 프라하, 중소국경충돌, 폴란드사태 등의 상황은 무엇으로 설명할 수 있을 것인가를 반문하면서 이 이론의 모순성을 지적한다.

이상과 같이 공산주의이데올로기의 예측력 부족과 그 기반을 이루고 있는

---

93) *Ibid.*, p.9.

기본가정들의 허구성을 지적, 이의 비학문성을 지적한 솔제니친은 이러한 비학문적 허위로서 일단 공산주의를 규정하고 이어서 이 이데올로기의 기본 속성을 다음과 같이 분석하고 있다.

먼저 그는 마르크스주의로 대표되는 공산주의는 자유와는 상치되는, 자유와는 반대되는 개념이라고 본다.[94] 그는 '정치적 자유는 하나의 거짓 자유이며, 이는 최악의 예속보다도 더욱 나쁘다'라는 마르크스의 공언과 일단 탈권을 한 다음에는 테러의 사용이 절대적으로 필요하다는 마르크스·엥겔스의 주장을 철저하게 이용, 공산주의자들은 한결같이 도덕성의 절대적인 개념을 공공연하게 거부해 오고 있는 것이 그들의 생이라는 것이다.

또한 그들은 객관적이고 명백한 판단 기준을 가지고 선과 악을 분리시키려는 보편적인 사고마저 이를 비웃을 뿐만 아니라 도덕성의 문제도 이를 상대적인 계층의 문제로 삼으려 하고 있다. 따라서 이러한 공산주의자들의 논리에 따르면 살인, 심지어 수십만 명의 집단학살과 같은 사건도 이는 그러한 행위를 한 당시의 주변 환경과 정치적 상황에 따라 이것이 선한 일이 될 수도 있는 것이며 악한 일이 될 수도 있다. 그들은 또한 모든 것은 계급 이데올로기(class ideology)에 의하여 좌우된다고 주장하고 있는데 이렇듯 모든 것의 절대적인 열쇠로 작용하는 계급 이데올로기라는 것을 규정하고 이에 따라 판단하는 것은 그들 공산주의사회에서는 소수의 독재자라는 사실 또한 공산주의이데올로기의 함정의 하나이다. 따라서 이러한 논리에서 보면 공산주의사회에서 선·악을 구분하고 판별하는 것은 그들의 주장대로 이데올로기가 아니라 현실적으로 군림하고 있는 그들 체제의 소수의 독재자인 것이 분명하여진다. 결국 공산주의라는 이데올로기는 그 이론과 실천면에 있어서 완전히 비인간적이라고 규정할 수 있기 때문에 우리가 흔하게 일반적으로 사용하고 있는 '공산주의(communism)'의 반대용어인 '반공산주의(anti-communism)'라는 용어는 적절하지 못하다는

---

94) *Ibid.*, p.55~56.

것이 솔제니친의 주장이다.

그에 의하면 'communism'의 반대개념을 'anti-communism'으로 표시한다는 것 자체는 'communism' 자체에 어느 정도의 원시적(original)이며 기본적인(fundamental) 무엇을 전제로 하는 개념이기 때문에 이를 받아들일 수 없다는 것이다. 어원학적으로 볼 때나 궁극적인 핵심인 인간성의 입장에서 볼 때 공산주의(communism)는 비인간적(anti-humanity)인 것이기 때문에 흔히들 쓰는 '반공산주의', 즉 'anti-communism'이라는 용어는 정확하게 이 논리에 따르면 그것은 'anti-anti-humanity'가 되는 것이기 때문에 자연히 'anti-communism'은 'humanity'로 대치되어야 적절할 것이라는 것이 그의 주장이다.[95]

솔제니친의 대공산주의관에서 **빼놓을** 수 없는 또 하나의 중요한 인식은 공산주의이데올로기는 그것의 생성 이래 지금 현재까지 그 이데올로기의 단일성과 통합성을 계속적으로 견지하고 있다고 주장하는 점이라고 말할 수 있다. 흔히들 마르크스의 공산주의, 레닌의 공산주의, 스탈린의 공산주의, 즉 Marxism, Leninism, Stalinism, Maoism이 서로 그 속성을 달리하는 개념으로 서구학자들은 이들을 각기 분리하여 생각하려는 경향이 있다고 솔제니친은 지적하고 이를 분리하여 파악하는 것은 공산주의 이데올로기의 계속적인 단일성과 통합성을 간과한 지극히 위험한 사고라고 지적하고 있다.

공산주의는 과거에서 현재에까지 결코 일반적으로 말하고 있는 내용상의 변질을 가져오지 않은 이데올로기적인 괴물이라는 것이며 각 시대마다 조금씩 다르게 나타나는 것은 지엽적인 시대 내지 상황 적응책 이상이 아니라는 것이 그의 일관된 입장이라고 말할 수 있다. 그는 흔히들 레닌은 마르크스의 사상에서 많이 이탈하였다고 이야기하나 이는 정확하지 못한 판단이며 보다 깊이 레닌의 저작을 읽은 사람은 얼마나 레닌이 마르크스에게 충실하였는가

---

95) *Ibid.*, p.57.

를 알 수 있다. 스탈린주의도 마찬가지로 이해해야 한다. 흔히들 서방사람들은 '소련이 스탈린주의로만 다시 복귀하지 않는다면, 소련에는 스탈린주의에서 발생했던 것과 같은 일이 다시는 발생하지 않을 것'이라는 논리가 만연되어 있다고 지적, 이는 정확한 판단이 될 수 없다는 것이다. 왜냐하면 이는 스탈린주의과 같은 것이 소련에 실제로 존재해 본 적이 없기 때문이며 이른바 스탈린주의라는 있지도 않은 용어의 생성은 흐루시초프가 그의 전임자 스탈린과 그의 치적을 비난하기 위하여 인위적으로 고찰해 낸 하나의 용어에 불과할 뿐 타 공산주의, 즉 '마르크스-레닌'주의와 구별되는 새로운 이데올로기로서의 스탈린주의라는 것은 어불성설이라는 것이다.96)

이는 스탈린주의로 불려지고 있는 갖가지 통치장치들이 거의 전부 레닌에 의하여 이미 설계되고 만들어진 것이라는 사실로서도 분명하다. 예컨대 농민들에게서 그들의 땅을 빼앗아 그들을 기만한 것과 자영노동자들을 기만한 것도 실은 모두가 레닌이 한 일이었으며, 무력조합을 탄압기관으로 만들고, 비밀경찰 조직인 '체카'를 만든 것도, 강제수용소를 설치한 것도, 자유를 위한 민족적 운동을 말살시키고 하나의 제국을 만들기 위하여 군대를 파견하여 그들을 소탕시킨 것 그 모두도 스탈린이 아닌 레닌이라는 사실에서 스탈린주의와 레닌주의의 불가분성을 명백하게 읽을 수 있다. 스탈린의 경우는 레닌의 경우보다 그 탄압의 규모나 질이 한층 더 가혹하였던 것은 인정할 수 있다. 즉, 그는 두 사람의 죄수를 감옥에 집어넣기 위하여 100명을 체포하였다고 볼 수가 있다. 그러나 그것은 정도의 문제이지 본질적인 문제는 아니라는 것이 솔제니친의 입장이다.

흐루시초프의 경우도 마찬가지이다. 그가 비록 그의 전임자 스탈린을 비난하고 특히 그의 탄압정치를 비난하여 스탈린 노선으로부터의 이탈을 분명하게 공언한 것은 사실이다. 그러나 그러한 흐루시초프의 이탈이라는 것은 본질적인 면에서의 변화를 의미하는 것이 아니라 다만 정치권력 행사의 정도의

96) *Ibid.*, pp.58~59.

변화에 국한된 영역을 결코 벗어나지 않았다.

예컨대 스탈린시기에 두 사람의 죄수를 투옥하려고 100사람을 체포하여 탄압하였다면 흐루시초프, 스탈린체제를 여지없이 비난한 그 흐루시초프는 두 사람의 죄수를 감방에서 내보낼 필요가 생기면 이에 대처하여 백 사람이 아닌 단두 사람만을 다시 감옥에 보내는 그러한 차이를 보였을 뿐 본질적인 변화를 일으킨 것은 결코 아니다.[97] 중국의 모택동의 경우에 있어서도 마찬가지다. 흔히들 중국의 공산주의는 타락되지 않은 순수하고 정화된 공산주의의 한 형태라고들 서구에서도 말하고 있으나 이 또한 잘못된 견해이다. 중국의 경우 이는 단지 레닌이 러시아 혁명 직후에 실시하고 있었던 전시공산주의(war com-munism) 형태를 아직까지도 그곳에서 실시하고 있는 것으로 보아야 한다.

레닌의 경우 당시 러시아적인 상황 속에서는 이렇듯 과격하고 경직된 형태의 공산주의 유지의 효용성이 곧 사라져 이 단계를 일찍 끝낼 수 있었으나 중국에서는 아직도 이러한 경직된 정치적 통제가 완화될 수 없다고 그들의 지도자들이 판단하였기 때문에 아직도 이러한 적정한 임금을 지불치 않고 있는 집단강제노동과 휴일근무, 집단거주 등의 탄압조치들을 그대로 유지하고 있을 뿐이지 공산주의의 순수성이 소련보다 강조되고 있다는 등의 설명은 잘못이다.

이러한 논리에서 보면 마르크스, 엥겔스, 레닌, 스탈린을 비롯하여 모택동, 김일성, 호지명 등의 모든 공산주의자들은 근본적인 면에서 동일한 노선과 사상을 견지해 온 공산주의자로 볼 수밖에 없으며 이들을 각기 따로 떼어내어 생각한다는 것은 커다란 오해라는 것이다.[98]

솔제니친은 1975연 서방으로 건너온 이후 여러 차례의 연설과 기고, 인터뷰를 통하여 발표한 것 가운데서 가장 강조하고 있는 점은 서구인들이 가지고 있는 공산주의 이데올로기 및 소련공산주의 정치체제에 대한 몰이해에 대한 언급인데 이 같은 언급에서도 공산주의의 허구성은 강하게 지적되고 있다. 그

---

97) *Ibid.*, p.62.
98) *Ibid.*, p.63.

는 1918년부터 서방세계는 공산주의이데올로기라는 것이 어느 정도 위협적인 것인가에 대하여 정확한 판단을 하지 못하고 있으며 더욱이 공산주의소련은 혁명 이후 1921년까지 소련의 30여 개 주에서 마치 오늘날의 캄보디아에서 자행되었던 것과 똑같은 공산주의자들에 의한 숙청과 대량학살이 자행되었음에도 불구하고 서방세계의 이른바 진보적인 여론들은 이러한 공산정권의 등장을 즐겁게 맞이하였는가 하면 또 레닌의 일생 동안 소련에서는 히틀러 치하의 나치 독일 못지않게 수많은 무고한 시민들이 처형된 엄연한 사실이 있음에도 불구하고 오늘날 미국의 학생들은 한결같이 히틀러는 사상최악의 악당으로 규정하면서도 레닌에 대해서는 그를 러시아의 은인과 같이 취급하려는 경향마저 있다고 비판한다.[99] 서방이 러시아에서의 공산정권 등장을 방관했을 뿐만 아니라 이에 더하여 그들은 서로 다투어 가면서 소련정권에 경제적·외교적 지원을 제공하였다. 당시 서구의 이러한 지원이 존재하지 않았다면 사상초유의 신생공산주의정권의 그 생존이 불가능했을 것이라는 것이 솔제니친의 분석이다.

소련공산정권이라는 것은 1940년대까지만 해도 그들의 국역의 신장은 물론 대내적인 국민들의 신뢰도 받지 못한 나약하기 짝이 없는 정치집단이었기 때문에 서방세계가 조금만 이에 효과적으로 대처했더라면 이들은 체제의 와해를 면키 어려웠다. 1941년 나치군의 진격 앞에 소련 적군은 수적인 우세와 뛰어난 포병력으로도 견디어 내지 못하고 마치 추풍낙엽처럼 발틱해에서 흑해로 밀려났다. 이는 1천년의 러시아 역사에는 물론 인유사의 어떤 전쟁에서도 찾아보기 힘들었던 패북의 기록이며 이는 또한 공산주의세력의 제거를 바라는 소련 국민들의 염원을 웅변하여 주는 분명한 선언이었다.

소련에서의 공산주의세력의 이러한 절대절명의 위기에도 불구하고 서방세계는 이러한 당시의 상황을 충분하게 인지하고 있었고 계속하여 세계평화에 대한 유일한 위협은 히틀러이고 따라서 히틀러만 제거하면 모든 위협이 사라

---

99) 이 부분은 Solzhenitsyn, "Advice to the West, in an hour of extremity" *Time*(1980, 2, 18) pp.16~18을 요약한 것임.

질 것이라는 단현에 머물러 있었다. 이리하여 서방세계는 오히려 스탈린으로 하여금 그들 소련의 공산정권을 위하여 러시아의 민족주의를 이용하도록 도 와주었으며 결국 서방세계는 이차대전을 통하여 세계의 자유 일반이 아니라 그들 스스로의 자유만을 변호하는 데 그쳤다.

그뿐 아니라 전쟁 종료 후에도 서방세계는 스탈린과의 우호관계를 유지하 기 위하여 당시 연합군 수중에 있던 1백 50만의 소련인들을 그들의 의사에 반하면서까지 스탈린에게 넘겨주었다. 솔제니친은 이같이 전반적인 서구인들 의 공산주의에 대한 몰이해를 지적하고 이러한 태도가 근본적으로 공산주의 세력의 신장과 이로 인한 세계평화의 위협으로 연결되었다고 본다. 어떠한 형태의 것이든 간에 공산주의라는 것은 인유의 파멸을 가져다주는 것 이상일 수 없다는 것이며 공산주의는 어떠한 이유로서도 구제의 여지가 없고 이는 항상 인유에게 치명적인 타격을 준다고 강조한다. 공산주의는 세계라는 조직 체에 있어서의 전염병과도 같아 일단 잠복하여 있다가도 때가 되면 무서운 속도로 그 특유의 질병을 옮기는 것이며 이 질병에 면역성을 가진 나라는 한 나라도 없다. 지금은 괜찮을지 모르지만 몸이 허약해지면 곧바로 감염되고 말 수밖에 없는 무서운 전염성을 가진 것이 공산주의라는 전염병의 특성이 다. 그렇기 때문에 공산주의의 피해로부터 벗어나려면 무엇보다도 공산주의 라는 병균이 발병할 수 없을 정도의 건강성을 유지시키는 것이 유일한 처방 책이라고 볼 수 있다는 것이다.

"공산주의는 단지 벽(그것이 결의의 벽일지라도)에 의해서만 중단된다(com- munism stop only when it encounters a wall, even if it is only a wall of resolve)"는 것이 솔제니친의 명확한 처방이다. 따라서 그는 서방 은 이제 이미 시간의 한계점에서 이같이 공산주의 제어의 벽을 세우지 않으면 안 된다고 경고하고 있다. 세계 2차대전 이후 20개 이상의 동맹국이 공산주의 에 떨어졌는데도 서방세계는 그들의 기술을 여전히 공산세계의 가공할 군사력 증강을 위해 지원하고 있으니 한심한 노릇이라고 말하고 하루빨리 서방세계가 이러한 모순에서 벗어나 남아 있는 그들의 모든 여력을 총동원하여 공산주의를 방어할 수 있는 벽을 구축하여야만 그들 서방의 평화는 물론 전 세계의 평화가 더 이상 위태롭지 않고 보전될 수 있으리라는 것이 솔제니친의 한결같은 대서방 경고의 핵심이다.

Ⅳ. 민족적인 문제

다민족국가라는 국가적 특징 때문에 소련에서의 민족에 대한 문제는 항상 정치·사회적인 중요도를 갖는다. 개별 민족적 자치권의 보장이나 민족적 정통성의 확보가 그들의 통치이데올로기에 의하여 원천적으로 봉쇄되고 있는 것이 소련의 현실이며 때문에 이 같은 그들 체제내에서의 민족주의 내지 민족의 문제는 항상 체제에 내재된 잠재적인 갈등의 가장 강력한 뿌리의 하나로 작용되고 있다. 특히 이러한 민족적인 갈등의 소지는 소련의 통치집단들이 그들이 이데올로기적인 명분과는 달리 수적으로 절대우위를 점하고 있는 러시아민족에 대한 일방적인 우대정책, 나아가서는 전체 여타 민족들을 러시아화하려는 이른바 러시아화정책(Russification)을 혁명 후 지금에 이르기까지 변화시키지 않고 계속적으로 견지하고 있기 때문에 이에 대한 불만과 갈등은 한층 그 도를 더하고 있다.

공산주의 소련이 민족문제에 임하고 있는 두 가지 태도, 즉 볼셰비즘적 교의에서 나타나고 있는 민족문제에 대한 기본적 태도는 어떠한 것이며, 또한 이와 같은 태도와 더불어 현실적으로 소련 체제당국이 강화시켜 나가고 있는 '러시아화정책'의 실상을 좀더 구체적으로 살펴봄으로써 우리는 소련에서의 민족문제에 대한 심각성을 제대로 파악할 수 있을 것이며, 나아가 이 문제가

소련의 반체제 내지는 체제비판운동에 영향을 주는 강도 또한 유추할 수 있
게 될 것이다.

　마르크스에 있어서와 마찬가지로 레닌이나 스탈린에 의하여 논리적 정착을
보았다고 할 수 있는 볼셰비즘에서의 민족 내지 민족주의에 대한 관점은 크
게 두 가지의 단계별 관점으로 파악된다. 계급투쟁의 일양태로서 민족해방투
쟁에 대한 강한 집착을 나타내고 있는 점이 그 하나의 관점이며, 이 같은 계
급투쟁의 일양태로서의 민족의 문제는 결국 프롤레타리아 혁명과 프롤레타리
아 국제주의를 통해서만 그 완전한 해결이 가능하다는 입장이 또 다른 하나
의 관점이다.

　민족적인 문제를 계급투쟁의 일환인 민족해방투쟁으로 이를 파악하는 첫
번째 단계는 민족 내지 민족주의의 문제는 자본주의적인 산물이기 때문에
"프롤레타리아와 부르주아 간의 투쟁은 자연히 '민족적 투쟁'일 수밖에 없다"
는 마르크스 입장에서 벌써 강력하게 시사되고 있음을 본다.

　　내용에 있어서가 아니라 형식에 있어서 프롤레타리아와 부르주아지의 투쟁은 먼
　　저 하나의 민족적 투쟁(national struggle)이어야 한다.100)

레닌 또한 이러한 입장을 더욱 분명히 하고 있다.

　　부르주아지는 항상 그들의 민족적 요구를 전면에 내세운다. …… 프롤레타리아에
　　있어서 이 같은 민족적 요구는 계급투쟁의 이익에 종속되는 것이다.101)

또한 민족, 민족주의 문제는 궁극적으로 프롤레타리아 혁명의 일부이기 때
문에 이는 프롤레타리아 혁명과 나아가 프롤레타리아 국제주의의 수단을 통

---

100) 'Communist Manifesto,' in Marx and Engels, Selected works, Vol. 1.
　　(Moscow 1958), p.217.
101) Lenin, "The Rights of Nations to Self-Determination," in Collected
　　Works, Vol. 20, (Moscow, 1964), p.410.

해서만 본질적으로 해결할 수 있다는 입장 또한 레닌과 스탈린의 다음의 언명에서 분명히 찾아볼 수 있다.

> 마르크스주의는 아무리 공정하고 순수하고 세련되고 문명적인 것이라고 해도 민족주의와는 양립하지 않는다. 마르크스주의는 모든 민족주의를 대신하여 민족을 보다 고도한 통일에로 융합하는 국제주의를 그 앞에 내세운다.102) 민족의 문제는 프롤레타리아 혁명과 연결되어야만, 또 그러한 기초 위에서만 해결될 수 있으며 서방혁명의 승리는 제국주의를 반대하는 식민지와 예속국들의 해방운동과의 혁명적 동맹을 거쳐서 이루어진다. 민족문제는 프롤레타리아 혁명의 일반적 문제의 한 부분이며 프롤레타리아 독재에 관한 문제의 한 부분이다.103)

볼셰비즘에서의 민족문제는 이상에서와 같이 계급투쟁적 측면에 있어서 '민족적 자결권'이라는 전술로서 그들 혁명의 주요한 한 단계로 파악하고 있는 것이 사실이다. 이러한 계급투쟁의 한 형태로서의 민족의 분리권은 궁극적으로 사회주의적 통일, 즉 '공산주의적 민족융합'을 위한 하나의 전제적인 전술로서밖에는 그 의의를 인정하지 않는 입장으로 이를 요약할 수 있다.

> 인유가 피압박계급독재의 과도기를 거쳐서만 계급이 폐절에 이를 수 있는 것과 마찬가지로 이유는 모든 피압박 민족의 완전한 해방, 즉 분리의 자유라는 과도기를 거쳐서만 여러 민족의 필연적인 융합에 도달할 수 있다.104)

---

102) 양호민, 『북한의 이데올로기와 정치』, (고대출판부, 1970) p.23.에서 재인용.
103) Stalin, *Foundations of Leninism*(Peking, Foreign Languages Press, 1965), p.73.
104) 레닌, "사회주의 혁명과 민족자결권", 『혁명에 관한 마르크스-레닌주의 이론 및 전술에 관하여(ⅰ)』, (평양, 1955), p.304.

소련의 민족구성(1926~1979)

(☆단위는 千명 ( )안은 %)

민 족 명	1926	1939	1959	1970	1979
전체 인구(%)	147,028 (100.0)	170,557 (100.0)	208,827 (100.0)	241,720 (100.0)	262,085 (100.0)
러시아인(Russian)	77,791 (52.9)	99,591 (58.3)	114,114, (54.6)	129,015 (53.4)	137,397 (52.4)
우크라이나인(Ukrainian)	31,195 (21.2)	28,111 (16.4)	37,253 (17.8)	40,753 (16.9)	42,347 (16.2)
우즈벡인(Uzbek)	3,989(2.7)	4,845(2.8)	6,015(2.9)	9,195(3.8)	12,456(4.8)
백러시아인(Belorussian)	4,739(3.2)	5,275(3.1)	7,913(3.8)	9,052(3.7)	9,463(3.6)
타타르인(Tatar)	3,311(2.2)	4,314(2.5)	4,968(2.4)	5,931(2.4)	6,317(2.4)
카자크인(Kazakh)	3,968(2.7)	3,101(1.8)	3,622(1.7)	5,299(2.2)	6,556(2.5)
에져바이쟌인 (Azerbaidyzan)	1,713(1.2)	2,276(1.3)	2,940(1.4)	4,380(1.8)	5,477(2.1)
알메니아인(Armenian)	1,568(1.1)	2,153(1.3)	2,787(1.3)	3,559(1.5)	4,151(1.6)
조지아인(Georgian)	1,821(1.2)	2,250(1.3)	2,692(1.3)	3,245(1.3)	3,571(1.4)
몰다비아인(Moldavian)	279(0.2)	260(0.0)	2,214(1.1)	2,698(1.1)	2,968(1.1)
리투아니아(Lithuanian)	41(0.0)	33(0.0)	2,326(1.1)	2,665(1.1)	2,851(1.1)
유태인(Jewish)	2,672(1.8)	3,029(1.8)	2,268(1.1)	2,151(0.9)	1,811(0.7)
타드쟈인(Tadzhik)	981(0.7)	1,229(0.7)	1,397(0.7)	2,136(0.9)	2,898(1.1)
독일인(German)	1,239(0.8)	1,427(0.8)	1,629(0.8)	1,846(0.9)	1,936(0.7)
쥬바스인(Chuvash)	1,117(0.8)	1,370(0.8)	1,470(0.7)	1,694(0.8)	1,751(0.7)
튜르크인(Turkmen)	764(0.5)	812(0.4)	1,002(0.5)	1,525(0.6)	2,028(0.8)
키르기스인(Kirghig)	763(0.5)	885(0.5)	965(0.5)	1,452(0.6)	1,906(0.7)
라트비아인(Latvian)	151(0.1)	128(0.1)	1,400(0.7)	1,430(0.6)	1,439(0.5)
다제스탄인(Dagestan)	698(0.5)	-(-)	944(0.4)	1,365(0.6)	1,657(0.6)
모르드비인(Mordvin)	1,340(0.9)	1,456(0.8)	1,285(0.6)	1,263(0.5)	1,192(0.5)
바쉬키르인(Bashkir)	714(0.5)	844(0.5)	989(0.5)	1,240(0.5)	1,371(0.5)
폴랜드인(Polish)	782(0.5)	630(0.4)	1,380(0.7)	1,168(0.6)	1,151(0.4)
에스토니아인(Estonian)	155(0.1)	144(0.1)	989(0.5)	1,007(0.5)	1,020(0.4)
우드무르트인(Udmurt)	514(0.4)	606(0.4)	625(0.3)	714(0.3)	714(0.3)
체천인(Chechen)	319(0.2)	408(0.2)	419(0.2)	613(0.3)	756(0.3)
메리인(Mary)	428(0.3)	482(0.3)	504(0.2)	599(0.3)	622(0.2)
오시챠인(Ossetian)	272(0.2)	355(0.2)	413(0.2)	488(0.2)	542(0.2)
코미 · 퍼마크인 (Komi and Permyak)	376(0.2)	422(0.2)	431(0.2)	475(0.2)	478(0.2)

민 족 명	1926	1939	1959	1970	1979
한국인(Korean)	87(0.1)	182(0.1)	314(0.1)	358(0.2)	389(0.1)
불가리아인(Bulgarian)	111(0.1)	113(0.1)	324(0.2)	351(0.2)	361(0.1)
희랍인(Greek)	214(0.1)	286(0.2)	309(0.1)	337(0.2)	344(0.1)
집시(Gypsy)	61(0.0)	88(0.1)	132(0.1)	175(0.1)	209.(0.1)
헝가리인(Hungarian)	5(0.0)	-(-)	155(0.1)	166(0.1)	171(0.1)
루마니아인(Romanian)	5(0.0)	-(-)	106(0.0)	119(0.1)	129(0.0)
쿠르드인(Kurd)	55(0.0)	-(-)	59(0.0)	89(0.0)	116(0.0)
핀란드인(Finnish)	19(0.0)	-(-)	93(0.0)	85(0.0)	77(0.0)
이산인(Isanian)	53(0.0)	-(-)	21(0.0)	27(0.0)	-(-)
체코인(Czech)	27(0.0)	-(-)	25(0.0)	21(0.0)	-(-)
슬로바키아인(Slovak)	27(0.0)	-(-)	15(0.0)	12(0.0)	-(-)
알바니아인(Albanian)	3(0.0)	-(-)	5(0.0)	4(0.0)	-(-)
아프간인(Afghan)	5(0.0)	-(-)	2(0.0)	5(0.0)	-(-)
프랑스인(French)	2(0.0)	-(-)	1(0.0)	3(0.0)	-(-)
유고슬라비아인(Yugoslav)	3(0.0)	-(-)	5(0.0)	-(-)	-(-)
스페인인(Spanish)	-(-)	-(-)	2(0.0)	-(-)	-(-)
일본인(Japanese)	0(0.0)	-(-)	1(0.0)	-(-)	-(-)
중국인(Chinese)	10(0.0)	-(-)	26(0.0)	-(-)	-(-)
투르크인(Turk)	1,716(1.2)	-(-)	35(0.0)	-(-)	93(0.0)
이태리인(Italian)	2(0.0)	-(-)	1(0.0)	-(-)	-(-)
기 타	951(0.6)	3,452(2.0)	2,250(1.9)	3,021(1.2)	3,370(1.3)

출처: Paul S. Shoup, The East European and Soviet Data Handbook(New York, Columbia University Press, 1981).

이상의 재입장을 종합하면 '레인(David Lane)'은 볼셰비키 민족정책의 특징을 다음과 같이 다섯 가지로 요약하고 있다.[105]

① 민족의 동등성과 민족고유 언어는 보장되며, ② 프롤레타리아당이 민족 단위로 분리되는 것은 이를 반대하며, ③ 피압박 민족의 분리권과 이를 통한 독립국가의 형성을 적극적으로 지지하며, ④ 민족분리권은 반드시 프롤레타리아의 계급투쟁과 일치하여야 하며, ⑤ 사회주의 국가에서의 민족주의의 문

---

105) David Lane, Politics and Society in the U.S.S.R, p.432.

제는 공산주의의 완전한 실현으로 이에 완전히 병합되는 것을 전제로 하여야
한다는 것 등이 바로 공산주의적인 민족이론의 요약이라고 본다.

레닌이 지적한 이상의 특징은 전기한 바와 같이 계급투쟁의 한 국면으로서
의 민족해방투쟁의 지지와 이러한 민족해방투쟁은 궁극적으로 사회주의에로
의 이항에 대한 하나의 전단계로서 의의를 갖는다는 것이다. 소련이 혁명이
후 이러한 일관된 민족정책의 이행을 통하여 이른바 그들의 사회화정책을 꾸
준하게 지속시켜 오고 있기 때문에 민족적 자치권의 확보를 기도하고 있는
소수민족들의 이에 대한 반발은 계속적으로 일어날 수밖에 없으며 이는 곧잘
조직체의 성격을 띤 반체제활동으로 비화되고 있다.

전통적인 볼셰비키의 민족정책과 더불어 또 다른 하나의 주요한 민족적인
불만의 소지는 소련당국에 의하여 혁명 이후 지속적으로 시도하고 있는 러시
아화정책에 있다. 15개의 개별 소비에트공화국의 연방체로서의 USSR은 그
민족구성에 있어 전체인구 약 52%에 해당하는 1억 3천 7백만여 명이 러시아
민족이며 48%는 우크라이나 민족을 포함한 수많은 소수민족들로 구성된 다민
국가이다.

따라서 소련은 현실적으로 이들 다민족 구성원들에게 대하여 형식적인 면
에 있어서는 언어의 사용, 교육기관의 선택에 있어서 상당한 자율성을 그들
의 볼셰비키적 전통인 이른바 민족자결권의 원칙에 의하여 보장하고 있는 것
도 사실이긴 하다. 그러나 실제에 있어서는 갖가지의 직접 간접적인 압력을
통하여 전체인구의 러시아화정책을 강력하게 추진하고 있으며 이를 통하여
민족적 개성을 말살한 소비에트화의 추진에 온갖 노력을 다하고 있다. 소련
통치당국은 충원이나 승진, 교육의 기회 등의 실질적인 부문에 있어서는 러
시아어를 필수로 하는 것은 더 말할 것 없고 러시아민족에 대한 우월정책을
노골화시킴으로써 보다 않은 인구를 러시아인화하려는 유인책을 늦추지 않고
있다.

러시아인들과 타민족과의 결혼을 적극적으로 권유하거나106) 의도적으로

러시아어 학교에 학생을 배치시키며, 또한 민족적 연고지를 없애려는 목적에
의하여 인구의 대규모적인 이동정책 등을 통하여 그들의 이 같은 러시아화
정책은 노골화하고 있다. 그러나 통치당국의 이러한 강압적인 조치에도 불구
하고 아직까지는 그들의 소수민족들의 염원인 민족적 자율권 그 자체를 완전
히 버릴 수는 없는 현실적인 필요에 의하여 철저한 민족말살정책을 그들의
민족정책으로 사용될 수는 없는 것이다. 때문에 이러한 그들 전인구의 러시
아화라는 궁극적인 목표와 민족권의 인정이라는 명분 사이에서 또 다른 하나
의 민족적 불만이 싹틀 수밖에 없다.[107]

　이상에서 볼셰비키적인 전통과 현재 소련의 러시아화정책이라는 두 가지 측
면에서 민족적 갈등의 소지를 살폈다. 민족에 대한 문제는 다른 법률, 정치제
도적인 갈등의 경우에 있어서 보다 그 뿌리가 깊은 것이며 따라서 이의 해결
또한 물리적 방법으로 그 소기의 성과를 거두기 힘든 본질적 문제이기 때문에
소련 반체제운동의 생성과 발전에 커다란 영향력을 항사하고 있는 것이다.

　한 리투아니아의 민족적 반체제 지하간행물은 다음과 같은 반러시아적인
민족주의 입장을 나타낸다.

　1917년 10월의 반혁명[108](counter-revolution)은 러시아인들의 정치의식을
전세기로 되돌아가게 하였다. 러시아의 차르가 자연스럽게 재창조되었을 뿐 아니
라 아직도 그들 러시아인들의 정치·경제적인 무능은 소수민족들의 자유와 독립
을 짓밟는 행위를 통하여 이를 보상케 하고 그들에게 러시아민족의 승리를 자랑
케 하고 그들 민족을 대러시아 민족의 후계라는 자존심을 갖게 하고 있다. ……
기껏해야 1만 내지 10만분의 1에 해당하는 소련의 러시아인 정도가 소련제국 속
에 존재하는 소수민족의 주권을 인정하고 있는 정도일 것이다.[109]

106) *Ibid.*, pp.433~435.
107) Roman Szporluk, "History and Russian Nationalism," *Survey*(Oxford
　　University Press) Vol. 24, No.3(108), 1979, Summer, pp.1~7.
108) 레닌에 의하여 일어난 10월혁명을 비꼬아서 하는 말이다.
109) V. Etanley Vards, "Lithuania's Catholic Movement Reappraised,"

사하로프의 민족관

사하로프도 그의 'Reflections'[110]에서 민족문제의 심각성을 지적, 만약 소련의 정권당국이 레닌에 의하여 설정된 잘못한 민족관을 분석, 이의 잘못된 점을 시정하는 과감한 조치를 취하지 않는다면 이 민족성의 문제는 계속하여 소련사회의 불안과 불만의 소지로 남을 것이라고 주장하고 있다. 그는 1967년 9월 5일 제정된 '크레미아에 살고 있는 타타르인의 민족성에 관한 법률'은 스탈린의 민족억압정책을 그대로 지속시키는 행위로서 이는 전체 소련인들의 단결과 화합을 저해하는 커다란 불씨라고 말하고 있다.[111] 그러나 그의 민족문제에 관한 강한 관심에도 불구하고 비록 명목적이긴 하나 민족적인 분리권까지를 인정하고 있는 헌법정신에서의 민족관과는 달리 민족의 자치권 문제에 대해서 전연 언급이 없다는 사실은 특기할 만한 것이다.

민족문제에 대한 구체적인 언급은 1970년 3월의 그의 '삼인서한'에서 제시하고 있는 15개 항목의 민주화를 위한 제안 중에 두 가지 항목에서 나타나고 있으나, 이들 모두가 전기한 바대로 적극적인 민족분리의 입장과는 거리가 먼 것이라고 보아야 할 것이다. 그는 15개 항목 중에 "통행증과 공식문서에 민족성 표시를 없앨 것"을 제의하고 있으나 이는 극히 미온적인 민족문제 해결을 위한 지엽적인 제의이기 때문에 이 제의가 발표되자 민족주의 사미즈다트의 하나인 Ukrain' visnyksky(Ukrainian Herald)는 그 통권 제5호에서 사하로프의 이 같은 제의는 소련 소수민족의 문제를 해결하는 것이 아니라 오히려 이는 소련의 각 민족공화국들의 입장에서 보면 그들의 주권을 손상시키는 결과를 가져올 것이라는 불만이 나타나기도 하였다. 15개항의 민주화에 대한 제의 중 또 하나의 민족문제에 대한 항목은 스탈린치하에서 강

Survey(Summer, 1980), p.68에서 재인용.
110) '진보·공존·지적 자유', 원명은 Razmyshleniia 0 progresse mirnom sosushchest-vovanii i intellektualnoi svobode.
111) Rudolf L. Tökés, op. cit., p.367.

제로 재정착된 모든 민족국가의 모든 권리를 회복시키고, 소개된 인민들의 민족적 자율권을 확보하고 그들을 다시 그들의 고향으로 되돌아갈 수 있는 기회를 부여하여 줄 것을 제의하고 있다. 그러나 이 또한 소련 민족주의반체제인사들이 바라는 만큼 민족적 자율권 확보를 위한 적극적인 제의는 평가되고 있지 못하는 것이 사실이다.

그러나 사하로프의 이러한 초기의 인권문제에 대한 소극적이던 그의 자세는 1970년 말을 기하여 보다 적극적이고 과격한 성격을 띠게 되었는데 이는 1970연 12월 레닌그라드에서 있은 비행기 납치탈출을 기도했던 유태인 디므시트(Mark Dymshits)와 쿠즈네초프(Eduard Kuznetsov) 양인에 대한 사형판결이 내려지자 이에 커다란 자극을 받은 것으로 생각할 수 있다. 사하로프는 이들의 재판 결과가 자기들 고국으로의 이주를 원하는 많은 유태인들에게 커다란 좌절을 안겨 주었다는 사실에 크게 자극을 받아 동년 12월 8일 즉각 소련방 최고회의 의장 포드고르니와 미국 대통영 닉슨 앞으로 된 탄원서를 발송 그들의 감형을 강력하게 주장함으로써 그의 민족문제에 대한 보다 극적인 의사를 구체화하였다.[112]

1971년 3월에 발표된 '각서(Memorandum)'를 통하여도 그는 민족문제를 중요한 문제로 인식, 강력한 제안을 하고 나섰다. 그 후에도 그는 계속하여 적극적인 민족권의 보장과 해외이주권을 포함한 거주이전의 자유와 민족적 차별의 철폐를 계속적으로 주장하여 왔는데 이러한 사하로프의 강력한 민족권의 확보 의지는 다음의 문헌에서 찾아볼 수 있다.

첫째, 1972년 3월 16일자로 그가 모스크바 인권위원회에 보낸 '강제적인 소개정책으로 피해를 입고 있는 전체피해인민들의 권리회부에 대한 청원서'에서 그는 특히 Crimean Tatars, Volga Germans, Meskhi 등의 소수민

---

[112] A. D. Sakharov, "To R. Nixon, President of the USA, and N. V. Podgorney, Chairman of the Presidium of the USSR Supreme Soviet," December 28, 1970, in Rudolf Tőkés, *op. cit.*, p.370.

족들에 대한 거주의 자유와 취업, 교육 등에 관심을 나타내고 이들에 대한 차별대우는 배타적인 강국주의라고 비난하고 나섰다.

둘째, 1972년 4월 21일자로 사하로프가 기초한 소련 인권위원회의 소련방 최고회의 상임간부회의에 보내진 호소문에서 그의 입장이 나타나고 있는데 그는 여기서 소련당국에 소수민족들에 대한 보호를 강력히 주장한다.[113]

셋째, 1972년 6월에 발표된 '각서에 대한 추신(Postscript to Memorandum)' 속에 나타나고 있는 '크미타르인에 대한 차별대우'이며,

넷째, 1973년 12월 5일에 국제인권련맹에 의하여 수여된 1973년도 인권상수상 성명인데 이에서도 사하로프는 Crimean Tatars, Volga Germans, Meskhi, 터키인들은 스탈린치하에서 고향을 잃은 사람들인데 이들은 아직도 고향에 돌아갈 수 없다고 지적하고 이주의 자유와 같은 중요한 문제가 하루빨리 해결되어야 한다고 주장하였다.[114]

다섯째, 1974년 1월 사하로프가 국제인권연맹 감사위원자격으로 참가하여 서명한 유엔사무총장 발트하임(Kurt Waldhejm)에게 보낸 호소문에서 그는 타타르인의 민족권을 강력하게 들고 나왔다.

여섯째, 사하로프는 그의 솔제니친이 소련 지도자들에 보낸 공개편지에 대한 성명에서 솔제니친이 그의 서한에서 러시아인들이 정권의 폭정에서 희생물이 되었다는 주장에 반박, 그동안 소련 당국에 의한 강제적인 소수민족의 국외추방, 민족해방운동에 대한 투쟁, 민족문화의 억압정책들이 어떻게 비러시아인들에게 이득이 될 수 있었느냐고 반문하고 나섰다.

이상에서 보는 바와 같은 1970년대 이후 사하로프가 보인 민족권문제에 대한 그의 관심은 각별한 것이었으며, 그 후 이 문제는 그에게 있어서 인권문제와 더불어 그의 반체제성향의 2대요소라고 말할 수 있다.

---

113) *Ibid.*, p.372.
114) *Ibid.*, p.372.

V. 종교적인 문제

공존할 수 없는 공산주의와 종교와의 관계를 인식할 때 소련사회에 아직도 남아 있는 종교와 종교인의 문제는 민족문제와 더불어 소련 반체제운동을 자극하는 또 하나의 측면임이 분명하다.

공산주의자들은 종교 또한 자본주의적인 계급의 산물로 이를 파악하는 데서 부터 그들의 대종교관을 정립하고 있다. 종교는 '현존하는 경제적 생산양식의 표현이자 이의 지탱을 위한 도구이기 때문에 이는 아편과 같은 존재'라고 규정하는 입장(마르크스)이나, 종교를 '정신적인 술'로 이를 파악하는 입장(레닌)에서나 종교에 대한 공산주의자들의 태도는 동일하다고 볼 수 있다.

> 종교란 현존하는 경제적 생산양식을 정당화시키는 것이며 미화하는 것이다. 이는 또한 대중에 대한 착취를 유지시킨다. 따라서 종교는 인민의 아편이다. 그것은 인간을 흥분시켜 생활과 물질생활을 과학적으로 그들의 실재대로 아는 것을 방해시킨다.115)

요컨대 공산주의자들에게 종교는 계급적 착취에 대한 반발을 나타낸 현상으로 이를 파악하고 있다. 때문에 이 같은 계급적 착취가 없어지는 사회주의의 실현으로 종교는 소멸될 수밖에 없다는 입장을 분명히 읽을 수 있다. 그러나 이러한 공산주의자들의 일관된 종교관에도 불구하고 그들 소련에서 볼셰비키 혁명 후 60여 년이 훨씬 지난 오늘날까지도 여전히 어떠한 형태로든 종교인과 교회가 현실적으로 존재하고 있다는 점이 또 다른 하나의 체제적 갈등의 소지가 되고 있다. 특히 현재 공개적인 신앙활동을 하고 있지는 않으

---

115) Marx, "Toward the Critique of Hegel's Philosophy of Right," in George H. Hampsch, *The Theory Communism*(The Citadel Press, 1965), p.118.

나 수많은 그들 소련의 지식인들은 소련덩국의 끈질긴 사회주의회 정책의 실시에도 불구하고 여전히 그들 의식의 근저에도 강한 종교적 의식이 그대로 자리하고 있다는 사실은 소련의 이데올로기적인 정착을 장애하고 있는 커다란 문제이자 현존하는 반체제운동의 잠재적인 힘이 되고 있다는 점에서도 종교문제의 심각도는 한층 더한 것이다.

볼셰비키들의 종교정책은 10월혁명 이후 볼셰비키들이 원칙적인 면에서 신앙의 자유는 보장하면서 실질적인 면에 있어서는 반종교적인 선전을 행사하고 있었다. 그들은 전국적인 토지에 대한 국유화정책의 일환으로 교회재산을 몰수하는가 하면 1918연 1월에는 교회와 국가를 법적으로 분리하고 교회재산을 모두 국유화하였다.116) 이 조치로 교회학교는 정부관리로 넘어가게 되었으며 출생, 사망시의 모든 종교적인 행사도 금지되고 유아들에 대한 세례 또한 금지되었다. 더욱 목사들은 부르주아지 계급의 일종인 재산계급으로 몰려 그들이 가진 모든 권리가 박탈되기에 이르렀다. 특히 초기의 내전기간 중에 이들 교회들이 볼셰비키에 반대하는 백군을 지원하였기 때문에 그 후 이들 교회와 정부와의 관계는 한층 더한 갈등을 유발시키는 계기가 되기도 하였고 그 후 수많은 교직자들이 반혁명분자로 몰려 투옥되거나 추방되기도 하였다.

이러한 가운데 일단의 친소비에트 목사들이 나타나기 시작 'The Initiative Group of the Orthodox Church'라는 단체를 창설, 이들은 볼셰비키의 정치권력을 정식으로 인정하기에 이르렀다. 이 새로운 교회조직은 소비에트 당국으로부터 갖가지의 특권을 부여받았으며 자체적인 교육과 간행물의 배분도 인정받기에 이르렀다.117) 또한 이 단체와 함께 보수적인 정교회의 일파도 볼셰

---

116) 1918연 1월 23일, 인민자문회의법령에서 교회와 국가의 분리를 공식적으로 의결, 발표하였다. 이에 관해서는 N. Stuve, *Christians in Contempory Russia*(London, 1967), pp.378~379 참조.
117) David Lane, *op. cit.*, p.460.

비키와의 타협을 시도, 1927년의 Sergius 대주교 당시에는 당국으로부터 인정을 받기에 이르렀다.[118] 따라서 이후부터 현재까지 러시아 교회는 정치로부터 유리되고 정권에의 복종적인 형태로 존재할 수밖에 없었다.

그러나 이러한 정책이 표면화되었다고 하여 그 후 소련당국이 종교와 종교인에 대한 탄압을 중지한 것은 결코 아니다. 그들 당국이 물리적인 강압에 의한 탄압보다는 보다 장기적인 대책을 통하여 종교 자체를 궤멸시키기 위한 태도를 가짐으로써 그 후에도 이러한 반종교적 선전이나 선동의 활동은 계속적으로 일어났다. 당국은 계속하여 종교의 허구성과 종교의 계급성을, 반종교 신문들을 양산하며 계속적으로 선전하는 한편 우상숭배의 비리를 강조함으로써 종교에 대한 비방활동을 계속하였다. 1929년에는 'League of Miliant Godless'라는 단체를 창설, 이 단체를 통한 반종교활동을 주도하여 나갔다. 이 단체는 "무신론을 옹호하는 것이 사회주의를 옹호하는 것이다"라는 구호 밑에 반종교적인 포스터와 광고물을 전국적으로 살포하는가 하면 전국교회당의 종을 철물 부족을 이유로 전부 회수하기에까지 이르렀다. 이같이 동단체가 중심이 된 반종교활동은 독일과의 전쟁, 즉 제2차대전까지는 지속적으로 가열되어 왔으나 전쟁의 발발에 이르러서는 일단 이 같은 반종교활동이 중단될 수밖에 없었다.[119]

전쟁이라는 것은 전체 국민들의 일치된 단결을 호소할 수밖에 없기 때문에 이러한 전국민의 단합을 위해서도 대내적인 종교탄압 같은 것은 유익하지 못하다는 것이 그들 소련 당국의 판단이었다. 전쟁기간 중 교회는 결국 이 같은 당국의 화해조치에 힘입어 정부에 적극 협력하여 히틀러와의 투쟁에 힘을 합치게 되었으며 이러한 협조의 대가로 그들은 결국 정부로부터의 상당한 지위를 부여받게 되었다. 목사들은 재산을 소유할 수 있게 되었으며 교회조직도 공식적으로 인정받게 되었고 교회건물을 다시 수리, 복원되기에 이르렀다.

---

118) *Ibid.*,
119) Walter Kolavz, *Religion in Soviet Union*, p.6.

전쟁 후 러시아 교회와 정부는 전전의 기본적인 관계인 분리관계로 되돌아
왔으나 전쟁기간중의 공헌으로 교회는 여전히 전전과는 달리 상당한 대내적
인 권위를 인정받기에 이르렀고 정부가 그전과 같은 교회내의 문제는 간섭하
지는 않았으며 교회 또는 소비에트체제의 체제내적인 기구로 안주하기에 이
른 것이다. 소비에트 당국은 중국의 비난에서와 같이 이 같은 완화된 종교정
책으로 '인민들을 실질적으로 예속화시키고 착취하려는'[120] 효과를 노렸으며
교회 측은 교회대로 이러한 상황을 십분 이용, 체제내적인 교권확보의 기회
로 이를 이용하였다. 그러나 교회와 소련당국과의 이러한 밀월관계는 스탈린
사후 금이 가기 시작하였다. 흐루시초프치하인 1958년부터는 종교탄압을 다
시 강화시켜 수많은 교회들이 폐쇄되었으며 1965년에는 종전의 절반가량의
교회가 폐쇄되었다.[121] 이같이 흐루시초프 시기부터 다시 시작된 대교회탄압정
책은 전후 소비에트 체제하에서 어느 정도의 종교적 자율권이 인정되어 온 분위
기를 말살시키는 행위이며 이는 결국 종교인들의 반체제적 경향성을 부채질하는
직접적인 원인으로 작용하였다.[122]

정부당국의 이 같은 탄압정책에도 불구하고 1970년을 기준으로 볼 때 러시
아공화국의 경우는 전체인구의 25%가 정교회 신도이며 우크라이나는 전체인
구 40%가 신도로 추산될 만큼 신앙인구가 결코 감소되지 않고 있음은 분명하
다.[123] 그러나 외형적인 교세에 있어서는 1914년에 163개의 주교가 1962년
에는 63개로 줄었으며, 교구목사는 동기간 동안 51,105명에서 14,000명으
로, 신학교는 57개에서 43교로 각각 줄었다.[124] 이 수치에서 보면 스탈린 이
후 외형적인 교회의 수는 크게 줄어들고 있는 것은 사실이다. 그렇다고 하여

120) *Peking Review*, no. 20, 12 May 1967, p.27.
121) Russian Churchman Face New Trials, *The Times*, 3 Jan, 1965.
122) 흐루시초프가 다시 종교탄압정책을 쓴 것은 대체로 ① 중국과의 투쟁에서 이념적인
    순수성을 강조하기 위한 목적, ② 소련공산당내에서 그의 개인 독재권을 강화하기
    위한 수단으로 설명할 수 있다.
123) Christel Lane, *Christian Religion in the Soviet Union*, p.223.
124) N. Struve, les *Chretiens en URSS*(Paris, 1963) p.34.

공산주의체제에 대한 좌절감을 일상생활에서 강하게 체험하고 있는 그들 주민
들이 내면적으로 일어나고 있는 종교에의 귀의심을 근본적으로 막을 수는 없
다. 종교가 당국의 끈질긴 탄압과 회유에도 계속적으로 그 생명력을 유지하고
있는 것은 공산당조직을 통하여서는 그들 국민 개인들의 요구가 도저히 충족
되거나 실현될 수 없다는 데서 그 커다란 원인을 찾을 수밖에 없는 것이다.

이렇듯 반종교적 공산국가 소련이 그들의 이념면에 있어서는 강한 반종교
적 속성을 그대로 유지하고 있으며 이러한 논리에 따라 현실적으로는 계속하
여 반종교적인 탄압을 가중시켜 오고 있다. 그러나 당국의 이러한 반종교적
탄압의 강화와는 무관하게 그들 국민들이 혁명 이전부터 계속되고 있는 강한
종교심마저 송두리째 제거할 수는 없다는 데서 이 문제를 둘러싼 분쟁의 소
지는 줄어드는 것이 아니라 점차 노골화되고 있다.

혁명 전 그들 러시아인들은 10명 중 9명은 어떤 종파에 속하는 열렬한 신
도였으며 그 가운데 7인은 러시아 정교회 신도였다. 따라서 제정 당시부터
러시아 정교는 사실상의 국교와 다름없이 전체 국민들의 정신을 지배하고 있
었다. 따라서 혁명 이전에도 그들 정교의 잠재적인 영향력은 대단한 것이었
으며, 이는 결코 공산정권의 종교 말살정책에 의하여 그 영향력이 소멸되거
나 제거될 수 있는 성질의 것은 아니었다. 러시아 정교 이외에도 반체제운동
을 자극하고 있는 종파들은 수없이 많이 존재하고 있다. 회교, 그루지야교, 아
르메니아 그레고리우스교, 로마가톨릭교, 복음루터교, 복음크리스트 바브티스
트교, 유태교, 불교 등의 제종교들이 각기 상당한 신도들을 확보하여 그들의
교세를 계속하여 확대시켜 나가고 있다. 당국의 반종교정책의 틈을 비집고 비밀
스러운 방법으로 진행되는 각 종파의 신앙생활이며, 포교활동이기는 하지만 현
실적인 면에서 실질적인 신도가 결코 줄어들지 않고 있다. 이 같은 사실은 결국
소련체제의 사회구조적인 갈등의 소지가 되고 있음은 물론 직접적인 종교적 자
유의 문제가 그들 소련의 반체제운동 발생의 주요한 원인이자 또한 이 운동의
뚜렷한 이슈이기도 한 이유일 수 있다.

소련의 종교적 반체제운농을 자극시키는 주요한 또 하나의 원인은 그들의 헌법에서 보이고 있는 표리부동한 논리에서도 찾을 수 있다. 스탈린 헌법(1936년 제정), 브레즈네프 헌법(1977년 제정)의 어느 경우에 있어서나 다 같이 종교적 의식에 대해서는 자유를 보장한다고 말하고 있으면서도 또 한편으로는 종교적인 정보의 교류는 이를 금지시키고 있는 점이 바로 그것이다. 이는 결국 종교에 대하여 부정적 입장을 취하고 있는 그들 정책의 표현이라고 볼 수 있다. 구체적으로 보면 스탈린 헌법의 124조와 브레즈네프 헌법의 52조는 각기 종교에 대한 두 가지 자유(?)를 규정하고 있는데, 그 하나의 자유는 종교의식 수행의 자유이며, 또 하나의 자유는 '반종교적 선전의 자유'(스탈린 헌법, freedom of anti-religious propaganda) 내지는 '무신론적 선전의 자유'(freedom of atheist propaganda)가 그것이다. 결국 이는 종교에 대한 자유라는 것은 명목이고 그 실제적인 정책을 비롯, 사회, 교회의 모든 환경은 반종교적인 상황임을 명백하게 표현한 규정으로밖에 볼 수 없다.

제3장 반체제운동의 매체

제3장 반체제운동의 매체

소련 반체제운동의 전파수단은 그 운동 자체의 불법성과 은밀성으로 하여 자연히 시간과 장소에 따라 다양한 형태를 취할 수밖에 없다. 개인과 개인 간의 접촉을 통하든가, 개인간의 서신 등의 방법이 이용되는가 하면 종교적인 비밀모임 또한 훌륭한 반체제운동의 전파수단이 되고 있다. 그러나 최근 들어서는 갖가지 인쇄 및 전파 수신장치의 발달로 아주 효과적인 두 가지의 새로운 반체제운동의 도구가 나타나고 있다. 그 하나는 '사미즈다트(samizdat)'라고 불리고 있는 지하출판물이며, 또 다른 하나는 '마그니티즈다트(magnitizdat)'리고 불리는 녹음테이프가 그것이다.

여기에서는 이 같은 소련에서의 여러 가지 다양한 반체제운동의 수단 중에서 가장 대표적이라고 볼 수 있는 '사미즈다트(samizdat)'와 '지하녹음테이프(magnitizdat)'의 두 가지 형태만을 들어 이들 수단이 구체적으로 어떻게 반체제활동에 활용되고 있는가를 알아본다.

I. 사미즈다트(Samizdat)

소련 반체제운동의 가장 대표적인 매체로는 '사마즈다트(samizdat)'로 명명되고 있는 지하불법간행물을 들 수 있다. 이 'samizdat'라는 용어는 1970연 이스라엘로 이주한 러시아 반체제문학가의 한 사람인 Julius Telesin에 의하면 1950년대말에 소련 당국의 철저한 검열제도에 분노한 한 모스크바의 시인에 의하여 처음으로 만들어진 명칭이라는 것이다. 즉, 그 시인은 자기자신의 작품이 공식 검열과정을 거쳐서 출판되기에는 부적당하다고 판단, 자신의 시작품을 손수 타이프로 쳐서 책으로 묶으면서 책의 가장 뒷부분의 출판사 표시난에는 자가출판이라는 의미의 'samsebiaizdat(publishing house for oneself)'라는 출판명칭을 붙임으로써 반체제 자가출판의 효시를 열었다.[1]

그 후 그는 'samizdat(self-publishing house)'라는 용어를 'samsebiaizdat'라는 개념과 동일한 뜻으로 사용하기도 했다. 그러나 이 'samizdat'는 보다 넓은 의미로 썼다는 것이 텔레신(J. Telesin)의 설명이다.[2] 그는 'samizdat'라는 개념을 꼭 자기자신의 작품을 자기 스스로가 출판하는 것만을 의미하는 것이 아니라 보다 광의로 소련정부의 공식적인 검열과정을 거쳐 출판되는 이외의 모든 출판, 즉 공식적인 출판조직 밖에서 출판되는 모든 간행물 일체를 'samizdat' 출판으로 이를 사용하여 왔다. 그런데 이 '사미즈다트'라는 용어의 생성은 소련의 모든 출판물의 발행을 관장하고 있는 '국가출판국(Gosudarstvennoe Izdatel'stvo, State Publishing House)'의 약부호인 'GOSIZDAT'를 모방하여 만든 단어라고 볼 수 있다.[3]

---

1) J, Telesin, 'Inside 'Samizdat', *Encounter, Vol. 15*(1973). No. 2, pp.25~33.
2) *Ibid.*,
3) 소련에는 문학, 역사, 의학, 법진, 음락, 유아도서, 에가도서 등의 각 분야별 도서의 간행을 맡은 별도의 국가출판국들이 있는데 이를 통칭해서 'State Publishing House'라고 말한다. 그리고 이들 각 분야별 국가출판국들이 전체적인 'gosizdat'라

그러나 역사적으로 보면 '사미즈다트'와 같은 비 관인 자가출판의 성격을 띤 출판물은 '사미즈다트'라는 용어의 출현 훨씬 이전부터 있어 왔던 것도 사실이다. 카더린대제 시의 러시아의 한 세관관리였던 Alexander Radishchev가 그의 노예를 시켜 당시의 농노제도에 대한 비판적인 책을 출간시킨 적이 있다. 피터스버그에서 모스크바까지의 여행(A Journey from Petersburg to Moscow)이라는 이 반 농노제에 대한 책은 출판 즉시 압수되어 그 배포가 금지되었으나 일부가 남아 돌아다니다가 그 후 '사미즈다트' 출판조직을 통하여 후대에까지 전해져 내려왔다.

이밖에도 그 후 1820년대에 푸시킨(Puskin)과 그리보이도프(Griboyedov)가 당국의 검열을 피해 그들의 작품을 프린트하여 개별적으로 배포한 일이 있으며 그 후 알렉산더 2세 때 헤르젠(Herzen)은 'Kolokol(the Bell)'이라는 지하간행물을 영국에서 출간, 이것이 러시아로 유입되어 배포된 적도 있었으며, 크라프친스키(S. Kravchinskey)가 1890년 영국에서 'Society of Friends of Russian Freedom'이라는 단체를 조직, 이 단체에서 만든 지하간행물인 'Free Russia'라는 서적이 러시아에 유입되기도 하였다.[4]

그 후 러시아 10월 혁명의 주도자였던 레닌도 그의 혁명투쟁 과정에서 이 같은 출판물이 혁명사상 전파와 당원들의 단결심 고취에 절대적인 힘을 발휘한다고 인정, 실제로 많은 지하간행물들을 실제로 제작하여 은밀하게 혁명세력 규합에 이를 이용하였다. 그의 이 같은 당기관지에 대한 중요성의 인식은 독일 사회민주당의 지도자였던 리브네흐트(W. Liebknecht)의 기관지에 대한 중요성의 강조, 즉 "당기관지는 그의 교육적이고 홍보적인 기능으로 말미

는 약호와 마찬가지로 이를 각각 'Gosmedizdat', 'Gossiurizdat' 등의 약호로 불리고 있었으나 1962연부터는 이 명칭이 생소한 다른 명칭으로 교묘하게 변경되었기 때문에 잘 분간할 수조차 없게 되었다. F. J. M., Feldbrugge, *Samizdat and Political Dissent, in the Soviet Union*(Sijthoff International Publishing Company B. V., 1975), p.3.

4) Rudolf L. Tökés(ed.), *Dissent in the USSR: Politics, Ideology, and People*, (The Johns Hopkins University Press, 1975), p.23.

암아 당활동의 구심체"5)라고 말한 데서 크게 영향을 받았다고 볼 수 있다. 이러한 레닌에 의한 간행물을 통한 혁명의식의 전파와 혁명세력의 규합노력은 그 후 소련 반체제운동가들에 있어서의 지하간행물, 즉 '사미즈다트' 이용을 활발하게 하는 역설적인 자극제가 되었다고 볼 수 있는데, 레닌에게서 보인 이러한 출판물에 대한 중요성의 인식은 그의 오랜 저술활동의 이력과 특히 러시아 사회민주당을 운영하면서 이스크라(Iskra, Spark) 등의 편집생활을 통하여 이룩되었다고 볼 수 있다. 레닌은 일반 출판물보다 특히 당기관지인 신문의 중요도를 아주 강조하고 있는데 이러한 그의 대신문(기관지)관은 그의 다음과 같은 언명에서 분명하게 나타나고 있다.

> 신문의 기능은 사상의 전파나 정치교육이나 정치적 결속에만 기여하는 것이 아니다. 신문은 집단적인 선전가이며 집단적인 선동가일 뿐 아니라 그것은 하나의 집단적인 조직가인 것이다.6)

혁명과정에서 신문 등 간행물의 역할을 강조한 레닌의 입장에서와 마찬가지로 작금의 소련 반체제운동가들은 그들의 사상과 의현을 널리 알리고, 반체제운동가 상호간의 주장을 서로 교환하고 그렇게 함으로써 정보와 사상의 확산과 그들 반체제운동의 확산을 도모하기 위한 주요한 수단의 하나로 '사미즈다트'를 탄생시켰으며, 이의 이용을 증가시켜 왔다고 볼 수 있다.

일반적으로 소련당국의 출판 검열기관인 국가출판국 조직 밖에서 생산, 배포되고 있는 체제비판적인 '사미즈다트'는 시기적으로 보아 1964년 11월에 있은 흐루시초프의 실각과 그 이후에 불어닥친 소련의 정치적 변화와 깊은 관련이 있다. 흐루시초프는 1956년에 있은 그의 제20차전당대회에서 스탈린을 맹렬하게 비난함으로써 스탈린치하의 탄압과 통제로부터의 해방이 도래되

---

5) *Ibid.*, p.263에서 재인용.
6) *Ibid.*, p.263에서 재인용.

는 듯한 분위기가 한동안 감돌았다. 이러한 사회 각 방면에서 싹트기 시작한 자유추구의 의지는 그 후 다시 역전된 탄압과 강제로 특징지어지는 전체주의 적 속성의 강조로 또다시 짓밟히게 되었는데 이러한 상황변화는 1964년의 흐루시초프의 실각으로 그 뚜렷한 분수령을 이루었다.

흐루시초프의 스탈린 비난에서 어느 정도의 자유화가 부여되었다가 또다시 이에 대한 철저한 탄압과 통제의 회오리가 몰아닥치면서 여기에서부터 자유에 대한 탄압에 불만을 품은 반체제인사들의 체제비판활동이 증가되었던 것은 당 연한 현상이었으며 이에 따라 자연히 그들 반체제운동가들에 의한 '사미즈다 트'의 생성 또한 전에 없이 활발해졌다. 특히 1966년 2월에 있은 시냡스키와 다니엘의 체포와 이들에 대한 재판은 소련당국의 자유화정책의 철회를 알리는 신호였으며 이는 또한 탄압과 통제의 방침을 분명히 하는 소련정치의 또 다른 하나의 전환점이기도 하였다. 시냡스키와 다니엘에 대한 구속기소와 이들에 대한 유죄판결은 자연히 당시 소련의 여러 사회계층으로부터의 폭넓은 항의를 유발시켰으며 이러한 항의는 '사미즈다트'의 양적인 팽창을 가져오는 직접적인 원인이 되었다. 다소간의 차이는 있으나 그 내용의 주류는 소련통치당국의 스 탈린주의에로의 복귀를 항의하는 것으로 일관된 당시의 '사미즈다트'는 서방세 계에 유출된 것만으로 따져서도 1966년과 67년 양년간은 시냡스키와 다니엘 의 재판이 있기 전인 1965년도의 그것의 배에 이르고 있으며, 1968년에는 1965년도 분의 5배를 기록할 만큼의 양적으로 증가를 가져왔다.[7]

이러한 양적인 증가 이외에도 1966년부터는 그 내용면에 있어서도 본격적 인 정치적 문제에 그들 '사미즈다트'들이 관심을 집중하였으며, 다양한 반체 제운동집단들이 각개의 '사미즈다트'를 서로 교환함으로써 그들 간의 분쟁 또 한 야기했다. 이는 결국 정치적인 그룹으로서 각기 목표와 이상이 다른 반체 제단체들을 독립적으로 생성케 함으로써 소련 반체제운동을 활성화시키는 데

---

7) F. J. M. Feldruggle, *op. cit.*, p.1.

크게 기여하였다고 볼 수 있다.[8]

'사미즈다트'의 생성이유를 법률적인 측면에서 보면 이의 출현은 소련 특유의 경직된 검열제로부터 기인한다고 볼 수 있다. 소련은 1931년 6월 6일 정부명령으로 검열제의 강화를 지시, 문화부(Glavlit)가 검열을 직접 관장, 소련에서 간행되는 모든 간행물과 소련으로 들어오는 모든 외국간행물에 대한 적법성 여부도 여기에서 엄격하게 규제하였다. 따라서 소련에서 출판되는 모든 인쇄물은 문화성의 검열을 받아야 하며 특정한 당, 정부의 간행물을 제외하고는 소련의 모든 책에는 그 판권란에 일정한 크기로 문화성의 승인사항이 문자와 번호로 표기되어 오고 있다가 최근에는 이 검열기능을 '언론 및 부속기관에 대한 국가위원회(the State Committee for the Press and its Subordinate Agencies)'에서 맡고 있다.

그러나 주무기구의 변경과는 상관없이 소련의 검열제는 기존 출판물의 복사나 사진복사 등을 일절 금하고 있으며 그 배포대상도 엄격하게 규제한다. 이같이 엄격한 소련의 검열제도에서 특이한 점은 일체의 복제수단은 금지되어 있지만 이들 복제도구 가운데 타이프라이터와 카메라만은 제외되고 있다는 사실이며 바로 이 같은 두 가지 복제수단들은 반체제운동가들에 의하여 널리 애용되고 있는 복제도구가 되고 있다는 점이다. 엄격한 검열규제를 받아오면서 어느 정도 그 기준을 감지하고 있는 소련의 저술가들은 자기의 작품이 공식적인 검열과정을 거칠 수 없는 것으로 판단되었을 경우에는 그 글을 타이프로 치고 이것을 다시 카본으로 카피를 떠서 여러 장 만들어 이것을 배포시키는 방법, 즉 '사미즈다트' 채널을 통하여 자기 작품을 유통시키는 것이다.

소련 사회에 '사미즈다트' 물결을 일으킨 이유로는 오랫동안 소련시민들에게 강요되었던 현실에 대한 일방적 보도 태도와 또 다른 한 가지는 1960년대초

---

8) *Ibid.*,

부터 주 5일 근무제를 실시하는 기관의 확대에 따른 노동자들의 여가시간의 증가를 들 수 있다.9) 소련 당국의 일면적이고 도식적인 사상교육의 실시는 결과적으로 그들 주민들에게 상황의 변화, 예컨대 흐루시초프에 의한 스탈린 비난과 같은 변화를 무리 없이 설명할 수 없었을 뿐 아니라 일반시민들 역시 그러한 사태변화를 제대로 수용할 수 없었다. 결국 포스트·스탈린(post-stalin)이라는 상황은 그동안 잘 교육된(?) 소련 주민들에게는 커다란 충격일 수밖에 없었으며 이러한 충격에 대하여 그들 주민들은 소련통치당국의 공인된 정보와 설득에 회의를 품고 비공식적인 이견, 즉 '사미즈다트'를 통한 또 다른 소식에 귀를 기울이고 이를 신뢰하려는 움직임이 퍼져나갔다.

1960년대초 이후 늘어난 노동자들의 유휴시간을 그들 노동자들이 당국의 주문대로 이념학습으로 이를 할애하지 않고 체스 등의 놀이와 친구들과의 사적인 대화로 이를 충당시켜 나갔다. 이러한 대화시간이 늘어남에 따라 자연히 처음에는 그들의 신변잡담에서 시작하여 농사문제, 경제적인 문제, 정부시책의 잘잘못, 데모소식, 체포에 관한 소식 등의 정치적인 문제로 그들의 관심이 옮아가기 시작하였고 이러한 가운데서 지하간행물인 '사미즈다트'는 그들에게 보다 많은 관심의 대상으로 자리잡을 수밖에 없었다. 10)

'사미즈다트' 운동의 이러한 확산에는 전기한 시대사회적인 여건 이외에도 '사미즈다트' 자체가 갖는 다음과 같은 특징에서도 커다란 영향을 찾을 수 있다.

1. 사미즈다트 간행물의 특징

소련의 지하불법간행물과 반체제운동 분석가 중 한 사람인 홀란더(Gayle Durham Hollander)는 소련의 '사미즈다트'를 공식적인 그들의 정치적 커

---

9) *Ibid.*, pp.1~2.
10) *Ibid.*, p.246.

뮤니케이션 체제와 대비하여 이의 특징을 다음과 같이 밝히고 있다.[11]

첫째, 소련의 공식적인 홍보체제는 독점적이며 또한 대단히 통제되어 있다. 이에 반하여 '사미즈다트'와 같은 비공식 부법지하간행물은 복합적이며 통제에서 벗어나고 있다는 사실이다. 정부가 관장하는 홍보매체는 '마르크스-레닌'주의의 원칙에 입각한 논열의 전개, 해석만이 가능하지만 지하간행물은 이러한 단일성이 배제되어 다양한 내용과 주장을 그 속에 담을 수 있다.

둘째, 공식홍보체제는 당조직과 기구의 엄격한 통제를 받는 수직적인 단일체계라 할 수 있으며, 비공식 간행물은 수평적인 체계로 이를 파악할 수 있다. 비공식간행물은 단일조직이 형성되어 있지 않으며 그렇기 때문에 그들의 이념성이나 목표지향성 또한 다양하게 나타날 수밖에 없다. 공식홍보체제는 철저하게 상부의사의 하부전달식의 체제적 특성을 나타내고 있는 데 반하여 비공식 매체에서는 수평적이고 이질적인 내용의 표출이 일반화되고 있는 것이다. 이는 비공식간행물을 주관하고 있는 반체제운동 자체가 서로 간의 목표에 대한 조정을 이룩하지 못하고 또한 통합된 조직체를 가지고 있지 못하다는 데서부터 그러한 성격이 결과로 나타나는 것이기도 하다.

셋째, 공식적인 매체들이나 선전선동 수단들은 모두가 그 내용에 있어서 지시적(prescriptive)인 성격을 아주 강하게 나타나고 있는데 반하여 비공식 매체들은 내용에 있어서 사실의 묘사나 해석에 더 한층 커다란 비중을 두고 있다는 점이 크게 다르다고 볼 수 있다. 공식매체들은 당이나 정부기구의 명령이나 전달사항을 대중들에게 일방적으로 제시하고 홍보하는 일종의 정부기관적 속성에서 벗어날 수 없는 데 반하여 비공식매체들 특히 반체제인사들이 이용하고 있는 '사미즈다트' 등과 같은 경우에 있어서는 당이나 정부당국에서 숨기고 있는 특정 상황이나 인권침해사례들을 구체적으로 이들 매체를 통하여 고발하거나 그들 통치집단에 있어서 정당화시키려는 특정이념구조의

---

11) Rudolf L. Tökés(ed.), *Dissent in the USSR: Politis, Ideology and People*, op. cit., p.239.

비리를 그들 나름의 재해석을 통하여 일반에게 주지시키려는 데 그 목적이 있기 때문에 이러한 이들 매체 간의 차이가 분명해지는 것이다.

2. 사미즈다트의 기능

아말리크는 그의 저서 『Will the Soviet Union Survie Untill 1984?』에서 소련은 스탈린의 죽음을 前後한 1952년부터 1957년 사이에 이루어졌던 '상부층에서의 변혁(revolution at the top)' 기간을 통하여 종전 레닌에 의하여 형성되었던 경직된 단일통제적인 체제(monolithic system)에 금이 가기 시작하면서 이른바 '문화적인 반대(cultural opposition)' 운동이 본격화되었다고 보고 있다.12)

이때부터 그동안 계속하여 소련의 관제적(공식적)인 물에서 문필활동(수영)을 계속하면서 침묵을 계속하고 있던 수많은 문필가들이 서서히 새로운 목소리로 말하기 시작하였으며 새로운 내용의 원고를 서서히 집필하기 시작하였다. 그러나 초기의 이러한 문필가들 및 예술가들에 의한 문화적 반대는 정치권력 그 자체에 지항히고 반대한 것이 아니라 그것이 형성하여 놓은 문화에 저항의 화살을 맞추었기 때문에 그 운동 자체의 한계성이 곧 노정되었으며 정권당국의 탄압이 시작되자 이러한 운동은 별다른 저항을 하지 못하고 그 세를 떨어뜨릴 수밖에 없었다.13)

스탈린 이후의 새로운 상황전개에 따라 고개를 쳐들던 문필가들을 포함한 예술가들의 표면적인 구체제의 문화적 전통에 대한 항의가 정권당국의 새로운 탄압에 봉착, 그 예봉이 꺾이기는 하였으나 새로운 기운이 완전히 제거되지는 않고 땅 속으로 내재화될 수 있었다는 점이 소련 반체제운동의 특이한

---

12) Andrai Amalrik, *Will the Soviet Union Survive Until* 1984?, pp.6~7.
13) *Ibid.*, p.7.

성격이었다. 문화적 반대운동에 대한 당국의 탄압은 결과적으로 이 반대운동 자체의 성격을 보다 구체적인 반대로 비화시킬 수 있었으며 이러한 성격의 변화는 비공식적인 불법수단인 '사미즈다트' 등의 형태를 통한 투쟁에서 그 효과를 발할 수 있었다. 아말리크는 1960년대 후반기부터 생성되었다고 볼 수 있는 '사미즈다트' 운동은 전기한 문화적 반대보다 발전된 형태이며 따라서 이는 보다 효과적인 운동이었다고 이를 파악하고 있다.

> 사미즈다트의 내용이 문학작품에서 기록적인 문건으로 차차 바뀌지면서, 더 많은 사회, 정치적인 내용을 담게 되었다고 볼 수 있다. 따라서 정권당국은 이 같은 사미즈다트가 종래의 문화적 반대(cultural opposition)보다 훨씬 더 위험스럽다고 느껴 이에 대한 탄압을 강화하였다.14)

'사미즈다트'운동 자체가 문화적 반대와는 달리 합법적 반대의 성격이 강하게 나타나면서 이는 결국 '민주화운동'으로 스스로를 지칭하는 하나의 사회운동화 함으로써 명실상부한 반체제운동으로 성격을 정립시켰다. '사미즈다트'운동이 급속하게 확산하는 데는 첫째, 비록 그것이 뚜렷한 조성을 가지고 있지 않았지만 그것은 지도자와 활동가를 가질 수 있었으며, 그들의 활동에 동조하는 상당수의 지지자들을 확보할 수 있었다는 점과 둘째는 다소 산만하기는 하였으나 그 운동의 뚜렷한 목표와 그러한 목표달성을 위한 갖가지 전술들을 채택하고 있었다는 점, 셋째 그들은 그들 활동의 합법성을 강조하고 그들의 활동을 공개하려 하고 있었다는 점 등의 특색이 있기 때문이다.15) 따라서 이러한 여러 특색으로 '사미즈다트'운동을 통한 그들의 민주화운동은 여타의 다른 지하단체들의 활동과는 구별된다는 것이 아말리크의 입장이다.

소련에는 그동안 정권당국에 불만을 품고 이를 반대해 온 지하단체들이 많

---

14) *Ibid.*, p.9.
15) *Ibid.*, p.10.

앞으나 이들 반정권단체들은 그들이 반대하는 정권과 정치이데올로기에 대항
하는 반대이념(negative ideology)을 정립하지 못하였다는 사실도 '사미즈
다트'운동과는 구별될 수 있다. 아말리크는 소련반체제 민주화 운동의 실질적
인 수단으로 '사미즈다트'를 파악한다.

앞에서와 같은 '사미즈다트'는 소련에서의 실질적인 사실전달의 수단이자
이는 또한 소련 반체제운동의 가장 효과적인 도구로서의 역할도 함께 수행하
고 있다고 보아야 하며, 이 밖에도 서방세계로 유출되고 있는 소련의 각종
'사미즈다트'들은 이것을 통하여 소련의 실질적인 사회상과 정치적 갈등을 분
명히 하는 결정적인 문서로서의 가치도 함께 지니고 있다. '사미즈다트'의 이
러한 유용성에 착안하여 서구 여러 나라에서는 그들이 입수한 이에 대한 각
종 자요들을 체계적으로 모아 보관하는 전문기관도 생겼고 그들 '사미즈다트'
를 주로 소련의 이민집단이 중심이 되어 정기적으로 모아 정기간행물을 발표
하고 있는 기관도 여러 곳이 있다.

이들 중 서구세계에서 '사미즈다트' 문서들을 가장 체계적으로 수집하고 있
는 기관은 서독의 뮌헨 자유방송조사국이 1971연부터 설립 운영하고 있는
'사미즈다트 보관소(Arkhiv Samizdat)'인데 이곳에서는 수집된 각 '사미즈
나트'에 분류번호를 부여(As. 1 등으로)하여 정리하고 있는데 이곳에서 부여
하고 있는 AS번호는 서방세계에서 그대로 통용되고 있는 실정이다.[16]

이밖에 서방세계에서 발행되고 있는 러시아 이민집단들이 주축이 된 정기간행
물 중 대표적인 것은 'Posev(the Sowing : 서독에서 러시아 이민집단이 월간
으로 발행하고 있는 정차·사회부문의 '사미즈다트' 전문지)', 같은 서독에서 발간
되고 있는 'Grani(Frontiers : 문학전문지)', 파리의 소련이민집단에서 발간
하고 있는 정차·사회전문지인 주간 'Russkaia Musl(Russian Thought)',
또한 파리에서 발간되고 있는 종교중심 사미즈다트전문지 'Vestnik Russkogo

16) *Ibid.*,

Studencheskogo Khristianskogo Dvizheiniia(The Messenger of the Russian Student Christian Movement)', 뉴욕에서 발행되고 있는 문학중심의 'Novyi Zhurnal(the New Journal)' 등이 소련에서 유출된 사미즈다트를 정기적으로 모아 발표하고 있는 서방세계 간행물들이라고 볼 수 있다. 이렇듯 '사미즈다트'는 국내외적으로 주요한 역할을 수행하여 오고 있음은 분명한 사실이나 이는 어디까지나 국외적인 입장에서 '사미즈다트'를 관찰할 때 그러한 것이며 소련의 정부당국들에 있어서는 이것의 출현 자체가 목의 가시처럼 소련체제 발전의 저해요인으로 보고 있는 것이 그들 통치집단의 일반적인 견해라고 볼 수 있는 것이다. 그들은 이 같은 '사미즈다트'의 출현은 당의 유일성, 정보의 독점성을 위반하고 그들의 당노선을 비판하며 소비에트적인 맥락과는 다른 정치적 행위와 합리성을 제시함으로써 공식적인 소련의 매스컴체제에 대한 일반의 부신을 야기해 이를 약화하고 이렇게 함으로써 결국 공식적인 소련의 사회화과정 자체에 타격을 준다고 보는 것이다.

3. 사미즈다트의 내용별 유형

뮌헨의 자유방송 조사국에 설치된 '사미즈다트 보관소(Arkhiv Samizdat)'에 수집된 '사미즈다트'를 그 내용별로 분류하면 대체로 다음과 같다.[17]

(1) 개인적 불만이나 특수한 문제에 대한 항식 수집된 자료 중에서 가장 많은 것이 이 분야이다.

◉ Letter of 20 scientists protesting against the enforced hospitalization of Zhores Medvedev(1970. 6. 4)

◉ E Borner and A. Sakharov, Letter to Iu. B. Andropov re-

---

17) F. J. M. Feldbruggle, op. cit., pp.7~10.

questing him to put Viktor Khaustov on parole(1973. 10. 28)

(2) 문학, 철학적인 유형:

◉ *O. Altaev, The dual Consciousness of the intellingentsia and pseudo-culture*(1970)

(3) 일반적인 정치적 문서: 소련 정치체제의 분석이나 비판을 한 논문이나 저서들

◉ *Anon, What is it you want?-Notes about the class structure of Soviet society*(1969)

◉ *R. A. Medvedev, The problem of democratization and the problem of detente*(1973. 10. 12)

(4) 종교적인 유형 불교, 러시아정교 등 종교문제에 관심을 갖는 내용

◉ *Barnaul Baptists, Letter to U Thant*(1971)

◉ *Chronicle of the Lithuanian Catholic Church*(1973. 5)

(5) 유태인 문제를 중심으로 한 문서 1968년 이후부터 본격적으로 나타나기 시작하였다.

◉ *Iosif Begun, letter to the CPSU Central Committee Agitation and Propaganda Department protesting against an article by G. Deborin in Izvestiia of 5 January 1972 on Zionism*(1972. 1. 20)

(6) 민족적 유형 소련 내의 소수민족에 관한 문제들과 그들의 차별대우에 대한 항의가 그 주된 내용이다.

◉ *Crimean Tatar Information Bulletin No. 82*(1969. 1. 1)

◉ *S. Karavanskii, Petition to Gomulka about Soviet nationality policy*(1965. 9. 27)

(7) 정부의 공식문서 소련당국의 특정문제에 대한 공식적인 보고서 등을 말한다. 반체제운동가들에 대한 정신치료 보고서, 피의자 조사보고서, 체포

및 구금상황보고, 통계 숫자 등이 그것이다.

◉ *Trial of 8 Baptists hi Sumgait, Text of the indictment*(1969. 1. 17)

◉ *Trial of 8 Baptiats in Sumgait, Text of sentence*(1969. 3. 31)

(8) 재판보고 및 최후진술 소련 당국의 반체제인사들에 대한 정치적 재판 기록이다. 소련의 재판과정에서는 공식적인 기록을 남기지 않으나 1966연 2월에 있었던 시냐스키와 다니엘의 재판 이후 소련 반체제인사들에 대한 재판이 있을 경우 몇 사람의 방청객을 중심으로 이러한 재판 기록을 비공식적으로 만들어 '사미즈다트' 채널을 통하여 배포하고 있다.

◉ *Vladimir Bukovsky, Final words at his trial in Moscow*(1972. 1. 5)

◉ *Trial of Vladimir Bukovsky in Moscow, transcript*(1972. 1.)

(9) 반체제적 정부문서 당국의 반체제적 논리에 대한 비판 논리. 그 자체가 이 운동가들의 쟁점이 될 수 있기 때문에 이러한 당국의 체제옹호적인 문서가 '사미즈다트'를 통하여 나타나기도 한다.

◉ *Transscript of a Teachers Union meeting in Moscow held to punish teacher V. M. Gerlin for signing a protest petition about Ginzburg-Galanslov trial*(1968. 4. 16)

◉ *The text of Khrushchev secret speech held at 20th Party Congress on 25 Feb 1956.*

(10) 외국문서 외국에서 발행된 반체제운동에 관계있는 문서나 책이 '사미즈다트'의 형태나 또는 원형대로 소련에서 배포되고 있는 것을 말한다.

◉ *Note concerning Avtorkhanov's Tekhnologiia Vlasti, a work of an émigré author published in Western Germany and in English under the titlé "Stalin and the Soviet Communist Party-A Study in the Technology of Power."*

◉ *Note concerning Djilas' "The New Class."*

서방세계에 입수된 Samizdat 現況　　　　　　　　(1974. 9월 현재)

	~1965	1965	1966	1967	1968	1969	1970	1971	1972	1973	1974	합 계
개인적 불만 특수한 문제	15	9	34	33	103	63	65	71	68	104	219	784
문학, 철학 분야	19	5	6	6	11	12	21	10	9	13	8	120
정치석 문서	7	3	7	7	20	28	28	21	12	17	33	183
종교적 문서	32	13	22	26	36	47	93	42	75	48	53	487
유태인 문서	1	–	–	–	7	15	49	34	35	20	15	176
민족적 문서	5	15	26	22	29	33	21	9	17	9	17	203
소련의 공식 문서	12	1	1	4	4	11	5	2	5	3	4	52
재판기록	2	–	8	3	7	5	4	5	4	1	4	43
반체제에 대한 비판문서	4	1	3	1	1	2	–	–	2	2	3	19
외국문서	2	–	–	–	–	1	–	–	–	1	–	4
기 타	1	–	–	2	2	5	1	–	1	5	6	23
계	100	47	107	104	220	222	287	194	228	223	362	2094

◇ 뮌헨 자유 방송국 Arkhiv Samizdat에서 수집 분류한 것임.

Ⅱ. 마그니티즈다트(Magnitizdat)

'마그니티즈다트(magnitizdat)'라는 명칭은 러시아어의 'magnitofon(mag-netic tape recorder)'와 izdatelstvo(publishing)의 합성어로 이는 그대로 번역하면 '테이프출판'으로 볼 수 있다. 즉, 현대사회에서 흔히 접하고 있는 각종 녹음테이프가 바로 그것이다. 여기에서 말하는 소련 반체제운동의 주요한 하나의 수단이 되고 있는 테이프, 즉 '마그니티즈다트'는 소련사회의 비공식적인 민요, 즉 반체제적 시를 음률화한 것을 수록한 테이프를 한정적으로 지칭하고 있다.

일반대중들에게는 물론 그들 지식인 사회에서도 크게 인기를 얻고 있는 반체제적 시인들의 작품을 민요화시켜 테이프로 양산, 이를 비밀조직을 통하여 널리 보급함으로써 소련의 반체제적인 경향을 크게 확산시키고 있다. 따라서 이 '마그니티즈다트'는 '사미즈다트'와 함께 주요한 소련 반체제물결의 확산의 도구일 수 있는 것이다. 특히 1950년대말에 소련의 여러 도시에서는 대규모의 테이프레코드 공장이 설립되었고 이때를 전후하여 소련에서는 테이프와 복제가 크게 유행하였기 때문에 이러한 수단을 반체제운동가들이 그들의 사상전파의 주요한 수단의 하나로 활용할 수 있었다.[18]

현재 소련 반체제사회에서 이 같은 '마그니티즈다트'의 대량보급과 함께 자신들의 작품을 노래로 만들어 크게 명성을 얻고 있는 반체제 시인으로는 오쿠제하파(Bulat Okudzhava), 한국계의 킴(Yuli Kim) 그리고 갈리츠(Alexander Galich), 비쇼츠키(Vladimir Vysotsky) 등의 네 사람을 꼽고 있다.[19]

오쿠제하파는 1942년 Tiflis 대학교를 졸업한 후 시골학교 교사생활을 하던 중 시를 쓰기 시작하였으며 여기서 'Lyric'이라는 첫 시집을 출간했다. 그 후 그는 모스크바로 옮겨 본격적인 시작활동을 하였으며, 1959년에 그의 두 번째 시집인 'Islands'를 출간하면서부터는 민요시인으로서의 자리를 굳혔다. 그는 차차 소련의 엄격하게 규제된 창작활동의 한계에서 탈출하기 위하여 은유인 시어를 구사하기 시작하였고 시작의 대상도 공식적이거나 밝은 측면보다는 가려진 어두운 측면으로 눈길을 모았다.[20] 그의 대표적 반체제적 작품으로는 「종이 병정(paper soldier)」을 들 수 있는데 이 작품은 소련의 제반 비이는 마땅히 개선되어야 하나 스스로가 이같이 과업을 실천하기에는 너무나

18) Gene Sosin, Magnitizdat: Uncnesored Songs of Dissent, in Rudolf L. Tökés(ed.), *op. cit.*, p.276.
19) 1971년 1월의 한 조사에 의하면 소련에는 이 같은 유의 지하노래가 약 750여 종이나 되고 이러한 작곡가들도 약 25명이나 된다고 기록하고 있다. *The Radio Liberty Register of Samizdat, Reference Handbook*, No. 76(February, 1971) (Albert Boiter and Deter Dornan, Compilers), p.62.
20) *Ibid.*, p.277.

나약하다는 것을 '종이 병정'으로 자신을 비유하여 노래하고 있다.[21] 그는 1972년 6월 반당행위와 그의 작품을 해외에로 밀반출했다는 혐의로 소련공산당으로부터 축출됐다.[22]

한국계 반체제 시인인 킴(아버지는 한국인, 어머니는 유태인)은 소련 반체제운동 지도자 중 한 사람인 야키르(Peter Yakir)의 의붓아들이기도 한다. 대학졸업 후 한때 그는 대학부설 교육기관에서 노어와 문학을 가르쳤으나 그의 반체제적 시작과 노래(시를 민요화시켜 부르는 것)때문에 교직에서 해고되었다.[23] 그 후 그는 본격적인 반체제 음영시인으로서의 활동을 계속하고 있는데 그의 대표적인 노래는 「사회과학 교사의 노래」이다. 이 노래는 공산주의 이론이 너무나 공식화되고 있기 때문에 소련에서의 사회과학이란 것은 이미 사멸해 버렸다고 다음과 같이 묘사하고 있다.

> …… 나는 자본론을 머리맡에 두고
> 책상 밑에 누워 있다.
> 갑자기 책장이 흔들리기 시작하면서
> 마르크스가 떨어져 나를 때려 죽였다……[24]

가리츠는 소련 반체제 지하음악계의 독특한 위치를 차지하고 있다. 오쿠제하파와 비쇼츠키와는 달리 그의 작품은 지하세계에서만 명성을 얻고 있다. 그리고 상당수의 반체제적 작품이 오쿠제하파와 같이 해외에 소개되고 있다. 그의 이 같은 반체제적 음악작품에는 깊은 철학적인 사고가 그 밑에 깔려 있는데 바로 이 같은 점이 그의 또 다른 독특성이 되기도 하고 있다. 또한 그

---

21) *Index*, Vol. I, Nos. 3·4, 1972, p.120.
22) *Poetry From the Russian Underground*(Evanston, 1973), pp.241~244.
23) Keith Bosely(ed.), trans. *Dimitri Pospielovky and Janis Sapliets, Russia's Underground Poet*(Washington, 1969), pp.55~56.
24) Gene Sosin, *op. cit.*, p.286에서 재인용.

는 다른 반체제적 음영시인들의 경우보다 연령적으로 보아 한 세대 연상이며
(1919년생) 그의 이름 또한 가리츠는 가명이며 그의 본명은 Aleksander
Arkadevich Ginzburg이다.

그는 당초 모스크바에 있는 Gorky 문학 연구소에서 공부하였으며 『여명
의 도시』(1940년작) 등 수많은 극작을 남기기도 하였다. 그 후 그는 1960
년대말부터 그의 작품이 반체적 경향을 나타내기 시작하면서 작품 공연이 봉
쇄되기 시작하였다. 그 후 그는 솔제니친과 함께 '인권에 대한 사하로프 챨리
져 위원회(Sakharov-Chalidze for Human Rights)'의 통신회원으로 선
출되면서부터 그의 반체제적 활동을 가속시켜 나갔다.25) 결국 그는 1971년
11월 29일 소련의 작가동맹으로부터 축출당하였을 뿐만 아니라 또한 영화인
동맹으로부터도 축출당했다.26)

당시의 이 같은 상황을 그는 1974年 2月 3日字로 그가 국제인권위원회에
보낸 한 공개서한에서 다음과 같이 썼다.

······내가 작가동맹과 영화인동맹에서 축출된 후 2~3년간 나는 모든 직업적인
권리로부터 격리되었다. 나의 작품이 출판되지도 못하였으며, 극장과의 계약도
봉쇄됐고 출판사와의 계약은 물론 공개적인 발언마저 봉쇄당하였다.
내가 전에 쓴 필름들이 현재도 몇 편 상연되기는 하지만 이미 그 필름에서 나
의 이름은 빠져버렸다. 나의 작품은 이미 나에게서 떠났을 뿐만 아니라 이에 대
해 내가 따지기란 전연 불가능하다. ······ 지금 이 순간 나에게 주어진 유일한 권
리가 있다면 그것은 나의 모든 권리의 포기에 대해서 스스로 이를 달게 감수하는
것뿐인 것이다······.27)

또한 유태인이기도 한 갈리츠는 소련정치체제, 비밀경찰 등과 같은 정치적인

25) Gerry Smith, *The Songs of Alexander Galich*, Index, Vol 3, Nos.
    3(1974), p.14.
26) *Ibid.*, p.15.
27) *Ibid.*, p.17에서 재인용.

내용을 즐겨 노래 부른 소련의 극작가이자 시인이다. 1974년 7월 17일(추방
결정은 동년 6월 25일에 내려짐) 해외로 추방되어 현재는 노르웨이에 정착하고
있는 그는 이곳에서도 여전히 시작활동을 계속하고 있다. 강한 반체제활동에
적극성을 나타냈던 그는 이 같은 과격성을 그의 노래에도 그대로 담았다.

> 여러분 두려워할 필요가 없다!
> 감옥도, 동냥그릇도 두려워 마시오.
> 질병도, 굶주림도 두려워 마세요.
> 그러나 오직 미래가 어떻게 될지를 안다는 사람만은 두려워하시오……28)

  마지막으로 비쇼츠키는 모스크바에서 잘 알려진 배우이자 가장 많은 팬을
가진 반체제적 음영시인의 한 사람이다. 그도 정치적인 문제에 초점을 맞춰
소련체제의 비이를 고발하고 있는데 그의 유명한 노래 'My friend has
left for Magadan'29)에서도 이 같은 입장은 분명히 나타내고 있다.

> …… 나는 왜 너가 가진 모든 것을 포기하느냐고 누군가가 물을 것을 안다. 노동
> 수용소는 살인만이 득실거리지 않느냐고 누군가가 그에게 묻는다.
> 그러자 그는 그것은 헛소문이다. 모스크바에도 그 같은 살인은 있다고 대답한다.
> 그리고 그는 가방을 챙겨 메가단으로 떠났다…….'30)

---

28) Gene Sosin, *op. cit.*, p.284에서 재인용
29) Magadan은 시베리아 동쪽의 외딴 곳이다. 그는 이 작품에서 소련을 멀리하려는 그
    들의 의식을 모스크바를 등지고 먼 시베리아지방의 외지를 찾아 떠나는 친구의 심정
    으로 비유하고 있다.
30) Translated by Misha Allen in "Ballads from the Underground,"
    Problems of Communism 19, No. 6(November-December, 1970), p.29.

제4장 반체제론자들의 이념지향성

제4장 반체제론자들의 이념지향성

　여기에서는 소련 반체제운동가들 중에서 특히 국내외를 통하여 그 명성이 널리 알려진 여섯 사람을 선정, 그들의 보다 구체적인 반체제적 시각과 이데올로기적인 경향성을 살피려 한다. 그러나 이들 반체제론자들의 이데올로기적인 경향성을 살피는 데 있어 본장에서는 그들의 논문이나 저술 등을 별다른 평가나 분석 없이 그대로 요약하는 데 치중하였다. 이는 그들의 작품을 있는 그대로 접함으로써 보다 분명한 그들의 관점을 파악할 수 있을 것이라는 생각에서이다. 따라서 본장은 그들 반체제론자들의 사고를 각색 없이 원형 그대로를 요약 징리한 일차자료저인 성격으로 보아 무방하리라고 본다.

　그들의 이데올로기적 경향성을 소개하려는 여섯 사람은 다음과 같다.

　먼저 아말리크(Andri Amalrik)는 Involuntary Journey to Siberia, Will the Soviet Union Survive Until 1984? 등의 대표적 반체제작품을 갖고 있는 소련의 저명한 사학자였다. 그는 소련 당국에 의해 1970년 5월 21일 체포되어 고난을 받다가 그 후 서방으로 추방되었으나 1981년 사망하였다.

　솔제니친(Aleksandr Solzhenitsyn)은 서방세계로 망명한 대표적인 소련 반체제작가이다. 이반데니쇼비치의 하루, 암병동, 수용소군도 등 소련체제에 대한 고발문학은 너무나 잘 알려진 작품이다. 지금도 서방세계를 두루 다니면서 공산주의의 허구성을 날카롭게 비판하고 서구인들에 대해 공산주의에 대한 경각심을 고취시키고 있다.

　사하로프(Andri Sakharov)는 아직도 소련에서 생활하면서 끈질기게 반체제활동과 인권운동 등을 주도하고 있다. 널리 알려진 바와 같이 소련의 핵무기개발에 주역을 담당했던 지도적인 물리학자로도 유명하다. 대표적 반체제 작품으로는 Reflections on progress, co-existence and intellectual freedom을 들 수 있다.

　메데베제프(Roy A. Medvedev)는 그의 쌍둥이 동생이며 현재는 서방에서 망명생활을 하고 있는 메데베제프(Zhores Medvedev)와 함께 이색적인 Neo-Marxist적인 반체제 경향을 가진 역사학자이다. 대표작으로는 On Socialist Democracy, Let History Judge, The October Revolution 등이 있다.

　투르친(Valentin Turchin)은 소련의 저명한 물리학자이자 컴퓨터학자이다. 그는 소련에서 반체제 인권운동에 참여했다는 이유로 1977년 미국으로 추방되어 현재는 미국 컬럼비아대학에서 컴퓨터학 교수로 재직 중이다. 대표적 반체제 작품으로는 The Inertia of Fear and the Scientific World view가 있다.

　시냡스키(Andrei Sinyavsky)는 소련의 인권운동을 촉발시킨 장본인인 작가이다. 그는 작품을 해외에서 소련의 허가 없이 출판했다는 혐의로 다니엘(Daniel)과 함께 최초로 소련 당국에 의하여 기소되어 재판을 받음으로써 소련 지식인사회에 이에 항의하는 물결, 즉 반체제 인권운동을 초래케 하였다. 현재는 서방에서 망명생활을 하면서 테쯔(Abram Tertz)라는 가명으로 문필활동을 계속하고 있으며 그의 대표작으로는 A Voice from the Chorus가 있다.

Ⅰ. 아말리크(Amalrik)

1. 이데올로기적 갈등1)

아말리크는 당초 볼셰비키들에 의하여 추진되어 온 이데올로기적인 인간 (idealogical man)의 주형노력은 불구하고 1917년 그들의 혁명 이후 추진하여 온 두 가지의 상반된 당국의 정책으로 그들의 당초의 꿈은 무산되고 말았다고 전제, 이를 다음과 같이 구체적으로 지적한다.

혁명 이후 그들 볼셰비키들은 사회의 하부계층에 대해서는 프롤레타리아화 (proletarization) 정책을 폈으나 사회 상부계층에 대해서는 이와 달리 관료제화(bureaucratization) 정책을 각각 분리하여 실시함으로써 결과적으로 소비에트 사회구성원의 다수가 비이데올로기화(de-ideologized)되는 독특한 사회를 생성하게 되었으며 강제적인 이데올로기(compulsory ideology)는 하나의 출산을 위한 도구 이상의 구실을 할 수 없었다. 그러나 1940 ~50년대를 전후하여 러시아 마르크스주의의 고전적 혁명성격을 회복시키려는 목적으로 나타난 시하 마르크스주의 그룹의 형성을 계기로 비이념화된 다수와 엘리트들의 의식적인 이데올로기성 간의 새로운 접근점이 모색되기 시작하였는데 이러한 소련에서 마르크스주의 이외의 여타 이데올로기의 생성이 운위된다는 것은 사실상 충격적인 일이다.

이러한 과정을 거쳐 소련사회에서는 지난 10여 년 동안 산만한 형태로든, 조직체계를 갖춘 형태로든 간에 여러 가지 다양한 이데올로기가 형성되기 시작하였다. 이렇게 새로운 형성을 보게 된 각종 이데올로기는 그 내용면에 있어서 마르크스주의와는 전혀 무관한 것과 마르크스주의의 모든 한계성을 보

---

1) 이 부분은 Amalrik, "Ideologies in Soviet Society", in *Survey*(Spring 1976), pp.1~10을 요약, 정리하였다.

완한 것으로 대별할 수 있다.

이 같은 다양한 이데올로기의 생성은 소련의 사회발전에 따른 사회적 복합성의 증가와 이데올로기적인 경직성이 동원단계를 거치면서 해이해졌다는 점, 그리고 국내외적인 모든 상황변화에 대처한 그들의 공식이데올로기('마르크스-레닌'주의)의 누적되는 무기력에서 그 원인을 찾을 수 있다. 그러나 이 같은 다양한 이데올로기의 생성에도 불구하고 현실적으로 소련에는 현재까지 '마르크스-레닌'주의만이 유일의 공식 이데올로기로 허용되고 있으며, 여타의 이데올로기들은 소수의 지지자들밖에 확보하지 못한 장태에서 지리멸렬한 형태로 남아 있다. 아직까지도 태아기의 상태마저 벗어나지 못한 이들 신생이데올로기라는 것도 그것은 소련사회내에서 일고 있는 정치적 갈등의 한 표현일 수 있기 때문에 이들에 대한 탐구를 통하여 소련에서 일고 있는 갖가지 정치적 대안들을 추적할 수 있어 분석적 차원에서도 중요성을 가질 수 있다.

아말리크는 소련사회에 현실적으로 생성되고 있는 신생이데올로기를 실제적인 면에서 체계적인 분석을 시도, 이러한 노력을 통하여 현재 소련사회가 안고 있는 이념적 갈등과 사회적인 갈등을 유추하려 하고 있다. 그는 소련사회에 생성되고 있는 이데올로기 체계를 분석함에 있어 특유의 이데올로기 분석의 틀을 설정, 이를 통하여 다음과 같이 소련의 이데올로기 체계를 분석한다. 먼저 이데올로기 체계를 세 가지의 단위(level)로 구분하여 개념조작을 하고 있다. 그 첫째 단위가 '상부이념 혹은 사회철학(superideologies or social philosophies)'의 개념이며, 두 번째 단위가 '현실이데올로기 혹은 정치적 강영(ideologies proper or political doctrines)', 셋째 단위가 '하부이데올로기 혹은 이데올로기적 감정(sub-ideologies or ideology feelings)'이다.

이 같은 분석을 위한 개념조작을 통하여 아말리크가 체계화한 소련사회의 이데올로기 체계는 다음의 표와 같다.

다음의 '이데올로기 순환도(wheel of ideologies)'에서 아말리크는 '마르크스주의(Marxism)', '자유주의(Liberalism)', '민족주의(Nationalism)'의 삼대

상부이데올로기를 소련통치이념 구조의 최상위 이데올로기로 분석하고 있다. 여기서 '마르크스주의'라는 개념은 다른 계급들은 없어져야 할 계급으로 종속되거나 동화되어야 할 계급으로 이를 파악하는 성향을 함께 내포하고 있다. 또한 이 경향은 그 속성상 억압된 계급과 궁핍하고 고통받고 잃을 것이 없는 사람들에게 먼저 호기심을 불러일으키는 경향이었으며, 또한 전통적인 문화전통의 타파를 희구하는 지성인들에게도 어필될 수 있는 사상으로 이를 파악한다. 그리고 상위개념으로 설정되고 있는 '자유주의'의 개념은 우선 개개인들이 다른 사람들의 권리와 동등한 자기권리를 인지하는 이념형태로 이를 파악한다. 따라서 이 이데올로기는 독립심이 강한 부유의 사람들과 확고한 신념을 가진 사람들에게 크게 어필되는 이념이며, 자연히 자유직업인들과 개인적 창의성을 요구하는 사람들이 대부분 선호하는 사상으로 볼 수 있다.

또 하나의 상위이념인 '민족주의'는 자기민족과 자기를 일체화시켜 생각하는 사람들의 사회철학으로 파악하고 있다. 따라서 이 민족주의적 입장은 다른 민족은 중립적이거나 적대적인 관계로 설정될 수밖에 없다. 따라서 이러한 이념지향성은 자연히 특정지역(민족)과 연관된 전통적 사회 단위에서 흔하게 일어나며 또 회고적인 감정 속에서 자주 찾아볼 수 있다. 이 민족주의적 이념은 억압받은 민족들이니 지민족이 타민족에 비하여 열등하다고 느껴지는 상황에서 보편화될 수 있는 소지를 내포하고 있다.

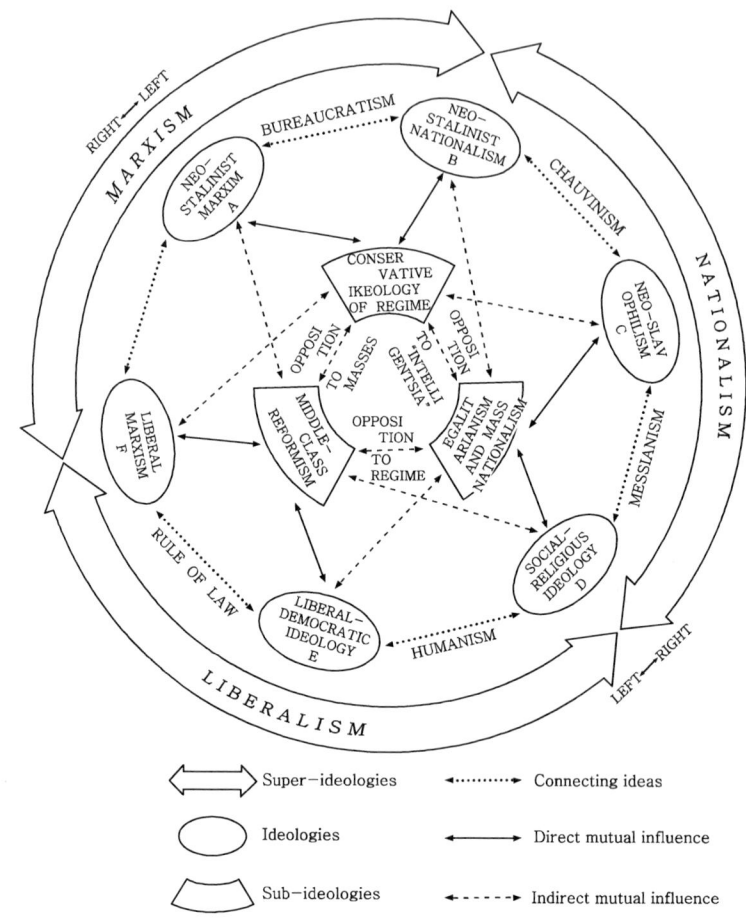

소련사회에서 현실적으로 생성하고 있는 이데올로기를 체계화시킨 '이데올로기 순환도'에서 이상의 세 가지 이데올로기를 그 중의 상위이념으로 파악한 아말리크는 이러한 세 가지의 상위이념들은 현실세계에서 각기 별도로 독립되어 존재한다기보다는 서로 혼합되어 존재하기 때문에 이들 각 개별이데올로기를 하나씩 따로 분리하여 파악한다는 것은 사실상 거의 불가능하다고 본다.

아말리크의 이데올로기 분석의 두 번째 단위인 '현실이데올로기(Ideologies

proper)'로서는 'Neo-Stalinist Marxism', 'Neo-Stalinist Nationalism', 'Neo-Slavophilism', 'Social-Religious ideology', 'Liberal- Democratic ideology', 'Liberal Marxism'의 여섯 가지 이데올로기를 들고 있다.

그가 소련사회의 현실이데올로기로 개념화하고 있는 이들 이념들은 그것들의 상위이념보다 한결 서로 간의 유별성보다는 유사성이 더하다. 따라서 여기서 말하고 있는 개별이데올로기들은 대개가 아직도 이데올로기적인 내용체계마저 정이되지 못한 태아적인 성격을 그대로 지니고 있다고 볼 수 있다. 그렇기 때문에 단일이데올로기 내에 있어서도 '좌', '우'적인 경향성간의 충돌이 존재하고 있다고 보아야 하며 때문에 논리체계의 일관성도 약한 것이 사실이다.

'현실이념'으로 제시한 여섯 가지 이념유형의 속성을 아말리크는 다음과 같이 파악한다. 먼저 'Neo-Stalinist Marxism'은, 마르크스주의는 레닌의 권력장악이론과 스탈린의 실천을 내포시켜야만 스스로의 한계성을 보완할 수 있다고 보는 복합적인 사상성이다. 따라서 이러한 관점에서 보면 스탈린 이후의 소련의 지도자들은 이 같은 'Neo-Stalinist Marxism'을 통하여서만 그들의 통치력을 발전적으로 지속시킬 수 있다고 보는 것이다. 이 이데올로기적 경향에 충실한 집단으로는 소련의 낭 및 정부에 소속되고 있는 아파라치키(당관료)들이 대표적이다.

'Neo-Stalinist Nationalism'은 민족적 볼셰비즘(National Bolshevism)과 마르크스주의의 기치를 혼합한 사상성으로 파악할 수 있다. 이 이데올로기는 전자와 마찬가지로 당정부의 아파라치키들과 민족주의자(소련 내의)들의 입장에서 발견되는 사상으로 이는 Neo-Stalinist Marxism과 함께 전통적인 관료주의의 보편적인 이데올로기이다. 그러나 이 이데올로기에서 말하는 관료주의라는 것은 그들의 이상으로서가 아니라 현실적인 면에서 그 중요성이 인정되는 것이기 때문에 관료주의 자체의 발전 없이는 이상사회의 건설도 어렵다는 입장이다.

다음, 'Neo-Slavophilism'인데 이는 '로맨틱한 보수주의(romantic conser-vatism)'라고도 별칭될 수 있는 개념이며, 이데올로기의 특성은 러시아적인 배타성이라고 한마디로 요약할 수 있다. 이 이데올로기에서 현재의 소련은 마르크스주의 이전의 러시아, 즉 서구화 이전의 전통과 정교회(Orthodoxy)의 전통으로 되돌아가야 한다는 입장을 강하게 내세우고 있다.

일반적으로 이 이념은 소련의 공식이데올로기에 적대적이기는 하나 그 일부는 그의 배타적 애국심으로 인하여 'Neo-Stalinist Nationalism'과의 연관성을 견지하고 있다고 볼 수 있다. 그러나 '인간의 얼굴을 한 민족주의(nationalism with a human face)'로서의 'Neo-Slavophilism'은 인본주의적인 속성을 가진다. 이 경향은 엄격한 의미에서 'Neo-Stalinist Nationalism'과는 전혀 다른 입장이다. 'Neo-Slavophilism'은 도시와 농촌의 일반적인 지식계층과 일반대중들의 광범한 지지를 받고 있다고 볼 수 있으며, 대표적인 Neo-Slavophilist로는 솔제니친 등을 꼽고 있다.

'Social-Religious Ideology'는 러시아의 전통적인 인민주의 이데올로기에 뿌리를 둔 것으로 파악될 수 있는 것이며 이는 경제적인 면에서가 아니라 명확한 도덕기준에 의한 사회주의의 실현을 꾀하는 이데올로기로 볼 수 있다. 또한 이는 러시아의 메시아주의적인 속성으로 하여 'Neo-Slavophilism'과의 연관성을 가진다. 이 이데올로기는 마르크스주의에 환멸을 느끼는 상당수의 지식인들에게 크게 어필되는 사상이며, 이의 대표적 인물은 'All-Russian Social Christian Union for the Liberation of the People'을 주도했던 Igor Ogurtsov 등을 들 수 있다.

다음 '자유민주주의 이데올로기(Liberal-Democratic Ideology)'인데 이는 개인의 가치를 중시하는 휴머니즘적인 입장을 견지하고 있는 이념이다. 소련에서의 이러한 이념의 생성에는 서구 자유주의의 영향이 크게 작용하고 있다고 보아야 한다. 따라서 이 이데올로기의 입장은 소비에트체제가 점진적인 변화과정을 거쳐서 서구와 같은 민주주의적 복합사회로의 환원을 강력하게 원하고 있으며 또한 부의 소유제도도 발전되어야 하며 경제체제에 대한 효과적인 통제를 통하여 개인의 창의성에 대한 자유가 상당히 신장되기를 바라는 경향성을 가지고 있다. 이 이데올로기의 옹호그룹은 중산계급들과 상당수의 인텔리겐차들이다. 자유민주주의적 이데올로기의 대표자로 사하로프와 오르로프(Yuri Orlov)를 들 수 있다.

마지막으로 소련사회의 현실이데올로기로 아말리크가 들고 있는 개념은 '자유마르크스주의(Liberal Marxism)'이다. 'Liberal Marxism'은 그가 지닌 '법의 지배'의 속성으로 하여 전자의 'Liberal- Democratic Ideology'와의 연관성을 갖는다고 볼 수 있다. '인간의 얼굴을 한 사회주의(socialism with a human face)'의 사상이라 할 수 있는 이 '자유마르크스주의'는 인권을 포함한 법의 보장을 크게 강조하고 있다. 그리고 이 이데올로기는 비록 마르크스주의를 소련의 최고 통치이념으로 인정하고 또한 공산당을 주요 정치세력으로 인정하기는 하나 각 부문의 민주화와 다원화의 입장을 강하게 나타내고 있다. 이 이념의 소련사회의 지지세력으로는 상당수의 중간계층과 당관료, 산업관리자들이 다수 내포되고 있다. 가장 대표적인 자유마르크스주의자로는 그리고렌코(P. Grigorenko)와 메데베제프를 들 수 있다.

아말리크가 체계화한 소련의 이데올로기분석 도표에서 가장 하위개녀(subi-deology)으로는 '정권의 보수주의적 이데올로기(Conservative Ideology of Regime)', '평등주의와 대중민족주의(Egalitarianism and Mass Natio-nalism)', '중간계층의 개혁주의(Middle Class Reformism)'의 세 가지 이데올로기적인 감정(ideology feeling)이다.

여기서 말하는 '정권의 보수주의적 이데올로기'는 하나의 독립된 이념형태라기보다는 통치계층이 그들의 자기보호를 위하여 나타내고 있는 실질적인 감정이라고 볼 수 있다. 이러한 경향성은 아말리크의 분석도에 의한 상위개념인 '현실이념(Ideologies Proper)' 중에서는 'Neo-Stalinist Marxism'과 'Neo-Stalinist Nationalism'과는 직접적인 연관을 갖고 있다고 볼 수 있으며, 'Liberal Marxism'과 'Neo-Slavophilism'과는 간접적인 연관을 갖고 있다고 분석한다.

또 하나의 하위이데올로기인 '평등주의 및 대중민족주의'는 명확하고 뚜렷한 지향성을 찾아내기가 어려운 정치적 감정으로 볼 수 있는 개념으로서 강력한 정권의 유지를 희망하면서 한편으로는 서구와 같이 보다 높은 수준의 생활환경을 바라는 복합적인 성향을 가진다. 그의 상위개념인 현실이데올로기 중에서는 'Neo-Slavophilism', 'Social Religious Ideology'와 직간접적인 연관을 맺고 있다고 볼 수 있다.

마지막으로 '중산계층 개혁주의'는 현실에 안주하면서 생활환경의 점차적인 변화를 바라는 성향이다. 즉, 이 성향은 사회의 급작스런 변동이나 전복보다는 사회 각 방면에서의 점진적인 개혁과 변화를 통하여 이루어질 수 있는 발전을 바라고 있다. 따라서 이 성향은 'Liberal-Democratic Ideology'와 'Liberal Marxism', 'Neo-Stalinist Marxism'과 직간접의 련관을 맺고 있다고 볼 수 있다.

2. 이데올로기적 대안[2]

아말리크는 그의 분석도식 중 '현실이데올로기(ideologies proper)'를 앞의 도표에서 보는 바와 같이 ABCDEF로 각각 표시하여, 이 중에서 (A, C, E)의 이데올로기, 즉 도표에서 보이는 바와 같이 그들의 상위이념의 한 가운데 존재하고 있는 이데올로기들을 '중간이데올로기(middle ideology)'라는 포괄개념으로 단순화하고 이에 반하여 그들 상위이념들의 만나는 점, 즉 접촉점 근처에 위치하고 있는 '현실이념'들인 B, D, F들은 '과격이데올로기(extreme ideology)'로 단순화한다.

이렇듯 '중간이데올로기'와 '과격이데올로기'로 현실이념을 양대별한 다음 특정국가가 사회적·정치적 안정을 가지려면 '중간이데올로기' 지향성이 현실적으

---

2) 이 부분은 Amalrik, "Ideologies in Soviet Society in *Survey*(1976, Spring), pp.10~15 부분을 요약, 정리하였다.

로 강하게 나타나야 된다고 보고 이에 반하여 특정국가가 위기상황에 놓였다는 것은 그들 국가가 이념적인 측면에서 보면 그동안의 '중간이데올로기'에서 '과격이데올로기'화했다는 데 그 원인이 있다는 것이다. 1967~1968년 사이에 있었던 체코사태를 예로 들어 체코는 당시 그들의 통치이념으로 중간이념인 'Neo-Stalinist Marxism'이 형성되어 있었는데 이러한 통치이념이 1967~1968년경 극단이념인 '자유마르크스주의(Liberal Marxism)'로 변화되어 갔기 때문에 위기상황에 봉착하게 되었다는 것이다. 그러나 사태가 여기에서 그쳤다면 별다른 문제가 없었으나 당시의 체코상황은 그들의 통치이념이 또다시 이 단계에서 '자유민주주의(Liberal Democratic Ideology)' 방향으로 이행하려는 지향성을 분명히 나타내었기 때문에 그곳 사태의 심각성이 있었으며, 결국 소련의 개입을 불가피하게 만들었다는 것이 그의 분석이다. 이러한 소련의 개입으로 말미암아 체코는 다시 'Neo-Stalinist Marxism'의 통치이념을 회복, 안정을 되찾을 수 있다고 보았다.

또한 전기한 분석구도의 현실이념 중 D, E, F를 '다원주의적 이데올로기(pluralistic)'로, A, B, C를 '전체주의적 이데올로기(totalitarian)', A, F, E를 '이국서구적 이데올로기(alien-western)', B, C, D를 '토착적인 동방이데올로기(home-bred eastern)', F, A, B를 '순수한 정치적 이데올로기(purely political)'로 각각 그 내용별로 분류하여 단일화시킨다. 이러한 여러 정치이데올로기 중 소련에서는 어떠한 정치적 대변동이 있더라도 그들 국민들의 본질적 속성으로 보아 민주주의보다는 '전체주의'를, '서구주의'보다는 '토착적인 동방주의', '윤아정치적 이데올로기'보다는 '순수 정치이데올로기'를 택하는 것이 그들이 살아남고 승리할 수 있는 정치이념으로 파악하고 있다. 따라서 소련 사회에 적합한 이데올로기는 어떤 시대상황이든 간에 'A, B, C'(전체주의), 'B, C, D'(토착적인 동방주의), 'F, A, B'(순수정치적 이데올로기) 중에 하나일 수밖에 없는 것이며 이러한 세 가지 통치이념을 구성하고 있는 개별이념 중에서 세 가지 통치이념에 공통적으로 내포되고 있는 'B', 즉 'Neo-Stalinist

Nationalism'이 소련사회에서의 최적의 정치이데올로기일 수 있다는 것이다. 그러나 현실적인 면에서 볼 때 이 'Neo-Stalinist Nationalism'은 오래전부터 소련의 통치구조 속에서 실질적인 통치이념으로 작용하여 왔기 때문에 이에 대한 시비가 널리 만연되어 왔으며, 그것이 또한 전기한 분석도표에서 보면 하나의 '극단적인 이데올로기(extreme ideology)'이기 때문에 그 이념 자체가 갖는 한계성 또한 무시할 수 없다.

이 'Neo-Stalinist Nationalism'이 계속적으로 소련의 공식이데올로기 (official Ideology)로서의 기능을 수항한다는 것은 결과적으로 소련체제를 전반적으로 붕괴시키는 소지를 스스로 마련하는 것으로밖에 볼 수 없다. 따라서 그는 소련사회에서 'Neo-Stalinist Nationalism'이 득세를 계속하여 완전한 지배이념으로서 자리를 굳히게 된다는 사실은 결국 소련의 통치형태를 군사독재로 화하게 할 가능성이 가장 높다고 주장한다. 그러나 이러한 극단적인 사태진전 이외에도 그는 'Neo-Stalinist Nationalism'은 다음과 같은 두 가지 다른 이념형태로 변화될 가능성이 지금의 시점에서 예견된다고 보고 있다. 그 하나의 변화형태는 현존하는 'Neo-Stalinist Nationalism'이 안정된 통치기반을 조성할 수 있다면 점차적으로 그 경직성이 완화될 수 있으며, 이러한 경직성의 완화는 보다 안정적인 '중간이념'인 'Neo-Slavophilism'으로 변화를 초래할 수 있을 것이라고 보는 관점이다.

또 다른 하나의 변화형태는 'Neo-Stalinist Nationalism'은 그가 지닌 민족주의적 속성 때문에 소련 내의 군소민족들의 자치권 획득과 같은 의외의 문제를 자극하게 되어 결과적으로는 또 다른 '극단이념'의 하나인 '자유마르크스주의 (Liberal Marxism)'로 소련의 통치경향성이 변화될 가능성이 있다. '자유마르크스주의'에로의 전화 가능성은 민족적 문제 이외에서도 찾을 수 있다. 무엇보다도 먼저 경제적인 문제가 이러한 변화를 촉진시키는 가장 주요한 변수이다. 구체적으로 소련사회에서 현재 나타나고 있는 생산성 증가의 저하, 농업생산물의 절대적 부족, 대서구부채의 증가, 금 및 외환보유고의 감소, 경직된 정치구조하에서의 더 이상의 경제적 관리와 계획재조정의 불가능 등의 심각한 경제문제는 결국 'Neo-Stalinist Nationalism'의 한계성을 나타낸다. 따라서 다음 세대에 가서는 소련의 지도층에서도 그들이 지금까지 견지해 온 'Neo-Stalinist Nationalism'의 대안으로 전기한 군사독재보다는 '자유마르크스주의(Liberal Marxism)'로 선호할 가능성이 훨씬 더 높다는 것이 아말리크가 예견하는 소련 정치이데올로기에 대한 내일의 전망이다.

3. 대중국관[3]

아말리크의 대중국관은 "중국은 소련의 숙명적인 적"이며 이러한 중소간의 적대관계는 전적으로 중국에 의하여 자초된 현상이라고 단정하고 있다. 이러한 그의 대중국관은 중국의 오랜 력사적 환경과 현실적인 국가발전에의 요청은 결국 그들 중국을 팽창주의 세력화하는 것을 불가피하게 강요하고 있으며 이러한 중국의 팽창주의는 소련과의 마찰을 필연적으로 야기할 수밖에 없다는 논리에서 출발하고 있다. 중국의 팽창주의, 특히 아시아에서의 그들의 대외적 팽창을 저해하는 요인으로는 미국과 소련이라는 두 강대국을 들 수 있다. 그런데 미국의 경우, 그들은 중국과 국경을 나누고 있는 것과 같은 직접적인 이해관계가 없으며, 또한 중국이 그 세를 확장하려고 의도하는 지역이 북아메리카 대륙이 아니라 주로 아시아 지역에 국한되어 있기 때문에 그들 미국이 중국과의 직접적인 이해가 얽히지 않고 있다는 점과 또한 중국의 경우에서 보아도 그들은 미국과 전쟁을 치를 만큼의 군사력을 가진 것도 아니며, 가까운 장내에 그들이 핵로케트를 개발한다 하여도 그것이 수적으로나 질적으로 미국과의 차이를 줄이기에는 아직도 요원한 상태에 있는 것이다. 결과적으로 마중국 어느 편에서 보

---

3) 이 부분은 Amalrik, *Will the Soviet Union Until 1984?*, pp.48~58를 주로 참고하였다.

아도 그들 간의 직접적이고 대규모적인 분쟁의 소지는 희박할 수밖에 없다.[4]

이에 반하여 소련의 경우는 보다 직접적이고 필연적인 적대세력으로 중국에 비친다. 중국이 그들의 세력을 확장시켜 아시아에서의 그들의 역할을 신장시키기 위해서는 소련의 세력을 이 지역에서 몰아내거나 혹은 중립화시키는 일이 무엇보다도 먼저 우선돼야 하기 때문에 소련과의 마찰은 불가피하다. 이밖에도 소련도 중국과 마찬가지로 강한 대외적인 팽창의식을 가진 전체주의 국가이며, 중국과는 역사적인 숙제의 하나인 국경문제와 이념대립의 첨예화 또한 중소간의 적대관계를 더욱 부채질할 수밖에 없다. 이러한 역사적 뿌리를 가진 중소간의 마찰은 소련의 혁명 이후 한동안 견지하여 왔던 그들 간의 우호협력기간 중에서도 그들의 관계는 엄밀한 의미에서 볼 때 '동지·적관계' 이상의 진전을 볼 수가 없었던 것이며 그 후 소련에 의한 중국의 지배노력이 실패에 부딪힌 이후 소련 당국이 그동안 행하여 오던 대중국 군사경제원조를 일체 단절하기에 이르러서는 양국의 관계가 더욱 악화되기에 이르렀다.

중소간의 숙명적인 상충성은 스탈린, 트로츠키 등 소련공산당의 지도자들이 외면적으로는 중국의 공산혁명을 반대하지는 않았지만, 일단 중국이 공산화하게 되면 그들 소련 측의 입장으로 보아서는 우호적인 국가가 아니라 적대적인 국가로 화할 것이라는 확신을 가지고 혁명전 중국에서의 공산당과의 싸움을 의도적으로 장기화시킴으로써 중국 자체의 국력을 약화시키는 정책을 썼으며, 또한 공산당 내의 파벌 간의 갈등을 소련이 뒤에서 조장시켜 중국공산당 내에서의 모택동의 영향력을 줄이려는 정책마저 서슴지 않았다. 1949년 중국에서의 공산주의혁명 이후 중소 양국은 단일 공산주의 국가라는 이념적인 기치 아래 한 동안의 평화적인 관계가 지속될 수 있었으나 시간의 흐름에 따라 양국 간에 어쩔 수 없이 나타나는 문화 및 정치전통 차이의 노출, 소련의 일방적인 공산주의 종주국으로서의 권위의 강조 등은 양국간의 밀월에 종지부를 찍게 만듦으로써 중

---

4) 중국의 대아시아 세력팽창을 미국이 결코 방치하지는 않을 것이며 이에 따른 국지적인 분쟁(베트남에서와 같은) 가능성마저 배제시키지는 않고 있다.

국은 점차적으로 독자적인 국가건설과 대외팽창의 길을 걷기 시작하였다.

이러한 독자적인 노선을 걷기 시작한 중국에 대하여 소련은 그동안 우세한 군사력을 바탕으로 하여 회유와 협박을 계속하여 오고 있으나, 이러한 군사력에 의존한 대중국강경정책에도 불구하고 현실적인 중국의 대아시아 세력팽창을 본원적으로 봉쇄하지 못했다. 물론 소련의 이러한 대중국 압력에도 불구하고 중국이 아직까지는 군사적인 면에서 소련에 비하여 절대적인 열세를 인정하지 않을 수 없기 때문에 양국 간의 본격적인 충돌은 일어나지 않고 있으나 이러한 양국 관계의 소강상태는 시한적인 성격의 것이며 결코 영속화될 수 없다.

중국이 집중적인 무기개발에 대한 투자를 통하여 그들이 핵무기를 비롯한 재래식 무기를 그들이 바라는 만큼 확보하게만 되면 이러한 중·소 양국관계의 소강상태는 보다 전면적인 상충, 즉 전쟁관계로 발전할 것은 명약관화한 일이다. 따라서 중·소간의 전쟁의 발발의 시기가 언제냐 하는 것은 중국이 필요한 양의 무기를 확보하는 시기가 언제이냐 하는 문제와 직결되어 있다.

이러한 논리에 따라 아말리크는 『Will the Soviet Union Survive Until 1984?』를 집필할 당시로부터 5~10년 후인 서기 1975~1980년 사이에는 소련과 중국 간의 전쟁이 시작될 것으로 예견했었다.[5] 전쟁양태에 있어서 중국은 그 전쟁 발발 초기에는 4,000여 마일의 소련과의 국경지내에서의 제한전이 형태가 될 것이지만 이것이 차차 전면전으로 확대될 가능성은 아주 높다. 만약 소련이 이러한 상황에 봉착하게 되면 그들 지도자들은 그때까지도 우세를 유지하고 있는 그들의 군사력으로 중국의 주요 핵무기 생산시설을 비롯한 병기공장을 잿더미로 만들려는 시도는 할 수 있겠으나, 이러한 행동을 통해서도 소련이 중국 전체를 초토화시키기란 현실적으로 불가능할 것이며[6] 중국은 이러한 상황에 이르면 그들 특유의 게릴

---

5) Amalrik는 중국이 과학기위와 경제적 능력의 낙후 때문에 이 시기까지는 핵무기생산이 본격화될 수 없다는 일부의 주장에 대하여 소련의 핵무기개발기간을 예로 들어 반박한다.
6) 중국의 광활한 국토, 소련보다 월등히 많은 인구 등을 그 주요한 이유로 들고 있다.

라 전쟁을 시작하게 될 것이므로 결국 양국 간의 전쟁은 장기전화할 것이다.

전쟁의 형태와 내용이 어떠하든 간에 중소의 전쟁발발 그 자체는 소련보다는 중국에 더욱 더 많은 이점을 줄 것이며 소련은 지금까지의 대내외적인 권위와 영향력에 손상을 가중시킬 수밖에 없다. 그중에서도 특히 중소간의 전쟁발발은 대외적인 면에 있어서는 미국의 대중국 관계개선의 실마리가 될 수 있는 것이며, 나아가 미국 이외의 여타 서방제국들과 중국과의 관계개선도 자극하게 됨으로써 결과적으로 중국의 국제적 지위를 향상시키는 결과를 초래케 되며, 이는 결국 소련의 국제적인 역량을 감소시키게 된다. 또 다른 한편 국내적인 면에 있어서도 소련은 중소분쟁의 격화로 인한 양국간의 전쟁발발은 그 전쟁의 수행방법을 놓고 여러 계층 간의 의견의 상충을 더욱 심화시킬 것이며, 그동안 전개되어 온 그들 통치기구의 모순과 갈등이 전쟁을 계기로 하여 더욱 노골화됨으로써 그들 체제능력의 결정적인 약체화를 초래시킬 수밖에 없다. 여기에 더하여 소련 내에서 싹트고 있는 자유화운동은 그 확산의 도를 더욱 가속화하여 궁극적으로는 소련통치제도와 통치이념의 정당성에 대한 본격적인 시비를 적극적으로 조성하여 그들 소비에트 체제에 대한 일반, 특히 중간계층들의 적대감을 더욱 보편화시키는 계기도 이 중소전쟁을 통하여 마련될 수 있기 때문에 중소전쟁 그 자체는 소련체제의 존립과 직결된 대사건일 수밖에 없다.

Ⅱ. 솔제니친(Solzhenitsyn)

1. 이데올로기적 경향

솔제니친이 표명하고 있는 이데올로기적인 경향성은 러시아 민족주의에의 집착으로 이를 요약할 수 있으며 그의 이 같은 입장은 그가 소련을 떠나 서구로 건너온 뒤에 더욱 뚜렷하게 나타나고 있다. 그는 서방세계가 공산주의의 본질적인 속성을 잘못 이해하고 있음은 물론 또 하나의 소련에 대한 몰이해는 공산주의와 러시아를 동일시하는 점이라고 이를 개탄한다.

솔제니친은 미국을 포함한 전 서방세계는 궁극적인 세계적화를 꿈꾸고 있는 공산주의이데올로기의 정체를 정확하게 인식하여야 함은 물론 그들이 지금까지 흔히 잘못 생각하고 있는 러시아와 공산주의 소련, 즉 소련공산체제와의 등식관계 또한 잘못된 개념(misconception)이라는 것이다.[7] 러시아와 소련공산체제와의 잘못된 등식관계의 설정은 소련공산체제에 대한 가장 대표적인 몰이해의 한 형태이며, 이러한 논리가 공산주의라는 것이 궁극적으로 러시아적이라는 가열을 도출해 내기에 이르러서는 더할 수 없는 민족적 울분마저 참을 수 없다는 것이 솔제니친의 입장이다.

그에 의하면 결코 앞의 오해로 인한 가설과 같이 공산주의는 러시아적일 수가 없는 것이며, 따라서 공산주의적인 생리가 러시아인의 생리와 같을 수 없을 뿐만 아니라 오히려 그 반대적인 상관, 즉 공산주의는 반러시아적인 것이며 공산주의적인 생리는 러시아적일 생리와는 상반되는 것이라고 본다. 오늘날 서방세계는 흔히들 러시아적인 것과 공산주의와를 동일한 것으로 잘못 이해하고 있으며 또한 러시아의 민족적 전통과 민족성 자체가 공산주의를 받아들여 이를 잘 수용하고 있는 것처럼 생각하고 있다. 이러한 서구인들의 광범위한 의식은 근본적인 면에서 서방세계가 러시아사를 잘못 이해하고 있는데서 그 연원을 찾을 수 있다. 서방세계가 가지고 있는 이러한 잘못된 인식 때문에 아주 자연스럽게 그들 서방세계가 20세기 공산주의 현상에 대한 설명을 흔히 러시아 민족의 결함에서 찾으려 하고 있으나 이는 극단적인 인종주의적 견해에 불과할 뿐 아니라 그와 같은 입장하에서는 중국, 베트남, 쿠바, 에

---

7) Aleksandr Solzhenitsyn, "Misconceptions about Russia are a threat to America," *Foreign Affairs*(Spring, 1980), pp.795~797.

티오피아 등에서의 공산주의 현상을 설명할 수 없을 뿐만 아니라 프랑스, 독일 등 서구에서의 공산주의 또한 더욱 설명할 수 없다.

서구인들은 공산주의의 결점을 공산주의 그 자체에서 찾으려 하지 않고 다른 곳에서 찾으려 하고 있다. 예컨대 하리만(A. Harriman)같은 외교관은 공산주의 고유의 공격성을 설명하면서 이 같은 공격성을 외부로부터의 침략에 대한 전국민적 공포감 때문인 것으로 이를 설명하고 공산주의자들의 무기고 건설과 신생국 장악도 이 때문이라고 보는 것은 도저히 납득할 수 없다. 그리고 또 공산주의와 러시아를 동일시하는 서구식 사고는 흔히 공산주의라는 이 급성 전염병에 대하여 '이 병은 전염성이 아니고, 이는 선천적인 러시아병'이라는 잘못된 진단을 자주 하기 때문에 이에 대한 처방은 공산세력을 약화시키는 데 도움을 주기는커녕 오히려 이를 강화시키는 데 도움을 주고 있으며 또한 러시아의 민족적 양심의 구현이야말로 공산주의를 내부에는 약화시킬 수 있는 유일한 힘이 분명한데도 불구하고 이와는 반대로 러시아 민족적 양심의 구현은 바로 그들 서구인들이 경계해야 할 적이라고까지 주장하는 모순성을 낳고 있다.[8]

러시아민족주의 세력은 러시아내전 당시 이미 서방에 의하여 배척당하였으며 2차대전 때 다시 그들 서방에 의하여 배반당하였고 이제 다시 세 번째의 배반을 당할 위기에 처하고 있다. 이 같은 서방에 의한 러시아 민족주의의 배반은 소련 내의 러시아민족과 다른 소수민족들에게 치명적인 결과를 초래할 것이며 이는 또한 소련 내의 민족주의 세력뿐만 아니라 서방측에게도 똑같은 치명타가 된다. 오늘날 낡은 이데올로기로 무장한 공산주의 지도층은 러시아제국의 목표추구를 위하여 다시 한번 러시아 민족주의를 억눌러 굴레를 씌우려는 꿈을 꾸고 있기 때문에 이제 서방은 파멸을 초래하려는 기수를 말에 앉혀서는 안 된다.

서방세계에서 팽배하고 있는 이 같은 공산주의와 러시아 민족의식간의 혼용

---

8) "Solzhenitsyn on Communism" *Time*(Feb., 18, 1980), pp.16~18.

현상은 서방측이 러시안(Russian) 및 러시아(Russia)와 소비에트(Soviet) 및 USSR를 부주의하게 혼동하고 있는 사실에서도 분명하게 나타나고 있다. 이러한 개념의 혼용은 'Russian tanks have entered Prague', 'Russian imperialism', 'Never trust the Russians' 등의 표현에서 구체적으로 지적될 수 있다는 것이며 이러한 표현에서의 Russia 혹은 Russian은 Soviet와 USSR 등으로 대치되어야 마땅하다. Russian 및 Russia의 개념을 Soviet와 USSR와의 개념에 적용시키는 것은 마치 희생자의 의복과 증명서를 살인자에게 주는 것과 같은 것이며 Russians를 USSR의 지배민족으로 간주하는 것도 무분별한 실수이다. 이들 Russia와 USSR의 양 개념은 서로 상치될 뿐만 아니라 적대적인 개념임을 명심하여야 한다.[9] Russian과 USSR, 즉 Soviet와 Russia의 적대적인 관계를 설명하면서 솔제니친은 러시아 혁명 후의 민족탄압의 역사를 들어 이를 설명하고 있다.

혁명이 성공된 후 레닌의 일차적인 탄압의 대상은 러시아인들에 대한 것이었으며 그들 소비에트 당국은 러시아인의 민족성 근절을 위하여 집단농장에 들어서기 이전에 이미 수백만 명의 양민을 살해하고 동시에 러시아 역사는 말살되고 러시아 문화와 그들 고유의 정교회는 파괴를 면치 못하였다. 공산주의 정권의 이 같은 민족말살정책은 그 후 다른 소수민족에게까지 번졌으나 러시아인에 대한 그것이 가장 심하여 오늘날 러시아의 시골은 USSR 내에서 그 생활수준이 가장 낮고 러시아의 도회지도 생필품 배급에서 최저 순위에 있다. 이러한 소련 내의 민족적 현실에도 불구하고 서방에서는 소련에서의 지배적인 민족이 러시아인이라고 잘못 알고 있다. 1977년 이래 한 번도 소련에서 러시아인이 지배적 위치에 있었던 적이 없으며 오직 탄압의 대상이었다.

소비에트 권력의 첫 15년 동안 공산주의자들은 러시아인(Russians), 우크라이나人(Ukrainians), 백러시아(Buelorussians)인 등의 민족세력들에게

---

9) Aleksandr Solzhenitsyn, *op. cit.*, pp.798~810.

그들의 출산율이 저하를 가져올 만큼 결정적인 타격을 가하였으며 그리고 그러한 탄압과정에서 그들의 상층계급, 성직자 그리고 그들의 문화적 전통, 지식인, 그리고 식량생산을 담당하고 있는 농민들마저 커다란 타격을 받았다. 그리하여 소련에는 '지배적 민족(ruling nationality)'이 소멸된 지 이미 오래이며 이는 또한 공산주의자들의 국제주의가 낳은 당연한 결과인지도 모를 일이다. 결국, 이제 러시아인들에게 있어서 민족주의라는 것은 아무런 의미가 없으며 단지 그들에게 남아 있는 것은 생존에의 가냘픈 의지뿐이다.

이상의 여러 가지 지적에서 보는 바와 같이 솔제니친에 있어서는 서구인에게서 보이는 Russains와 USSR 양 개념의 혼용은 억압되고 탄압받아 그들의 민족적 생존력마저 쇄침되어 가고 있는 소련 내의 러시아인들에 대한 현실의 몰이해와 자유지향적인 러시아인 고유의 문화전통에 대한 몰이해, 일정 기간 동안 잠정적으로 이미 없어져버린 러시아인의 민족적 의식의 고양을 통하여 그들에게서 현실적으로 매력을 잃어버린 공산주의이데올로기에 대치하여 국민적 참여와 단합을 꾀하려는 소련당국의 의도적인 간교가 복합적으로 섞여짐으로써 결과한 허구 중의 허구라고 이를 규정하고 있다.[10]

솔제니친은 그의 강한 민족주의적 지향의식을 애국주의로 나타내고 있는 것이 특징이라고 볼 수 있다. 애국주의라는 것은 민족의식 내지는 민족주의 의식의 강조를 통하여서만 가능하며 이는 또한 '마르크스-레닌'주의 이데올로기의 포기를 통하여서만이 가능하다는 논리적 연관을 정식화시킨다.

> 도대체 마르크스주의와 애국주의가 '공존'할 수 있겠습니까. 그건 말도 안 되는 소리입니다. 이러한 관점은 주문에서만은 '공존'이 가능할지 모르지마는 어떤 구체적인 역사의 문제에서는 언제나 상반되는 것입니다. 그것은 너무나 명백한 사실이어서 1915년에 레닌은 '우리는 반애국주의자'라는 말까지 하였습니다. 이것은 진실로 마음속에서 우러나오는 말입니다. 그로부터 20年 동안 '애국자'라는

---

10) *Ibid.*, pp.815-819.

말은 우리 러시아에서 '백위병'이라는 말과 똑같이 절대적 의미를 지니게 되었습니다. 내가 지금 당신들 앞에 내놓고 있는 이 편지도 모두 이와 같은 애국심에서 나온 것이며 따라서 마르크스주의를 부정한다는 말이 될 것입니다.11)

솔제니친은 러시아의 애국주의를 다시 되찾기 위해서는 마르크스주의 이데올로기를 소련 땅에서 뿌리뽑고 이에 대치하여 러시아 민족의식의 고양을 통하여 이룩될 수 있다고 본다. 솔제니친이 견지하고 있는 민족주의의 첫 번째 특징은 반공산주의라는 점이다. 소련의 통치이념으로 군림하고 있는 공산주의이데올로기라는 것 자체가 전기한 인용문에서 레닌에게서도 분명하게 지적된 대로 이것은 어디까지나 반민족반애국적인 외래사상인 것이기 때문에 러시아의 발전이라는 궁극적인 문제와는 무관한 사상이다. 따라서 소련에서는 더 이상 그들 공산주의이데올로기에 의한 어떤 건설적인 성과도 기대할 수 없는 것이며 그렇기 때문에 오늘의 시점에서 보면 그러한 이데올로기는 소련 사회에서는 그의 이념적 설득력과 호소력을 잃은 마치 연극에서 볼 수 있는 것과 같은 눈가림으로 해놓은 판자기둥과도 같은 것이어서 이는 허위와 가식에 불과하다. 허위와 가식으로서의 공산주의이데올로기는 국가적 안정이나 국가의 발전에 도움을 주기는커녕 오히려 이와는 정반대로 국가적 에너지를 낭비시키고 국력을 약화시키는 반국가반민족적 괴물이다. 공산주의이데올로기의 파괴와 제거만이 그들의 국가적 발전과 민족적인 진정한 번영을 위한 가장 첫 번째의 관건이다.

두 번째, 솔제니친의 민족주의의 특색으로 지적될 수 있는 점은 반민주적인 전제주의의 입장이다.12) 여기서 우리가 주목해야 할 점은 솔제니친이 그의 전작품이나 저술활동을 통해서 공산주의독재체제를 신랄하게 비판하고 있지마는 그렇다고 하여 서구식 민주주의이데올로기를 공산주의의 대치물로는

---

11) 알렉산더 솔제니친 저, 이종진 역, 소련지도자들에게 보내는 편지, (분도출판사, 1975), p.57
12) *Ibid.*, p.13~14.

전연 생각을 하고 있지는 않다는 점이다. 솔제니친의 이러한 입장은 그가 민주주의의 실천현장으로 파악하고 있는 서구의 부신과 이에 따른 민주주의에 대한 편견에 전적으로 기인하는 것으로 보아야 한다.

그는 서구세계 및 서구문명이 현재 약화되고 있다고 보고 이는 결코 소련 외교의 승리에 의해서가 아니라 주로 서구문명이나 세계관에 영향을 준 역사적·심리적·도덕적 위기의 결과라는 것이다. 서구사회 내지는 서구문명 일반에 대한 현실적인 약화와 위축을 일반적인 현상으로 파악하고 있는 솔제니친은 이러한 서구의 약화를 가져온 근본적 원인으로는 전기한 바와 같은 도덕적 위기와 함께 그러한 도덕적 위기를 야기한 민주주의에도 그 책임이 있다고 보아 그가 지향하고 있는 러시아적 민족주의는 서구식 민주주의와는 연계를 가질 수 없음을 노골적으로 분명히 한다. 솔제니친은 서구의 민주주의가 방종과 도덕적 타락을 가져옴으로써 결국 서구사회를 약화시켰다고 보고 이러한 민주주의의 속성은 그들 러시아에서도 잠시 동안의 실험기간을 통하여 이 같은 비이를 분명하게 노정시켰다고 본다.[13]

> 솔직하게 말해서 우리는 민주국가에서 벌어지고 있는 미치광이와 같은 선거도 찬양하지 않습니다. 4년마다 정치인들은 물론, 나라 전체가 거의 선거권에 휘말려 들어가 입후보자는 유권자의 기미를 맞추기에 바쁘고 그때마다 국내단체들은 물론 외국의 정부까지 한몫 끼어들고 있습니다. 또한 법정은 그에게 보장된 독립성을 무시한 채 사회의 선거열풍에 비위를 맞추느라고 애쓰며 국방성의 기밀문서를 훔쳐내어 공개한 사람에게 무죄선고를 내리는 형편입니다. 소위 안정된 민주국가라는 곳에서도 단순히 감정적인 자기기만이나 양대정당 사이에서 별로 인기도 없는 군소정당이 어느 한쪽으로 기울어짐으로써 민주의 방향이 결정적으로 정하여지고 마는 예를 우리는 많이 보았습니다. 이처럼 어디로 보나 다수의 의사표시라고 볼 수 없는 극소수표의 편향으로 말미암아 다수의 의사도 잘못으로 보호받지 못하고 있는 판에 국가와 세계의 주요한 정책들이 결정되고 있습니다. 그런가 하

---

13) *Ibid.*,

면 어떤 직업단체는 나라가 위기에 처하여 어려운 때인데도 더 좋은 빵을 달라고 무리하게 요구하는 예도 적지 않습니다. 그리고 가장 존경할 만한 민주국가들이 더러운 테러단 앞에서는 무력하기 짝이 없는 존재가 되어버린다는 사실도 판명되었습니다. 물론 자유는 윤리적인 문제입니다. 그러나 자유는 자기만족이나 방종이 되지 않는 범위 내에서 자유여야 합니다. 질서 또한 자유와 마찬가지로 윤리적인 문제로서 평온하고 안정된 규율이 요구됩니다. 따라서 그것 역시 횡포나 폭정이 되어서는 안 됩니다.14)

솔제니친은 러시아에서도 1917년 2월부터 동년 10월까지 약 8개월 동안 당시의 입헌민주당과 사회민주당에 의하여 민주주의를 경험할 수 있었으나 결국 그들이 오만하게 민주주의를 외쳐대며 미래를 약속하기도 하였으나, 결과적으로 러시아의 민주주의자들이 이룩하여 놓은 것은 혼란과 우스꽝스러운 민주주의의 확산에 지나지 않았다고 지적, 이러한 러시아에서의 민주주의의 실패는 그 제도 자체가 갖는 취약점에서가 아니라 러시아의 역사적인 전통 자체가 민주주의에 대한 아무런 수용준비가 없었다는 데서 찾았다.

솔제니친은 반애국적인 공산주의 이데올로기에 대치하여 소련에 정착을 보아야 할 이념과 제도로서 서구적인 민주주의적 이념과 제도는 별다른 가치가 없다는 입장을 취하고 이것보다는 오히려 러시아의 오랜 려사적 전통에서 그 흔적을 강하게 나타내고 있는 러시아식 전제주의(비마르크스주의적인)에서 그 뿌리를 찾으려 한다. 권력을 위한 경쟁이 아니라 진리를 위한 경쟁과 이를 위한 자유의 보장만이 소련체제의 몰락을 막는 유일한 길이며, 소련이 하루빨리 그들의 허위적이고 가식적인 공산주의 이데올로기에서 벗어나서 민족의지에 바탕을 둔 그들의 정치문화에 합당한 전제주의로 이에 대치함으로써 그들 소련은 멀지 않아 닥칠 멸망의 위기로부터 그들 스스로를 구할 수 있다.

법률의 원칙이 보장되고, 증오가 아닌 박애정신이 바탕이 되고, 권력이 아

---

14) *Ibid.*, pp.64-65.

닌 진리를 위한 경쟁의 보장과 종교, 문학, 예술, 사상분야의 과감한 자유가
보장된 전제정치의 실현이야말로 소련체제의 점진적인 개혁을 주도할 수 있는
정치이념이며 제도이기 때문에 이러한 이념과 제도의 도입을 통한 참다운 민
족의지의 고양만이 그들 소련의 지도자들뿐만 아니라 전체 소련 국민들의 내
일에의 생존과 발전에 필수적이다.[15]

2. 중·소분쟁과 이데올로기

솔제니친은 소련이 당면하고 있는 가장 직접적인 위협은 중소전쟁의 발발
로 보고 이 전쟁이 만약 억지되지 못하고 현실화되면 이는 궁극적으로 소련
을 멸망시키는 결정적인 사건이 될 것이라고 전망한다.

소련과 중국과의 전쟁 가능성은 순전히 소련 외교정책의 실패, 즉 세계제
국주의를 말살하고 해외 공산주의운동을 지원한다는 이른바 '마르크스-레닌'
주의에 그들 소련의 외교가 너무 집착했기 때문이다. 따라서 무조건적인 '마
르크스-레닌'주의 노선에의 집착은 현실적으로 중국을 가장 믿어온 공산주의
우방에서 가장 상대하기 거북한 현실적인 적으로 만들어 놓았으며 또한 중소
전쟁이라는 위기상황을 전개시켰다. 솔제니친은 이렇듯 중소전쟁의 실현 가
능성을 크게 강조하면서 이 전쟁이 만약 현실화되면 그 심각성은 궁극적으
로 소련의 멸망까지를 결과할 것으로 본다. 중국과의 전쟁은 어떠한 수단이
동원되든 간에 그것은 승승장구하는 전격전이 될 수 없다. 이는 전쟁의 상대인
중국이 10억 인구에 가까운 거국이라는 점도 있지만 이에 더하여 그들 중국의
10억 인구는 타고난 근면성과 강인한 정신력, 소련인보다 훨씬 더한 국가에 대
한 투철한 복종심을 갖고 있다. 때문에 그들 중국의 군대와 주민들은 서방사람들

---

15) *Ibid.*, pp.72~73.

이 생각하듯 모두 포위되어 짓밟혀도 그들은 결코 함부로 항복하지는 않을 것이며 따라서 이러한 지구전의 양상을 강하게 띨 중국과의 전쟁이 시작된다면 1차 세계대전에서 러시아가 1천 5백만, 2차 대전에서 2천만 명을 잃었다면 이 중국과의 전쟁에서는 아마 6천만 명은 죽을 것이며 이 6천만 명이라는 숫자는 우수하고 선량한 소련의 젊은이의 대부분을 말하는 것이기 때문에 중소전쟁이 어떤 형태로든 끝나게 되면 그땐 사실상 러시아 사람은 이 지구상에 존재하지 않는 거나 다름이 없게 된다. 이는 또한 다른 것은 다 제쳐 놓고 이 사실 하나만으로도 전쟁에 완전히 패북했다는 것을 의미하게 된다.16)

솔제니친은 여하한 전쟁도 있어서는 안 되겠지만 특히 전기한 바와 같은 중소간의 전쟁은 결코 일어나서는 안 될 재앙의 하나라고 주장, 이 같은 전쟁, 특히 중소전쟁을 억지하는 유일한 수단은 '인류가 걸어야 할 길은 오직 하나이어야 한다'는 식의 이데올로기 집착을 버리는 일이라고 말한다.

> 전쟁은 결코 일어나서는 안 됩니다. 우리의 임무는 전쟁에 이기는 일이 아니라 전쟁을 회피하는 일입니다. 지구상의 어느 전쟁도 진정한 승자는 없으니까요. 내 생각으로는 중국과의 전쟁을 피할 수 있는 길은 있다고 봅니다. ······임박하여 오는 전쟁의 첫째가는 이유는 다른 전쟁보다 훨씬 더 격렬하고 탈출구가 없는 그 전쟁의 주된 원인은 '이데올로기'에 있습니다. ······편견을 갖지 말고 역사를 살펴보십시오. 소위 진보적 이념의 검은 회오리바람이 지난 세기말 유럽으로부터 불어와 우리의 혼을 갈기갈기 찢어 황폐하게 만들어 놓고 말았습니다. 이제 그 바람은 동방으로 불어가도록 내버려 두십시오. 이데올로기의 대립이 사라지게 되면 중·소전도 필시 일어나지 않게 될 것입니다.17)

---

16) *Ibid.*, pp.17~19.
17) *Ibid.*, pp.20~23.

Ⅲ. 사하로프(Sakharov)[18]

사하로프가 소련체제의 개선을 위하여 제시하고 있는 이데올로기적인 대안은 크게 두 가지 측면으로 나누어 이를 파악할 수 있다. 그 하나는 사회주의적 입장이다. 즉, 사회주의적인 이상의 실현을 통해서 소련체제는 계속적인 발전을 기약할 수 있을 뿐만 아니라 동서양 진영은 궁극적으로 사회주의적 수렴의 형태를 통하여서만 세계평화의 현실적 바탕이 마련될 수 있다고 보는 입장이다. 사하로프의 사회주의 선호입장은 그의 반체제 활동과정의 전기, 즉 아직까지도 소련 과학아카데미 회원으로, 또 비록 현업에서는 물러났으나 소련 핵개발의 유공자로서의 대접을 받고 있던 시기에 견지됐던 이데올로기적인 경향이라고 볼 수 있다. 그의 사회주의적 입장은 1968년에 발간된 그의 초기의 반체제작품 진보, 평화공존, 지적 자유에 대한 반영(Reflections on progress, peaceful coexistence, and intellectual freedom)에 집약되고 있다.

또 다른 하나의 입장은 반사회주의적인 민주주의의 입장이 사하로프의 이데올로기적인 대안이다. 종전까지 그가 가지고 있던 사회주의에의 이상은 소련체제 개선의 수단이 될 수 없을 뿐만 아니라 본질적인 면에 있어서도 사회주의라는 것은 허구적인 논리 이상일 수 없다는 것이다. 그는 현실적으로 소련은 그들의 사회주의적 통치논리로 구성된 소비에트체제를 버리고 각 분야에서의 민주화, 즉 민주주의의 이상이 확대를 통해서만 소련이 살아남을 수 있을 뿐만 아니라, 이의 발전 또한 가능하다는 것이다. 이 같은 민주주의적 입장은 1971년 3월에 브레즈네프에게 보낸 각서(Sakharov's memorandum to L. I. Brezhnev)』에서부터 구체화되기 시작했으며 1973년 7월에 있는 스웨덴 특파원과 가진 한 인터뷰에서부터 노골화되었다. 사하로프의 이 같은 두 가지 이데올

---

18) 이 항목은 안드레이 사하로프 저, 김종철 역, 『사하로프의 목소리』, (삼민사)를 주로 참고하였다.

로기적인 경향성을 보다 구체적으로 보면 다음과 같다.

1. 체제수렴의 관점

사하로프가 그의 진보, 공존, 지적 자유의 제2장 '희망의 토대'에서 전개한 그의 이론은 한마디로 자본주의와 사회주의 양체제 간의 수렴을 통하여 세계평화의 현실적 바탕이 마련될 수 있을 것이라는 점으로 요약될 수 있다. 이러한 그의 논리는 국민을 위하여 사회적인 노동의 생산성을 높이거나 상상력을 발전시키거나, 높은 생활수준을 보장하는 문제에 있어서 자본주의와 사회주의가 무승부를 이루고 있다는 기본적인 전제에서 출발한다.

이러한 기본 가설을 통하여 구체적으로 그는 ① 사회주의 과정은 물질적·문화적·사회적으로 인민들을 위해 많은 기여를 함으로써 사회주의 과정 자체의 활력을 입증하였으며, 다른 어떤 체제와도 다른 방법으로 진행된 이 과정은 노동의 도덕적 중요성을 부여하였으며, ② 자본주의의 생산양식이 경제를 막다른 골목으로 끌고 간다거나 노동생산성에 있어서 사회주의 양식보다 분명히 열등하다고 하는 주장에는 근거가 없으며 또한 자본주의는 항상 노동계급을 절대적인 빈곤에 빠뜨린다는 주장에도 분명히 근거가 없기 때문에 현실적으로 양체제의 장점을 수렴함으로써 보다 효과적인 세계평화의 대안을 마련할 수 있다고 보는 것이다.

자본주의와 사회주의는 장기적으로 접근할 수 있을 것이며 서로 긍정적인 요소들을 채용할 수 있으며 수많은 긴요한 분야에서 실제로 더욱 가까워질 수 있다. 미국을 비롯한 자본주의 국가들이 공산주의자들의 이론과는 달리 현실적으로 지속적인 경제적 발전을 이룩하고 있으며, 또한 그들 자본주의자들의 사회주의의 경제원리를 이용하고 있다. 또한 자본주의 사회에서의 노동자들의 지위도 하락되기는커녕 현실적으로 개선되고 있다는 사실은 비교조주의적 마르크스주의자들에게도 커다란 이론적인 중요성을 가져야 한다. 따라서 미국과 소련의 초강대국 세력이 자체의 모순을 제거하고 이를 해결하여 상호 지원하면서 공존과 협조를 지속시켜 나가지 않으면 도저히 앞으로 닥칠 인유의 멸망 위기를 벗어날 수 없다.

이상에서 우리는 사하로프의 강한 양체제의 수렴 가능성의 입장을 읽을 수 있는데, 그의 이러한 수렴이론은 가장 기본적으로 '소련은 전체적으로 공정하며, 전체적으로 노동자들의 이익을 지켜주는 그 무엇이 있는 데 반하여 미국에는 불평등에 대한 아우성이 있다'[19]고 주장하는 소련의 선전자료들을 정면으로 부인하는 데서부터 시작되고 있다고 볼 수 있다.

미국에서는 여러 사회계층 간의 갈등이 존재하고 있는 것은 사실이나 이는 마르크스주의자들이 보는 계급의 문제가 아니라, 오히려 이는 인종주의와 개인노동자들의 자기중심주의를 포함하는 인종문제라는 사실을 직시해야 한다. 또한 미국의 통치집단이 이러한 특히 흑백 간의 인종문제의 해결을 위하여 계속적인 관심을 보이고 있다는 사실도 알아야 하며 또한 부의 편중현상도 그렇게 문제될 것은 없다. 미국에서의 백만장자의 존재는 그 수가 적다는 점에서 심각한 경제적 부담은 아니다. 따라서 이것이 계급대립을 야기할 수 있는 성질의 것은 전연 아니다. 미국을 비롯한 자본주의 국가에서의 경제적인 문제로 인한 계급 대립의 첨예화와 이를 통한 혁명의 발발이라는 도식은 이미 그 허구성을 드러낸 것이며 그들 자본주의 국가내의 공산당도 그들의 강령에서 보는 바와 같이 이러한 혁명의 가능성을 전적으로 배제하고 있다는 사실에서 이 점은 분명하다.[20]

또한 소련체제에 대해서도 그들 통치집단의 주장과는 달리 현실적인 심각한 문제들이 산적해 있다는 사실을 분명하게 파악해야 된다. 아직도 그들의

---

19) 안드레이 사하로프 저, 해리슨 E. 솔쯔베리 엮음, 김종철 역, (삼민사 1978), 앞의 책, p.105.
20) *Ibid.,*

평등원칙에는 아랑곳없이 소련에는 현실적으로 도시와 지방 간의 불평등은 엄청난 것이며 특히 혜택받는 각종 산업시설을 보유하고 있는 도시와 보다 낡고 구식인 산업시설을 보유하고 있는 도시 간의 차이도 크다. 이러한 경제시설의 결과로 현재의 소련 인구의 40%가 어려운 경제여건에 처하여 있으며 이는 미국의 5%에 비하여 훨씬 더 엄청나다.

　노동의 양과 질에 근거를 두고 급료를 지불하는 사회주의원칙도 소련에서는 수많은 특권층의 존재에 의하여 무너져버렸다.21) 사하로프는 소련이 현재와 같은 경제적 모순을 시정하기 위해서는 경제개혁에 가일층의 개혁이 이루어지고 관리집단에 대해 공적인 통제를 강화시키면서 경제적인 시장요인의 역할을 보다 확대함으로써 그들이 현재 분배패턴에서 나타내고 있는 잡다한 비리들을 제거하는 데 도움을 줄 수 있다는 것이다. 특히 생산을 규제하고 고무하기 위한 경제개혁에 있어서 훨씬 더 중요한 측면은 정확한 시장가격체제의 확립, 투자기금의 적절한 할당과 이의 신속한 활용, 소련사회의 이익이 될 수 있는 적절한 지대를 근거로 천연 및 인간자원을 알맞게 사용하는 일이 무엇보다 바람직하다. 이렇듯 자본주의의 멸망, 이에 따른 사회주의의 이행이라는 변증법적인 유물사관의 고정률에 정면으로 반기를 든 사하로프는 양 이데올로기 간의 대립과 투쟁 등의 싱호피괴의 수단을 통해서가 아니라 상호협조와 화해를 통하여서만 인류는 궁극적 평화의 토대를 마련할 수 있다고 본다. 이상과 같은 양체제의 수렴에 대한 대원칙과 함께 사하로프는 결과적으로 량체제 간의 '협력을 위한 4단계 계획'을 그의 『진보, 공존, 지적 자유』의 마지막 章에서 다음과 같이 구체화하고 있다.22)

　(1) **제1단계** 사회주의 내부에서 스탈린주의와 모택동주의 세력간에 이념투쟁이 벌어지고 좌열 레닌주의적 공산주의자들 사이의 분열이 심화된다.

　또한 이 단계에서 소련과 기타 사회주의 국가에서는 초기의 날카로운 이념

---

21) *Ibid.*, pp.107~108.
22) *Ibid.*, pp.112~115.

투쟁과 토론과정은 결국 현실주의자들에게 그 승리가 돌아가 여러 곳에서 복수정당제가 나타날 것이며 경제개혁이 확대되고 대외적인 측면에서 평화공존정책이 재확인되고 구체화되는 단계이다.(1976~1980)

(2) **제2단계** 자본주의 진영의 변화단계로서 이 단계에서는 미국과 기타 자본주의 국가에서 사회진보와 평화공존에 대한 끈질긴 요구가 일어나고 사회주의국가와 국제적 진보주의세력이 이에 압력을 가함으로써 부르주아지의 좌파 개혁주의자들이 승리를 거두게 될 것이다. 그리고 이러한 승리는 사회진보 및 평화공존과의 화해(수렴)계획이 실행되고, 세계적인 규모로 사회주의와의 협력이 이루어지며, 소유제도의 구조에 변화가 나타나게 되고 또한 인텔리겐차들의 확대된 역할과 인종주의와 군국주의세력에 대한 공격이 나타나게 되는 시기이다.(1972~1985)

(3) **제3단계** 이는 양진영의 화해의 단계로 강대국 사이에 군비축소가 실질적으로 진항되며 결과적으로 소련과 미국이 서로 간의 이질감을 극복하고, 세계의 절반을 차지하고 있는 보다 가난한 사람들을 구하는 문제에 관심을 갖기 시작한다.(1970~1990)

(4) **제4단계** 상호협력과 화해가 전제된 세계정부수립의 시기로서 이 시기에는 사회주의적 수렴이 사회구조의 차이들을 감소시키고 지적인 자유 및 과학과 경제의 진보를 촉진시키고 세계정부의 수립과 국가적 모순을 제거할 시기이다. 1980~2000년 사이의 이 시기는 또한 우라늄과 토륨, 그리고 중수소와 라듐 등을 바탕으로 하여 원자력분야에서 결정적인 진보가 이루어질 것이며, 또한 과학기술의 발달과 더불어 우주탐험이 확대됨으로써 지구 이외의 다른 혹성과 달, 인공위성과 핵폭발에 의하여 그 궤도가 수정되는 소혹성에 사람들이 수천 명 살면서 일할 것이다. 또한 전기기술, 두뇌공학, 운송, 통신 등의 부문에서 괄목할 만한 혁명적인 발전이 이룩될 것이며, 생산학이 진보함으로써 생식력과 노쇠현상에서 정신적인 작용과 유전에 이르기까지 생화학의 차원에서 생명의 모든 과정과 세포, 유기체, 자연환경과 사회를 효과적으

로 통제하고 관리하는 길을 가능케 한다.

　사회주의적 수렴을 통한 세계정부의 수립이라는 협력을 위한 4단계 계획이 현실화되기 위해서는 도덕, 윤이, 인격이라는 인간적 가치에 대한 최대한의 과학적 통찰과 신중성 및 관심, 즉 현재의 분열을 극복하는 데 대한 세계적 관심, 사회주의 국가 및 자본주의 국가에서 수정작업이 모순과 차이를 감소시켜 주리라는 기대, 정치학·경제학 및 문화에 과학적·민주적으로 접근하는 일에 대한 인텔리겐치아·노동계급·기타 진보세력의 세계적인 관심, 세계의 양대경제체제에 넘을 수 없는 경제발전의 장애가 없어야 한다는 등의 대전제가 충족되어야 한다고 본다.

2. 민주주의적 경향

　사하로프는 소련사회의 통치이념인 사회주의 그 자체에 대한 회의가 소련사회 모순들의 중심적인 원인으로 보고 있다. 이러한 그의 사회주의에 대한 태도는 전기한 그의 작품 진보, 공존, 지적 자유에서 나타나고 있는 그의 사회주의에 대한 호의적인 인식과는 근본적인 차이를 나타내는 것으로서 사회주의에 대한 명백한 한계성과 허구성을 소련사회발전을 통하여 분명하게 경험적으로 그가 체득하고 있다는 것을 말한다.

　사하로프의 이러한 사회주의에 대한 새로운 인식은 1973년 7월 3일에 있는 스웨덴의 한 라디오 특파원인 홀렌 스텐홀름(Olle Stenholm)과 가진 회견에서 분명하게 나타난다.

　……자기가 속한 제도를 가장 훌륭하다고 여기는 것은 어느 누구나 너무나 당연한 일입니다. 그런데 이런 일반적인 심리경향으로부터 떠나고 싶은 것이 나의 심리적인 과정인 것입니다. 내가 1968연 소론집 「진보, 공존, 지적 자유」

를 썼을 때만 하여도 이런 과정은 아직 초보단계에 있었고 또한 나 자신의 접근방법도 훨씬 추상적이었습니다. …… 그래서 1968年 나의 소론집을 평가할 때 당신은 이 점을 이해하여야 하며 내가 핵무기연구로부터 인명살상, 이것이 유전에 미치는 영향, 그 밖의 온갖 영향 등 핵실험 결과에 대한 염려 쪽으로 관심을 돌리게 된 과정을 고려해 주어야 합니다.[23]

『진보』에서 표명된 그의 이론에 대한 한계성을 스스로 밝히고 사하로프는 이러한 그의 잘못은 그가 그 논문을 집필할 당시에는 그가 처한 상황으로 어쩔 수 없었다는 입장을 취하고 있다. 이 점을 그는 "나는 사실상 그때 온갖 기본적인 문제나 전국적인 문제와 거리가 무척 멀었습니다. 나는 고도로 물질적인 특혜를 누리는 입장에 있었고, 국민들과는 유리되어 있었기"[24] 때문이라는 것이다. 그 전에 사회주의에 대하여 품었던 호의적인 태도는 당시 그가 처한 특혜적인 환경 탓으로 그의 실상을 정확하게 보지 못한 데서 오는 사회주의에 대한 편견에 기인한 부정확한 것이며, 보다 정확한 사회주의의 정체는 특히 소련사회에서 정형화된 사회주의라는 것은 허구적이고 가식적인 것이며 결점투성이라는 것이다.

그러면 사회주의란 무엇인가. 나는 애초부터 사회주의를 이해하고 그것이 훌륭하다고 생각하는 것으로부터 출발하였습니다. 그러나 그 후부터 점차적으로 사회주의에 대한 이해심이 적어졌고 심지어는 사회주의의 경제적 토대까지 이해하지 못하게 되었습니다. 나는 사회주의가 국내적으로나 또는 국제적으로 써먹기 위한 말의 향연과 선전일 뿐 그 밖에 뜻있는 무엇이 그 속에 있는지를 알 수 없습니다.[25]

사하로프는 이상과 같이 본질적인 면에서 사회주의에 대한 비리와 모순을

---

23) *Ibid.*, p.173.
24) *Ibid.*, p.174.
25) *Ibid.*, p.174.

지적한 다음 이러한 사회주의를 실제 그들 최고의 지향이념으로 내세우고 있는 소련의 현실을 통하여 사회주의 이념을 비판하고 나섰다. 소련사회에서 우선 눈에 띄는 것은 국가의 극단적인 집중화 현상이며 이는 경제적, 정치적, 이데올로기적인 면에서 국가의 극단적인 독점으로 구체화되고 있다. 사회주의사회라는 소련과 자본주의세계에서 찾아볼 수 있는 갖가지 사회적인 문제, 특히 범죄와 개인적 소외감을 지니고 있다고 해서 놀랄 필요는 없다. 사회주의라는 허상에 찬 소련사회, 즉 소비에트체제가 최상의 체제가 아닌데도 불구하고 남보다 이것이 훌륭하다는 것은 잘못이다.[26]

사하로프는 자국체제, 즉 소련의 사회주의에 대한 우월성을 부인하는 입장을 분명히 하고 있으면서도 이에 대한 개선의 방법으로는 혁명적인 변혁보다는 점진적인 체제 내의 변화를 통한 개선을 희망하고 있다는 점이 또한 특이하다고 볼 수 있다. 이러한 그의 입장은 그에게 "당신이 소련사회주의가 우월성을 갖고 있지 않다고 생각한다면 이것은 그런 상태를 개선하기 위해서 국가 전체를 개선해야 한다고 생각한다는 뜻인가요, 아니면 이런 상태를 개선하고 그 결점을 제거하기 위해 체제 안에서 무엇인가 할 수 있다고 생각한다는 뜻인가요?"라는 질문에 대한 답변에서 분명히 했다.

> '그것은 내게 너무 어려운 질문입니다. 그 이유는 국가를 재조직한다는 그 자체가 생각할 수도 없는 일이기 때문이지요. 언제나 차근차근 계속하여야 하고 점차적으로 일을 해야 합니다. 그렇지 않으면 우리나라가 몇 번 겪었던 바와 같은 무시무시한 파괴, 즉 전면적인 파멸이 있을 터이니까요. 따라서 나는 물론 점진주의를 좋아합니다. 나는 진보주의자가 아니면 점진주의자라고 불러도 좋습니다.[27]

사하로프는 결국 이러한 점진적인 개혁이 효과적으로 이루어지기 위해서는 소련사회에 강한 뿌리를 내리고 있는 본질적으로 반민주주의적 이데올로기의

---

26) *Ibid.*, pp.174~175.
27) *Ibid.*, pp.182~183.

구조인 배타적 이데올로기의 일원성을 청산하고 이에 대치한 다양하고 복합적이며 다원적인 갖가지의 이데올로기가 자유로운 형성을 볼 수 있어야 한다는 것이다.[28]

사하로프는 결국 민주화가 현재 소련당국이 취하여야 할 가장 절박한 문제의 하나로 지적한다. 오늘날 소련이 직면하고 있는 대내외적인 정치문제와 기술경제적 진보, 과학적 관리방식에 관한 모든 문제와 정보·선전 및 경쟁의 문제들 사이에 밀접한 연관을 갖고 나타나는 문제들에 의하여 이 민주화의 문제는 강력하게 요청되고 있다. 민주화라는 것이 소련의 갖가지 제도, 경제구조와 사회적 업적 및 궁극적으로 그들 체제를 유지 강화하는 데 필수적이라고 전제, 뿌리깊은 민주화작업 없이는 그들 소련사회내에 직면하고 있는 여러 가지 문제들을 해결할 수 없으며 이러한 난점들의 해결 없이는 더 이상의 소련체제의 정상적인 발전도 기대할 수 없다.

민주화는 혼란과 분열을 가능한 한 피하기 위하여 점진적이며 조심성 있게 이루어져야 한다. 그리하여 고위 당국자들이 주도해서 나가는 민주화야말로 바람직한 일이며 이러한 과정을 통해서만 현재 소련이 안고 있는 여러 가지 어려움을 해결할 수 있다는 상부주도형 민주화방식을 지지한다. 사하로프는 소련사회에서의 민주화를 점진적이고, 고위당국자의 주도와 통제 아래서 계획성 있게 행하여 나감으로써 현대의 국가, 사회발전과는 상치되고 있는 관료주

---

28) 여기서 우리는 과거 'Reflections'에서의 그의 사회주의에 대한 선호경향으로부터 민주주의자에로의 변화를 분명하게 읽을 수 있다. 이러한 점은 다음과 같은 그 자신의 언명을 통해서도 나타나고 있다.

"When I wrote 'Reflections', I was a little idealistic ······ from what you call a position of abstraction ······ I called myself a socialist then, but now I have modified my beliefs.

What I stand for now is contained in the 'Afterword' to the 'Memorandum'. ······ I would no longer label myself a socialist.

I am not a Marxist, Leninist, a communist, I would call myself a liberal." (Rudolf L. Tökés, (ed.), Dissent in the USSR, op. cit., p.383에서 재인용)

의적이며 배타적이고 위선적인 병폐들을 씻어낼 수 있다고 보는 것이다. 또한 이를 통하여 국가기구와 인텔리겐차 사이의 간격을 없앨 수 있고 이를 통하여 이들 간의 상호 이해 부족은 사라질 것이고 그 대신 긴밀한 협조가 이뤄질 수 있고 또한 이 민주화정책을 통하여 소련사회에 1920년대 혁명직후에 필적할 만한 정열을 고무시켜 줄 수 있으며, 사회·경제적인 모든 문제의 해결을 위하여 전국적인 지적 인력을 동원할 수 있다.

민주화에 역항하는 여러 가지의 반대세력들이 소련사회에는 존재하고 있기 때문에 민주화의 정상적인 발전은 한편으로 개인주의적, 반민주적인 힘에 의하여 위협받게 마련이며, 또 다른 한편으로는 강력한 권력숭배자들과 이 나라의 경제적 난관을 자기자신의 목적에 이용하려 드는 파시스트 유형 선동가들의 위협을 받을지 모른다. 그 밖의 지식인들과 당국가기구 사이의 상호부신과 오해에 의해서 그리고 부르주아나 민족주의적 성향을 띤 몇몇 사회계층의 존재에 의해서 위협받을 위험성도 있다.

현재의 상황 아래서 별다른 문제의 해결 방법은 없는 것이며 고위 당국자들이 시도하고 주도하여 나가는 민주화야말로 당·국가의 온갖 산하기구로 하여금 새로운 작업 스타일로 이행하도록 할 수 있게 해 준다. 그렇기 때문에 이러한 민주화정책의 시항과 더불어 소수의 사람들이 당과 국가기관에서 비록 떠나는 일이 있기는 하더라도 대부분의 관리들은 이 같은 민주화 작업에 몰두할 수 있으며, 또한 이것이 유익한 일이라고 느낄 수 있게 될 것이다.[29]

이상과 같은 민주화에 대한 투철한 당위성을 가지고 사하로프는 소련사회가 앞으로 4~5년 동안 우선적으로 수항하여야 할 민주화의 잠정적인 조치들을 1970년 3월 19일에 발표한 그의 '삼인서한'에서 다음과 같이 구체적으로 제시하고 있다.[30]

① 최고위 당 및 정부의 지도자들이 사회를 민주화시키겠다는 그들의 의도

---

29) *Ibid.*, pp.130~131.
30) *Ibid.*, pp.131~134.

를 공개적인 성명을 통하여 천명할 것과 최고위지도층들의 이러한 성명이 인쇄매체들을 통하여 효과적으로 공개될 것.

② 국가현황에 대한 정보나 공공문제, 이론적 작업(theoretical work)들이 우선 당 및 정부기관을 통하여 제한적으로나마 공개, 서서히 그 범위를 확대시켜 궁극적으로는 전국민 모두에게 알리도록 하여야 할 것.

③ 산업계획과 생산과정, 판매와 공급, 재정 및 인사문제에 있어서 고도의 독립성을 띤 산업시설을 확대 조직하고 보다 소규모적인 산업시설에 대해서도 이러한 특권을 늘리도록 할 것이며, 국가규제의 형식과 범위를 자세하게 검토한 후 과학적인 판단을 내리도록 할 것.

④ 외국방송에 대한 전파방해를 중지할 것. 외국도서와 정기간행물의 자유판매 실시, 소련도 국제저작권협회에 가입할 것. 양대진영 간의 국제여행을 점차로(3~4년에 걸쳐) 확대 완화하여 국제교신을 더욱 자유롭게 하고, 국제교류의 확장 특히, 코메콘(COMECON) 제국과의 관계를 더욱 개선할 것.

⑤ 처음에는 자료를 상당부문 통제하였다가 점차적으로 이를 완전히 공개하는 방향으로의 대중여론 연구를 위한 연구소를 설치할 것. 이 연구소는 주로 외교 및 국내정책의 가장 중요한 문제들과 그 밖의 사회문제를 다룬 자료에 대한 국민의 태도를 연구하여야 함.

⑥ 정치범에 대한 사면을 실시하여야 할 것이며, 정치성을 띤 재판의 속기록을 반드시 공개하도록 법령을 제정할 것. 감옥과 정신병동에 대해서는 공개적인 통제를 실시할 것.

⑦ 법원과 검찰의 활동을 개선시키고 이들 행정권력, 지역적 영향력, 편견 및 연고자들에 의해 좌우되지 않기 위한 몇 가지 조처를 마련할 것.

⑧ 통행증에 민족표시를 없앨 것. 도시나 지방을 가릴 것 없이 단일제도의 통행증을 실시할 것이며 통행증 등록을 점차로 없애는 작업을 지역적 경제문화의 불평등을 없애는 작업과 동시에 수항할 것.

⑨ 교육분야를 개혁할 것. 초등학교와 중학교 시설을 대폭 확충하고 교사

들에게 물질적 처우를 향상시켜 줌과 아울러 이들에게 보다 큰 독립성과 실험할 수 있는 권한을 베풀어 줄 것.

⑩ 언론과 홍보에 관한 법안을 통과시켜서 공공단체와 시민그룹이 참여하는 새로운 발행인을 배출하여 내도록 촉진시킬 것.

⑪ 경영기술에 정통한 기간요원들의 훈련을 향상시킬 것. 관리자들에 대한 실질적인 훈련방법을 소개할 것이며 각계각층 지도자들의 자실향상과 이들의 독립성, 실험실시권 및 자기들의 의견을 주장해서 그것을 실천할 수 있는 권한을 도모하여 줄 것.

⑫ 간접선거를 포함, 각 계층, 당 및 정부기관을 위한 선거에서 착 관서별로 후보자를 지명하는 직접선거제를 차차로 도입할 것.

⑬ 소련의 도하 각 기관의 권한을 넓혀 줄 것이며, 소련방 최고회의의 권한과 책임을 확대할 것.

⑭ 스탈린치하에서 강제로 재정착당한 모든 민족들을 부권시켜 놓을 것이며 재정착한 인민들의 민족자치권을 복구시켜 줄 것. 이들에게 그들의 옛 고향으로 다시 돌아갈 수 있는 가능성을 부여하여 줄 것.

⑮ 국가이익을 저해하지 않는 범위 안에서 주도적 기관의 사업을 공개할 수 있는 조처를 더욱 강구할 섯이며 각종 전문분야 출신의 수준 높은 과학자들로 구성된 위원회를 창설하여 중요한 정부기관에 자문을 하여 줄 것.

사하로프는 소련사회의 민주화를 확대시켜 나가기 위한 이상과 같은 구체적인 안을 제시하면서 이러한 안은 비록 보다 전문가에 의하여 수정·보완될 수 있는 소지가 있기는 하나 대체적으로는 당과 국가가 받아들일 수 있는 안들이라고 봤다. 그는 이상의 여러 가지 민주화를 위한 대안들을 적극적으로 정책결정에 반영시켜 소련사회가 민주화함으로써 그들 소련은 세계최초의 사회주의 국가에서 경제발전이 수반된 민주화를 이룩할 수 있는 것이며, 이것으로 전세계의 진보적인 공산주의세력을 강화시켜 주고 그들의 위신을 크게 높일 수 있으며 또한 평화공존과 국제협력을 위한 온갖 가능성이 증가되고,

그들의 국제적 지위도 더욱 공고해지며, 또한 중국과의 관계에서 그들의 도덕적이며 물질적 입장이 양국 국민에 모두 이익이 되도록 중국의 상황에 영향을 줄 수 있는 등의 효과를 기대한다. 또한 현실적으로 나타나고 있는 소련 외교정책의 바람직하지 못한 현상도 민주화의 이행으로 시정될 수 있다고 보고 있다.

사하로프는 이렇게 민주화가 소련의 체제수행능력 증가의 현실적인 대안인 점을 분명히 하면서 이러한 분명한 요청, 즉 민주화를 더 이상 정권당국이 외면한다면 이는 소련을 위하여 결정적인 나쁜 결과만을 초래케 될 것이라고 이를 경고하고 있다. 구체적으로 소련이 이러한 시대 상황적 요청에도 불구하고 만약 민주화로 가는 과정을 택하지 않을 때는 먼저, 그들 소련이 제2산업혁명 과정에서 자본주의국가들에 뒤질 뿐만 아니라 점차 제2류의 군소국가로 전락하게 될 것이고 경제적 위기는 점점 고조될 것이며 당, 국가기구와 인텔리겐차 사이의 관계는 좌우익 간의 험난한 충돌과 함께 악화될 것이라는 예측이다.[31]

결론적으로 사하로프는 오늘날 소련의 현실을 수동적 자세로 내일을 기다리는 방법으로는 결국 파국을 면할 수 없기 때문에 지금부터 당장 세심하게 설계된 계획에 따라서 당이 앞장서서 민주화의 정도를 택하는 것만이 그들 소련이 당면한 난관을 극복할 수 있는 유일의 길임을 강조하고 있다. 그는 혹독한 행정조치와 나사못을 죄는 것 같은 방법으로는 당장 그들 소련 앞에 던져진 난제들을 극복할 수 없으며, 이는 오직 즉각적인 민주화 조치의 실시만이 사태를 푸는 유일의 열쇠이며, 이러한 민주화의 실시에 앞서 그 필요성을 전국적으로 널리 인식시키는, 즉 점진적인 민주화의 필요성을 광범하게 인식시키는 일로부터 민주화의 첫 단계를 시작하여야 한다고 본다.

---

31) *Ibid.*, pp.134~135.

Ⅳ. 메데베제프(R. Medvedev)[32]

1. '사회주의적 민주주의'의 문제

메데베제프의 민주주의관은 그의 강한 공산주의지향 성격답게 마르크스주의적인 편견에서 벗어나지 못하고 있는 것이 특징이다. 그는 민주주의(democracy)를 우선 전통적인 공산주의이론에서와 같이 '부르주아지 민주주의'와 프롤레타리아 민주주의, 즉 '사회주의적 민주주의(socialistic democracy)'의 두 가지 유형으로 나누어 파악하면서 이 두 가지 민주주의의 관계를 설명, 부르주아지 민주주의는 자본주의사회에서의 계급적 민주주의로써 이는 자본주의 멸망과 사회주의혁명이 동시에 없어지며, 혁명 이후 사회주의 건설까지의 과도기적인 독재기간을 지나 완전한 사회주의가 실현되는 날 자본주의 단계의 민주주의인 부르주아지 민주주의에 대치하여 보다 완전한 사회주의적 민주주의가 정착된다는 것이다.

그의 논리에서 보면 부르주아지 민주주의는 제한적이고 계급적인 불완전한 민주주의인 데 반하여 사회주의의 건설과 함께 하는 사회주의적 민주주의는 완전하고 보다 이상적인 참다운 민주주의(geniune democracy)라는 것이 그의 민주주의의 요약이자 일반적인 공산주의자들의 공식화된 민주주의관이라고 말할 수 있다. 부르주아 민주주의에 반하여 메데베제프는 사회주의혁명 이후 잠정적인 과도기를 거친 다음에 오는 사회주의기에 실현될 수 있는 사회주의적 민주주의(socialistic democracy)라는 것은 이들 부르주아 민주주의의 모든 메커니즘을 거부할 뿐 아니라 이를 변형시키는 것이라고 본다.

오늘날 자본주의사회와 사회주의사회 중간의 과도기적인 독재(프롤레타리아 독재) 기간을 끝낸 소련의 현실에서는 마땅히 '사회주의적 민주주의'가 정착되

---

32) 이 항목은 주로 Roy A. Medvedev, *On Socialist Democracy*(Alfred A. Knopf, 1975)를 재정리한 것임.

어야 할 것인데도 불구하고 그들 소련의 현존 정권은 아직도 사회주의적 민주주의의 실현을 이룩하지 못했다고 비판한다. 소련체제는 그동안 사회, 경제, 문화적 제권리와 연관된 많은 업적을 이룩한 것도 사실이긴 하지만 아직도 그들 소련체제는 전반적인 정치권력이나 시민권 면에 있어서 낙후성을 면하지 못하고 있기 때문에 이 이상적인 민주주의체제가 개화되었다고는 볼 수 없다. 오늘날 소련에는 권력중심기관에 관료주의의 요소와 계급적 성격이 강하게 아직도 남아 있는데, 이러한 권력내부의 만성적인 요소들은 제재를 받고 있지 않으며 또한 각급 소비에트기구에 대한 선거제 또한 하나의 명목과 형식에 불과할 뿐, 거기에는 경쟁의 요소가 없으며, 주요 당기구의 선거에 있어서도 이러한 현상은 마찬가지여서 극히 형식적이고 명목적인 절차에 불과하기 때문에 일단 이러한 선거과정을 통하여 선출된 당지도자들의 경우에 있어서도 그들은 그들의 행동에 대해서 당이나 국민들에게 전혀 책임을 느끼는 일이 없다.

소련의 사회주의적 민주주의 정착의 장애요인으로 작용하고 있는 또 하나의 요인은 국가지도자를 정규적으로 교체하는 정상적인 민주적 절차가 없다는 점이다. 이러한 승계를 위한 정상적이고 민주적인 제도적 장치의 부비는 자연히 지도자의 교체 때마다 위기상황을 자초하고 또한 필연적인 암투현상까지 가져올 수밖에 없다. 또한 사회과학이 소련에서는 통치방법과 정책결정 과정에서 아무런 역할을 못하고 있다는 사실은 궁극적으로 과학적 공산주의(scientific communism)의 원칙과 이상을 정면으로 부인하는 것으로서 민주주의 정착에 또 하나의 장애요인일 수 있다. 소련에는 아직도 검열제도가 점점 더 강화되고 있는데 이는 정보, 사상의 자유로운 교류와 지적 자유에 대한 중대한 제한으로서 소련 민주주의 발전에 크게 장애가 되고 있으며 이러한 정보교류의 억압이 가져다주는 역효과는 대단하다.

대다수의 노동자, 집단농장원, 지식인들의 정치참여가 소련에서는 현실적으로 거의 불가능한데 이는 소련 특유의 정부구조 때문에 정치·경제 및 기타 주요 정책결정에서 노동자들이나 지식인들의 참여 가능성이 극도로 배제

되어 있기 때문이다. 즉, 산업체 노동자들이나 집단농장 노동자들은 생산으
로부터 소외당하고 있으며 또한 기업과 기구운영에 참여할 수 있는 기회가
거의 주어지지 않는다. 소련시민들은 아직도 사회주의가 요구하는 모든 자유,
즉 말할 자유와 의견의 자유, 신문의 자유, 사상의 자유 등을 결하고 있으며
또한 예술적 창작의 자유, 특히 과학분야에서의 과학적 조사의 자유마저 봉쇄
당하고 있으며 인권의 자유와 불가침의 자유 또한 배제당하고 있다. 여행의 자
유도, 출국의 자유도, 국제적인 인권회의에 참가할 자유도 없으며, 심지어 조
직결성의 자유도, 사회주의 속에 바람직한 평화적 회합이나 데모의 자유마저
없다.

이상과 같이 소련정치체제는 아직도 그들의 이상인 사회주의적 민주주의를
정착하기 위해서는 넘어야 할 숱한 난제들이 산적하여 있기 때문에 그들 정
권당국자들이 어떠한 구호를 외치고 있더라도 이러한 선결되어야 할 모든 자
유화의 조치가 해결되지 않으면 이의 실현은 요원하다는 것이 메데베제프의
지적이다. 그러나 이러한 숱한 어려움과 난관이 중첩되어 있는 것이 현실이
긴 하나 소련이 그들의 민주화를 가로막은 이러한 현실적인 모순과 비이를
과감히 제거함으로써만이 그들 체제를 유지 발전시킴은 물론 그들의 이상인
사회주의적 민주주의를 달성할 수 있나는 것이 그의 일관된 주장이다. 따라
서 사회주의 사활의 관건이라고 지적할 수 있는 이러한 사회주의적 민주주의를
위해서는 앞에서 열거한 진정한 자유와 민주화를 위한 조건들이 해결될 수 있
어야 함은 물론이며 이러기 위해서는 보다 더 많은 시간이 필요하다.

소련은 발전된 사회주의(developed socialism)의 건설에 갓 착수한 단
계이며 그러기 때문에 이의 달성에는 아직도 요원하다. 또한 사회주의적 민
주주의의 정착을 위해 필수적인 것은 소수의 존중사상이라고 그는 말하고 있
다. 흔히들 민주주의는 다수(majority)에 의한 소수(minority)의 지배라고
말하고 있다. 그러나 현실적인 면에서 볼 때 진정한 의미의 민주주의라는 것
은 소수의 의사표시에 대한 보호 없이는 그의 생존이 불가능하다고 볼 수밖

에 없다. 민주주의하에서 소수는 다수의 의사에 따라야 하지만 이러한 원칙은 다수의 의사가 자의적인 것으로서 강압적인 면이 없으며 또한 그것이 소수의 신념과 일치하는 것이어야 현실적으로 지켜져야 할 가치가 있다. 따라서 이러한 논리에서 보면 민주주의의 테두리 내에서 소수도 그들의 독립된 의사나 주장을 견지하거나 주장할 수 있다는 사실은 민주주의의 기본률인 다수결의 원칙을 위배한 일도 아닌 것이며 이러한 소수의견의 존중풍토는 소수자 자신들만을 위해서 뿐만 아니라 다수 및 그 전체사회를 위해서도 유익하다. 참다운 민주주의가 건설되기 위해서는 다수의 의견이 존중되어야 할 것은 물론이지만 이에 못지않게 소수의 의견 또한 보호되어야 하는 것이 급선무이며 특히 현대와 같이 사회적인 복합구조를 가진 상태하에서 민주주의를 실현시키기 위해서는 이러한 원칙의 수효가 더 없이 필요하다.

그러나 메데베제프의 관점에 따르면 흔히들 보수적인 사람들은 소수의 의견을 용인한다고 하는 것은 결국 그들의 주의, 주장의 정당성을 허용한다는 것이 되며 이는 결국 반대까지를 허용하는 것이 된다는 것이며, 사회주의적 민주주의하에서 정치적 반대가 어떻게 허용될 수 있는가 하는 비난이 당연히 일어날 수 있다는 것이다. 보수주의자들의 이 같은 주장, 즉 사회주의사회는 이미 계급적 이익이 소멸된 사회이기 때문에 이러한 사회에서의 '반대'라는 것은 곧 '반사회주의적'인 개념이 되기 때문에 이는 결코 용납될 수 없다는 논리에 대하여 그는 강한 반발을 나타내고 있다. 보수주의자들의 이상과 같은 논리는 우선 그들이 '반대(opposition)'라는 개념과 '반혁명(counterrevolution)', '반사회주의세력(antisocialist forces)', '무정부주의'(anarchism)라는 개념과 동일시하는 데서부터 연유된다고 지적, 이들 보수주의자들의 입장과는 달리 사실상 '반대(opposition)'라는 것은 사회주의나 공산주의이데올로기의 맥락 아래에서도 다수파, 소수파의 존재와 마찬가지로 존재할 수 있다.

이러한 '반대'의 존재를 통하여 그들 이데올로기의 목표 자체에 대한 이견이 표출될 수는 없는 것이지만 그러한 목표를 수항하는 과정에서 대안적인 수단이

제시될 수 있는 것이며 또한 특별한 현실적인 문제나 이론적 문제해결에 대한 다수의 의사와는 다른 보다 효과적인 해결책이 제시될 수도 있다. 흔히들 반대를 비롯한 여러 가지의 이견들은 어떠한 문제를 놓고 그에 대한 결정이 이루어지기 이전의 토논과정에서는 허용될 수는 있어도 그 문제에 대한 결정이 이미 이루어진 뒤에는 그 문제에 대한 더 이상의 반대나 이견이 있을 수 없으며 오직, 소수는 의사에 복종하여야 하며 그때까지 그들 소수가 가지고 있틴 의견들은 마땅히 포기되어야 한다는 것이 민주주의자임을 자처하는 것이 대다수 사람들의 입장이라고 메데베제프는 지적하고 그러나 이러한 논리는 사회주의적 민주주의의 기본원칙에 대한 오해라고 이를 비판한다.

다수의 결정이 일단 채택되었다면 그러한 결정이 효력을 발생하여야 됨은 당연하지만 그렇다고 하여 특정한 문제에 대한 결정이 이뤄졌다는 사실이 그 문제에 대한 논의 자체가 끝났다는 것을 의미할 수 없다. 이들 정치적 결정이라는 것은 그 성질상 군대의 명령과는 다른 것이며 또 어떤 결정의 모순점은 그 결정의 시행을 통하여 자주 나타날 수 있기 때문에 소수파들은 특정한 문제에 대하여 결정이 나기 전뿐만 아니라 그 후에도 자기의 견해나 주장을 수호할 권리나 기회가 주어져야 하며 이는 결국 반대의 허용까지를 의미한다. 이렇게 소수의 의견이 끝까지 보호된다고 해서 이것이 그들 소수가 다수의 결정집행을 거부할 수 있다는 것이 아니라 그들 소수가 가지고 있는 특정 문제에 대한 의견을 포기하지 않을 수도 있다는 것을 뜻한다.

메데베제프는 결론적으로 현행정권에 반대할 수 있는 권리, 즉 반대당, 야당 활동을 할 수 있는 권리가 서구의 부르주아 민주주의 체제에서 국한된 특징이라고 생각하는 것은 커다란 잘못이라고 지적하고 그러한 반대와 반대당의 존재야말로 어떠한 민주주의체제에 있어서이든 간에 그 체제를 비민주와 구별시켜 주는 가장 뚜렷한 속성의 하나라고 주장한다. 이러한 민주주의 고유의 속성인 반대권의 인정은 비상사태라든가 전쟁과 같은 극히 예외적인 경우에 있어서 잠정적으로 유보되는 것을 제외하고는 어떠한 경우에도 이를 무시할 수도 외면하여서도 안 된다. 때문에 진정한 사회주의적 민주주의의 실현에도 사회주의나 공산주의강영의 맥락 속에서의 반대는 마땅히 허용되어야 할 뿐 아니라 앞에서 한 걸음 더 나아가 반사회주의적인 의견이나 주장 또는 그러한 정치적 강령(political platforms)의 생성까지는 허용되어야 하며 이러기 위해 당내 파벌인정, 복수정당제의 실시, 정보교류의 자유, 경제적 민주제의 실시 등과 같은 전기한 정책들이 도입되어야 한다고 본다.

2. 이데올로기적인 대안

구체적인 민주화의 실천방법에 있어서 메데베제프는 그 주도세력이 일반 대중이기보다는 지식인 계층이어야 한다는 입장을 취하고 있다. 민주화의 투쟁도 다른 혁명의 경우에 있어서와 마찬가지로 일반 대중의 밑으로부터의 움직임이 광범위하게 그 범위를 확대하면서 각종 권력장치의 변화를 야기하고 나아가 이러한 움직임은 민주화를 내심으로 바라고 있는 권력층에 있는 사람들의 지지를 받아 성공을 거둘 수 있다는 일반론이 있으나 이러한 막연한 논리는 전연 그 현실성을 기대하기 어렵다.

권력을 잡고 있는 집권계층은 그들의 일부가 내심으로는 비록 민주화를 바라고 있는 것이 사실이라 하더라도 일단 그들의 자의적인 의사에서가 아닌 밑으로부터의 이에 대한 자극을 받게 될 때에는 자연히 자기들이 지금 누리고 있는 권력의 직위가 이를 통하여 위태롭게 될 것을 무엇보다 먼저 의식하기 때문에 결국 이러한 운동의 제압을 위하여 과격한 탄압행위를 서슴지 않는다. 민주화를 위한 밑으로부터의 자극은 정권당국과의 엄청난 투쟁을 필연적으로 유발시키는 결과를 가져오게 되기 때문에 이러한 상황에로의 비약은 민주화 자체의 목적에도 위배될 뿐 아니라 또한 그 효과도 기대할 수 없는 순진한 발상이라고 본다.

민주화의 참 목적을 효과적으로 달성할 수 있는 유일한 형태는 국가 및 당 기구에 소속하고 있는 사람들까지를 포함한 지식인계층에서 이 운동이 주도되고 이것이 그 후 일반 대중에게서도 호응을 받는 방법이다. 만약 이 같은 민주화의 주도세력이 고위 직책의 당 및 국가의 관리층인 경우에는 이 운동의 추진과정에서 야기될 수 있는 소요를 극소화시킬 수 있으며 정확한 계획과 방향에 따라 일사불란한 민주화의 전개가 가능할 수 있을 것이 분명하다. 그러나 현재의 소련 상황에서는 이러한 위로부터의 민주화를 주도할 지도세력이 아직도 현실적으로 나타나지 않고 있다.

또한 민주화운동이 강력하게 추진되려면 이 같은 이에 대한 주도세력 이외에도 변화된 현재의 정치적·경제적 환경을 정확하게 분석할 수 있는 '마르크스-레닌'주의에 근거한 새로운 정치적 강령의 생성과 같은 사회주의적인 정치사상의 발전이 분명하게 이루어져야 하는데 소련에는 아직까지도 사상적인 혼란만이 거듭되고 있고 새로운 시대의 민주화운동을 주도할 수 있는 분명한 정치사상의 발전 또한 이루어지지 않고 있다. 정치사상의 발전 없이는 민주화운동 그 자체에 대한 대안이 될 수 있는 이론적인 준비가 되어 있지 않기 때문에 민주화를 위시한 어떠한 종류의 급격한 정치적 변화이든 간에 그것은 엄청난 갈등과 무질서만을 야기하며 또한 이러한 극단적인 정치운동은 결국 무정부적인 결과만을 자초케 된다.

민주적인 개혁은 점진적인 방법을 취할 수밖에 없는 것이며 시간을 두고 전체국민들에게 이러한 민주화에 대한 필요성을 교육시켜야 할 것으로 보고 있다. 비록 그들 소련사회가 지금 그들의 생활방법과 근로방법이 더 참을 수 없도록 부적당한 것이라는 데 대한 광범위한 인식이 지식인 사회에서뿐만 아니라 일반노동자나 농부들 사회에서까지 널리 퍼져 있는 것이 사실이긴 하나 아직도 거기에는 변화가 일어나지 못하고 있으며 이렇게 개혁에 대한 강력한 요구가 일반화되지 않은 상황에서는 그들 정치체제에 대한 급격한 변화나 정권고위층에서의 태도의 변화 또한 기대하기는 어렵다. 민주화 추진에 대한 이런 지지부진한 상황을 급속하게 전환시키기 위해 소련사회에서는 지하간행물을 인쇄하여 배포하는 단체를 포함하여 탈법적인 방법을 항사하고 있는 극단적인 그룹들이 존재하며 이들 지하그룹들의 일부는 이민자들로 구성된 해외의 반대집단과의 연계를 가지고 국내에서 활동하는 단체들까지 있는데, 이들 지하의 불법세력의 절제 없는 행위는 소련의 민주화에 별다른 도움을 주지 못하며 오히려 보수주의적인 정권담당자들에게 이용당하는 결과밖에 가져오는 것이 없다.

민주화운동이라는 것은 비록 현실적인 제약은 무시할 수 없는 것이라고 하더라도 그 수단과 목적 사이의 괴리가 현저하게 나타나서는 안 된다는 것이며 현실적인 면에서 소련의 헌법규정에 명시화시키고 있는 기본적인 민주적 자유의 현실을 끈질기게 요구하는 것 자체가 가장 훌륭한 민주화를 위한 투쟁일 수 있다. 이 밖의 과격한 현체제에 대한 반대운동은 자칫 잘못하다가는 일반국민들로부터는 지지를 받을 수 없이 고입되는 경우가 충분하게 예견될 수 있는 것이기 때문에 민주화운동의 시작 자체부터 민주적 태도를 지니는 것이 절실하다. 진실 이상의 민주화를 위한 무기는 없다. 따라서 그는 진리의 실현을 요구하는 정직한 언어만이 가장 커다란 호소력을 가질 수 있는 것이기 때문에 지식인들은 특히 이러한 진실에 대한 탐구작업을 위한 노력을 계속하여야 함은 물론 그들의 진실에 대한 인식은 이를 적극적인 방법으로 발표해야 할 필요가 있다는 것이다. 특히 지난 50년 동안 엄청나게 변화된 상황을 반영할 수 있는 마르크스주의에 입각한 보다 전문화된 철학, 사회학, 정치학, 역사학, 경제학에 대한 연구의 요청이 급증하고 있으며 이러한 학문적 발전을 통하여 앞으로 도래될 수 있는 사회주의적 민주주의의 이념적인 기초가 마련되어야 한다.

또한 소련에서는 아직도 스탈린주의가 부활할 수 있는 강한 소지가 여러 부문에 걸쳐 남아 있다고 지적, 이러한 현존하고 있는 스탈린주의의 요소를 하루빨리 제거하여야 할 것으로 보고 있다.

소련사회에는 법의 지배원칙에 대한 확고한 보장이 마련되어 있지 못하고 또한 전체국민들의 지지를 받는 권력남용의 예방이 가능한 안정된 정치기구 또한 갖고 있지 못하고 있다는 사실 자체가 스탈린노선 부활의 가능성을 시사하는 점이며 구체적으로 소련사회에 남아 있는 스탈린주의적 소지를 다음과 같이 일곱 가지로 메데베제프는 이를 요약하고 있다.

① 소련의 정치, 사회적인 영역들에서 스탈린주의가 완전히 제거되지 못하였다. 소련의 20차, 22차 전당대회 이후 극단적인 스탈린주의적 권력행사나 전제주의적인 권력행사가 없어지기는 하였으나 스탈린의 죄과에 대해서는 극히 부분적으로밖에 공개되지 않았으며 또한 스탈린치하에서 주요한 역할을 담당하였던 당사자들의 대부분이 법적 심판을 받지도 않았다. 또 스탈린 치하에서 희생되었던 저명한 당원들이 복권되지도 않았다.

② 20차 및 22차 전당대회 이후에도 소련에는 아직도 비합법적인 당 및 행정, 사법적인 억압이 그대로 지속되고 있으며, 아직도 경제, 문화, 외교정책면에서 허다한 자의성과 주관성이 그대로 남아 있고 거기에는 아직도 개인권력이 강화됨으로써 개인숭배의 현상마저 새롭게 시작되려는 움직임이 보이고 있다. 경제적인 불안정이 가중되고 있으며 또한 최근에는 불법적인 규제와 처벌이 흔하여졌고 검열제도가 강화되고 있으며 또한 특정 서클에서는 의도적으로 스탈린의 복권을 위한 구체적인 움직임까지 보이고 있다.

③ 소련에는 아직도 일반대중 및 당 지식계층의 대부분이 정치적인 수동성에서 벗어나지 못하고 있으며, 강한 경제, 정치적인 집중주의가 그대로 존속되고 있는가 하면 권력기관에서의 관료주의적 요소가 그대로 강하게 남아 있다. 아직까지도 권위는 일반대중들과는 철저하게 분리되어 있기 때문에 거기에는 지도자인 당 및 국가기관과 지식인계층과의 분리된 상태가 그대로 지속되고 있다.

④ 대부분의 당 관료들은 민주화를 좋아하지 않고 있으며 그들은 아직도 강력한 지도력과 보다 철저한 집중화와 통제의 강화를 통하여 점증하는 정치, 경제적인 문제를 해결하려 하고 있다.

⑤ 최근에 들어 보수주의적인 군대지도자들의 소련의 대내외정책에서 영향력을 증가시키려 하고 있으며 그들은 또한 스탈린노선의 복권에 대한 명백한 지지의 입장을 밝히고 있다. 또한 거기에는 안보기관의 역할이 증대되어 가고 있으며 이들 안보기관료원들의 수도 점점 증가하고 있다.

⑥ 후기 스탈린파들과 보수주의자들의 입장이 '극좌파'적인 경향성을 보이고 있다.

⑦ 해외에서 전통적으로 소련과는 우호관계에 있던 나라들에게서까지 반소적인 경향이 점차 증가되고 있으며 따라서 소련의 공산주의는 국제적인 면에서 정치적으로나 도덕적인 면에서 고입되어 가고 있다.

소련내에 현실적으로 존재하고 있는 민주화를 방해하는 구시대의 산물이라고 할 수 있는 스탈린주의적인 잔재를 이상에서와 같이 일곱 가지로 요약하고 있는 메데베제프는 이 같은 현존하는 스탈린주의적 현상들은 현재 국내외적으로 널리 확산되고 있는 이에 대한 반대경향 때문에 결코 그 생명력을 오래 지속시킬 수 없는 것이기 때문에 그렇게 위험하다고는 볼 수 없다고 주장한다.

그는 현실적으로 그들 소련에 영향을 미칠 수 있는 자유화, 민주화로 요약될 수 있는 반스탈린적인 경향성을 다음의 10가지로 요약하여 파악하고 있다.

① 이미 소련사회에까지 그 영향력을 상당히 미치고 있는 세계적인 과학, 기술혁명의 여파는 불가피하게 소련에서의 정치, 사회, 경제적인 구조와 그 기반을 변화시킬 것이 분명하며 또한 이는 스탈린적이거나 네오스탈린적인 정치지도자와는 병존할 수 없다.

② 급속히 팽창하는 지식인계층은 그들에게서 토논의 자유와 정보의 자유와 같은 지적인 자유가 보장되지 아니하는 상황에서는 그들의 력량을 발휘할 수 없는 것이며 더욱이 소련의 경제구조가 더욱 더 복잡해짐에 따라 비능률적인 간섭에 더욱 뚜렷한 거부반응을 나타낸다. 반대급부 없는 생산성 제고를 위한 독려 또한 더 이상의 효과를 기대할 수는 없는 일이며 따라서 지식인들에 대한 대규모의 탄압은 위험만을 가중시키며 이는 결국 소련의 경제발전을 크게

저해시켜 다른 선진국들에 비하여 소련을 크게 낙후시키는 결과만을 자초시킬
것이다.

③ 군사력의 경쟁은 점점 귀찮은 부담이 되고 있으며 또한 증대되는 군사
비의 지출은 소련경제를 파괴시킬 위험성마저 가지고 있기 때문에 이러한 군
사비지출의 위험성은 기존의 대외정책의 변화를 불가피하게 유도하게 될 것
이며 따라서 이는 결국 소련의 서구제국과 일본과의 관계를 개선케 하는 자
극제가 될 것이다. 외교정책의 개선은 또한 대내적인 상황들의 변화 없이는
불가능하기 때문에 점차적인 대내상황의 변화 또한 충분하게 예견되고 있다.

④ 과학, 기술혁명의 진척은 또한 필연적으로 전국 국민들의 문화 및 교육
적인 수준의 전반적인 향상을 촉진시키게 될 것이며 또한 노동계층들을 비롯
한 전체인구의 정치에서 관심과 참여도를 크게 확장시킬 수밖에 없다.

⑤ 소련에는 비록 그 발전의 속도가 미미하기는 하지만 대중들의 심이와
의식의 변화가 이루어지고 있으며 따라서 정부당국의 정치적인 주장에 대한
파급효과가 점차 줄어들고 있는 것이 사실이다.

⑥ 네오스탈린주의는 원초적인 스탈린주의보다는 훨씬 더 그 매력을 가지고 있지
못하다. 즉, 스탈린주의는 사회주의 소련의 건설이라는 명분을 가지고 대중들에게
그런 대로의 지지를 얻을 수 있었으며 특히 지식계층에서의 호응 또한 다소 기대할
수가 있었던 것이나 이에 반하여 네오스탈린주의는 이러한 대중적 지지도 결하고
있으며 지식인사회의 호응 또한 현실적으로 획득하지 못하고 있다.

⑦ 과학자, 문인, 예술가들의 지식인 집단에서의 반체제적인 경향이 널리
일반화되어 감에 따라 이들에 있어서의 스탈린주의와 네오스탈린주의적인 경
향에 대한 반발이 두드러지고 있으며 또한 지식인을 중심으로 한 사회구조적
인 다원화의 현상이 소련에서 일어나고 있다.

⑧ 자본주의사회나 사회주의사회를 가릴 것 없이 국제적인 노동의 분업현
상이 더욱 뚜렷하여지고 있기 때문에 이러한 추세는 결국 경제, 문화과학적
인 분야에서의 세계적인 접촉을 크게 자극하고 이는 결국 소련사회구조의 전

반적인 변화를 가속화시키게 된다.

⑨ 국제공산주의운동에서 차지하고 있는 소련의 지위가 변화되었다. 아직까지도 국제혁명운동에서의 소련의 주도적인 지위를 인정하고 있는 국가들에게서까지 소련내에서 일어나고 있는 모든 현상에 대해서 일방적인 지지를 보내지 않고 있을 뿐만 아니라 소련당국에 의하여 취해지고 있는 비민주적인 행동에 대해서는 강한 반발마저 나타내고 있다.

⑩ 기술발전에 따른 전세계적인 매스컴의 발달은 사상과 정보의 교류를 더욱 가속화시키고 있으며 또한 이러한 매스컴의 발달은 국경의 벽을 뛰어넘고 있는 것이 사실이기 때문에 세계의 매스컴을 통한 외부의 끊임없는 개방의 요청 앞에 홀로 그들의 고립된 상태를 지속적으로 견지할 수는 없는 것이다. 따라서 이러한 매스컴의 발달은 결국 표현의 자유의 점진적인 확대를 의미하는 것이며 또한 이는 자의적인 통치행위에 대한 제한을 의미하는 것이기도 하다.

메데베제프는 이상에서와 같이 소련의 대내외적인 모든 정세의 변화가 그들 소련의 민주화를 촉진시키는 방향으로 작용하고 있기 때문에 비록 전기한 바와 같은 민주화에 대한 갖가지 저해요인의 현실적인 존재에도 불구하고 소련의 민주화현상은 궁극적으로 발전되어 나갈 수밖에 없다는 입장을 고수한다. 그렇기 때문에 시대적인 요청에 부응하여 필연적으로 전개될 수밖에 없는 민주화를 보다 효과적이고 착실하게 소련에서 전개시키기 위하여 이에 대한 철저한 대비가 그들 소련사회에서 이루어져야 한다는 것이며 이러한 시각에서 볼 때 지금 소련에서 가장 시급하게 준비되어야 할 민주화에 대한 선결사항이 새로운 시대상황에 적응할 수 있고 또한 이러한 시대적 발전을 앞에서 주도하여 나가는 데 적절한 이데올로기의 보완작업이다.

이러한 관점에서 그는 무엇보다도 '마르크스-레닌'주의 이데올로기에 대한 분석과 보완이 가장 중점적으로 논의되어야 한다고 본다. 즉, 마르크스주의는 19세기 중말기 이후의 노동계급의 이데올로기, 즉 제국주의의 출현과 프롤레타리아혁명의 출현 이전에 나타났던 노동자계급의 이데올로기였기 때문에 여기에는 자연히 시대한계성이 내포되지 않을 수 없었다. 마르크스주의에 대한 새로운 보완의 노력은 마르크스·엥겔스 이후 플레하노프, 카우츠키, 메링, 바벨, 라파르크 등 수많은 이론가들에 의하여 추진되어 왔던 것도 사실이나 이들 많은 마르크스의 후계자들 가운데서는 마르크스주의 자체를 왜곡시키고 이를 변질시킬 가능성도 많이 내포하고 있었기 때문에 이들의 노력은 마르크스주의의 발전과는 무관한 것이었다고 지적, 오직 그들의 혁명적 마르크스주의의 진정한 발전은 레닌에 의해서만 이룩될 수 있었다고 그는 보고 있다.

레닌은 마르크스주의의 여러 가지 기본적인 국면들에 의한 실질적인 발전을 이룩할 수 있었다고 볼 수 있다. 이의 구체적인 예가 사회주의혁명과 프롤레타리아 혁명이론에 대한 레닌의 기여이다. 제국주의의 시발과 프롤레타리아 혁명기의 마르크스주의라고 표현될 수 있는 이 레닌주의의 경우에 있어서도 이는 마르크스주의에 있어서와 마찬가지로 완벽한 이론이라고 말할 수 없다는 것이며 이 또한 모든 다른 이론에서와 마찬가지로 계속적인 개발과 보완이 필요한 불완전한 이론일 수밖에 없었다.

레닌의 경우에 있어서도 그는 19세기 초기의 러시아에서의 사회주의혁명만을 염두에 두고 그의 이론을 발전시켰다고 볼 수밖에 없기 때문에 그의 이러한 러시아적인 상황을 전제로 한 레닌주의를 러시아 이외의 다른 서방의 자본주의 선진국이나 그 밖의 다른 후진국의 상황에는 도저히 적용될 수 없는 한계성을 가진 것으로 보아야 한다. 따라서 레닌주의는 하나의 이데올로기로서나 또는 하나의 과학적인 이론으로서도 현대의 모든 사회문제를 예외 없이 설명하여 줄 수는 없는 것이며 시대의 경과에 따른 설명력과 예측력까지를 겸비하고 있다고는 도저히 볼 수 없다.

이런 지적을 통하여 그는 마르크스주의와 레닌주의를 함께 그들 이론들에 대해서는 어쩔 수 없는 시대구속성과 환경구속성을 내포하고 있기 때문에 그들 모두가 불완전한 이론일 수밖에 없는 것이며 따라서 이러한 양이론을 어떠한 시대환경적인 상황 속에서도 무차별적으로 적용하려는 것은 어리석은 일이라는 것이다. 마르크스주의와 레닌주의는 그 자체만으로 시대환경적인 상황까지를 초극할 수 있는 이론적인 힘을 결하고 있는 것이 분명하기 때문에 이러한 논리적인 한계성을 보완하고 발전시킬 수 있는 줄기찬 노력들이 계속하여 이루어져야 할 것임에도 불구하고 이러한 이론적인 보완작업은 제대로 이루어지지 못하고 있는 것이 현실이며 바로 여기에 문제점이 있다.

레닌이 마르크스주의는 확대 발전시켜 그가 생존하던 당시의 마르크스주의로 레닌주의를 생성시켰던 것과 마찬가지로 오늘날의 이론가들은 마르크스 사후 레닌까지의 40년보다 훨씬 더 급격한 상황의 변화를 거치면서도 오늘에 맞는 마르크스주의와 오늘에 맞는 레닌주의를 생성시키지 못하고 있다. 오늘날에는 이러한 '마르크스-레닌'주의의 발전보다는 오히려 이들 이론에 대한 '기회주의적 왜곡(opportunist distortion)'이 팽배하고 있다. 현실적으로 나타나고 있는 이러한 왜곡은 크게 두 가지로 분류할 수 있다. 그 첫째의 경향은 1968년 체코에서 일어났던 바와 같은 우익기회주의(right opportunism)적 경향이며 이러한 경향은 '마르크스-레닌'주의의 기본적인 교이에 대한 수정을 요구하는 입장으로 이는 '마르크스-레닌'주의 자체를 무기력하게 만드는 입장이다. 이 입장은 또한 사회주의의 성과를 얕잡아 보는 반면 현대자본주의의 분명한 업적을 과대평가하고 있다.

중국에서의 모택동주의와 소련에서의 네오마르크스주의와 같은 좌익기회주의 또한 공산주의운동에 주요한 위험인 것은 사실이다. 비록 이 같은 네오스탈린주의자들과 모택동주의자들이 그들은 함께 수정주의자(revisionists)들과 투쟁을 전개하고 있다고 주장하고 있기는 하나 그들의 입장은 한결같이 반동적이며 독단적인 경향을 보여주고 있기 때문에 이는 '마르크스-레닌'주의의 입장에 분명하게 위배된다는 것이며 이러한 독단론은 '마르크스-레닌'주의의 현대화와 발전을 저해하는 것이며 그 이론의 현대사회에서의 입장을 약화시킨다. 요컨대 그는 오늘날의 소련사회와 그들의 이데올로기를 낡아빠진 빌딩이 그 높이만을 더해가는 형상과 꼭 같다고 비유, 이러한 사회전반에 걸친 사회적이며 이데올로기적인 위험성과 나약성을 직시하고 이의 시정을 위하여 노력하는 사람들이 거의 없음을 안타까워하고 있다.

메데베제프 현정치체제의 대부분의 지도자들이 소련의 사회구조 기저에서 나타나고 있는 결점들과 그들 소련의 이데올로기적인 모순성을 외면하려 하는가 하면 또한 현실적으로 직면하고 있는 갖가지 난제들을 회피하려 하고 변화에 대해서 무서워만 하고 있다는 것이다. 소련사회의 발전과 유지를 위해서 이상과 같은 편협한 사고에서 벗어나 현실적으로 안고 있는 소련의 모든 비이와 결점들을 하나도 남김없이 철저하게 직시하고 이러한 분명한 현실 파악 아래서 이러한 모든 비이와 결점들을 하나하나 손질하고 보다 새로운 재요들로 대체하려는 노력을 계속함으로써만이 현존체제의 발전과 그 전도가 보장될 수 있다는 입장을 취한다. 점진적이고 지속적인 체제적 능력향상을 위한 강력한 노력만이 그들 소련체제와 소련 국민들을 부유하게 할 수 있는 민주화운동에서의 가장 주요한 과제이며 또 사회주의적 원칙에 입각한 소련의 전반적인 영역에서의 이 같은 조직적이며 체계적인 사회주의적 민주주의의 실현만이 그들 소련의 세계에서의 영향력을 회복할 수 있는 길이라는 것이 메데베제프가 말하는 사회주의적 민주주의 현실을 위한 방법이자 그 목적이라고 말할 수 있다.

3. 민족주의적 입장

1970년대 들어 수많은 소련의 반체제운동가들이 그들 당국에 의해 체포, 구금되거나 또는 추방, 유배 등과 같은 갖가지 탄압을 받아오고 있으나 유독 메데베제프만은 아무 탈 없이 건재하고 있다. 바로 이 점이 메데베제프의 특이성이라고 볼 수 있다. 이 같은 궁금증에 대해 피페스(Richard Pipes)는 그 이유를 다음과 같이 설명한다.

메데베제프가 책을 출판할 수 있고……그것도 다른 사람들 같으면 당연히 처벌
되었을 책이 해외에서의 출판이 가능하였다는 사실은 아마 소비에트의 당이나 경
찰기구 내 고위층 인사들의 상당수가 그가 견지한 수정주의적 입장이 현실에 대
한 유용한 대안이 될 수 있을 것으로 믿는 것을 의미한다고 볼 수 있다.33)

　민족문제에 대한 접근에 있어서도 그는 다른 반체제론자들과는 유별되는
특이성을 보이고 있다. 한마디로 보아 그의 민족주의관은 러시아민족은 반드
시 살아남아야 할 뿐 아니라 단일의 형태와 불분렬의 형태로 살아남아야 한
다는 입장, 즉 강한 러시아민족 중심적인 사고로 볼 수 있다. 이 같은 그의
입장은 소련 내의 민족집단들 간에 야기되는 갖가지 문제들의 원인을 민족적
인 자결권과 같은 본질적인 면에서가 아니라, 스탈린 때문이거나 급격한 과
학의 발전, 관료제 등에 그 원인을 돌리는 것으로도 찾아볼 수 있다.34) 즉,
현존체제의 갖가지 사회·문화·정치적 환경에서 강하게 나타나고 있는 러시아
화 정책과 환경 자체는 소련의 민족적인 갈등과는 하등의 연관성이 없다는
것이다. 이 같은 그의 입장은 소비에트 당국의 홍보적인 입장과 전혀 상치되
는 점이 없다.

　또 한 가지 그의 입장에서 찾아낼 수 있는 점은 소련에서의 민족주의 내지
는 민족의 문제라는 것은 러시아민족과 소수민족과의 문제가 아니라 소수민족
들 내부 혹은 소수민족들의 러시아민족에 대한 편견에서 이뤄지고 있다고 보
는 점이다.35) 결국 민족문제에 관한 한, 그는 분명하게 러시아민족 중심의 사
회, 이른바 러시아화가 이룩된 소련을 염원하고 있으며 여타 소수민족은 이
같은 러시아화를 통한 동화만이 바람직하다는 입장을 가지고 있다. 이 같은

33) Richard Pipes, "The Revolution Conventional Attitudes", New York
　　Times Book Review(30 Dec. 1979), p.18.
34) 그는 민족문제 발생원인을 7가지로 지적하고 있다. 이에 대해서는 Roy, A. Medvedev;
　　On Socialist Democracy(Alfred A. Knopf, 1975), pp.82~87을 참조.
35) Alexander J. Motyl, "Roy Medvedev; Dissent or Conformist?" in Survey(Summer,
　　1980), pp.75~76.

그의 러시아민족 중심적인 사고는 다음과 같은 그의 갖가지 변명 속에서도 분명하게 읽을 수 있을 뿐만 아니라 소수민족은 러시아민족의 골칫거리이며 또한 소수민족은 다수민족에게 동화되어야 한다는 주장 또한 분명히 한다.

> 러시아의 시골마을들은 우크라이나, 몰타비아나 발틱국가들보다 훨씬 더 옛 모습을 잃고 있다. 러시아민족은 실제로 그들 고유의 수도도 갖고 있지 못하다. 모스크바가 다민족국가의 수도가 된 이후 그곳은 러시아민족의 도시가 이미 아닐 만큼 변모해 버렸다.……다민족의 중심지화한 모스크바가 이미 그 자신의 민족적인 특색을 잃었다고 하여 이것이 어찌 러시아민족의 책임일 수 있겠는가.

> ……전 세계적으로 봐도 민족들의 통합은 보편적인 일이다. 오래되고 잘 개발된 문화를 가진 소수민족들도 커다란 민족들에게 동화되어 가고 있다. 대부분의 경우 특유의 민족문화나 습관들은 대단한 값어치를 지니는 것이나, 이 같은 값진 유산들은 경제적이거나 과학적인 면에서 민족 간의 통합을 통해서만 더욱 빛을 낼 수 있는 것이다.[36]

V. 투르친(V. Turchin)

1. 마르크스-레닌주의의 괴리

투르친(Turchin)은 '마르크스-레닌'주의의 한계성을 우선 그것이 갖는 이론과 실제 간에 나타나는 괴리에서 찾고 있다. 이 같은 이론과 실제 간의 괴

---

36) Roy Medvedev. "What lies ahead for us?" *New Left Review*(Sept-Dec. 1974), p.42.

236 소련 반체제운동 연구

리현상을 그는 다음과 같이 구체적으로 지적한다.[37)

① 그들 '마르크스-레닌'주의 이론에 따르면 프롤레타리아 혁명이 오래전에 선진산업국가에서 일어났어야 하나 이 같은 혁명은 선진국에서 전혀 일어난 적이 없고 앞으로도 일어날 가능성이 없다.

② 자본주의 사회의 노동자들은 그들 이론에 따르면 상대적으로나 절대적으로 계속 빈곤해져야 마땅한 것임에도 불구하고 실제로 자본주의 사회에서 이들 노동자들의 생활수준은 점점 부유해지고 있으며 또 이들의 생활수준은 이른바 사회주의 국가의 생활수준보다 훨씬 높다.

③ 그들은 사회정치체제의 발전을 결정지을 뿐만 아니라, 사회주의의 궁극적인 승리를 보장하는 것이라고 떠들고 있다. 그러나 실제 소련의 생산성은 선진 자본주의국가들의 그것보다 훨씬 낮으며 특히 소련의 산업생산성은 미국의 그것보다 2~3배 낮고, 농업생산성의 경우는 적어도 10분의 1에 부과하다.

④ 그들 이론은 혁명 후의 새로운 사회는 계급 없는(계급갈등 없는) 사회라고 강조하나, 실제로 그들 세계는 계급대립과 투쟁을 더욱 강조하고 있다.

⑤ 마르크스는 사회주의하에서는 국가는 소멸될 것이라고 봤으나 국가권력이 현실적으로 공산국가보다 더욱 강한 국가는 없다.

⑤ 프롤레타리아 독재는 과도기적인 정치적 장치로 그들 이론은 말하고 있으나 현실적으로 이 독재체제는 유일하고 영구한 정치체제화하고 있는 것이 현실이다.

⑥ 그들 공산주의자들은 서독은 자본주의의 사슬에 묶여 신음하고 있으며 동독을 그리워하고 있다고 말하고 있으나 실제로는 수십만의 동독시민들이 서쪽으로 도망치려 하고 있으며 자동화기와 가시철조망만이 이들의 탈출을 막고 있을 뿐이다.

⑦ 이 세상에서 가장 자유롭고 민주적인 국가가 소련이라고 표현되고 있으

---

37) Valentin Turchin, *The Inertia of Fear and the Scientific World View*(Columbia University Press, 1981), pp.68~69.

나, 실제로 그곳 시민들이 무엇을 알 수 있으며 무엇을 말할 수 있는가.

투르친은 이론과 실제 간에 나타나는 괴리는 결과적으로 마르크스 이론의 현실적인 허구성을 나타내고 있음을 명확히 하고 있다고 보며 이 같은 현상은 스탈린적인 이론의 변용과정에서도 분명히 나타난다고 본다. 소련의 이데올로기체제는 대체로 다음과 같은 네 가지 측면으로 분류하여 볼 수 있다는 것이 투르친의 입장이다.[38]

(1) **철학적 측면** 변증법적 유물론, 즉 물(matter)이 주된 것이고 의식(consciousness)은 부차적인 것이다. 발전은 대립물 간의 투쟁으로 가능하다. 사적 유물론, 사회적 존재가 사회의식을 결정한다.

(2) **사회경제적 측면** 사회계급의 강령, 계급투쟁, 프롤레타리아 혁명에 의한 자본주의로부터 사회주의에로의 불가피한 전환, 프롤레타리아 독재

(3) **소련공산당(CPSU)의 역사와 소비에트국가** 새로운 레닌주의적 형태의 당의 필요성, 민주집중제. 1917년의 10월 혁명은 마르크스에 의해 예견된 것이며 인유의 오랜 꿈의 실현이다.

(4) **현실정책** 과학적인 '마르크스-레닌'주의로 무장된 영웅적인 소련국민은 소련공산당과 레닌주의적 중앙위원회의 현명한 지도로 노동에 있어서 훌륭한 업적을 나타내고 있다.

그러나 이 같은 네 가지 입장 중에 네 번째 입장에 대해서는 대부분의 소련 시민들이 그의 허구성을 이미 명확하게 인식하고 있으나 첫째, 둘째, 세 번째 측면에 대해서는 다소 긍정적이라고 투르친을 본다. 그러나 비록 전체적으로 보아 소수이긴 하나 지식인의 상당수는 소련 이데올로기 체제에서 위에 든 네 가지 측면 그 모두를 부정적으로 본다.

이 같은 부정적 입장은 대체로 '마르크스-레닌'주의 이데올로기 체제가 가지는 비이론적 측면에서 그 원인을 찾는다. 자연과학적 이론은 사실의 예측을

---

38) *Ibid.*, pp.43~46.

위해 생성된 것이다. 따라서 이러한 이론구조하에서는 사실과 이론 간의 괴리가 쌓이게 되면 모든 측면에서 이론의 재형성이 불가피해진다. 그러나 전체주의 국가의 이데올로기 체제는 그들의 운명, 즉 그들의 기본적인 원칙을 유지하기 위하여 만들어진 것이다. 따라서 그들 이데올로기와 현실 간의 괴리가 존재한다 하더라도 이데올로기의 변화는 불가능하다.

이들 이데올로기는 예측을 갖고 있지도 못하며 따라서 이미 사장되고 발전하지도 못하는 개념조작만을 거듭하고 있다. '마르크스-레닌'의 이론은 가공의 영역만을 설정하고 있는 하나의 마네킹에 부과하다.

2. 유물론

물질과 의식, 그 어느 것이 주된 것인가? 당신이 만약 물질이 주된 것이라고 한다면 당신은 유물론자이며 또한 공산주의세계에서는 좋은 놈일 수 있다. 왜냐하면 당신의 대답이 정확하고 과학적이기 때문이다. 그러나 만약 당신이 의식이 주된 것이라고 답한다면 당신은 이상주의자이며 나쁜 놈이다. 그리고 당신이 만약 이에 대하여 모른다고 대답하면 당신은 불가지론자(agnostic)로 몰려 나쁜 놈이 된다. 이러한 식의 '마르크스-레닌'주의적인 유물론적 입장은 아무런 실제적 의미를 가지지 못한다고 투르친은 본다.

사회적 존재와 사회적 의식이라는 것은 우리의 인간성, 육체, 정신세계에 서로가 공존하고 있다고 보아야 한다. 이들 중 그 어느 현상이 다른 현상을 결코 지배하는 것은 아니다.[39] 따라서 토대결정론적 입장이나 유물사관도 이는 경제적인 측면만을 지나치게 강조하고 정치, 제도적인 측면은 의도적으로 외면한 마르크스유의 편견이다. 이 같은 유물사관적 토대결정론은 마치 우리가 살기 위해

---

39) *Ibid.*, p.48.

서는 먹는 행위를 놓고 우리는 먹기 위해서 산다고 하는 것과 같은 논리비약에 불과하다. 마르크스의 사상은 역사적 유물론(historical materialism)이지 유물론은 아니다. 더욱이 역사의 주도적 기능을 담당하고 있는 정신문화를 부정하는 허무주의적 결정론(nihilistic determinism)에 불과하다.[40]

또한 마르크스주의는 과학적 세계관도 아니다. 왜냐하면 그것은 과학(science)의 가장 주요한 특징이랄 수 있는 비판적인 방법을 거부했기 때문이다. 마르크스주의는 도그마적이고 종교적인 형태인 하나의 강령(doctrine)에 부과하다.[41] 현재의 소련 내에는 마르크스주의에 대한 여러 가지 상반된 입장을 가진 경향성이 나타나고 있다고 보고 투르친은 이를 다음과 같이 분류하고 있다.[42]

첫째, 다원적인 민주주의를 옹호하는 마르크스주의자.

둘째, 레닌의 입장은 받아들이면서 전체주의는 맹렬히 반대하는 입장.

셋째, 실증주의 철학을 선호하는 마르크스주의.

그러나 이들 모두는 그들의 입장을 마르크스와 엥겔스의 입장을 빌어 옹호하고 있는 것이 특색이다. 그러나 투르친은 이들과 입장을 달리한다.

> 그들 스스로를 마르크스주의자로 자칭하는 이들 솔직하고 사려깊은 사람들이 나를 마르크스의 개념을 왜곡했거나 이를 너무 단순화시켰고 또 이를 일방적으로만 파악하려 한다고 나를 비난한다. 그러나 내가 싸우는 것은 '진정한 마르크스수의(real Marxism)'가 아니라 그 이론 기초자들의 관점과는 커다란 거리가 있는 그것의 저속한 소비에트식 해석(vulgar Soviet vision of real Marxism), 즉 관제적인 소비에트 마르크스-레닌주의인 것이다.[43]

'결정론'이라는 것은 소비에트식 사고의 대표적인 예라고 볼 수 있으나 이는

40) *Ibid.*, pp.58~59.
41) *Ibid.*, p.61.
42) *Ibid.*, p.67.
43) *Ibid.*, p.67.

현대과학에 있어서 자연의 법칙이라는 것은 필수적으로 한계성을 전제로 하는 것이기 때문에 이들 자연법칙은 특정한 상황에서만 그 적용이 허락되는 것이지 전천후적으로 적용될 수 있는 것은 아니다. 그러나 소련에서는 이 같은 원리를 이상주의적이며 비과학적이라고 배척한다. 즉, 소련시민들은 지금 19세기의 결정론적 분위기에 살고 있으며 운명론적인 분위기에 살고 있다.[44]

> 역사적·철학적 유물론이라는 것은 아무것도 아니다. 사적 유물론은 단지 물질적 재화의 생산과 연관된 물질적 현상이 역사발전에 결정적인 역할을 하며 한 사상과 정신문화와 연관된 인간 두뇌의 물질적 현상은 일차현상의 반영에 불과한 파생적이며 부차적이라는 주장이다. ……이것은 유물론이 아니라 반계몽주의(obscurantism)이며, 유치한 소비주의 철학(consumerist philosophy)에 불과하다.…… 이 얼마나 큰 역설인가. 마르크스는 상품의 물신성(fetishism)은 시민들의 개인적인 종교라고 이를 비난, 그것과의 투쟁을 주장했는데, 마르크스의 추종자들은 이 같은 경제적인 물신성을 강제적인 국가 종교의 수준으로 다시 격상시키고 있는 것이다.[45]

투르친은 또 사회주의적 인간성의 최고목표는 개인들의 창조적 자유와 발전에 대한 보장과 결부된 무제한한 사회통합이어야 한다는 논리, 즉 종교적 강령으로 파악한다. 사회주의가 진정 과학적 사회주의일 수 있으려면 첫째, 그 강령의 사상이나 감정적인 유인책(설득)이, '과학적이고 철학적'이며 '과학적이고 예술적'인 이미지에 바탕을 두고 있어야 하며 둘째, 통합의 수단으로서 과학이 주장되어야 한다고 본다.

사회주의는 다른 어떤 것보다 독일 사회민주주의의 윤리적 사회주의(ethical socialism)와 유사성을 갖는다. 그러나 그의 입장을 현존하는 이데올로기 중의 어느 하나로 집약시킨다면 그는 윤리적 측면이 아니라 사회주의의 종교적 성격을 특별히 강조해야 한다고 본다. 이는 종교란 윤리성을 내포하긴 하나

---

44) *Ibid.*, p.70.
45) *Ibid.*, p.71.

윤리 이상의 것이라 볼 수 있기 때문이라는 것이다.[46)]

자본주의로부터 사회주의로의 전환은 하나의 초체제적(meta system) 전환이라고 볼 수 있으며, 이는 종전 체제의 통제 수준을 파괴하는 것이 아니라 새로운 다음 단계의 체제를 건설하는 것을 전제한다는 입장이다. 마르크스와 레닌과 같은 혁명가들은 그들의 추종자들에 자본주의를 그 기초로부터 파괴하고 이의 멸망 위에 사회주의를 건설하라고 주장하고 있다. 그러나 여기서 말하는 멸망이라는 것은 기계나 빌딩의 파괴를 의미하지 않으며 생산수단의 파괴를 의미하지도 않는다. 반대로 새로운 사회를 위한 물질적 기초로서도 이들은 유지되어야 한다. 따라서 그들의 기초를 위해 파괴되어야 하는 것은 오직 사회적 관계뿐이라고 투르친은 강조한다.[47)]

3. 민주화의 추진방안

투르친은 사회주의의 건설, 그들이 말하는 진정한 사회주의의 건설을 위해서는 그의 윤리적이며 종교적인 측면을 특히 강조하고 있음은 이미 살핀 바와 같다. 그는 사회주의의 건강성을 되찾기 위해서도 현재 소련에서 널리 확산되고 있는 지식인 중심의 반체제운동이 가지는 의미는 크고 중요하다고 본다. 이 같은 반체제운동은 그 속성으로 보아 그것이 곧 민주화운동(democratic movement)일 수 있으며, 이 민주화운동은 곧 인권운동(human right movement)일 수 있기 때문에 결국 반체제운동이 인권운동과 동일개념이라는 것이다.[48)]

투르친은 현실적으로 소련이 이 같은 운동이 제대로 추진되어 명실상부한 체제의 민주화가 달성될 수 있기 위해서는 다음과 같은 보다 구체적인 모든

---

46) *Ibid.*, p.159.
47) *Ibid.*, p.85.
48) *Ibid.*, p.236.

조치들이 그들 소비에트 당국에 의해서 실현될 수 있어야 한다고 본다.[49]

첫째, 사회체제나 정권당국을 비판하거나 또는 종교적 신념과 소련에서의 이민에 대한 욕구 등에 대한 갖가지 의견이나 정보의 교환들에 대해서 이뤄지고 있는 사법적인 제재나 정신적인 박해가 없어져야 한다.

둘째, 국제법의 정신에 입각하여 모든 정치적인 박해를 받는 사람들이 사면되어야 한다.

셋째, 신문을 비롯하여 모든 매스미디어에 가하여지는 갖가지 사전검열제도를 완전히 철폐해야 한다.

넷째, 전세계의 모든 국가들과의 자유로운 정보의 교환이 보장되어야 하며 사람들의 결사도 보장되어야 한다. 특히 사람들의 자유로운 해외로의 출입국이 보장되어야 하며 또한 외국신문과 잡지를 비롯한 모든 서적의 자유로운 유통과 판매가 이뤄져야 한다. 외국으로 보내는 우편물의 임의적인 차압이 중지되어야 하며 라디오의 전파방해와 텔레비전의 송수신의 방해도 없어져야 한다. 이상의 모든 조치들은 오직 공개재판의 결과에 의해서만 그 제한이 가해질 수 있어야 한다.

다섯째, 모든 당 및 정부기구의 선거에 있어 복수후보자가 입후보하는 규정을 새롭게 삽입하고 현재의 한 사람만이 입후보하여 선출되는 우스꽝스러운 선거제도를 없애야 한다.

여섯째, 무력을 지지하거나 정당적인 차원의 조직체 이외에는 어떠한 시민들의 결사도 이를 허용해야 하며, 특히 이들 단체들의 독립적인 출판과 신문의 제작도 이를 허락해야 한다.

투르친은 소련의 민주화를 위한 이상의 조치들은 그 모두가 정권이나 체제에는 아무런 위험부담이 될 수 없음을 강조한다. 그는 소련 당국이 이 같은 제반 민주화를 위한 조치들을 실시한다고 하는 것은 바로 헬싱키 협정을 소련정부가 이행하는 것이기 때문에 이는 대외적인 면에서 소련의 위신을 고양

---

49) *Ibid.*, pp.237~239.

시킴은 물론 서구와의 새로운 관계개선을 위해서도 유익하다고 본다.50) 특히 결사에 대한 자유의 허용은 소련체제 발전을 위하여 커다란 의미를 가진다고 볼 수 있다. 그러나 현실적인 면에서 인권단체들의 구성원들이 당국에 의해서 계속적으로 체포되거나 추방당하고 있어 이 같은 자유의 확대는 의문시되고 있는 것이 현실이다.51) 당국의 이 같은 인권운동단체들에 대한 탄압에도 불구하고 이들 조직과 단체들은 계속하여 생겨나고 있으며 이들 단체들을 통하여 그들의 인권문제에 대한 욕구들을 점차 확대시켜 나가고 있다. 따라서 이 시점에서 당국은 이들 단체들을 계속하여 탄압만 할 것이 아니라 이들 단체들의 생성을 인정하고 그들 단체들의 주장을 겸손하게 받아들이는 것이 가장 바람직한 민주화를 위한 조치일 수 있다.52)

VI. 시냡스키(Sinyavsky)

소련 반체제운동의 실질적인 시동을 건 장본인이라고 볼 수 있는 시냡스키(Andri Sinyavsky)의 이데올로기적인 경향성은 다분히 '이상적인 공산주의(ideal communism)'적인 면에서 그 특징이 나타나고 있다. 펠레티르(Hèlene Pelletier)의 회고에 따르면 시냡스키의 이 같은 경향성은 당시의 시대적 환경에 따른 것이라고 볼 수 있다. 즉, 그는 적극적인 혁명가의 아들로 태어났으며 이 같은 가정환경에 따라 공산주의청년동맹에 가입하기도 하는 등 그의 성장기에는 공산주의로 충만한 사회, 가정적인 배경을 가지고 자

---

50) *Ibid.*, p.237.
51) *Ibid.*, p.238.
52) *Ibid.*, pp.238~239.

랐으며 이 같은 영향은 그 후에도 계속적으로 그의 내면세계를 지배하였다고 볼 수 있다.[53] 후일 그가 소련 당국의 문예정책에 위배된 작품활동을 하고 그의 작품을 서방세계로 반출하여 출판하는 등의 반소비에트적인 활동을 가지고 그의 문학의 사상성이 서구의 휴머니즘이나 서구체제 등 영향을 크게 받았다고 보는 측이 있으나 이는 전혀 잘못된 논리이다.

헤이워드(Max Hayward, 1924~1979)는 그 스스로가 번역에 같이 참가한 시냐스키(가명: Abram Terz)의 투옥 중의 작품집인 A Voice from the Chorus의 서문을 통하여 시냐스키의 이데올로기적인 경향성을 "그는 서구의 휴머니즘이나 제도들에 영향을 받은 것이 아니다. 그는 일종의 '이상적 공산주의(ideal communism)'를 믿고 있으며 기독교는 별다른 것을 제공치 못한다고 보고 기독교는 르네상스 이후로 쇠퇴하기 시작하여 그것은 단지 개인적인 구원에만 급급하게 되었다"고 말한다. 또한 "그는 현대기독교는 개인적인 것인 반면에 공산주의는 인간의 선에 관심을 두기 때문에 그것이 가지는 정도적 가치는 한결 더하다"는 순진성마저 나타낸다고 봤다.[54]

---

53) "The Case of Sinyavsky(Tertz) and Danial(Arzhak)." *Documents*, edited by Leopold Labedz and Max Hayward, (London. 1967) 참조.

54) Abram Tertz(Andrei Sinyavsky), *A Voice from the Chorus, translated Kyril Fitzlyon and Max Hayward*(Farrar, Straus and Giroux, 1976), p.5.
시냐스키는 Abrm Tertz(Moldavanka의 낭만적인 유태인들의 영향을 받은 지하세계의 영웅적인 음영시인의 이름에서 따옴)라는 가명으로 1959년 2월 불란서 문학잡지인 Esprit에 "On Socialist Realism"을 발표한 것을 비롯, 1960년에는 이민 폴란드인들의 잡지인 Kultura지에 "The Trial begin"을, 1961년에는 불란서에서 "Franstastic Tales"를, 1964년에는 "Lyubimov"라는 단편을, 그 후 미국에서 "Unguarded Thoughts"를, 그가 소련에서 체포된 이후인 1966년 Encounter에 "Pkhentz" 등 소련에서 서구세계로 그의 작품을 활발하게 밀반출 출간했다. 이 같은 작품 해외반출 혐의로 그는 1965년 9월에 KGB에 체포되었으며 1966년 2월, 3일간의 관심을 끈 재판 후 그는 7년, 그와 같이 기소되어 재판을 받았던 Daniel은 5년 형을 각각 선고받았다. 그는 그 후 모스크바에서 300마일 떨어진 Potma라는 도시근교의 Dubrovlag에서 강제노동 수용소 생활을 했다. 전기한 A Voice from the chorus는 그가 수감 중 당국의 검열을 받아 1월에 두 번씩 그의 아내 Maria에게 보낸 장문의 편지를 중심으로 엮은 것이다.

그의 이데올로기적인 지향성은 1956년 2월에 있은 그와 다니엘의 재판과
정에서의 증언을 통하여 보다 분명하게 나타난다.

> 나는 공산주의가 현대인들이 추구해야 할 유일한 목표로 생각한다. 서구에는 이
> 같이 추구해야 할 목표가 없다. ……나는 스탈린 치하 수년 간의 우리들의 갈등
> 과 난점을 말하고자 한다. 잔인성과 비인간적 방법들이 이 시기에는 사용되었다.
> 그러나 스탈린의 시기는 역사적인 측면에서는 합리성을 가질 수 있을 것이며 이
> 점에 대해서는 나는 반대치 않는다. 이 같은 야만성에 대해 서구세계가 비난하는
> 것을 나는 반대한다. 이는 타성에 반대하는 행동으로부터 결과한다. 권력의 포기
> 를 요구하는 서구인들의 사고는 나에게는 설득력이 없다.[55]

시냡스키의 이 같은 언명은 물론 재판정에서의 진술이라는 점은 충분히 고려
되어야 한다. 그러나 그러한 상황을 고려하더라도 그의 비서구적인 러시아 지향
성을 완전히 무시할 수는 없다. 그의 이 같은 경향은 스탈린의 죽음과 그 후에
열린 소련 공산당 20차 전당대회의 흐루시초프의 유명한 비밀연설 등의 쇼크
등을 통해서 크게 변화되었다고 볼 수 있다. 그는 이 같은 변혁 기간 중에 '세
상은 몰락했다'고 외치는가 하면 그때까지 사회주의적 애국주의라는 명분으로
그의 뇌리 속에는 별다른 문제가 되지 않았던 수십만 명의 노동수용소 수감자
들의 문제와 비인도적인 잔혹성에 대하여 분노의 눈초리를 번뜩이기 시작하였
다. 20차 대회가 열리던 1956년 그는 On Socialist Realism을 파리로 밀반
출 출간했으며 그 후 Trial Begins 등을 비롯한 반체제성향의 작품을 계속
집필, 결국 1965~6년 사이에 소련 반체제운동을 확산시키고 표면화시킨 장본
이 되기에 이른다.

---

55) Max Hayward,(eds.),*op. cit.*, p.98.

제5장 반체제운동의 유형별 분석

제5장 반체제운동의 유형별 분석

소련의 반체제운동은 앞에서 살펴본 바와 같이 그 운동의 성격이나 내용에서 볼 때 이들 운동의 성향을 간단히 유형화하기는 매우 힘든 일이다. 실제에 있어서도 소련의 반체제운동에 관심을 갖는 대부분의 사람들의 모두가 그들 나름의 이러한 유형화 작업을 시도하고 있으나 그 어느 것 하나 절대적인 그 타당성을 부여받지는 못하고 있다. 소련의 반체제운동이라는 것 자체가 하나의 현시적인 운동이라기보다는 지하에서 암암리에 이루어지는 숨은 행동인 것이기 때문에 그에 대한 정확한 내용 파악 자체가 어려운 것일뿐더러 이에 더하여 모든 여타의 정치직 운동에서와 마찬가지로 소련 반체제운동 또한 그 성격이나 내용에 있어서 명확한 경계를 구획할 수 있을 만큼의 개별운동 자체가 분명한 자기규정을 하고 있지 못한 데서도 그 커다란 원인을 찾을 수 있다.

개인적인 반체제운동가들의 경우에 있어서나 단체적인 조직활동의 경우에서나 마찬가지로 서로 간의 중복되는 경향이 서로 엇갈릴 수밖에 없으며 뿐만 아니라 그들 개인이나 개별 조직체의 활동내용이나 주의, 주장 등의 경우도 이것이 시종여일한 일관성이 없다. 그들의 반체제적 경향 자체가 얼마든지 변화될 수 있는 소지가 현실적으로 존재할뿐더러 그러한 실례가 소련의 반체제운동의 경우에 있어서는 수없이 발견된다. 때문에 이러한 이들 반체제운동 자체의 이념적인 유형화라는 것은 매우 어려운 작업일 수밖에 없는 것이다.

그러나 여기에서는 논의의 편의를 위해서 소련의 반체제운동 자체를 크게 '마르크스-레닌'주의적인 경향을 그 하나의 묶음으로 하고 또 하나는 사회주의적 경향, 세 번째는 민주주의적 경향, 네 번째는 민족종교적 경향 등의 네 가지 유형으로 이를 나누어 분석하려 한다. 앞에서도 지적한 바와 같이 소련의 반체제운동 자체가 이상의 네 가지 유형으로 반드시 유형화될 수 있는 성질의 것도 아니며 또한 이들 유형 간의 엄밀한 경계를 획하기도 실제문제에 있어서는 퍽이나 어려운 문제이긴 하나 대체적으로 전기한 네 가지 경향으로 오늘날의 소련 반체제운동의 성향을 분류하는 것이 합리적일 수 있으리라고 생각한다. 다소의 논리적 하자가 발견될 수밖에 없고 서로 간의 중복되는 점이 있을 수 있으나 이러한 유형화 자체는 소련 반체제운동의 전반적인 경향성을 이해하는 데 상당한 도움을 줄 수 있을 것이다.

I. 마르크스-레닌주의적 유형

소련 반체제운동의 이념유형 중 '마르크스-레닌'주의적 유형은 가장 분명하고 일반화된 이념유형 중의 하나라고 볼 수 있다. '마르크스-레닌'주의적 반체제운동가들은 현존하는 공산주의체제의 비이와 갈등의 원인은 그들 통치자들이 그들의 통치 이데올로기인 '마르크스-레닌'주의의 순수성을 견지하지 못한 데 그 원인이 있는 것이며 이렇게 현실적으로 타락된 이데올로기를 정화하는 것만이 공산체제의 비이를 근원적인 면에서 치유할 수 있는 유일한 방법이라고 주장한다.

'마르크스-레닌'주의적 유형을 아말리크의 경우에 있어서는 'Genuine Marxism-Leninism'으로 개념화하고 있으며 메데베제프는 'Party-democrats'로, 레비츠키(B. Lewytzkyi)는 'Communists'로 각각 이를 명명하고 있는데 아말리크와 메데베제프가 규정하고 있는 이 유형의 이념적 속성을 보면 다음과 같다.

> 진정한 마르크스-레닌주의(Genuine Marxism-Leninism)적 경향의 사람들은 정권당국이 그들의 목적을 위하여 '마르크스-레닌'주의 이데올로기를 악용함으로써 진정한 이의 실현을 하지 않고 있으며 따라서 소련사회의 온갖 병폐를 치유하기 위해서는 이 '마르크스-레닌'주의의 진정한 원칙에로의 복귀가 필수적이라고 믿는다.[1]

> 일반적으로, 이 같은 경향은 당과 국가생활에서의 레닌적인 규범을 회복하고 확대하는 것을 바란다. 그들은 스탈린적인 우상화와 당과 사회의 모든 영역에 만연된 스탈린주의적 악습의 완전한 폐기를 요구한다. 이들 입장에서는 '마르크스-레닌'주의가 이데올로기와 사회과학의 기초로 계속 남아 있어야 된다고 보며, 또한 이 이데올로기는 세계의 변화와 과학기술의 발전에 적응력을 가져야 한다고 본다.[2]

'마르크스-레닌'주의적 반체제운동의 유형은 '마르크스-레닌'주의라는 엄격한 기준 아래서 현존 정치체제의 온갖 비이와 단점들을 찾아내려 하고 있으며 또한 이러한 기준에 입각하여 현존체제의 온갖 비이들이 시정되어야 한다는 입장을 견지하고 있는 데 그 특색이 있다. '마르크스-레닌'주의 유형의 이와 같은 이데올로기적인 지향성은 구체적으로 러시아에 있어서의 10월혁명은 제정러시아의 자본주의적이며, 제국주의적인 그리고 봉건적이며, 반식민지적인 잔재를 청산하고 프롤레타리아 독재라는 새로운 制度의 導入을 통하여 사회주의국가(socialist

---

1) Amalrik, *Will the Soviet Union Survive Until 1984?*, p.11.
2) F.J.M. Feldbrugge, *Samizdat and political Dissent in the Soviet Union*(A. W. Sigtoff, 1975), p.32.

state)의 기초를 이룩할 수 있었다고 보는 데서 시작한다. 이들은 이러한 새로운 사회건설의 기반구축도 그들 러시아혁명의 주도자이며 성취자라고 할 수 있는 레닌의 퇴각과 함께 그 열기는 식어갔으며 또한 사회건설의 정당한 방향은 오도되기 시작하였다는 것이다. 특히 레닌의 뒤를 이은 스탈린의 등장과 그에 의한 일인우상화정책의 실시는 이른바 그들 공산주의자들의 새 사회건설의 대전제라고 할 수 있는 프롤레타리아 독재의 제도적 장치를 파괴하고 이에 대치하여 개인에게 충성하는 관료집단의 출현을 가능케 하는 변형을 가져왔다고 본다.[3]

스탈린에 의하여 생성된 이러한 비사회주의적인 1인지배에 대한 정당화의 논리는 스탈린의 사후에도 그 흔적이 살아지지 않고 지금까지도 소련 정치체제의 가장 핵심적인 속성으로 그대로 유지되고 있다는 점이 가장 심각한 문제점이다.[4] 이 같은 입장을 취하고 있는 '마르크스-레닌주의'적 이념 지향가들은 그들이 말하는 소련정치의 최고의 지도이념이라고 볼 수 있는 '마르크스-레닌'주의를 타락시킨 장본인인 스탈린에 대한 공격을 본격화했다고 볼 수 있는 흐루시초프에 의하여 단행된 이른바 비스탈린정책(Destalinazation)마저도 그들 반체제론자들이 지향하는 순수한 '마르크스-레닌'주의에로의 이념적인 정화로 이를 파악하려 하지 않고 있다는 점 또한 특기할 만하다.

흐루시초프에 의하여 주도된 비스탈린화 정책이라는 것도 이는 엄격한 관점에서 보면 이는 흐루시초프의 자기 권력 확보를 위한 간교한 전술의 하나로 본다. 이는 그 구체적인 내용면에 있어서 수정주의(revisionism)라고 불리고 있는 자유화(liberalization)를 그 내용의 일방으로 하고 신스탈린주의(Neo-Stalinism)를 그 타방으로 하는 양면성을 동시에 갖는 애매모호한 복합정책이다. 흐루시초프에 의한 비스탈린 정책이라는 것도 그 추진과정에 있어

---

3) *Ibid.*,

4) Darrel P.Hammer, *USSR, the Politics of Oligarchy*(Thy Dryden, Press, Illinois 1974), pp.125~127.

서는 당시 소련 내의 다수의 지식인들이 갈구하던 제한된 영역에서의 자유화도 결국 충족시키지 못했으며 또 대외적인 자유화와 평화공존(peaceful-coexistence)의 정책을 표방하면서도 유고, 헝가리, 폴란드 등과 같은 동구일부국가들에 있어서 소련 당국에 의하여 용인된 선 이상의 실질적인 자유화가 봉쇄되었다.

동구공산국가들에 있어서의 급격한 생활수준의 향상이라는가, 정치문화적인 측면에서의 자기 발전이라는 것은 그것이 곧 소련에 미칠 수 있는 영향 때문에 철저하게 봉쇄되어 왔다. 흐루시초프에 의하여 표방된 자유화정책의 이러한 제한성에 더하여 이와 같은 시기에 추진된 소련에 의한 대중국공산당에 대한 정책은 스탈린시기의 강압적인 대위성국정책에서 조금도 벗어난 것이 되지 못하였다. 흐루시초프에 의하여 추진된 비스탈린정책의 본원적인 한계를 읽을 수 있다는 것이 '마르크스-레닌'주의적 반체제인사들의 일관된 입장이다.[5) 결국 '마르크스-레닌'주의적인 반체제인사들은 스탈린이 이미 소련에서 사라진 지 오래이지만 그가 소련의 정치체제에 남겨놓은 여러 가지 흔적들은 그가 없는 지금까지도 계속하여 강하게 지속되고 있으며 바로 이 같은 점이 소련에서의 도덕적이며 정치적인 갈등의 핵심이라고 본다. 따라서 현실적으로 나타나고 있는 소련사회의 모든 갈등, 특히 개인적 자유권, 즉 개인들의 인권문제와 정치적 자유문제를 비롯하여 국가경제의 악순환으로 야기되는 체제 전반의 갈등의 뿌리를 스탈린에서부터 찾으려 하고 있는 이들 반체제론자들은 이러한 현실적인 소련체제에서 나타나고 있는 갈등의 해결은 오직 이념적인 차원에서 레닌주의(Leninism)에로의 회귀와 이를 통하여 레닌의 이상을 현실에 실현시킴으로써만이 진정한 사회주의국가로서의 소련을 건설할 수 있는 유일의 방도임을 강조하고 있다.[6) 아래에서 이들 '마르크스-

---

5) Abraham Rothberg, *The Heirs of Stalin*, pp.8-10. Darrel p. Hammer, *op. cit.*, pp.127~129.
6) F.J.M. Feldbrugge, *Samizdat and Political Dissent in the Soviet*

레닌'주의 반체제운동가들의 이데올로기적인 속성을 보다 구체적인 면에서 살핀다.

1. 10월혁명에 대한 평가

현존하고 있는 소련정치체제의 온갖 모순에 대하여 비판적인 입장을 취하고 있는 '마르크스-레닌'주의자들은 그들 체제가 안고 있는 현실적인 온갖 모순의 시원을 1917년의 10월혁명에서부터 찾으려 하고 있는 것이 가장 커다란 특징이다. 반체제운동가들이 10月혁명을 보는 입장은 한 마디로 요약하여 긍정적인 입장과 부정적인 입장을 함께 가지고 있다고 볼 수 있다. 10월혁명의 역사적인 당위성의 문제에 있어서는 누구나가 어느 정도 의견의 일치를 보이고 있으면서도 그 혁명의 내용과 과정 등의 구체적인 문제에서는 강한 비판의식을 견지하고 있는 것이 이들 '마르크스-레닌'주의 반체제운동가들의 공통된 견해라고 볼 수 있다.

우선 10월혁명의 역사적인 당위성에 있어서는 그들의 반체제 지하간행물 (samizdat)의 하나인 『Ideological disorder and searching for new ideas』[7]가 요약 설명한다. 여기서는 10월혁명을 통하여 러시아인들은 그들의 뿌리깊은 불만의 감정을 극복할 수 있었으며 또한 이를 통하여 새로운 자존심과 긍지를 그들 러시아인들은 가질 수 있었다고 본다. 러시아인들은 10월혁명 발발을 전후하여 치를 수밖에 없었던 엄청난 고통과 어려움을 당하면서도 이를 그런대로 감내할 수 있었던 것이며 또한 그들은 이러한 과정에서 이 엄청난 고통을 이겨내야 한다는 일종의 메시아적인 선민사상이 그들 러시

Union, p.59.

7) 1960년대 말에 쓰인 작자미상의 반체제작품. 소련체제의 비리를 집중적으로 파헤치고 있다.

아人들의 머릿속에 자리할 수 있었다.[8]

이렇듯 이들 반체제론자들이 보는 러시아의 10월혁명은 이 혁명이 가져다
준 이데올로기적인 내용이나 정치적인 체제에 관한 것이라기보다는 그 실재
적인 내용이나 정치적인 장치야 어떠한 형태의 것이든 간에 이 혁명과정을
전후하여 일어난 그들 러시아인들의 자의식의 향상과 같은 정신적인 변화 자
체에 그 중요성을 두었다. 이러한 관점에서 보면 10월혁명은 확실히 하나의
커다란 사건일 수 있었다. 10월혁명이라는 것이 사회주의적인 이상에 기초하
였기 때문에 이를 평가하는 것이 아니라 이는 오직 구체제, 즉 제정러시아의
암담한 사회상과 비참함에 대한 하나의 반응으로서 이를 보는 것이 10월혁명
에 대한 이들의 긍정적인 평가의 기준이라고 말할 수 있다.

이에 반하여 이들 '마르크스-레닌'주의 반체제론자들의 일반적인 친레닌적
인 경향성에도 불구하고 위와는 달리 10월혁명에 대한 비판적인 립장 또한
뚜렷하게 부각되고 있는데 그 구체적인 내용은 다음의 몇 가지 면에서 이를
요약할 수 있다.

첫째, 이들 반체제론자들의 다수는 10월혁명 자체의 이념성을 규명함에 있
어서 10월혁명을 주도했던 레닌의 입장과는 상반된 입장을 취하고 있다. 레
닌을 비롯, 현재의 그들 독재자들은 일반적으로 그들의 10월혁명을 사회주의
혁명으로 이를 개념화시키는 데 반해 반체제운동가들은 이러한 입장에 정면
으로 반내하여 10월혁명은 빈사회주의혁명이라는 입장마저 강하게 나타내는
극단적인 경향을 보이는 경우까지 있다.[9]

극단적인 논리를 펴고 있는 대표적인 반체제인사로는 소련의 유명한 경제
학자인 바르가(E. Varga)를 들 수 있다. 그는 러시아의 10월혁명을 평가함
에 있어 당시의 주도세력이 농민이었던 점을 지적, 농민세력에 의한 혁명의 수
행이 가능했다는 것은 바로 그러한 러시아의 10월혁명 자체가 사회주의혁명이

8) F.J.M. Feldbrugge, *op. cit.*, p.60.
9) *Ibid.*, p.60.

아님은 물론 이는 반사회주의적인 부르주아혁명으로 파악하여야 한다는 입장을 강하게 견지하고 있다.10)

러시아의 1차혁명인 2월혁명 때에도 그것은 레닌의 주장대로 농민세력이 그 주동이 되었기 때문에 당연히 이 혁명은 부르주아 민주혁명일 수밖에 없으며 그 후의 2차혁명인 10월혁명의 수행과정에서도 일부 프롤레타리아 계층들과 함께 잡다한 사회세력군들과 농민들이 그 혁명의 주도세력이었다는 점에서 이는 진정한 의미에서의 사회주의혁명일 수 없다. 그렇기 때문에 이 혁명은 불란서혁명과 그 성격을 같이 하는 부르주아 혁명인 것이며 따라서 러시아의 10월혁명 자체의 이러한 성격 때문에 이 혁명의 결과에 의하여 사회주의가 소련에 도래된 것이 아니며 단지 이는 러시아 봉건제도의 잔재와 그곳 러시아에서 성립되었던 초기자본주의를 파괴시키고 이에 자본주의의 관료제적인 단계를 대치시킨 데 불과하였다는 것이다.11)

둘째, 러시아의 10월혁명을 비판적으로 보는 사람들의 입장은 그들 혁명을 추진한 당시의 러시아사회민주당내에서 레닌이 당내의 민주주의 원칙을 무시하고 당내의 반대의견의 존재를 허용하지 않았다는 점을 지적한다. 즉, 레닌이 1921연 3월 그들의 10차 전당대회에서 채택을 본 'Resolation on Unity'를 통하여 일체의 당내에서의 파벌적인 행동을 금지시켰으며 이러한 과격조치를 통해서 레닌 스스로가 그동안 당운영 원칙으로 견지하여 오던 이른바 '당내민주주의' 원칙 또한 유명무실하게 되어 당내의 반대파가 정착할 수 있는 터전을 없앴던 것이다. 그러나 이러한 강경조치에 의하여 외형적인 면에 있어서는 분파적인 활동이 없어진 것 같았으나 그 내면세계에 있어서는 여전히 잠재적인 파벌들이 내재되고 있었다고 볼 수 있다. 따라서 레닌에 의

---

10) E. Varga, "The Varga Testament: Russian road of transition to socialism and its result" in *Samizdat and Political Dissent in the U.S.S.R*, p.6.
11) *Ibid.*, p.61.

하여 1921년부터 파당활동의 금지가 공식화되긴 하였지만 그 이후에도 오늘날에 이르기까지 여전히 당내의 파벌 간의 대립은 그대로 유지되고 있다.[12]

이상과 같이 러시아의 10월혁명 및 그것을 주도한 레닌에 대한 상반된 평가에도 불구하고 이들 '마르크스-레닌'주의적 반체제인사들은 보다 궁극적인 면에 있어서는 레닌에 대하여 절대적인 신뢰심을 가지고 있다는 사실 또한 부정할 수 없다. 이들 이념유형의 반체제인사들은 레닌이 당시에 견지하고 있던 생각이나 사상 및 그가 혁명과정에서 행한 모든 행위 전반을 무조건적이거나 무비판적으로 받아들이거나 긍정적으로 보는 것은 아니다. 이들의 입장은 10월혁명 과정에서 레닌에 의하여 이루어진 모든 행위는 당시의 혁명적 여건이 채 성숙되지 못한 러시아적인 상황 아래서 이를 하루아침에 혁명적인 변화로 유도하는 데 있어서 불가피하게 일어날 수밖에 없었던 현실적응의 필요성 때문에 결과된 자기수정 내지는 자기적용의 결과인 것이며, 이러한 현실적응을 위한 레닌주의의 자기수정을 가지고 레닌에 대한 진정한 의미에서의 시비를 따질 수는 없다고 본다.

당 관료제도의 형성, 당내독재의 실시 등과 같은 레닌에 의하여 형성된 여러 가지 바람직하지 못한 정치전통의 영향이 심각한 것은 사실이지만, 이러한 것으로 레닌의 역사적인 역할이나 또한 그의 여러 가지 저작에 담겨져 있는 사상의 값어치가 모조리 손상될 수는 없는 것이며 따라서 그의 도덕적인 권위나 신비적인 지위는 계속하여 그들 '마르크스-레닌'주의 반체제인사들의 동경의 대상으로 남아 있다고 볼 수 있다.[13]

---

12) Robert H. MeNeal,(ed.), Lenin, Stalin, Khrushchev: Voices of Bolshevism (Prentice-Hall, Inc., Englewood Cliffs.), p.60. Robert J. Obsorn, *The Evolution of Soviet Politics*(The Dorsey Press, 1974), p.151.
13) F.J.M. Feldbrugge, *Samizdat and political Dissent in the Soviet Union*, P.61.

2. 스탈린주의에 대한 평가

어떠한 이념유형의 소련 반체제운동에 있어서도 그것은 스탈린주의의 존재 없이는 그 생성 자체가 불가능했다고 역설적으로 말할 정도로 스탈린주의라 는 경직된 이데올로기적인 도그마는 거의 일방적으로 그들 반체제인사들의 비난과 공격의 대상이 되고 있다. 그러나 여기서 살피는 '마르크스-레닌'주의 반체제운동가들에게서 특히 강하게 나타나고 있는 비난과 공격의 대상으로서 의 스탈린주의는 주로 스탈린에 의해 구축된 관료제 문제에 그 초점을 맞춘 듯하다. 관료제화(bureaucratization)라는 것은 당이나 정부기구의 핵심적 인 지위를 확보하고 있는 소수그룹의 권력추구의 제도라는 측면으로 이를 파 악, 이러한 폐쇄적이고 배타적인 통제는 레닌 사후 스탈린에 의하여 본격적 인 생성을 보게 된 것으로서 이와 같은 권력구조의 관료제화가 현존하는 소 련사회의 여러 갈등의 가장 주요한 원인이라는 것이다.[14]

반체제론자들은 구체적인 면에서 두 가지 측면으로 관료제를 파악하고 있 다. 그 첫 번째의 입장은 모든 소련사람들은 그들 소련식의 지배체제가 전통 적인 정부활동 영역에서의 당·국가(Party-state)제에 의한 지배뿐만 아니라 일상생활을 포함한 모든 여타의 공적 생활영역, 예컨대 교육, 과학, 예술, 취 미생활 등에까지를 지배하고 있는 통제의 형태로 이를 파악하고 있는 입장이 다. 두 번째의 입장은 현실적으로 존재하고 있는 소련의 관료제라는 것은 하 나의 고도의 위계적(hierarchical)인 체제를 의미하는 것으로서 실제로 소 련의 사회내부에 있어서는 피라미드식의 사회구조 정상부에 속해 있는 소수 의 지배계층들은 무제한적인 권력과 특권을 한 몸에 누리고 있는 반면, 사회 의 하부계층으로 가면 갈수록 이러한 권력과 특권은 없어지며 그 대신 점점 더 그들에 대한 예속성만이 고조되고 있다는 주장이다.[15] 이렇듯 소련에서 이

---

14) *Ibid.*,
15) Allen kassof, "The Administered Society: Totalitarism without Terror",

미 그 뿌리를 확고하게 내렸다고 볼 수 있는 관료제라는 것은 레닌이 앞서 이를 가장 주요한 적(main enemy)이라고 지적한 바와 같이 모든 악의 최대 궁극적인 원천으로서 이를 파악하고 있는 것이다. 이의 생성은 1920년대 산업화의 추진과 집단화의 추진과정에서 생겨난 당정부기구(party-government apparatus)의 생성에서부터 구체화된 것으로 이를 파악한다. 스탈린시기에 관료제가 소련사회 내에 그 뿌리를 내리기 시작하였다는 일반론과는 달리 전기한 바르가는 이와는 달리 소련사회에서 이 같은 관료제가 생성된 것은 스탈린 개인의 인간성과 역할에 의해서만 형성되었다고만 볼 수는 없는 것으로 지적한다. 그는 레닌의 생존시에 벌써 당·관료제의 연계는 이루어진 것이 분명하다는 것이며 이러한 사실은 러시아의 10월혁명 자체가 반사회주의적인 정치노선에 의하여 수행된 데서부터 그 생성의 싹이 움튼 것이라고 보고 있다.16)

이 같은 극단적인 예외와는 달리 대부분의 '마르크스-레닌'주의 반대논자들은 완만하고 점진적인 집단화정책이 레닌에 의하여 추진되었던 것은 사실이라 할지라도 1930년에 이르러 행하여진 스탈린 주도의 집단화 계획은 더욱 급진적이고 과격하게 실시됨에 따라 결국 정치적인 모든 노력이 프롤레타리아로부터 반인민적인 관료들에게로 급속하게 옮아갔기 때문에 소련사회에서의 관료제의 시원은 역시 스탈린에서부터 비롯된 것이라는 입장을 취한다.17)

이상에서 우리는 극히 일부이긴 하지만 현 징치직 싱황에 비판을 가하고 있는 반체제운동가들 사이에서 노출되고 있는 스탈린에 대한 상반된 평가태도를 읽을 수 있다. 반체제론자들은 하나같이 스탈린이 취한 인권의 말살, 그의 잔인성, 과격한 테러의 사용 등을 비난하고 있는 것은 사실이나 또 다른 한편으로는 그의 개인적이고 독재적인 통치형태와 그의 대대적인 국가동원정책에 다소 긍정적인 평가를 내리기도 하고 심지어는 그의 보복과 숙청 등과 같은 과

---

in Joseph L. Nogee(ed.), *Man, State and Society in the Soviet Union*(Praeger Publ., 1972), pp.558~565.

16) *Ibid.*,
17) F.J.M. Feldbruggle, *op. cit.*, p.62.

격한 행동에 대해서까지도 다소의 타당성을 인정하고 있는 경향마저 있다는 점이다.

예외적인 입장은 파르가에게서 분명하게 나타나고 있다. 그는 스탈린에 의하여 추진된 소련에서의 산업화 정책은 막대한 인적 자원을 필요로 하였을 뿐만 아니라 물질적이고 조직적인 난관 또한 극복할 수 있어야 하는 것이었다. 특히 소련의 제2차 5개년 계획 기간 중에는 수십만 명의 선량한 백성들의 강제노력에 의해서 추진되긴 하였으나 이러한 5개년 계획의 성과 자체에는 상당히 긍정적인 의미도 지니고 있다는 것이다.[18]

스탈린에 의하여 이룩된 경제적이고 군사적인 업적에 대한 긍정적인 평가는 앞서 인용한 지하간행물인 『Ideological disorder the search for hew ideas』의 경우에 있어서도 나타난다.[19] 그러나 앞에서도 이미 분명하게 밝힌 바와 마찬가지로 이 같은 스탈린에 대한 긍정적인 평가는 극히 소수의 의견일 뿐인 것이며 대다수의 '마르크스-레닌'주의적 반체제운동가들의 경우에 있어서는 이와는 전연 다른 입장을 취하고 있다. '마르크스-레닌'주의 반체제운동가들의 일반적인 경향성은 메데베제프(Roy Medvedev)의 견해에서 대표적으로 표명된다.

그는 전기한 긍정론자들이 주장하는 바와 같이 스탈린체제는 그 자체로서도 약간의 긍정적이고 진보적인 평가를 할 수 있는 것이며 단지 그것의 과도한 사용 부분에 대해서만 비난이 한정되어야 한다는 일부의 논리는 전면적으로 부정되어야 하는 것이라고 주장하면서, 스탈린에 의하여 행하여진 통치의 폭력성 자체는 어떤 논리로도 결코 호도되거나 변호될 수 없고 스탈린에 의하여 행하여졌던 과격한 테러 의존성은 궁극적인 면에서 소련의 사회와 국가체제를 근본적으로 병들게 한 가장 직접적이고 분명한 원인이라고 이를 비난, 일부 긍정론자들이 과격한 중앙집중과 통제라는 것은 레닌시대에 이미

---

18) *Ibid.*, p.63.
19) *Ibid.*,

도입된 현상이라는 주장은 결코 받아들일 수 없다는 것이며, 레닌시대의 그
것은 스탈린식의 방법을 합리화시키는 전제가 결코 아니었다는 점을 강조,
스탈린으로부터의 레닌의 순수성을 분명히 하고 있다.[20]

3. 현실상황의 분석

소련에서의 모든 반체제적인 논술들은 현재의 그들 체제에서 나타나고 있는
온갖 병폐들을 야기한 원인들에 대한 역사적인 분석이나, 이러한 병폐들의 교
정을 위한 건설적인 대안의 제시보다는 현존하고 있는 소련사회의 온갖 병폐
들의 진단에 그 초점을 맞추고 있는 것이 하나의 일반적인 특색이다. 그렇기
때문에 자연히 모든 비판의 관점은 소련사회 내에서 구체적으로 나타내고 있
는 특권층 및 관료집단에 있어서의 배타적인 권력의 독점, 또한 현실적으로
억압되고 있는 자유와 인권의 문제, 전체생활 영역에서의 민주제의 결여, 정
치경제사회적인 여러 측면에서 점점 더 뚜렷하게 나타나고 있는 불평등의 현
상, 억압과 탄압의 횡포에 의해서 나타나고 있는 국민들의 심이적 불안, 국
가경제와 농업의 낙후성 그리고 마르크스 이데올로기가 예언하고 있는 외부
선진자본주의 국가군에서 혁명적인 변화가 그들의 예상과는 달리 일어나고
있지 않는 데 대한 불안 등과 같은 현실적인 모든 문제들이 그 비판의 주된
대상으로 나타난다.

반체제운동가들에 의하여 집중적인 비난의 대상이 되고 있는 현실적인 소련사
회의 비이를 메데베제프는 다음과 같이 구체적으로 지적하고 있다. 마르크스주의
의 고전은 사회주의라는 것은 자본주의의 상태하에서는 알려지지 않은 광범위
한 민주주의를 가져다준다고 말하고 있다. 그러나 현재 목격하고 있는 사회주

---

20) Roy Medvedev, *On Socialist Democracy*, pp.323~325.

의의 현실적인 상태는 이 같은 민주주의의 광범위한 확대가 아니라 그와는 정
반대적인 현상, 즉 예상치 못한 민주주의의 축소와 모든 자유의 제거
(liquidation) 바로 그것이다. 또 마르크스주의에 의하면 사회주의는 관료적
인 국가기구의 제거를 가져온다고 가르치고 있으나 실제로 우리가 오늘날 목
격하고 있는 것은 이같이 없어졌어야 할 관료적인 국가기구의 보다 강력한 확
대와 그 권력의 신장현상인 것이다.21) 마르크스에 의하면 사회주의는 자본주
의에서 기대할 수 없는 노동생산성(labour productivity)을 가져온다고 말
하고 있으나 바로 이 같은 노동생산성면에서 미국은 현재 소련보다 2.5배나
더 높은 것이 엄연한 사실이다. 마르크스의 사회주의는 사회적인 불평등에서
전환을 가져다준다고 말하고 있으나 실제에 있어서 당·국가기구의 정상에 속
하는 사람들만이 마치 백만장자와도 같이 흥청대고 있을 뿐 일반대중들의 경
제적인 조건은 그들 특권층과는 도저히 비교할 수 없을 정도로 형편없다.22)

반체제론자들은 현재의 그들 소련의 상황이 여러 가지 측면에서 미국이나
서구선진국의 그것에 비하여 형편없이 뒤떨어져 있다는 사실, 또 서구 산업
선진국가들이 마르크스의 예언대로 자본주의적인 성숙의 단계를 이미 오래전
부터 경험하고 있으면서도 이들 체제가 혁명에 의하여 붕괴되기는커녕 점점
더 그들 체제의 발전만을 더해가고 있다는 엄연한 사실에도 불구하고 그들이
당초부터 견지하고 있는 '마르크스-레닌'주의에 대한 신념만은 좀처럼 버리지
않고 있는 것이 또한 특이하다고 볼 수 있다.

반체제론자들은 이 같은 소련사회에서 일어나고 있는 현실적인 비이들을 그들
이 견지하고 있는 '마르크스-레닌'주의가 본질적으로 내포하고 있는 이데올로기
적인 한계성에 기인하는 것이 아니라, 이는 어디까지나 소련에서 정권을 잡고
있는 통치자들에게 그 잘못이 있다는 식의 주장을 강하게 보여준다.23) 소련체

---

21) F.J.M. Feldbruggle, *op. cit.*, p.63.
22) *Ibid.*, p.64.
23) *Ibid.*,

제 내부에서 일어나고 있는 비이들에 대한 이 같은 왜곡된 분석에도 불구하고 그들 반체제론자들은 전기한 바와 같이 선진자본주의국가에서 프롤레타리아 혁명이라는 것이 발생하지 않고 오히려 그들 자본주의체제는 계속적인 성장과 발전만을 지속하고 있다는 사실 그 자체는 그들에게서는 가장 심각하고 초조한 문제의 하나라고 볼 수 있다. 이러한 갈등은 결국 그들의 현존체제에 대한 강한 불만으로 표시되지 않을 수 없다.

체제에 대한 불만의 가장 구체적인 대상 중의 하나는 역시 그들 사회에서 확고한 형성을 본 관료제임은 분명한 사실이다. 메데베제프는 이 같은 관료제도라는 것은 권위주의적 통제체제, 즉 상부구조가 하부구조에 의하여 견제되지 아니하는 권력의 통제구조로 이를 규정한다. 이러한 관료제도 아래서는 밑으로부터의 어떠한 제안이라도 이는 당연히 무시 내지는 억압되거나 외면될 수밖에 없는 것이며 권력이라는 것은 오직 상부에서 일방적인 성격을 띠고 하향적으로 행사될 따름이라는 것이다. 이러한 일방적인 권력구조하에서는 필연적으로 행정의 자율성은 무시될 수밖에 없으며 또한 지나친 번문욕례, 늑장, 형식주의가 판을 치는 결과를 초래할 수밖에 없다.[24] 이러한 상황 아래서는 무조건적인 권위에의 복종만이 강요될 뿐인 것이며 관료들은 그들의 출신 집단인 국민들이나 다수에 대한 생각을 머릿속에 가지고 있는 것이 아니라 단지 그들 개인의 지위와 그들의 물질적인 이익 및 보수 등의 문제에만 관심을 가진다.

특권적인 관료집단들은 공적인 일을 위하여 자신을 봉사하는 것이 아니라 그들 자신의 현실적인 지위의 확보나 생활조건의 개선 등과 같은 사적인 이해관계의 증진을 위하여 그들 관료들의 관심은 한곳으로 집중되지 않을 수 없다.[25]

이상에서 보듯 소련에서의 관료제는 특권화된 새로운 지배계급을 형성하고

---

24) *Ibid.*, p.65.
25) *Ibid.*,

있는 것으로서 그들은 모든 정치적인 특권을 독점하며 이러한 독점적인 권력을 통하여 자기자신의 배타적인 권한을 지속적으로 확보하기 위하여 민주주의와 개인의 자유를 억압하고 있기 때문에 결국 국가의 사기는 냉담한 허무주의와 패북감에 빠져들고 있다. 특권화된 지배계층으로서의 소련의 관료제는 그들 사회의 유일적 존재라고 할 수 있는 공산당과는 일치시켜서 생각할 수는 없는 것이기는 하나 결국 당의 계층적 구조 또한 이들 관료제의 계층적인 구조와 별다른 상이성이 없다고 볼 수 있기 때문에 문제의 심각성이 한층 더한 것이다.

소련의 관료제는 그들이 누리는 신분적인 특권으로 등급화되고 있으며 이러한 등급에 따라 급료(보너스), 식량의 배급, 주택, 사치품, 위락시설 등의 차등적인 배분이 이루어지고 있는데 바로 이 같은 사회의 모든 배분의 불균형문제가 사회주의 단계를 넘어 공산주의 단계로 이행되고 있다는 그들의 공식적인 주장과는 현격하게 상치되는 것으로서 이 또한 반체제론자들의 불평의 소지로 부각된다. 반체제론자들은 소련사회내에 현실적으로 팽배하고 있는 규정된 법률을 초월한 비합법적인 인권탄압행위에 대해서도 이러한 불법적인 체포, 구금, 수색 등의 탄압의 근본적인 책임은 그들 특권층인 관료들의 자의성에 있다고 본다.

경제문제에 있어서도 그들은 소련사회의 오늘날과 같은 경제적인 비이를 개인적 사욕에 눈이 어두워진 특권관료들 때문이라고 보는 것이 일반적이다. 그러나 이들 중에서 메데베제프(pseudo-Medvedev)의 입장은 보다 특이하다고 볼 수 있다. 그에 의하면 현재 소련의 사회경제체제는 서구 자본주의국가들의 그것과 본질적인 면에서 다를 것이 없으며 이들 두 체제 모두가 국가자본주의(state-capitalism) 체제이며 또한 관료적인 독점주의(bureau-cratic monopolism)로밖에 볼 수 없다는 것이다. 이러한 그의 입장은 러시아의 10월혁명이 주된 부르주아혁명이었기 때문에 이를 통한 사회주의적 이상을 달성한다는 것은 당초부터 거리가 먼 이야기라는 것이다.[26]

관료제문제와 관련하여 이들 반체제운동가들의 또 다른 하나의 관심은 경직된 관료제화에 따른 국가적인 도덕위기에 집중되고 있다고 볼 수 있다.

전체사회의 관료화에 따른 이데올로기적인 곤궁(ideological poverty)을 그들은 이념·도덕관계의 권위주의화로 이를 규정하면서 현재 '마르크스-레닌'주의에 복종하고 있는 다수의 평범한 시민들도 결국은 이 같은 환경의 영향을 받아 관료주의적 인간으로 화하고 있는 것이 현재의 소련이며 이러한 현상으로 결국 그들 소련 시민들의 심리상태를 이상적인 순수한 이데올로기적인 가치보다는 실리를 추구하는 속물적인 것으로 바꾸게 한다. 이 같은 광범위한 시민생활에서 관료제화의 확산은 결국 소외와 범죄, 음주현상밖에 결과하는 것이 없으며 이러한 사회적 혼탁의 정도는 날이 갈수록 점점 더 심화되고 있다.[27]

4. 이데올로기적 구조

전통적인 마르크스주의는 미래사회에 대한 근거 없는 허황된 낙관론으로 구성되어 있는 것이 그 주요한 특색이다. 그리하여 현존하는 소련체제의 두드러진 모순상황에도 불구하고 이같이 '찬란한 공산주의의 미래사회'에 대한 맹목적인 낙관논리가 앞으로도 계속하여 그 힘을 견지할 수 있을까 하는 미래의 그들 소련사회에 대한 초조가 소련 반체제론자들의 주요한 관심의 대상임은 당연한 현상일 수 있다.

'마르크스-레닌'주의적인 반체제운동가들에 있어서도 소비에트정권의 미래에 대한 관심은 대단하다. 이러한 그들 사회의 미래에 대한 관심은 자연히 그들의 갖가지 저작이나 주장에서 현 정권이 갖고 있는 비리와 통치능력의 모든 문제보다도 그들의 내일, 즉 소비에트사회의 미래에 대한 언급이나 분석이 훨

26) Pseudo-Medvedev, "Truth about the present day", in F.J.M., *op. cit.*, p.68.
27) *Ibid.*, p.69.

씬 더 많은 비중을 차지하고 있는 점에서도 이를 분명히 읽을 수 있다.

반체제론자들이 견지하고 있는 그들의 대안적인 이데올로기 경향성은 대체로 세 가지 단위로 구분할 수 있다. 이는 장기적 전망(long term view), 중간계획 (middle term proposals), 그리고 단기제안(short term suggestion)으로 이를 각각 파악하는 입장이 그것이다. '장기전망'이라는 것은 사회주의국가 소련이 궁극적으로 지향하는 이상사회인 완전한 공산주의사회(communist society)를 말하는 것이며 '중간계획'은 전기한 장기전망, 즉 궁극적인 목표인 공산주의사회를 만들어 나아가는 데 필요한 정치, 경제, 문화, 법률적인 조치들을 말한다. 다음 '단기제안'이라는 것은 이 같은 온갖 목표달성을 위한 갖가지 현실적인 행동을 말한다. '장기전망', '중간계획', '단기제안' 등의 여러 개념들은 이를 다시 '이상목표 (ideal goal)', '현실목표(practical goal)', '실천전략(practical tactics)'으로도 각기 개념화할 수 있는 이데올로기분석의 단계적인 차원이라고 볼 수 있다.

이 같은 분석을 위한 개념의 틀 가운데서 중간계획, 단기제안 등과 같은 하위개념들은 그 모두가 장기적인 전망의 설정여하에 따라서 그 내용의 변화가 가능한 개념으로 각기 파악될 수 있다. 따라서 전통적인 '마르크스-레닌' 주의에서조차 그 내용이 구체화되어 있지 못한 궁극적인 이상사회, 즉 완전한 공산주의사회에 대한 설계에 이들 반체제론자들의 관심이 클 수밖에 없다. 이는 다시 말해 이 같은 장기적인 목표의 설정여하가 중단기계획의 이념적인 정당성을 가름하는 본질적인 척도로 작용할 수 있기 때문인 것이다.

(1) **이상이념** 이들은 미래사회의 정치적 조직이나 제도의 구상보다는 그 사회구성원들의 도덕적인 가치에 더욱 커다란 비중을 두어 위선과 배반을 겁내는 것은 부끄러운 일로 생각되어야 하며 출세주의나 비겁함 또한 인간의 행동에서 원천적으로 제거되어야만 바람직한 미래사회가 건설될 수 있을 것으로 보았다. 이들의 지하간행물인 'Alekseev-Gavrilov's essay'에서는 인간들의 이 같은 윤리적 가치의 실현을 위해서는 특별한 목적만 달성되기만 하면 중단하여 버리는 유한한 행동을 하는 것이 아니라 계속적이며 끝없는 일관행동을 계속할 수 있는

마음의 자세를 가진 인간들에 의해서만 그 달성이 가능하다는 것이다. 이렇듯 최종목표에 대한 윤리적 성격을 강조하는 알렉세프와 가프릴로프(Alekseev, Gavrilov)의 견해는 그들이 바라는 사회주의가 이성과 정의, 인본주의가 승리하는 사회가 되기 위한 투쟁을 강조하고 이를 통해서만 소련에서의 지적 자유가 증진될 수 있는 것이라고 주장하고 있다.[28]

한편 메데베제프(Roy Medvedev)는 그들이 말하는 궁극적인 이상목표는 이른바 '사회주의적 민주주의(Socialist Democracy)' 사회라고 말한다. 그의 저서 『On Socialist Democracy』에서 그는 소련에서 이 같은 사회주의적 민주주의를 실현하기 위해 필요한 모든 개혁을 구체적으로 제시하고 있다. 그러나 여기서 제시하고 있는 메데베제프의 사회주의적 민주주의는 궁극적인 이상사회의 목표이자 동시에 그러한 이상목표를 실현하기 위한 실천적인 수단일 수도 있다는 점에서 그 특성을 갖고 있다고 보아야 할 것이다. 그의 논리에 따르면 그들의 이상사회인 사회주의적 민주주의의 상태를 달성하기 위해서는 사회주의적 민주주의의 길을 걸어야 한다는, 즉 장기적인 목표와 단기목표간의 동일성을 견지하여야 한다는 것이 그의 주장이다.[29]

한편 앞에서 이미 인용한 지하간행물인 'Ideological disorder'의 경우에 있어서는 이러한 이상목표의 내용과 형태가 '인간의 얼굴을 가진 사회주의(socialism with a human face)'로 묘사되고 있으며 이러한 개념은 체코슬로바키아의 두브체크(Dubcek)에 의하여 시작을 본 개념이라고 말하고 있다. 따라서 1968年의 소련에 의한 체코의 무력개입은 소련 지식인들의 절망과 분노 및 실망을 동시에 가져온 사건으로 파악됨으로써 이 같은 비인도적인 무력행사는 소련사회의 발전이나 이상사회 건설에 나쁜 영향을 미치는, 즉 사회주의적 역사발전에 역행하는 처사로 규탄되어 왔던 것이다.

28) Gennadi Gavrilov, *The open letter to the citizen of the Soviet Union*, p.72.
29) Roy Medvedev, *On Socialist Democracy*, pp.30~37.

또한 메데베제프(pseudo Medvedev)와 바르가(Varga)의 경우에 있어서는 사회주의사회의 이상을 과거의 역사적 사실에서 찾으려 하고 있다. 메데베제프는 이러한 이상사회의 형태를 파리 코뮌에서 찾으려 하고 있으며, 바르가는 1921년 제10차 전당대회에서 그 원형을 모색하려 한다. 바르가에 의하면 1921년의 소련공산당 제10차 전당대회는 당−관료조직 모델이 민주집중제의 형태를 취하고 있었으며 이러한 제도적인 장치는 전반적으로 민주주의에 대한 소양과 경험이 부족한 러시아인들에게 민주주의에 대한 교육을 위해서도 바람직한 제도라고 본다.

(2) **현실이념** 메데베제프(Roy Medvedev)의 경우에 있어서는 앞에서도 지적한 바와 같이 그의 사회주의적 민주주의의 개념이 그의 장기적인 목표이자 이를 실현시키기 위한 수단, 즉 중단기계획으로 이를 파악하고 있는 것이 그의 특색이라고 말할 수 있다. 구체적으로 그는 철저한 러시아 우선정책과 이에 따른 소수민족의 민족적 감정을 없애기 위한 러시아화 정책(Russsification policies), 진정한 당내민주주의의 진작, 당내외의 정치적, 사회적인 모든 이견의 허용, 복수정당제의 허용, 최고소비에트와 지방소비에트가 진정한 정책결정기구에로의 성격전환, 복수의 경쟁이 허용되는 선거제의 채택, 사법제도의 진정한 독립의 보호, 검열제도의 폐지, 매스컴의 자유보장, 자율권의 확대, 거주지 선택과 여행의 자유보장, 수입에 있어서의 극단적인 차등폐지, 경제관리체제의 개혁 등과 같은 현행제도의 개혁을 통하여 사회주의적 민주주의에서의 이항을 주장하고 나섰다.[30]

메데베제프는 중앙계획경제체제는 대규모의 기업체에 있어서와 같이 내적인 자율성이 상당한 수준에까지 유지되어야 하며 이에 반하여 개인이 하는 개인기업이나 가업 등과 같은 소규모기업은 이를 적극 장려하여야 하며 세금에 대한 불평등과 같은 경제적 비리 또한 없어져야 한다는 것이다. 이 밖에도 공산당에

---

30) F.J.M. Feldbruggle, *op. cit.*, p.63.

의한 일당지배가 아닌 복수경쟁제도를 도입하여야 한다는 주장은 1965년에 나타난 지하간행물인 'The Bell(Kolokol)' 제4집에 포함된 포르긴(Volgin)의 『On the multiparty system』에서도 강조되고 있음을 볼 수 있다. 포르긴은 이 글에서 현재 소련에서와 같은 "일당제도는 필연적으로 독재정치를 낳는다"고 전제하고 일당체제는 필연적으로 근본적인 민주적 자유를 제거하고 대중적인 억압을 가중시키며 사회적인 합리성을 파괴시킬 뿐만 아니라, 고문을 통한 고백과 고발에만 의한 선고를 능사로 하는 비밀재판 제도마저 가능케 한다고 보고, 결론적으로 이러한 일당체제는 한 나라를 거대한 정치범 수용소로 만드는 정치제도로 이를 규탄하고 있다.[31] 글루모프(Glumov) 또한 스탈린주의의 종식과 레닌주의적 관점에서의 소비에트의 민주주의를 위하여 반대정당의 존재가 필요하다는 입장을 취한다.

메데베제프(pseudo Medvedev)는 파리 코뮌을 현재 소련의 정치 · 경제적인 개혁의 주요한 기준으로 삼고 있는 것이 그 특징이라고 볼 수 있다.

그는 공공생활에서의 과격한 민주제의 도입을 요구하는 것이 아니라 그것보다도 경제적인 부문에 국한시켜 개혁의 당위성을 강조하고 있다. 경제적인 부문에서 상당한 수준에서의 집중화된 계획경제는 그대로 유지되어야 하는 것이다. 그러나 현실적인 면에서 기업은 노동자조직체에 그 운영권이 넘어가야 된다. 이렇게 함으로써만 경제의 활성화와 현실적인 침체를 극복할 수 있다. 궁극적으로는 경쟁의 개념을 경제계에 도입시킬 수 있음으로써 결과적으로 '건전한 시장'의 기회를 초래케 할 수 있으며 이를 통하여 생산물의 질 · 양적인 증가와 이에 따른 분배의 향상, 경제적인 효과성을 진작시킬 수 있다.

알렉세프와 가프릴로프(Alekseev Gavrilov)는 이러한 경제적 개혁을 통한 정치적개혁을 주장하고 있다. 그는 노동자들의 파업권의 보장을 주장하는가 하면, 정치적인 면에 있어서는 헌법의 수호와 국가내에서의 자유로운 정

---

31) *Ibid.,*

보의 유통을 기하기 위하여 최고헌법재판소 등의 설치를 주장한다.[32]

이상에서 반체제론자들이 제시하고 있는 모든 개혁의 효과적인 수행을 위해서는 우선 그들 앞에 가로놓인 가장 커다란 장벽, 즉 대중들과의 연계성이라는 장벽을 넘어야 한다는 것이 공통적인 의견이라고 볼 수 있다. 『Ideological disorder』의 저자가 지적하고 있는 바와 같이 현재의 상태를 개선시키기 위해서는 먼저 지식인들과 대중들 사이의 의식적인 면에서의 간격을 좁혀야 하는 것이며 이러기 위해서는 지식인들이 앞장서서 그들의 지식이나 사상을 대중들에게 확산시키기 위한 노력이 선행되지 않고는 불가능하다는 것이다.[33] 이 점에 대해서 메데베제프(pseudo-Medvedev)는 현실적인 면에서 중요한 과제는 이데올로기에 대한 지적인 확산과 이에 대한 끊임없는 연구의 확산이라고 지적하고 이러한 과정을 통하여서만 현실적인 비리의 근원이 되고 있는 관료제는 그 필연적인 몰락을 가져올 수 있다고 본다.

II. 사회주의적 유형

사회주의자(socialists)로 불리고 있는 반체제그룹은 그렇게 수적으로는 많지 않다. 그 이념적인 특색이 분명한 '마르크스-레닌'주의적인 그룹과 또 다른 반체제그룹, 즉 이념적으로는 잘 통일되어 있지 않으나 수적으로는 다수이며 스스로를 마르크스주의자들 또는 사회주의자들이 아니라고 주장하고 나아가 공식적인 이데올로기마저 부인하는 제3의 그룹들과의 중간 위치에 서 있는 그룹들이라고 말할 수 있다.

---

32) *Ibid.*, p.74.
33) *Ibid.*,

이들 사회주의자들은 사회주의적인 노선에 충실할 뿐만 아니라 자기들 스스로를 이같이 사회주의자라고 낙인찍기를 조금도 거부하지 않고 오히려 환영하는 입장을 취한다. 이와 같은 기본적인 속성 때문에 전기한 '마르크스-레닌'주의 반체제운동가들과는 상당한 부분에서 그들의 입장을 같이하고 있는 것도 사실이며 또한 이들과 '마르크스-레닌'주의자들과의 간격이 근본적으로 그렇게 현격할 수도 또한 없다.

이들 양 반체제적 그룹들 간의 이러한 연계성 때문에 어떤 반체제 지하간행물은 그 내용에 있어서 어떤 때에는 '마르크스-레닌'주의적 입장을 취하다가 그 후반부에는 사회주의적인 것으로 바꿔지는 경우도 있으며 또한 여러 가지 지하간행물을 저술하고 있는 반체제인사의 간행물중 어떤 면은 '마르크스-레닌'주의적인 것인가 하면 어떤 면은 사회주의적인 것이라고도 할 수 있을 정도의 유사성을 흔히 발견할 수가 있다. 더욱 엄밀하게 말한다면 여기서 말하는 사회주의적인 부유에 속하는 반체제론자들의 저작의 경우에 있어서도 그의 특정한 작품만이 이 부유의 내용을 담은 것이지 그의 전체 작품이 이 범주의 지향성을 견지하고 있다고는 말할 수 없는 경우가 많다.

예컨대 사하로프의 경우 그의 『Roflections on progress, peaceful coexistence and intellectual freedom』은 여기서 말하는 사회주의적 작품이라고 말할 수 있으나 그 밖의 모든 그의 작품도 이러한 범주에 드는 것이라고는 말할 수 없다.[34) 여기서 사회주의 부유로 파악하고 있는 반체제인사들의 경우에 있어서도 그들 본인 스스로는 자기들이 전장에서 언급한 '마르크스-레닌'주의자들과는 엄격히 구분된다고는 생각하지 않을지도 모르는 것이다. 그러나 결코 그들도 스스로를 자유주의자(liberal)라고는 말하지 않고 있는 점은 분명하다.

그들의 이데올로기적인 지향성에 있어서 구분점이 불분명한 것은 사실이라 하더라도 이들을 하나의 독립된 반체제집단으로 별도로 분류하기에는 충분한

---

34) Peter Dornam, "Andri Sakharov; The Conscience of a Liberal Socialist" in *Dissent in the USSR*, pp.382~383.

이론적 근거를 찾을 수 있다. 그 가장 뚜렷한 근거는 이들 반체제인사들이 스스로를 사회주의자로 인정하고 있다는 사실이다.

이러한 스스로의 인정은 '마르크스, 레닌'주의집단들보다도 공식적인 이데올로기와의 연계가 느슨한 것을 말하는 것이며 또한 그들이 자유민주주의자나 민족주의자를 비롯한 반체제 내의 다른 집단들과도 다른 속성을 내포하고 있음을 말한다.

대체로 이들 반체제론자들은 새로운 세계전쟁에의 위험과 같은 문제에 크게 신경을 쓰며 소련사회의 국가자본주의(state capitalism)화 경향에 특별한 경계심을 갖고 있다.[35] '사회주의자'로 지칭되는 이들 반체제론자들의 대표적인 작품들은 앞에서 언급한 사하로프의 Reflections on progress, peaceful co-existence and intellectual freedom을 비롯하여 니크하일로프(A. Nikhailov)라는 익명으로 발표된 Thoughts on the liberal campaign of 1968과 조린(S. Zorin)과 알렉세프(A. Alekseev)의 공동저작인 Time does not wait, 사하로프의 브레즈네프, 코시긴, 포드고르니 3인에 대한 공개장, 메데베제프와 투르친의 The Sower-A social democratic agitation bultetin』 등을 각기 들 수 있다.

1. 10월혁명에 대한 평가

'마르크스-레닌'주의 반체제론자들은 논리의 출발을 10월혁명과 레닌의 역할을 긍정적으로 보는 데서 출발하기 때문에 그들의 정치적 이데올로기에 대한 정당성을 인정하고 있는 반면에 이들 사회주의자들은 10월혁명 그 자체에 대한 긍정적인 평가나 레닌의 역할에 대한 호의적인 반응을 나타내기를 거부하고 있는 데서 두 그룹 간의 이념상의 차이가 나타나기 시작한다.[36] 그들의 정치적인 신념이 전적으로 마르크스-레닌에 의존

---

35) F.J.M. Feldbruggle, *op. cit.*, pp.81~82.
36) *Ibid.*, p.83.

하는 것은 아니다. 따라서 그들은 레닌의 사망과 그 후 스탈린의 등장이라는 역사적인 상황의 변경 자체에 대해서도 '마르크스-레닌'주의자들이 나타내고 있는 바와 같이 그렇게 커다란 문제점을 찾아내려 하고 있지 않다.

이 같은 사회주의자들의 경향성은 이 부류의 '사미즈다트'인 'The Sowere'에서도 뚜렷하게 찾아볼 수 있다. 이 간행물에 의하면 10월혁명이라는 것은 러시아의 개인자본주의(privat' capitalism)를 사회주의(socialism)로 전환시킨 역사적 사건은 결코 아니었으며 단지 이는 그러한 개인자본주의체제를 관리적인 국가자본주의체제(a system of administrative state capitalism)로 이를 전환시키는 데 불과하다는 것이다.[37]

이러한 논리에 따르면 레닌의 볼셰비키들에 의하여 행하여진 비교적 민간인 위주의 정치지도자의 충원과 정치에 있어서의 어느 정도의 유연성, 지적 자유의 상당한 보장, 정보의 다양성 등의 보장이 스탈린기에 와서는 크게 경직되고 위축되었다고 볼 수 있으나, 그렇다고 하여 이들 양자 사이의 근본적인 차이를 가져다 준 변화로 이를 파악할 수는 없다는 것이다.

사하로프, 메데베제프, 투르친은 그들의 '메모'를 통하여 레닌의 입장을 옹호하고 스탈린을 레닌과는 분리시켜 이를 소련사회 비이의 근원이라고 매도한다. 따라서 스탈린체제는 사회주의체제와는 상반되는 것으로 주장함으로써 결과적으로 레닌에 의하여 주도된 10월혁명에 대하여 상당히 긍정적인 입장을 취하고 있는 것도 사실이다.

이러한 온건론에 반해 조린과 알렉세프의 경우에 있어서는 스탈린에 의한 권력의 독점과 이의 남용이라는 것은 스탈린체제하에서 소련이 현실적으로 이룩할 수 있었던 엄청난 발전을 위해서는 불가피하였던 현상으로 이를 파악하여야 한다고 주장한다. 소련의 역사발전이라는 것은 이를 항상 보다 좋은 미래를 향하는 단일선상에서 파악해서는 안 되는 것이라고 보고 이러한 현실

37) Ibid., p.85.

에서 보면 그가 포악하고 잔인하였던 것도 사실이나 그러한 형태의 스탈린도 소련 사회의 역사 발전 과정에서는 어느 정도 그 존재가 필요했던 인물이었음은 부인할 수 없다는 것이 그들의 분명한 입장이다. 결국 이들의 관점을 요약하면 스탈린주의 그 자체는 불행하였고 불쾌하였던 것은 사실이었다 하더라도 이는 현실적으로 인정할 수밖에 없었던 과거사이며, 또한 스탈린주의 그 자체에 대한 시비보다는 그러한 현상의 형성을 가능케 하였던 10월혁명에 의하여 도입된 전반적인 진화와 발전의 개념에 비난의 화살이 옮겨져야 한다는 것이다.

2. 현실상황의 분석

앞에서 사회주의적 반체제론자들이 소련사회내에 현존하는 온갖 병리의 역사적인 근원에 대해서는 '마르크스-레닌'주의 집단에 있어서보다 관심이 덜한 이유를 살펴보았다. 그들 '마르크스-레닌'주의자들의 경우에 있어서 과거의 근원보다는 현존하는 소련회사내의 병리와 모순에 대한 관심과 비판의 범위가 한결 더하다. 오늘날 소련회사의 커다란 하나의 병폐로 지적되고 있는 관료제적인 병리에 대한 비판은 '마르크스-레닌'주의자뿐 아니라 이들 사회주의자들에 있어서도 커다란 하나의 비판의 대상으로 등장하고 있다.

'The Sower'에 있어서도 소련체제의 현존하는 가장 근본적인 약점은 집중화된 관료기구의 권력의 집중현상이라고 말하고 이러한 관료제의 정착은 결국 소련이 '국가자본주의(state capitalism)'화 결과라고 이를 꼬집고 있다. 또한 사하로프, 메데베제프, 투르친의 경우에 있어서도 이 같은 관료제는 결국 소련사회를 무기력하게 하고 약화시키는 가장 커다란 요인이라고 지적한다. 이렇듯 여러 부문에서 이들 '사회주의자'들은 '마르크스-레닌'주의자들과 마찬가지로 관료적인 엘리트들에 의한 권력의 독점과 특권의 확보를 비난하는 입장은 동일하지만 그 밖에 생산수단의 국가소유, 즉 국가자본주의체제에 대한 비난에 있어서는 그들의 독특성을 보인다.

또 한 가지 이들 '사회주의자'들의 특징이라고 할 수 있는 점은 관료체제의 고위층에 대한 비난에 있어서 이들은 '마르크스-레닌주의자'들의 경우에 있어서 보다는 그 정도가 덜하다는 점이다. 사회주의자들의 이러한 대관료제도의 비난은 대체로 두 가지의 측면에서 특징적으로 나타나고 있다.[38]

첫째, 이들은 소련의 관료제에서의 서열이라는 것은 곧바로 경제적인 배분에서의 서열과 동일시되는 것이며 이러한 현상은 그들이 말하는 이른바 소련의 국가자본주의의 결과로 야기되는 현상이다.

둘째, 지지인들에 대한 문제로서 관료제도라는 것이 소련에서는 하나의 계급제도로 취급되고 있기 때문에 지지인들과 관료들 사이에는 계급적인 위화감이 일어나고 있다.

양 집단에서 일어나고 있는 위화감은 우선 그들 지지인들의 일반적인 속성이 자유(학문, 정보)의 추구에 집착하는 데 반하여, 관료계층은 과학적인 원칙보다는 현실고수의 노력이 한결 더한 데서 그 이유를 찾아볼 수 있다. 즉, 관료들은 지지인들이 일반적으로 추구하는 지적인 자유의 억압을 통해서만 그들이 현재 향유하고 있는 특권을 계속적으로 유지시켜 나갈 수 있다고 믿고 있다. 이 같은 정보자유의 통제와 철저한 선전, 선동만을 통하여 전체고민들의 의지를 둔화시키고 획일화시킴으로써만 그들의 독점적 자유를 아무런 방해 없이 배타적으로 유지할 수 있다고 생각하고 있는 것이다.

정보의 통제는 현실적인 면에서 여러 가지의 문제성도 함께 그 속에 내포시키고 있다고 볼 수 있다. 구체적으로 보면 소련사회가 발전되어 감에 따라서 종래와 같은 경제구조에서의 경직성에서 이탈하지 않을 수 없는 것이며 이는 결국 모든 영역에서의 자율성의 확대를 불가피하게 하고 있는 엄연한

---

38) Zorin and Alekseev, "Time does not wait", in F.J.M. *op. cit.*, p.90.

사실에도 불구하고 현실적으로는 여전히 이러한 자율성을 확대시키지 않음으로써 구조적인 갈등을 유발시키고 있다. 또한 정보의 자유로운 교류가 제한됨으로써 새로운 발전과정에서 야기되는 예상치 못하던 도전과 발전과제들에 대한 적절한 대응책을 그들 지도자들이 제대로 수행할 수 없음으로써 나타나고 있는 갈등 또한 심각할 수밖에 없는 것이다. 최고위층의 지도자들에게 있어서도 그들에게 전달되는 정보라는 것이 정확하지 못한 것이 비일비재함으로써 보다 객관적이고 정확한 사태판단과 정책결정을 어렵게 하는 경우가 허다하다. 따라서 최고지도자들이 합리적이고 과학적인 통치가 또한 현실적으로 커다란 장애를 받고 있는 것이다. 이렇듯 자유로운 교류 없이는 과학적이고 합리적인 경제관리가 불가능하다고 보고 있기 때문에 현행제도하에서는 경제적인 불만이 가중될 수밖에 없다.

이러한 관점에서 이들 '사회주의자'들은 다른 경제체제의 장점들을 대폭적으로 받아들여야 한다는 입장을 가지고 있다. 특히 그들 체제와는 적대관계에 있는 자본주의적인 경제체제의 장점들도 이를 선별적으로 흡수하고 수용해야 한다는 입장을 보이고 있다.[39] 이 같은 개방적인 입장은 사하로프의 'Reflections'에서 특히 강하게 나타나고 있다. 그에 의하면 자본주의적 생산양식이 결국은 생산력을 사멸시킨다는 마르크스주의적인 경제논리는 현실적으로 그 타당성을 인정할 수 없으며, 또한 현재 소련이 당면하고 있는 온갖 갈등은 순수한 대내적인 발전과는 결부시켜 생각할 수 없는 국제적 문제와 연관되어진 것으로 이를 파악하고 그 대표적인 예로 핵전쟁의 위협과 같은 것을 지적하고 있다. 이러한 점에 있어서는 조린과 알렉세프도 그 견해를 같이 한다고 할 수 있다.

소련의 정치권력자들이 가지고 있는 제일의 관심은 국내적으로 그들이 가지고 있는 권력을 계속시키는 것이며 대외적으로는 그들의 영향력 행사를 확대하는 것이라고 전제, 소련의 정치권력자들도 이러한 목적을 꾀하기 위하여

---

39) *Ibid.*, p.91

현실적으로 보아 명백한 외적인 위협이 없음에도 불구하고 그들의 전력증강을 위한 막대한 군사비를 계속적으로 증가시키고 있다는 것이다. 계속적인 군비지출은 결국 가까운 장내에 대해서는 군사적인 충돌의 위기를 불가피하게 하는 것이며 이러한 쇼비니즘과 군사적인 애국주의의 진작은 크게 위험하다. 이상과 같은 이들 반체제인사들의 주장을 요약하면 경직된 행정적 관료체제 아래서는 더 이상의 발전은 도저히 기대할 수 없다는 것이며 이 같은 모순을 제거하기 위해서 소련사회는 마땅히 합리화되고 인간화되어야 한다는 것이다.

3. 이데올로기적 구조

(1) **이상이념** 사회주의 반체제론자들도 그들의 대안적인 이데올로기 경향성은 이를 장기계획, 중기계획, 단기계획 등으로 나누어 살펴볼 수 있다. 물론 여기서 말하는 장기계획이라는 것은 그들의 궁극적인 '이상이념'이라고 볼 수 있는 것이며, 중간계획은 이 같은 장기목표 달성을 위한 중간적인 '현실이념'을 의미하는 것이며, 또한 단기목표는 직접적이고 현실적인 '실천전략' 목표가 그것이라고 각각 규정할 수 있다.

반체제 사회주의자들이 가지고 있는 '이상목표'의 개념은 'The Sower'에서 분명하게 나타나고 있는 '과학적 민주사회주의(scientific-democratic socialism)'로 이를 일단 파악할 수 있을 것 같다.[40] 과학적 민주사회주의는 과학적인 관리(scientific management)와 사회의 통제체제를 의미하는 개념이며 또한 이는 행정영역에서의 광범위한 과학적 방법의 도입과 정치의 과정들에서의 지지인 및 과학자들의 역할의 증대를 의미한다. 행정권과 입법권의 배타적인 통제하에 있는 현행체제상의 관료기구는 궁극적으로 그들의 권력을 그

---

40) *Ibid.*, p.92.

들 스스로의 이익을 위해 사용하는 경향을 배제할 수는 없는 것이기 때문에 선진산업국가들에서 보는 지도력의 유연성과 생기를 갖출 수는 없다. 따라서 과학자와 전문가의 독립된 기구에 입법권을 넘겨주는 것이 필요하다고 주장하고, 집행자 또한 관료기구에서부터 벗어나야 하는 것이며 개인들에 있어서의 수입의 차등도 점차적으로 개선되어야 한다. 권력의 분립은 최고직책에서 뿐만 아니라 저급기관에 있어서도 분명하게 이루어져야 하는 것이며 나아가 기업에 있어서도 이러한 권력분립의 원칙은 적용되어 궁극적으로 생산민주제(production democracy)가 이루어져야 한다.

당지도부에 대한 사하로프, 메데베제프, 투르친의 공개서한에서도 이 같은 과학적 관이와 민주제에 대한 주장은 분명하게 나타나고 있다. 소비에트 공공생활에서의 대규모적인 민주화조치는 기술경제적인 진보와 과학적 발전에 의해서 더욱 요청된다.41) 현존의 소련사회가 더욱 민주적이고 개방적인 사회가 되기 이전에는 더 이상의 경제와 과학발전을 기대하기는 힘들다는 것이다. 따라서 민주화만이 소련의 사회주의체제를 유지시키고 그의 체제적인 신장을 촉진시킬 수 있는 것이며 또한 사회주의적 경제와 사회주의 이데올로기를 고양시킬 수 있는 유일한 방법이다. 또한 이러한 민주화는 공산당의 지도 하에서 이룩될 수 있다고 보고 이러한 조치를 통해서만 경제, 정치, 문화적 영역들에서의 그들 공산당의 지도적인 역할은 계속적으로 유지되고 증가될 수 있을 것으로 본다.

(2) **현실이념** 사회주의적 반체제론자들의 중간목표, 즉 '현실이념'으로는 '민주화', 즉 경제적인 면에서의 '국가소유제의 폐지'와 정치구조적 측면에서의 '복수 정당제' 도입으로 이를 파악할 수 있다. 국가소유제의 폐지, 복수정당제의 문제 등 민주화에 대한 강조는 모든 사회주의적 반체제론자들의 공통된 입장이다. 그들 반체제론자들은 소련의 경제구조를 국가자본주의(state cap-

---

41) Sakharov, Turchin and Medvedev, "Open letter to Brezhnev, Kosygin, Podgorny" *Survey*, 76(Summer, 1970), pp.165~167.

italism)나 독점자본주의(monopolistic capitalism)로 각각 이를 규정하고 이 같은 국가소유제는 현재 소련체제의 가장 기본적인 병리라고 주장한다.

또한 정치적인 측면에서도 일당독재의 압정을 개선하기 위해서는 복삭정당제를 통한 선의의 경쟁이 허용되어야 한다는 것이다. 조린과 알렉세프는 다른 반체제론자들과는 달리 현실목표는 정치적 민주주의(political democracy)를 지향해야 된다고 주장하고 있다. 그들에 의하면 이러한 정치적 민주주의를 실현시키기 위해서는 현재와 같은 국가소유제(state ownership)가 폐기되어야 하는데 이는 이 같은 국가소유제라는 것이 결국 현실적으로 소삭의 지배엘리트들의 소유가 되기 때문이라고 본다. 국가소유제는 전체인민의 소유의 방법이나 노동자집단의 공동소유로 대체되어야 한다. 이 같은 전환을 이룩하기 위해서는 시민의 자유권 확대와 군, 경찰, 사법부에 대한 관료적인 통제가 하루빨리 폐기되어야 함은 물론이다. 또한 이 같은 그들의 입장, 즉 정치적 민주주의라는 것이 부르주아민주주의에 불과하지 않느냐는 비난에 대하여 이러한 복삭정당제와 같은 제도의 도입은 어떠한 종유의 민주제에 있어서도 그 필요성이 인정된다고 주장함으로써 그들의 주장을 적극적으로 변호하고 나섰다.

이 같은 중간계획을 효과적으로 추진할 수 있는 현실적인 실천전략, 즉 단기계획으로 그들이 내세우고 있는 것은 정치범들의 조속한 석방, 검열제도의 폐지, 사법부의 독립 등을 비롯하여 여론조사소이 설치 등과 같은 구체적인 대안들을 제시하고 있다. 사하로프의 경우 그들의 '현실목표'를 달성하기 위한 구체적인 '실천전략'으로는 ① 당정부의 민주화, ② 국가정보의 공개, ③ 국가규제의 재검토, ④ 전파방해중지, ⑤ 대중여론 존중, ⑥ 정치범 사면, ⑦ 검찰활동 개선, ⑧ 통행증 등록폐지, ⑨ 교육시설의 확대 독립, ⑩ 언론의 민간경영, ⑪ 경영 훈련강화, ⑫ 지방기관의 권한확대, ⑬, ⑭ 민족자치복구, ⑮ 정부의 자문기관을 확대할 것 등의 15가지를 들고 있다.

Ⅲ. 민주주의적 이념유형

전기한 두 가지의 이념유형 중 '마르크스-레닌'주의적 집단은 분명하게 그들의 특성이 나타나고 있는 반면, 사회주의적 집단들은 여타의 다른 반체제 집단들과의 중간적인 계층으로 그들이 견지하고 있는 이념적인 특성이 앞에서 살핀 바와 같이 다소 모호하다. '마르크스-레닌'주의 그룹들은 '마르크스-레닌'주의와의 연계성이 뚜렷하며 따라서 10월혁명에 대한 긍정적인 반응을 보이고 있으나 현존하는 소련체제의 모순을 규명하는 데 있어서는 그 원인이 마르크스주의에서 이탈된 10월혁명의 불완전성과 스탈린주의의 병폐에서 그 원인을 찾고 있는 것이 그 특색이다. 따라서 이들 '마르크스-레닌'주의자들의 핵심적인 사상을 엄밀하게 보면 마르크스주의의 순수한 이상에로의 회귀와 스탈린에 대한 비난으로 집약될 수 있다고 볼 수 있다.

한편 사회주의적 반체제론자들의 경우에 있어서는 이 같은 '마르크스-레닌'주의와의 연계는 다소 느슨한 것이 사실이다. 이상에서 살핀 '마르크스-레닌'주의적 반체제집단과 사회주의적인 반체제 경향들 이외의 가장 뚜렷한 반체제적 경향은 특정한 그룹이나 계층이 아닌 잡다하고 광범위한 계층들에서 나타나고 있는데 이들 세 그룹들의 특색을 한 마디로 요약하기는 힘들지만 이들은 대체로 그 이념적인 지향성에서 '마르크스-레닌'주의를 반대하고 또한 그들 스스로를 사회주의자라고도 말하지 않는다. 그러나 그들은 관료엘리트들의 독점적인 권력장악에 대한 비판 및 시민권과 민주적인 절차를 수호하려는 입장에 있어서는 전기한 두 그룹들과 그 입장을 달리하지 않고 있다. 따라서 이러한 유형의 이념적인 지향성을 가진 집단을 일반적으로 민주주의 집단으로 개념을 단순화시킬 수 있으며 그들의 활동 전반을 통칭하여 민주운동(democrats movement)으로 이를 파악하는 데 별다른 무리를 발견할 수는 없다.

그러나 여기서 말하는 '민주주의자'란 소련의 반체제론자 가운데 전기한 '마르크스-레닌'주의자, 사회주의자 및 그 밖의 민족주의, 스탈린주의자 등을 제외한 나머지의 일반적인 계층들을 통칭하는 개념으로 파악하여 그 활동과 내용을 분석하여 보려한다. 이 같은 관점에서 볼 때 민주주의자집단이라는 것은 소련의 반체제운동가들 중에서 가장 많은 수를 포용하고 있는 그룹이라고 말할 수 있는 것이다. 때문에 민주화운동과 연관된 반체제그룹들은 일반적으로 좌익성향의 반체제론자들로부터 자본주의자(capitalists) 혹은 자유주의자(liberalist)로 비난되고 있기노 하다.42) 그러나 현실적인 면에서 이들 민주주의자들은 사회주의적인 반체제론자들과 중첩되는 경향을 많이 가지고 있는 것은 또한 사실이다.

　양 집단 간의 그 이념지향면에서의 양면성은 사하로프의 경우에서 대표적으로 나타나고 있는데 그는 어떠한 경우에는 사회주의자로 평가되기도 하고 또 다른 어떤 때는 비사회주의적인 민주주의자로 평가되기도 하는 양면성을 가지고 있음이 바로 그것이다. 이 같은 민주주의적 경향의 반체제 작품들은 시냡스키, 다니엘의 재판이 있던 1966년부터 양산되었다고 볼 수 있는 것이다. 당초 이 시냡스키, 다니엘의 재판이라는 것은 소련당국이 일반적인 상황전개를 외면하고 항한 시대조류를 역행하는 탄압이었기 때문에 이에 대한 파문은 대단한 것이다. 이 사건을 계기로 소련 내의 반체제운동을 더욱 성숙시키고 그동안 산발적이었던 반체제운동을 결집시키는 데 실질적이 도움을 주었다 여하튼 1966년을 기하여 특히 민주주의적 반체제성향의 작품들이 줄을 이었는데 그 대표적인 예로는 지니아코프(Zniakov)의 A notebook, 탈란토프(Talantov)의 Soviet society가 각각 1966년과 1968년에 그 모습을 보였으며, 루슬라노프(Russlanov)의 『Youth in Russian History』, 스미르노프(Smirnov)의 『The Individual and Society』, 알타에프(Altaev)의 『The dual consciousness of the intelligentsia and pseudculture』

---

42) Maurice Hindus, *The Krelim's Human Dilemma*(Doubleday & Co., 1967), pp.247~249.

가 각각 1969年에 발표되었다.

또한 다소 성격상의 차이는 있으나 이 같은 범주에 포함될 수 있는 성격으로 사하로프의 전기한 『Reflections』와 아말리크의 『Will the Soviet Union Survive until 1984?』 등의 작품도 각각 1968년과 1969년에 발표되었다. 그러나 소련에서의 이 같은 민주적인 반체제운동은 1969년의 『Programme of the Democratic Movement』로부터 본격화했다고 볼 수 있으며 그 이전에는 실질적인 활동이 이루어지지 않았다는 것이 일반적인 견해이다.

소련에서의 민주화운동이라는 것은 아말리크의 『Will……』에서 그 성격을 규명한 바와 같이 ① 그 운동 자체는 고정된 조직체의 형태는 갖고 있지 않으나 이 운동은 그 대표자나 회원들 외에도 상당히 광범한 우호적인 지지세력을 현실적으로 포용하고 있으며, ② 이 운동은 다른 단체들에서 보다 그들의 목적과 전략이 보다 분명하게 규정되어 있다고 볼 수 있으며, ③ 이 운동은 또한 공개적이고 합법적인 일을 하며 이러한 공개성 자체는 다른 지하단체들의 운동과 그 성격을 달리한다는 것 등의 여러 가지의 속성을 가지고 있다.[43]

또한 1970年 '사미즈다트'를 통해서 익명으로 발표된 『On the question of what is to be done』에서는 민주주의운동이라는 것은 마르크스주의적 사회주의(Marxist socialism)에 반대하는 정치적인 운동으로 이를 규정하고 이 운동은 극단론으로 달려서는 안 될 것이며, 따라서 이 운동은 원칙적으로 당과 정부의 지도력에 충실하여야 할 것이라고 주장하고 있다.[44] 이에 따르면 그들 소련의 지도세력 자체가 독재적인 속성이 있기는 하나 그러한 속성은 소련 내의 인민들 대다수의 반동적인 입장을 그대로 반영한 것이라고 볼 수 있기 때문에 이러한 상황하에서의 정치적인 민주화운동이라는 것은 이 같은 비민주적 사람들까지를 포함한 모든 사람들의 의견을 수렴할 수 있는 것이어야 하는 것이기 때문에 극단론으로 흘러서야 안 된다는 것이다.

---

43) Amalrik, *Will the Soviet Union Survive Until 1984?*, pp.12~13.
44) F.J.M. Feldbruggle, *op cit.*, p.130.

소련에서의 이러한 민주화운동은 역사적으로 볼 때 1969~72년 사이에 가장 왕성하였다고 볼 수 있으며 그 이후에는 다소 쇠퇴하였다고 볼 수 있다. 이는 1970년대 중반 이후 소련정권당국이 이 운동에 대해서 탄압을 가열화시켰기 때문이다. 1973년에는 이미 사하로프만이 그런대로 소련 내에서 활동할 수 있었으며 그 목소리가 서방세계에까지 전파될 수 있었던 유일한 인물일 수밖에 없었던 상황이 이를 말하고 있다.

소련 내의 저명한 빈체제인사들은 1973년을 전후하여 국외로 추방되거나 (Chalidize, zhores Medvedev, Sinyavsky) 또는 당국에 의하여 투옥당하거나(Amalrik, Grgorenko, Bukovsky) 또는 정신병동의 신세를 벗어나지 못했다. 그러나 이 같은 외형적인 세의 축소에도 아랑곳없이 실질적인 면에 있어서는 그들의 이념적인 확산이 계속되고 있었을 뿐만 아니라 시간의 경과와 더불어 점점 더 소련 반체제운동의 이념적인 구심체로서의 역할을 증대하여 나갔다. 이 같은 현실적인 확산에도 불구하고 이 민주화운동에 대한 비판 또한 여러 가지의 측면에서 강하게 나타났다.

이 운동에 대한 비판의 대부분은 이 운동이 소련사회의 미래의 경제체제를 전망하는 가운데 자본주의적 성향을 보이고 있다는 점과 그들의 투쟁수단에서 그 성격에 어울리지 않는 지하운동과 음모적인 요소가 포함되어 있다는 점이다. 이 같은 민주화운동에 대한 비판가들의 입장은 현실적인 소련체제이 개선을 위해서는 그들 민주화론자들과 같은 자본주의적 성향의 도입을 통해서가 아니라 이른바 인간의 얼굴을 한 사회주의의 실현을 통해서만 가능하다는 것이 베르자에프와 같은 비판가들의 입장이다. 또한 도모포이(Domovoi)와 같은 사람은 민주화운동이 지향하고 있는 소련사회의 변화상이 불분명하다는 점을 특히 강조하고 있으며 라파스(Lavas)는 그들의 민주화운동과 사회주의와의 관계의 부분명성, 실천행위에 대한 불분명한 태도, 그들의 전략목표와 전술목표간의 연계성 부족 등을 각각 비판하고 있다.[45]

민주화운동 자체에 가해지고 있는 갖가지의 비판, 예컨대 이는 미숙한 운동이나 경험을 바탕으로 하지 않는 운동 등의 비난은 소련의 반체제운동 전반이 그 본격적인 모습을 나타낸 것이 극히 최근의 일이라는 점을 미루어 볼 때 그렇게 그 타당성을 부여할 수는 없는 성질의 것이다. 특히 그들 민주화운동의 각종 간행물들 자체가 그들에 대한 이 같은 비난과 비판의 내용을 스스로 게재하고 있다는 사실에서만도 그동안의 반체제운동이 줄곧 아집과 독단으로 일관된 것이었기 때문에 이러한 관점에서 보면 그만큼 발전된 모습으로 이를 파악해야 할 것이다.

1. 10月혁명에 대한 평가

민주주의적 반체제론자들은 '마르크스-레닌'주의 반체제론자들처럼 그렇게 과거에 집착하지 않는 것이 그 이념지향의 특성이라고 말할 수 있다. 민주주의론자들은 소련의 공식적인 현존의 정치이데올로기에 대해서는 철저하게 부정적인 입장을 취하고 있다. 그러나 그렇다고 하여 이미 역사의 과거로 지나쳐버린 혁명의 순수성을 다시 되찾기 위하여 소련사회가 과거로 지향하는 것은 또한 원치 않고 있다.

민주주의 반체제론자들의 경향은 강한 미래지향성을 나타내고 있는 반체제 역사학자 아말리크의 경우에 있어서도 분명하게 나타나고 있다. 그는 10월혁명이라는 것은 이미 지나쳐버린 역사적인 사건이라고 말하고 그러나 과거의 역사에 더 이상 관심을 가질 필요도, 이의 시비를 따질 필요도 없다는 입장을 나타낸다. 또한 루슬라노프(Ruslanov)도 그의 저서 『Youth in Russian History』[46]에서 10월혁명은 두 가지의 서로 다른 속성, 즉 러시아의 전통과는 어긋나는 국제공산주의적인 성격과 또 다른 한 가지는 러시아적인 통치의 뿌리가 있는 민족적이며 인민주의적이고 볼셰비키적인 성격이 함께 그 속에 내포되어 있

---

45) *Ibid.*, p.100.
46) *Ibid.*, p.117.

으나 이 두 가지 속성 중 궁극적으로 10월혁명을 지배한 것은 볼셰비키적인 전통
이었다고 주장한다.

소비에트 러시아는 모스크바 러시아 전통의 강한 영향을 그대로 받았기 때문에
그들 국민들은 그들의 정신적인 태도나 역사적인 전통에 있어 고대 모스크바의
러시아 전통을 피터대제의 러시아에서 보다 훨씬 많이 받았다고 볼 수 있다. 왜
냐하면 10월혁명은 혁명(revolution)이 아니라 트카체프의 폭동과 같이 제
정러시아를 과거의 러시아로 되돌리려는 하나의 반란으로 볼 수밖에 없기 때
문이라는 것이다.

민주주의 반체제론자들이 10월혁명에 대하여 가지는 태도는 다른 반체제그
룹들에서와 같은 감정적인 평가에서 벗어나고 있으며 그들은 이를 단지 하나
의 과거에 일어난 역사적인 사건으로만 평가하고 있다. 탈란토프(Talantov)
는 이런 관점에서 "……결국 10월혁명은 하나의 지배계층의 교체에 불과한 것
이며 이를 통하여 새롭게 대치된 지배계급은 혁명 전의 그것보다 훨씬 더 야
만적이고 탐욕적인 그룹이었다"는 것이다.[47] 민주주의자들의 입장에서는 '마
르크스-레닌'주의에 대하여 이를 정당하게 평가하거나 이에 대하여 동정적인
입장을 취하는 것이 아니라 이것에 대하여 부정적이며 투쟁적인 입장을 취한
다. 따라서 이러한 관점에서 이들의 마르크스-레닌주의 이데올로기는 러시아
의 현존의 모든 문제들을 해결하거나 이를 처리하는 데 있어서는 적합하지 못
하다는 것이다.

또한 레닌 개인에 대한 평가에 있어서도 소련의 반체제운동가들이 거의 전
부가 그러하듯이 이들 민주주의적 반체제론자에 있어서도 두드러지고 있다.
민주주의자들의 레닌에 대한 태도는 보다 정확하게 무관심하다고 하는 것이
더욱 적절한 표현이라고 볼 수 있다. 이러한 무관심한 태도라는 것은 소련의
다수국민들이 일반적으로 레닌에 대해서 가지고 있는 상당히 긍정적인 태도

---

47) *Ibid.*, p.117.

와 비교하여 보면 대단한 레닌에 대한 부정이라고 말할 수 있다. 민주주의론자들은 현재 소련에서 필요한 것은 비스탈린化(de-Stalinization)도 주요하지만 이보다 앞서 비레닌화(de-Leninization)가 그들의 체제개선을 위하여 더욱 필요한 것으로 파악하고 있다.[48]

또한 흐루시초프에 대한 평가에 있어서도 이들은 그가 스탈린주의를 퇴치시킨 점에 있어서 그 공로를 인정하고 있는 것은 사실 흐루시초프에 의한 비스탈린 정책은 통치계급에 국한되어 실시되었기 때문에 제대로 효과를 발휘할 수 없었다고 보는 것이며 또한 이 정책을 주도한 흐루시초프 자신이 스탈린주의와의 너무 깊은 연계를 처음부터 가지고 있었다. 따라서 소련사회의 병리의 근본적인 요소라고 할 수 있는 관료엘리트들에 대한 의지도 그만큼 강할 수밖에 없었기 때문에 제대로의 비스탈린주의 정책의 목적을 달성할 수는 없었다고 본다.

2. 현실상황의 평가

민주주의적 반체제론자들은 소련체제의 역사적 기원에 대해서는 별다른 관심이 없기 때문에 현실적으로 작용하고 있는 현존체제의 분석과 비판에 더 많은 관심을 가지고 있음은 오히려 당연한 현상이다. 현존하고 있는 소비에트체제 아래서는 프롤레타리아트독재라는 독특한 제도적 장치의 힘을 빌려 그들 공산당이 무제한적인 권한을 행사하고 있다. 이들은 소련사회를 아무런 간섭이나 외부의 개입 없이 독자적으로 운영해 나가고 있으며 실질적으로는 지배계급화되어 있을 뿐만 아니라 이러한 그들 공산당은 엄격한 수직적인 조직체제를 갖추고 있기 때문에 이들 중에서도 이러한 피라미드구조의 정상부에 모든

---

48) *Ibid.*,

권력이 실질적으로 집중되어 있다. 따라서 이들의 지도적인 당료들은 현실적으로 많은 정치, 경제적인 특권을 향유하고 있는 것이며 이러한 특권은 세습적으로 향유되고 있는 모순을 안고 있다.

탈란토프(Talantov)에 의하면 이러한 특권적인 당원들의 자여들은 관습적으로 별다른 어려움 없이 다시 당원으로 충원될 수 있을 뿐만 아니라 일정 기간 이후에는 거의 자동적으로 상당한 당직을 누릴 수 있다. 이들이 아주 뚜렷한 위법행위를 서시르지 아니하는 한 그들이 무능하다고 해서 이러한 세습적인 특권의 향유에 아무런 영향을 줄 수도 없다는 것이다. 권력의 세습적인 유지를 주시하면서 민주주의적 반체제론자들은 현존하는 소비에트체제를 '초독점자본주의 혹은 국가독점 자본주의(Super Monopolistic or State Monopolistic Capitalism)'로 이를 묘사하고 있다.49) 즈니아코프(Zniakov)는 이러한 점을 다음과 같이 요약하고 있다.

> ……소련의 사회체제는 어느 정도 초독점자본주의(super monopolistic capitalism)으로 규정될 수 있다. 왜냐하면 생산수단의 개인적 소유와 공공노동생산물 배분의 부공평 등이 그대로 남아 있기 때문이다. ……경제정치적 권력의 특정인의 독점은 마르크스가 말한 자본주의라기보다 사실상 이는 동양적 전제주의(초독점체제)와 유사하다고 볼 수 있다.50)

현재의 소련체제는 스탈린적인 질서가 그대로 계속된다고 하여도 과언은 아닌 것이며 또한 새로운 스탈린의 출현 자체를 저해할 만한 아무런 정치적이거나 사회적인 장애요소가 소련에는 없다고 보는 것이 그들의 입장이다. 민주주의적 반체제론자들은 현실상황을 분석함에 있어 그들 민주주의적 반체제의 세가 현실적으로 크게 확대되어 가고 있다는 점과 또 한 가지 오늘날의 소련체제라는 것은 위기에 사로잡혀 있다는 두 가지의 가열을 전제로 하고 있다.

---

49) *Ibid.*, p.119.
50) *Ibid.*,

우선 민주주의적인 반체제 경향이 확대되어 간다는 가열은 크리스토프(Christov)의 언명에서 이를 분명하게 읽을 수 있다. 그는 소련의 모든 사람, 즉 교수에서부터 노동자에 이르기까지의 모든 사람들이 그들과 같은 반체제의 편에 서 있는 것이 오늘날 소련의 현실이며 따라서 소련사회에서는 공식적인 이데올로기인 '마르크스-레닌'주의적인 사상은 이미 오래전에 그의 공감을 잃어버렸으며 그것은 이미 반공산주의적인 사상(Anti-communist idea)으로 대치된 것이 엄연한 사실이라는 것이다.[51] 크리스토프의 이 같은 극단론을 사실 그대로 인정하기에는 문제가 있다. 그러나 이 같은 그의 주장 중에서 '마르크스-레닌'주의적인 이데올로기의 매력은 소련사회에서 이미 그 공감을 이룰 수 없는 허구로 인지되고 있다는 사실에는 타당성을 발견할 수가 있다.

이 밖의 또 하나의 가열, 즉 소련체제의 현실은 위기적 상황이라는 점에 있어서는 많은 민주주의적 반체제론자들이 다같이 공감하고 있다. 소련의 현존 이데올로기적인 소원과 계속적인 경제적 위기, 예컨대 농업과 소비재 생산면에서의 구조적인 낙후성 같은 문제들은 이미 그 해결의 능력을 더 이상 기대하여 볼 수 없는 문제들이며 이 밖에 소비에트체제 특유의 권력구조가 야기한 정치적 불안정과 불확실성은 소련체제의 위기를 산출하고 있는 직접적인 원인으로서 이는 결국 소련체제를 오늘날 새로운 '스탈린적인 독재' 체제 내지 유일국가체제화한 결정적인 요인이라는 것이다. 소련체제에 대한 이상과 같은 분석이 바로 아말리크의 Will the Soviet Union Survive Until 1984?의 입장이며 그 밖에 루슬라노프(Ruslanov)와 즈니아코프(Zniakov) 등과 같은 반체제론자들의 입장인 것이다.

(1) **종교 · 도덕적인 문제** 대부분의 민주주의 반체제론자들의 종교·도덕적 논쟁의 골자는 그들 소련의 공산주의 정권은 과거 러시아와 지배적인 가치규범이었던 전통적인 기독교적 가치를 이에 대한 구체적이고 실질적인 대안의

---

51) "The ASCULP Programme", in F.J.M., *op cit.*, p.120.

마련 없이 마구잡이로 파괴시켜 버렸다는 것이다.

> 이리하여 나는 다른 어떠한 형태의 독재보다도 더욱 공산주의를 싫어하게 되었
> 다. 왜냐하면 공산주의자들은 인간성의 고결하고 신성한 이상을 하나의 비웃음거
> 리로 만들어버렸기 때문이다. 자유, 우애, 평화, 행복의 개념은 항상 인류에 대
> 한 종교와 희망을 전제로 하는 것인데 공산주의자들은 이러한 전제 자체를 부결
> 한 것으로 만들어버렸다. 따라서 현재의 소련공산주의자들은 그들 스스로를 인민
> 들에 의해 선택된 존재들이라고 입만 열면 떠들고 있으면서도 현실적으로는 자기
> 의 실속만을 차린 뚱뚱하고 살찐 공복으로서의 헛된 모습만을 보이고 있다. 그들
> 은 또한 매일 평화, 우애, 형제애, 자유, 진리, 자만심, 그리고 자기부정을 말하
> 기 위하여 수많은 연단을 장만하고 있다. 그리고 그들은 그러한 거짓된 연설을
> 통하여 거대한 재정적인 보상을 받게 되는 것이며 이러한 연설을 마치고 하단한
> 직후부터는 그의 대가로 얻은 돈으로 형제애와 우애를 파괴하는 일들을 자행하면
> 서 개인적인 자만심의 노예로 타락하고 있는 것이다.52)

사회적 비리를 낳고 있는 도덕적인 타락의 현상은 스탈린적인 테러가 야기한 소련사회의 극단적인 분자화의 결과로 나타난 도덕적 공백에서 그 원인을 찾고 있는 것이 일반적이며 이러한 도덕적인 공백은 그 초기에 있어서는 정신적인 허무주의와 강압적인 유물론적인 사고에 의하여 다시 채워지긴 하였으나 그 후 흐루시초프에 의하여 행하여진 스탈린의 개인숭배에 대한 비난 연설이 있은 이후 이러한 현상은 정치적인 무관심과 문화적인 개인주의 내지는 문화적 반대 감정으로 다시 고개를 들기 시작하였다.

정치적인 무관심과 도덕적인 개인주의의 풍조는 사람들의 심리상태에서 계속적으로 불안게 하는 것이었기 때문에 이에 대처하는 새로운 정신적인 분위기가 다시 요청되기에 이르렀다. 이러한 시대적인 요청 앞에서 대다수의 민주주의적 반체제론자들은 새로운 그들의 지표가 될 수 있는 도덕적 가치의 창출에 힘쓰게

---

52) Amalrik. "The Estonian Statement", in F.J.M. *op. cit.*, p.95.

되었다. 이에 따라 그들은 우선 유사한 종교적 신념으로까지 비약한 '마르크스-레닌'주의의 허구성을 해부하는 데 그들의 노력을 경주하기 시작한다.

'마르크스-레닌'주의에 대치할 수 있는 새로운 대안개발의 필요성에도 불구하고 현존의 민주주의론자들은 이러한 새로운 가치관의 정립에 성공하였다고는 볼 수 없다. 이러한 환경 여건하에서 그 같은 대안의 하나로 등장한 것이 기독교와 같은 종교정신이었다. 아말리크를 비롯한 많은 반체제인사들이 기독교정신의 회복만이 현실적으로 소련사회 내에 팽배하고 있는 정신적인 불안정을 해결할 수 있는 유일한 가치라고 믿는다. 이러한 관점에 입각하여 'ASCULP Programme'에서는 정치, 문화, 경제면에서의 기독교화를 구체적으로 주장하기에 이르렀다.

(2) **경제적인 문제** 소련의 현존하는 경제관리체제에 대한 비판은 마르크스-레닌주의적 반체제론자들의 경우나 사회주의적 반체제론자들의 경우에 있어서보다 이들 민주주의적 반체제론자들이 한결 더하다고 볼 수 있다. 민주주의적 반체제론자들의 이러한 경제적인 비판의 입장은 'ASCULP Programme'에서도 구체적으로 나타나고 있다. 경제적인 관점에서 공산주의체제라는 것은 하나의 다양한 '국가독점자본주의'로 파악될 수 있으며 또한 이는 '극단적인 전체주의(extreme totalitarianism)'로도 파악할 수 있다는 것이다.[53] 정치적인 일당에 의한 권력의 독점은 경제적인 면에서 볼 때 모든 부에 대한 당관료의 절대적인 통제를 의미한다.

타란토프는 이 같은 점을 들어 생산수단의 전체적인 국가소유, 모든 분야의 개인기업의 금지와 생산수단의 독점적인 통제를 통하여 소련공산당은 그들의 권한을 정치와 행정면에서 뿐만 아니라 주민들의 정신적인 영역에까지 이를 확대시켜 나가고 있으며 이러한 CPSU의 전권의 항사를 통하여 전체국민들의 정신적인 예속화까지를 결과시켰다고 본다. 따라서 소련체제하에서

53) *Ibid.,*

최소한의 삶이라도 영위코자 하는 사람이라면 그는 응당 CPSU의 공식적인
이데올로기에 따르는 체라도 하여야 한다는 것이다.[54]

또한 현존하는 소련의 경제체제는 실제적인 규모의 시장경제체제를 외면하
고 있으며 바로 이 같은 점이 상당수의 그들 민주주의 반체제론자들에 의하
여 소련경제의 취약성을 만들고 있는 가장 기본적인 병리로 지적되고 있다.
즉, 이들 반체제론자들은 경제적인 측면에서 최소한 소비재 상품과 서비스
분야에서만이라도 개인의 자유기업으로 다시 환원시킴으로써 근로자들의 분
업의 결여, 물적 자극이 없는 계획성의 강요에서 오는 소련경제의 현실적인
장애를 극복할 수 있어야 한다고 주장한다. 이러한 그들의 논리는 진정한 의
미의 정치적 자유와 개인의 자유는 이 같은 경제력의 분권화 밑에서 이루어
질 수 있는 것이며, 이러기 위해서는 경제적인 면에 있어서의 지금과 같은
절대적인 통제만은 없어져야 한다는 논리에서 출발된다. 이러한 점에서 소련
의 한 '사마즈다트'는 다음과 같이 지적하고 있다.

> 진정한 의미에 있어서의 시장(market)의 결여, 관리자와 생산기지(Pro-
> duction base) 간의 간격, 개인의 창의성과 교체의 곤란, 사회주의의 특성이라
> 고 할 수 있는 대중의 창의에 의해서가 아니라 고질적이고 관료적인 행정은 소련
> 의 공중생활영역에서 자기규제의 필수조건을 박탈하고 있는 것이며 또한 소련체
> 제로부터 그들의 생존능력을 빼앗아버린 것이다. 이 같은 극단적인 독점체제는
> 현실적으로 보아 완전한 파괴장태에 직면하고 있는 것이며 이에 대한 위험은
> 경제발전의 양적 증가에도 불구하고 날로 그 징후가 분명하게 나타나고 있는
> 것이다.[55]

(3) **자본주의와 공산주의관** 민주적 반체제운동의 기본문건이라고 말할 수
있는 전기한 The Programme of the Democratic Movement는 그 내

---

54) *Ibid.*, p.128
55) *Ibid.*,

용구성이 두 부분으로 되어 있다. 그 하나는 대외적인 분야를 그 분석대상으로 한 'Evalution of the World Situation'이며, 또 한 부분은 대내적인 상황을 분석대상으로 한 'The position of Soviet Society and the objectives of the Democratic Movement'가 그것이다. 이 프로그램은 전체적인 내용에 있어서 자본주의는 쇠퇴하는 것이 아니라 오히려 그것은 젊고 생기에 찬 체제라고 믿고 있으며 이 같은 입장이 그 내용의 대전제라고 볼 수 있다. 따라서 자본주의 사회에서 발생하는 사회악과 제국주의화 현상이라는 것도 자본주의의 궁극적인 속성이 아니라 이는 오히려 자본주의가 그 발전의 초기단계에서 나타내는 일시적인 유아병(infantile diseases)이라고 보는 것이 그들의 입장이다. 현재의 자본주의 또한 마르크스주의자들의 비판의 대상이 되었던 실업, 빈곤, 종족차별, 범죄, 과잉생산, 독점, 경제확장, 자본착취와 같은 자본주의사회의 부정적 현상들은 그동안 거의 극복될 수 있었으며, 현재의 자본주의는 전반적인 경제적 복지를 가장 구체적으로 실현시킨 체제로서의 역할이 설명되었을 뿐만 아니라 인권신장을 위한 가장 훌륭한 체제인 것도 설명되었다.

이에 반하여 소련에서의 사회주의라는 것은 오히려 현실적인 면에서 전기한 바와 같은 초기자본주의의 부정적인 여러 측면들이 강하게 나타나고 있는 것이 그 실상이며 그 구체적인 예로는 실업이 강제노동으로 변하였고 과거 자본주의사회에서 소삭의 일정수준의 가난이라는 현상이 소련에서는 전체적이고 영구적인 참을 수 없는 가난으로 구체화되었다. 소련은 오늘날 세계에서 가장 많은 일반 범죄자를 갖고 있으며 이에 더하여 국가 자체가 예상을 초월한 범죄집단화되고 있는 현실이다. 그리고 종족 간의 차별은 정치적, 계급적, 민족 간의 차별로 점차 제도화되고 심화되고 있으며, 과잉생산의 문제는 일상소비재의 항구적인 과소생산으로 대치되고 있는 것이 소련의 현실이다. 자본의 독점은 국가에 의한 독점으로 더욱 집중화되었으며, 군사정치적 확장은 경제적 확장까지의 면모를 갖추고 있으며, 또한 자본가들의 착취현상이라는 것이 소련에서는 국가와 관료들에 의한 착취로 각각 대치되었다.

한편 10월혁명 이후 공산주의통치하의 60여 년의 역사에서 소련이 실질적으로 얻은 것은 미미하고 의미 없는 것들뿐이기 때문에 따라서 그들의 10월혁명이라는 것도 정치적·경제적인 면에서 이를 분명히 시대를 역향하는 역사적인 후퇴일 수밖에 없다고 주장, 역사적인 관점에서 보아도 러시아혁명 이후 자의적으로 이 같은 공산주의 노선을 선택한 나라는 하나도 없다는 데서 이 같은 공산주의의 허구성은 분명하게 노정되고 있다고 볼 수 있다. 특히 이들은 공산주의혁명이라는 것은 명확한 파괴적인 행위라고 이를 규정하면서 과격한 1917년 10월혁명이 정치적으로나 경제적으로 뒷걸음질친 사건임을 우리의 눈으로 확인할 수 있었는데 이는 그것이 대중의 자유를 박탈하였고, 사회경제적 복지를 후퇴시켰기 때문인 것이다. 한편 이에 비하여 독일과 오스트리아에서 1918년의 보다 온건하고 덜 폭력적인 혁명은 그것이 대중의 자유를 증진시키는 데 기여하였기 때문에 정치적으로 일보 전진한 사건으로 본다.[56]

더욱 동양적 사회주의는 그들의 팽창정책과 군사력 때문에 계속적으로 국제적인 긴장을 조정하여 왔으며 이는 제3차 대전의 위험으로 작용하고 있다.

이렇듯 그들은 러시아의 사회주의를 동양적인 사회주의로 이를 규정한다.

> 우리는 동양적 사회주의가 많은 긍정적인 사회적 가치들을 파괴시켰으며 그리고 수많은 침울한 사회악을 야기했다고 믿는다. 또한 이른바 사회주의적 발전을 반세기 이상 지속하였다고 볼 수 있는 우리 사회는 오늘날의 시점에서 자본주의제국들보다 여러 부문에서 훨씬 낙후되어 있는 것이며 따라서 소련의 현세대와 미래의 세대들은 국민적인 복지와 진정한 인적 자유의 쟁취를 위한 투쟁의 짐을 지고 있다.[57]

이 프로그램은 그들이 자본주의와 투쟁한다는 사실은 죄악인 것이며 아무런

---

56) *Ibid.*, p.142.
57) *Ibid.*,

의미가 없는 일이라고 단정하고 소련 사람들은 지금 생활수준의 향상과 시민의 자유를 확보하기 위하여 싸워야 하는 것이며 저개발국들은 민족해방의 쟁취가 시민과 민주적 자유의 보호와 크게 밀착되어 있다는 사실을 깨달아야 한다는 것이다. 또한 이 프로그램은 현재 이 세상에는 세 가지의 주요한 정치사회적인 이데올로기가 있는데 이는 ① 민주주의적 이데올로기(democratic ideology)는 시민의 자유와 개인의 재산을 보장하는 정치적인 이데올로기인 것이며, ② 사회주의적 이데올로기(socialist ideology)는 시민의 자유는 보호되나 개인의 재산은 규제되는 이념이며, ③ 공산주의 이데올로기(communist ideology)는 시민의 자유를 규제하고 개인재산을 말살하여 버리는 이데올로기라는 것이다. 이 프로그램은 사회주의와 동양적 사회주의(Communism)를 교묘하게 분리시켜 파악하고 있다. 이러한 맥락에서 소련사회에 도입된 동양적 사회주의는 초기의 순수한 사회주의의 꿈같은 환상을 모두 파괴시켜 버렸다는 것이다.

사회주의를 크게 다시 '순수한 사회주의'와 '동양적 사회주의'로도 분리시켜 생각하고 있는 이들 민주론자들의 입장은 그 후 다음과 같은 두 가지 측면에서 다른 사람들로부터의 공격의 소지를 남겼다.

그 공격의 첫째는 이같이 민주론자들이 규정한 동양적 사회주의(oriental socialism)라는 개념은 결코 엄밀한 의미에서 사회주의가 아니라 오히려 자본주의의 한 형태로 보아야 한다. 그러므로 진정한 갈등은 아직도 자본주의와 진정한 사회주의와의 갈등이라는 것이다. 이 같은 비판의 입장은 베르딜레프(Berdylev)의 입장인데 그는 전기한 프로그램은 젊은 자유주의자(young liberal)들의 의현을 대표하는 데 불과다고 말한다.

또 다른 하나의 비판의 입장은 여기서 말하는 동양적 사회주의(oriental socialism: communism)라는 것은 앞의 입장과는 다르게 실제로 하나의 사회주의의 표현인 것이며 그것은 또한 사회주의와 자본주의 간의 불가피한 타협의 한 형태라고 본다. 이러한 입장은 'Who are you, Friends-Democrats'의 글로써 민주주의론자들에 도전적인 이아파스(P. Iavas)에 의하여 대표되고 있다. 그는 이러한 논리로 그들 민주론자들에게 당신들은 민주주의자냐 사회주의냐를 우선 따지고 있다. 그리고 그는 만약 그들 민주주의 반체제론자들이 사회주의자라면 그들이 어떻게 소련의 'Soviet State Capitalism'을 반대하면서 자본주의에 대한 그러한 정열을 가질 수 있느냐고 되묻고 있으며, 또한 이와는 반대로 만약 그들이 민주주의자들이라고 한다면 왜 그 같은 중국업과 같은 국민경제의 기간산업의 주요한 부분을 국가의 손에서 그대로 방치해야 한다고 주장하는가를 묻고 있다. 이러한 입장은 국민 절대다수의 생명과 생존을 철저한 당관료의 통제하에 영속시키는 것이며 따라서 이러한 조치는 궁극적으로 시민자유의 어떠한 개선도 허구에 찬 것으로 만든다는 것이다. 프로그램의 입장에 따르면 자본주의의 현대적인 형태는 경제적 복지와 시민의 자유를 위한 가장 훌륭한 터전이라는 것이다.

민주적 반체제론자들 중에 이상에서와 같이 현대자본주의체제에 대하여 기탄없이 지지를 보내고 있는 사람은 『The Economic Situation of the Soviet Union』의 저자인 세베르니(V. Severnyi)이다. 세베르니는 위의 작품에서 주로 소련경제의 현실적인 결과와 이에 대한 앞으로의 전망을 그 분석의 대상으로 삼고 사회주의라는 것은 원래 초기자본주의의 사회적인 긴장과 이에 대한 하나의 반발에 의하여 탄생된 것이었으나 그 후 자본주의가 발달하여 감에 따라서 이러한 초기의 여러 과제들을 기대 이상으로 훌륭하게 극복하여 나감에 따라서 자본주의는 스스로 점점 더 성공적이었으며 예상치 못하였던 생활력의 증가도 가져왔다. 따라서 사회주의 자체는 초기의 그의 과학적 입장에서 점차 유토피아적인 입장으로 변질되어 갈 수밖에 없었다는 것이 그의 견해이다.[58]

---

58) *Ibid.*, p.143.

3. 이데올로기적 구조

이들 민주주의적 반체제론자들이 견지하고 있는 이데올로기도 이를 '이상목표', '현실목표', '실천전략'의 세 가지 개념용기로 분류하여 파악할 수 있다.

(1) **이상목표** 먼저 그들 이데올로기 구조의 최고지향목표라고 할 수 있는 '이상목표'로는 '자유민주주의'를 표방하고 있다고 말할 수 있다. 이 같은 입장은 이들 민주주의적 반체제작품 중 대표적이라고 할 수 있는 The Programme of the Democratic Movement에서 뚜렷하게 규정되고 있다.

이 프로그램은 앞에서 소개한 바와 같이 이 지상에 존재하고 있는 세 가지 정치이데올로기(민주주의, 사회주의, 공산주의) 중 민주주의만이 시민의 자유와 개인의 재산을 보장하는 정치이데올로기로 이를 규정하는 데서도 이 점은 분명히 나타나고 있다. 민주주의를 궁극적인 '이상목표'로 설정하고 있는 이들 반체제론자들의 입장은 아말리크에게 있어서는 '자유주의(liberalism)'의 선호현상으로 나타나고 있으며 그 밖의 인사들에게서 보이는 극단적인 반공산주의적인 의지에서 강하게 표출된다.

(2) **현실목표** 이들 반체제론자들의 중간목표라고 할 수 있는 '현실목표'는 이를 경제적인 면에서의 '자본주의(capitalism)'로 요약할 수 있다. 반체제론자들의 대부분은 소련의 경제체제는 '초독점자본주의'이기 때문에 모든 비리와 갈등이 여기에서부터 유래된다고 본다. 따라서 이러한 경제체제는 궁극적으로 동양적 봉건제(oriental despotism)의 속성에서 벗어날 수 없는 것이기 때문에 결과적으로 생산수단의 국가소유, 개인기업의 금지 등과 같은 독점적인 통제를 통하여 그들 공산당의 권한만이 비대케 한다. 이러한 논리에 따라 이들 반체제론자들은 현실적인 소련사회의 갖가지 병폐들을 타개하기 위해서는 생산수단의 사유, 시장경제체제 등과 같은 자본주의적 경제체제의 도입이 급선무라는 것이다.

이들은 앞에서 본 바와 같이 최소한 소비재산업과 서비스 분야에서라도 우

선 개인소유와 개인경영을 허용함으로써 소련경제의 현실적 장애를 크게 극복할
수 있을 것이라고 본다. 궁극적인 생산수단의 개인소유제로의 환원을 위해 점진
적인 방법을 확대해야 한다는 입장 중에서 대표적인 것은 전기한 'Programme'
과 세베르니의 'The economic position of the USSR' 경우에서 나타나고
있다. 즉, 'Programme'에서는 중국업 분야는 국가기업으로 하고 경공업 분
야는 집단기업으로 하며 이 밖의 지방산업은 개인소유로 할 것을 구상하고 있
으며 또한 여기서 집단산업은 노동자회의나 노동자회사에 의하여 운영되어야
한다는 것이다. 또한 세베르니의 경우에는 직접적인 지도를 원하는 수동적인
사람은 국가기업에서 일하게 하는 것이 바람직하며 이와는 달리 스스로가 많
은 경험을 가지고 있고 창의성도 풍부한 사람의 경우에 있어서는 개인기업에
종사케 하는 것이 바람직하다는 입장이다.

　이상의 여러 가지 분석과 비판의 관점에서 충분히 파악될 수 있는 것과 마
찬가지로 이들 민주적 반체제인사들의 궁극적인 결론은 현재와 같은 소련체
제는 더 이상 그들이 지닌 갖가지 비이와 모순에 의하여 그들 체제를 지탱시
킬 수가 도저히 없다고 보는 것이다. 따라서 지금의 상태는 단지 하루하루를
위기의 연속으로 지내고 있는 것이 소련의 현실이라는 것이 그들의 주장이
다. 이들은 시장기능을 대폭적으로 도입함으로써 고질적인 수요와 공급의 차
질, 제품의 질적인 낙후성 등과 같은 현실적인 문제를 해결할 수 있을 뿐 아
니라 궁극적으로 생산성을 크게 높일 수 있다고 단언하고 있다. 이렇듯 자본
주의적 제도의 도입과 확대를 통하여 그들이 궁극적으로 갈구하는 민주주의
가 도래할 수 있다고 확신하고 있는 것이 이들의 입장이다. 때문에 자연히
이들 반체제론자들은 타유형에서 훨씬 더하게 대외적인 문호개방, 서구의 교
류의 확대 등을 요구하고 있는 것도 충분히 이해될 수 있다.

　마지막으로 민주주의적 반체제론자들의 이 같은 자본주의 사회건설을 통한
궁극적인 민주주의의 목표체제를 위한 구체적인 '실천전략'은 다음과 같이 정
리할 수 있다. 우선 이들은 반대당의 허용 등과 같은 의회민주제도를 비롯한

전반적인 사회의 민주화를 그들의 실천목표로 강력하게 요구하고 있는데 그 구체적인 이슈들은 전기한 'Programme'에서 10가지로 이를 요약하고 있는데 ① 임의적인 체포, 수색 및 여타의 폭력으로부터의 자유, ② 양심과 확신의 자유, ③ 직업선택의 자유, ④ 교육의 자유, ⑤ 창조의 자유, ⑥ 통신의 자유, ⑦ 민족권과 거주의 자유, ⑧ 언론출판의 자유, ⑨ 집회·결사의 자유, ⑩ 데모와 정치활동의 자유 등이 그것이다.

Ⅳ. 민족·종교적 유형

1. 민족적 유형

다민족국가라는 러시아 전내의 민족구성의 복잡성은 원천적인 면에서의 사회적 갈등의 바탕이 되고 있다. 이에 더하여 어느 한 민족만의 배타적인 지위를 없애고 전체민족들에게 동등권을 보장한다는 그들의 헌법상의 명분과 또 현실적으로 민족의 문제를 그들 공산주의자들의 전략 전술적 차원에 국한시키며, 궁극적으로 이 문제는 사회주의적 국제주의(socialistic internationalism)로 대체시키려는 현실목표 간의 괴리에서 이러한 민족문제를 중심으로 한 반체제운동이 나타날 수 있는 소지가 있다.

엄밀한 의미에서 보면 이 민족주의적 경향은 종교적인 경향성(특히 러시아 정교)과 함께 소련반체제인사들이 거의 공통적으로 견지하고 있는 경향성으로 이를 파악할 수 있기도 하다. 그러나 실제문제에 있어서 이 민족주의만이 독립된 주장이나 요구라는 것은 소수민족 독립권을 요구하는 반체제인사들의 경우를 제외하고는 그리 강하게 표출되고 있는 의지이라고는 볼 수 없다.

따라서 일반적인 생각과는 달리 민족적인 문제가 소련의 반체제 지하간행물 중에서는 그렇게 커다란 비중을 차지하고 있지 않으며 이는 오직 여러 이념유형의 반체제운동가들의 작품 속에 단편적으로 취급되거나 언급되고 있는 상태를 벗어나지 못하고 있다. 특히 전기한 여러 반체제 이념유형 중 민주주의적 이념유형에서 비교적 많은 민족적 문제들이 나타나고 있는 것을 볼 수 있다. 민족문제나 민족주의 문제의 내재적인 심각성에도 불구하고 현실적으로 소련 반체제운동가들에 있어서 관심도가 생각과는 달리 저조한 것은 다음의 몇 가지로 그 원인을 찾아볼 수 있다.

첫째, 민족주의 문제가 가지는 이데올로기적인 보편성을 우선 지적할 수 있다.

민족주의는 여타 정치이데올로기의 어느 영역에서도 그 경향성을 내포하고 있는 개념일 수 있기 때문에 순수한 민족주의만이 독립된 경계를 획한다는 것이 사실상 곤란하다는 점이다. 소련 반체제운동의 경우에 있어서도 그들의 이념 지향성의 상위성에 관계없이 그들의 사상성 내면에는 강한 민족주의 의식이 전제되어 있음은 주지의 사실이다. 그러나 그렇다고 하여 이 같은 민족주의의 문제를 다른 문제들과 분리시켜 독립적으로 내세우는 경우는 흔하지 않다.

둘째, 소련에서 현재 일어나고 있는 반체제운동은 러시아인들이 그 중심이 되어서 일어나고 있는 운동, 즉 러시아 중심적(Russo-centric) 운동이기 때문이라는 점이다. 소련이 수많은 민족으로 구성된 다민족국가이기는 하나 그들 중에서 러시아인들이 전체의 과반을 차지하고 있으며 모든 사회부문이 러시아인들에 의하여 실질적으로 움직여지고 있다. 따라서 그들 지지인세계에서 나타나고 있는 반체제운동도 러시아 중심적인 운동의 성격을 벗어날 수 없는 것이다. 때문에 그들 국가내의 소수민족들에게서 일어나고 있는 과격한 민족주의적 성격 또한 일반적인 반체제운동의 주요한 쟁점으로는 잘 비약되지 않고 있는 것이다.59)

---

59) F. J. M. Feldbruggle, *Samizdat and Political Dissent in the Soviet Union*. p.188.

과거의 전통에서와 마찬가지로 소련의 모든 사회의 발전이나 변화 또는 사회적인 여러 갈등의 생성이나 이의 해결까지도 전적으로 러시아인의 문제로 파악되고 있다. 따라서 소련역사의 과거, 현재, 미래는 그것의 어떠한 발전이나 변화도 궁극적으로 러시아인들이 지배할 수밖에 없다는 러시아적 상황을 다시 한 번 분명히 하는 것이다. 물론 러시아인들에 의한 배타적인 러시아주의(Great Russian Chauvinism)나 소련당국에 의하여 의도적으로 계획되고 있는 '러시아화(Russification)' 정책 자체가 하나의 커다란 반체제적인 쟁점이 되고 있음도 분명하다.

그러나 이 같은 입장은 자주 다른 이데올로기적인 성향 속에 파묻혀 버리기 때문에 소삭의 예외를 제외하고는 하나의 독립적인 이슈로 표출되는 일은 그리 흔하지 않다. 소련 반체제운동은 실질적인 면에서는 아주 깊게 그리고 광범위하게 민족 내지는 민족주의 의식을 그 저변에 깔고는 있으면서도 겉으로 표출되는 이데올로기적인 성격에 있어서는 하나의 분명하고 독립된 형태로 나타나는 경우는 드물다. 여기에서는 이들 다소 잠재적이라고 볼 수 있는 민족주의적 반체제유형을 ① 대항이데올로기로서 민족주의의 실현을 주장하는 반체제 경향성과, ② 민족적 자유성(민족적 차별의 철폐, 이민의 허용, 민족어에 대한 차별의 폐지)의 확보를 주장하는 두 가지의 내용으로 이를 나누어 분석코자 한다.

(1) **대항이데올로기로서의 민족주의** 소련의 공식적인 이데올로기인 '마르크스-레닌'주의는 결코 러시아적 문화전통에 맞는 정치이데올로기라고는 볼 수 없다. 때문에 이는 당연히 러시아의 전통적인 민족주의로 대체되어야 한다는 입장이다. 솔제니친 등에 의하여 대표된다고 볼 수 있는 이 같은 경향은 결국 배타적인 러시아쇼비니즘과 전통적인 슬라브주의와도 같은 연관을 가지고 있다. 솔제니친의 경우에 있어서 그의 강한 러시아적 의식은 그 같은 민족주의 자체가 곧 애국주의일 수 있었다.[60]

민족주의에 대한 솔제니친의 이 같은 입장은 이미 전장에서 구체적으로 밝힌 것

과 같이 궁극적으로는 러시아의 전통과 공산주의는 결코 양립할 수 없는 전연 이질
적인 사상이라는 그의 강한 비공산주의적 러시아 민족애로 발전하고 있다. 그는
서구인들이 흔히 생각하고 있는 것과 같은 러시아적 전통과 공산주의체제는
깊은 연관성이 있다는 식의 사고방식은 러시아의 전통과 공산주의에 대한 가
장 대표적인 몰이해라고 이를 규정하는 데서도 이러한 그의 경향성을 읽을 수
있다.61) 결코 공산주의는 러시아적인 것일 수 없다는 것이며, 공산주의적 생
리가 러시아적 문화전통과 일치될 수 없는 것일 뿐 아니라 오히려 그 반대적
인 관계, 즉 공산주의는 반러시아적인 것이며 공산주의적 생리는 러시아적 생
리와는 상반된다는 것이다. 그는 공산주의는 '선천적인 러시아병'이라는 서구
인들의 진단은 러시아의 민족전통에 대한 무지에서 기인된다고 봤다.

또 한 가지 솔제니친에게서 분명하게 나타나는 러시아 민족주의에 대한 입장
은 러시아가 공산화된 이후 그들 러시아 민족에 대한 탄압이 다른 어떤 민족에
대한 그것보다 우선 심하다고 지적, 공산화된 이후에도 러시아가 계속적으로 지
배민족(ruling nationality)이라고 생각하는 것이 커다란 잘못이라고 지적한
다. 현실적으로 추락된 러시아의 민족권을 제대로 선양시키기 위해서도 전내의
러시아 민족의식을 하나의 강력한 정치이데올로기화가 필요한 것이며, 이는 또
한 공산주의를 소련에서 제거시킬 수 있는 유일한 방편일 수 있다고 본다.62)

이렇듯 소련의 통치이데올로기가 궁극적으로는 민족주의로 대체되어야 한
다는 경향은 이를 크게 보아 ① 소련의 현존체제를 거부하는 민족주의적 경
향, ② 소련의 현존체제를 인정하고 이들 체제내에서 그들의 목적을 달성하
려고 하는 경향 등의 두 가지로 분류하여 볼 수 있다.

먼저 소련체제를 거부하는 민족주의적 경향은 일부 서구인들로부터 파시스트와 유

60) 솔제니친, 소련지도자들에게 보내는 편지, op. cit., p.57.
61) Solzhenitsyn, "Misconceptions about Russia are a threat to America", Foreign Affairs(Spring, 1380), pp.795~797.
62) Solzhenitysn, op. cit., pp. 812~813.

사하다는 평가마저 받고 있는 전기한 솔제니친의 경우가 이 유형의 가장 대표적인 경향으로 볼 수 있다. 솔제니친과 함께 수학자 샤파레비치(Igor Shafarevich), 역사학자 보리소프(Vadim Borisov) 등과 같은 과격한 자유주의적 민주주의자들의 경우에 있어서 이 같은 입장은 뚜렷하게 나타나고 있다.[63]

'마르크스-레닌'주의를 반인간적 이데올로기(anti-human ideology)로 규정하는 이들은 오늘날의 소련이 낳고 있는 갖가지의 비리는 그 모두가 이러한 반인간적 정치이념에서 유래되었다는 입장이다. 따라서 이들은 소련연방에서 이탈을 원하는 어떠한 소수민족의 요구라도 이는 반드시 받아들여져야 한다는 입장을 보이며 궁극적인 면에서 이러한 민족주의가 구현될 수 있게 하기 위해서는 그들 러시아에서의 공산당에 의한 법치가 종식되어야 한다는 입장을 보이고 있다.

이 같은 반공산주의적 민족주의 입장은 전기한 개인들 이외에도 'All-Russian Social-Christian Union for the Liberation of the People'의 창설자인 오구르트소프(Igor Ogurtsov)와 또한 'Veche'법의 편집자였던 오시포프(Vladimir Osipov)에게서도 강하게 나타나고 있다. 또한 전기한 'Social Christian Union'의 이데올로기 위원장인 바긴(Evgenii vagin)과 The Russian New Right의 저자인 야노프(Aleksandr Yanov) 등도 솔제니친과 함께 해외에서 소련의 민족적 반체제운동을 벌이고 있는 대표적 인물이다.

현존체제를 그대로 유지하면서 민족주의적 이상의 실현을 강조하는 경향은 이를 보수주의적 민족주의경향으로 볼 수 있다. 이러한 경향은 코펠레프(Lev Kopelev)와 메데베제프(Roy Medvedev) 등과 같은 네오마르크스주의자들의 경향에서 그 뚜렷한 입장을 찾아볼 수 있다.[64] 또한 현재의 소련집권층내

---

63) John B. Dunlop, "The Many Faces of Contemporary Russian Nationalism", *Survey*(Summer, 1979), Vol. 24, N. 3(108), p.19.

64) Lev Z. Kopelev. "A Lie is Conquered by Truth." in Roy Medvedev(ed.), The Samizdat Register(W. W. Norton, 1977), p.225. Roy Medvedev. *On Socialist Democracy, op. cit.* pp.88~89.

에서 나타나고 있는 '민족적 볼세비즘(National Bolshevism)'적인 경향에
서도 이러한 입장을 읽을 수 있다.

> 민족 볼세비키들은 원칙적으로 수정주의자들이다. 어떤 사람은 그들은 인간의
> 얼굴을 한 사회주의가 아니라 민족의 얼굴을 한 공산주의라고 말한다.[65]

(2) **민족적 자율권 확보를 위한 민족주의** 러시아인들이 중심이 된 '마르크
스-레닌'주의적인 공산주의 이념에 대치한 대항이데올로기로서의 민족주의운
동과는 그 성격을 달리하여 소수민족들에 있어서 강하게 나타나고 있는 민족
적 자율권의 확보문제도 소련반체제 민족운동의 주요한 이슈의 하나라고 볼
수 있다. 전장에서 살핀 바와 같이 소련방은 대소 약 120계 민족으로 구성
된 다민족 국가이다. 특히 이들 중에는 러시아 민족(53.3%), 우크라이나 민
족(16.8%) 등의 슬라브계 민족들이 대종을 이루고 있으나 이 밖에도 한국
민족 등과 같은 수많은 소수민족들도 여기에 포함되고 있다. 따라서 전통과
언어의 상충현상은 현실적으로 어쩔 수 없는 것이며 이에서 결과될 수밖에
없는 갖가지 갈등 또한 뚜렷한 반체제운동의 자극요인일 수 있는 것이다. 소
련 반체제운동에서 나타나고 있는 민족적 자율권과 민족적 독립의 요구는 우
크라이나와 크레미아 타타르 민족의 반체제운동이 가장 대표적이라고 볼 수
있다.

 1) 우크라이나 반체제 민족운동 : 우크라이나 민족은 소련방 내의 최대 소
수민족집단이며 이들은 강한 민족적 일체성과 단결력으로 제정치하에서부터
러시아인의 지배체제에 저항해 온 오랜 역사를 가지고 있다. 오래된 우크라이
나인들의 민족적 감정은 우선 그들 현존의 소련통치집단은 과거 러시아에서
와 같이 모든 민족적 독자성을 무시하고 전체국민을 단일민족, 즉 러시아인
화하려는 강한 의도성을 가지고 있다고 주장, 이에 대한 강한 반발을 노골화

---

65) John. B. Dunlop. *Many Face of Contemporay Nationalism*, p.32.

하는 데서부터 그들의 불만을 구체화한다.[66]

소련당국은 그들의 반체제운동 대책에 있어서도 그가 러시아인이냐, 소수민족이냐에 따라서 커다란 차별을 두고 있다고 말한다. 이들의 주장에 의하면 소련에서 반체제운동을 하다가 소련당국에 의하여 추방되거나 이민이 허가된 사람들은 그 대부분이 러시아인들이거나 유태인들이며, 그 밖의 소수민족 반체제인사들은 한 사람도 외국이주가 허용되지 않고 있는 점이 그러한 차별대우의 한 가지 예라고 본다.[67] 그러나 이 같은 소수민족 반체제론자들의 견해는 그들 소련의 반체제 사회내에서도 커다란 반발을 보이고 있다.

레비틴과 크라스노프(Levitin, Krasnov)[68] 같은 이는 우크라이나 민족권의 요구에 대해서 언급하면서, 그들 우크라이나인들은 엄격히 보면 민족적 동질성을 가진 민족집단으로도 볼 수 없으며 또한 러시아민족과의 유별성 또한 뚜렷하지 못하기 때문에 민족적 분리권 같은 그들의 주장은 비합리적이라는 것이다. 또한 사파레비치(Shafarevich)[69]는 소련에서의 소수민족들이 보이는 반러시아적인 감정은 다섯 가지의 잘못된 인식으로부터 출발한다고 본다.

첫째, 비러시아인 거주지역에서 나오는 많은 생산물이 전적으로 러시아인들의 복지향상에만 쓰인다. 둘째, 교묘한 방법으로 민족 간의 혼합정책을 실시, 전인구를 러시아인화하려고 당국이 획책하고 있다. 셋째, 소련당국이 비러시아인 탄압정책의 일환으로 개별 민족의 민족사를 왜곡하였다. 넷째, 비러시아인 공화국의 대대적인 종교 억압 정책. 다섯째, 비러시아 지역에 러시아어 사용을

---

66) Walter Dushnyck, "Discrimination and Abuse of Power in the USSR", in Case Studies on Human Rights and Fundamental Freedoms: A world Survey, in *The Foundation for the study of Plural Societies*(Hauge, Netherlands, 1975), p.546.

67) *The Ukrainin Quarterly: A Journal of East European and Asian Affairs* (Vol.31, No.4), p.350.

68) 러시아 정교회내의 가장 대표적인 반체제운동가, 1974연 서방으로 망명, 현재는 스위스에서 살고 있다.

69) 러시아의 대표적 수학자이자 반체제운동가. 레닌상 수상자이며 소련 과학 아카데미 회원도 지냈다.

강제하여 고유한 민족어를 말살시키려 하고 있다는 것 등이 그것이다.[70]

그러나 사파레비치는 소삭민족들의 이 같은 인지은 현실에 대한 잘못된 인지이라고 전기한 견해들을 다음과 같이 하나하나 반박하고 나선다.

첫째, 러시아인들의 생활수준은 결코 타민족집단의 그것보다 높지 못하며 오히려 조지아인, 아메리아인, 우크라이나인, 리투비아인, 에스토니아인들의 생활수준은 러시아인들의 그것보다는 훨씬 높다.

둘째, 러시아화 정책을 말하고 있으나 당국의 이러한 정책을 통하여 가장 커다란 피해를 입은 민족은 오히려 그들 소수민족이 아니라 러시아 민족이랄 수 있다.

셋째, 개별 민족사에 대한 당국의 왜곡 또한 소수민족에게만 국한된 것이 아니라 러시아민족에게도 해당하는 사항이며 이를 통한 피해 또한 러시아 민족이 가장 크다고 볼 수 있다.

넷째, 종교적 박해에 있어서도 그 가장 커다란 소련에서의 종교적 타격은 '러시아 정교(Russian Othodoxy)'이기 때문에 주장 또한 호소력이 없다.

다섯째, 러시아어 사용 문제는 전통적으로 러시아어는 공식적인 언어로 인정되어 왔으며 그렇다고 민족어가 현재 소련에서 완전히 배척된 것이 아니기 때문에 별다른 문제가 있을 수 없다.

이상의 다섯 가지 소수민족 반체제운동가들의 주장을 구체적으로 분석, 이의 비현실성을 지적한 사파레비치는 소련에서 소수민족의 자율권 확보 등의 요구는 그 타당성을 결하고 있다는 입장을 분명히 하고 있다.

한편 레비틴(Levitin), 크라스노프(Krasnov)와 사파레비치의 입장에 대해서 그들 소수민족 반체제인사들은 강한 반발을 보이고 있다. 소수민족 반체제론자들은 전기한 그들에 대한 비난은 소수민족은 오직 러시아의 보호하에서만 자유로울 수 있다는 전통적인 러시아 쇼니비즘적인 생각에서 연유되고 있는 견해라고 전제, 이 같은 일반화된 러시아민족 중심 사고의 타파가

---

70) *The Ukrainian Quarterly, op. cit.*, p.354.

가장 시급한 문제라고 주장한다. 소수민족 중 우크라이나인들에게서 가장 빈번하고, 대규모적으로 일어나고 있는 민족적 독립에의 요구는 제2차 세계대전 이후 UPA(Ukrainian Insurrectionist Army)를 중심으로 그 시작을 보았다. 1950년 이 단체에 이어 OUN(Organization of Ukrainian Nationalists)이라는 단체가 또다시 결성되었으며 1960년에는 루기아넨코(Lukianenko), 칸디바(Kandyba)가 주동이 된 '우크라이나 노동자농민연합'이 또다시 창설되어 그들 민족적 반체제운동을 각각 주도하였다.

개인으로는 카라반스키(S. Karavansky)가 가장 대표적인 우크라이나의 반체제 민족운동가이다. 그는 소련 당국의 우크라이나 민족어에 대한 탄압에 불만을 품고 대대적인 반체제운동을 전개하다가 체포되어 25년형을 선고받고 복역 중 16년 만에 풀려났으나 또다시 반체제운동을 전개, 재수감된 인물이다.[71] 우크라이나인들의 민족적 독립을 위한 항의는 이상의 단체나 개인에 국한되지 않고 전 계층, 전 민족적으로 나타나고 있다. 코발레브스키(David Kowalewski)는 1965~77년의 우크라이나인들에 의하여 나타난 민족적 소요를 성분별로 분석하면서 이 민족적 항의는 노동자와 지지인들의 연합의 형태가 가장 많은 비율을 나타내고 있다고 분석했다.[72]

우크라이나 반체제운동성분 분석		우크라이나인 반체제 시위규모(1965-77)	
계 층	%	시위참가위원	%
농 민	26.7	1~19	6.7
농민노동자, 지식인	3.3	20~49	23.3
노동자・지식인연합	46.7	50~99	13.3
학 생	13.3	100~149	20.0
지 식 인	10.0	150~499	26.7
		500명이상	10.0

71) F. J. M. Feldbruggle, *op. cit.*, p.195.
72) *The Ukrainian Quarterly*(Vol 35, No.1) p.45.

또한 반체제항의의 내용에 있어서도 1백 명 이상의 비교적 다수의 항의가 많았음은 위의 표에서와 같이 나타나고 있다.

2) 기타 소수민족의 경우: 우크라이나 민족을 제외한 단일민족집단으로 가장 활발한 반체제활동을 하고 있는 민족은 Crimean Tatars와 Meskhetians 민족집단이라고 볼 수 있다. 타타르 민족주의운동은 다른 민족적 반체제운동보다 한결 그 정치적 과격성이 더하다. 이 민족주의운동이 나타나고 있는 쟁점은 역시 민족적 자율성의 확보와 고향으로 다시 되돌아가서 살 수 있는 자유를 달라는 것으로 요약될 수 있다. 즉, 그들은 소련당국에 대해서 그들이 다시 크레미아로 되돌아가서 자치공화국을 재건할 수 있기를 요구하고 있다.[73]

한편 Meskhetians 민족집단은 소련당국에 의하여 남부 조지아(south Georgia)로부터 중앙아시아로 추방된 터키족의 일단들이다. 이들의 민족운동에서 특이한 점은 탁월한 조직력이라고 볼 수 있다. 약 20만 명으로 추산되는 이들은 1964년 2월 14일 Tashkent 근처에 있는 한 집단농장에서 그들이 선출한 대표자 600명이 민족의회를 구성, 고향으로 되돌아가기 위한 '임시조직위원회'까지 결성하기도 하였다. 그 후에도 이들은 이 같은 조직적인 회합을 계속하면서 그들의 고향으로의 재정착을 강하게 요구하고 있다.

2. 종교적인 유형

전장에서 구체적으로 살핀 바와 같이 소련에는 키에프 공국시대에 전내된 러시아 정교를 비롯 유태교, 모슬렘, 불교 등의 여러 가지 종교가 공식·비공식적인 형태로 여전히 존재하고 있다. 이들 종교세력들은 그들의 교관이나 신관

---

73) *Ibid.*, p.197.

등은 모두가 상위성을 갖고 있음에도 불구하고 그들 모두가 소련의 공식이데올로
기에 대항하는 대항세력으로서의 반체제활동의 정신적인 기반이 되고 있다는 점에
서는 모두가 동일하다고 볼 수 있다. 그러나 종교의 역사로나 현실적인 교세로나
이들 잡다한 종교 중 러시아 정교(Russian Othodoxy)가 가장 대표적인 종교세
력임이 분명하다. 따라서 소련반체제인사들의 가장 커다란 정신적인 지향성은
역시 러시아 정교사상으로 대표된다고 볼 수 있다.

혁명 후 소련은 1918년의 법령을 통하여 교회와 국가와는 분리시키고 교
회의 모든 재산을 몰수하면서 실질적인 교회탄압을 시작하였다. 이 같은 탄
압정책으로 러시아 정교회가 가장 커다란 타격을 받았으며, 결국 이는 소비
에트정권이 그들의 어용단체로 발족시킨 새로운 정교회(이를 '살아 있는 교회
(living church)'라고 부르기도 한다)를 발족시켜 전통적인 러시아 정교회
에 대체시킴으로써 교회의 분열과 지하세력화를 자초시킴에 이르러 그 극에
달하였다. 소련은 이 같은 러시아 정교의 분열 이외에도 군소종교라고 할 수
있는 이슬람교, 유태교, 불교 등의 분열에도 상당한 노력을 가하였다.[74]

종교적 반체제 경향은 대체로 이를 ① 소련의 대항이데올로기 체제로 종교를
생각하는 경향, ② 인권문제의 대안으로서 종교를 생각하는 관점, ③ 민족권 확
립의 대안으로 종교를 생각하는 세 가지 유형으로 이를 나눠 볼 수 있다.

종교별 신도수 추계(1970년)[75]

종 교	신 도 수	종 교	신 도 수
러시아 종교	50,000,000	유 태 교	2,268,000
침 례 교	500,000	모 슬 렘	30,000,000
로마가톨릭	5,000,000	불 교	253,000

---

74) Byleslaw Szczesniak(ed. and trans), The Russian Revolution and Religion,
    1917~1925: A Collection of Documents Concerning the suppression of
    Religion by the communist(Notre Dame, Ind., 1959), pp.34~35.
75) Barbara Wolfe Jancar, "Religious Dissent in the soviet Union," in

주요 종교별 지하간행물의 내용분포76)

내 용	침 례 교		정 교		유 태 교		가 톨 릭	
	건 수	%	건 수	%	건 수	%	건 수	%
교의선전	13	6.2	59	54.7	7	7	0	0
재판기록	17	8.0	2	1.8	5	5	4	16
청 원	40	18.9	6	5.5	17	17	6	24
박해문제	46	21.8	18	16.7	10	10	9	36
투옥문제	16	7.6	1	9	2	2	0	0
투옥자명단	9	4.3	0	0	2	2	0	0
인권문제	2	0.9	3	2.8	3	3	0	0
출판권	39	18.5	0	0	6	6	4	16
교내문제	13	6.2	19	17.6	0	0	2	8
아동문제	16	7.6	0	0	1	1	0	0
이민문제	0	0	0	0	47	47	0	0
계	211	100	108	100	100	100	25	100

(1) **대항이데올로기로서의 종교** 이러한 경향은 반체제 작가들인 브로드스키(Brodsky), 파스테르나크(Boris Pasternak), 솔제니친 등의 작품에서 그 뚜렷한 입장을 볼 수 있다.

솔제니친은 소련이 현새의 상황을 개선하지 못하는 것은 교회 지도자들의 무능에도 그 원인이 있다고 지적, 이 같은 교회 지도력의 개선을 통하여 종교(정교) 정신을 보다 고양시킬 때 소련의 내일은 밝을 수 있다고 주장한다.77) 종교적 반체제 경향들은 한결같이 소련당국의 무신론적 경향이 인간의 자의지를 너무나 무시하여, 인간의 운명은 미리 주어졌다는 식의 숙명론적 사고를 강요함으로써 인간의 창의성을 크게 무디게 한다고 주장한다. 미래의 이상사회, 즉 허구적인 공산주의의 실현을 통하여서만 궁극적인 인간의 평등과 인류의 평화, 개

Rudolf. L.Tökés(ed), *op. cit.*, p.197.
76) *Ibid.*, p.189
77) Barbara Wolfe Jancar *op. cit.*, p.204.

인의 행복이 도래될 수 있다고 보고 현실적인 갖가지 비이와 모순, 불법적 통치
수단의 존재를 합리화하려는 공산주의적 역사관은 인류기만의 술책이라고 단정하
고 있다.

도저히 실현될 수 없는 허구의 미래만을 위하여 오늘의 비정의가 합리화될 수
는 없는 것이기 때문에 소련의 '마르크스-레닌'주의적 역사관은 하루빨리 폐기되어
야 하며 이에 대신하여 미래와 함께 오늘의 정의도 함께 달성할 수 있는 종교에
의 귀의를 통하여 소련은 현실적인 비이에서 벗어날 수 있다는 입장이다. 개별
종교적 경향에서 다소 차이는 보이고 있으나 이들 종교인들은 한결같이 사탄과
신을 나누는 양분성으로 소련의 역사관과 그들 종교적 진리와 대비시키려 하고
있다. 소련의 공식적인 통치이염이 현실적으로는 그 세가 강한 것은 사실이나 이
는 궁극적인 면에서 그들의 종교적인 진리 앞에 스스로의 나약성을 나타낼 수밖
에 없다는 입장을 강하게 견지, 점진적이고 비폭력적 투쟁을 계속하고 있다.

(2) **인권문제와 종교** 이 입장은 교회의 독립 등과 같은 교권의 확립만이 진정한
신앙의 자유를 가져올 수 있으며 또한 이러한 방법을 통하여 실질적인 인권의 확보
를 가져올 수 있다는 입장에 입각한 종교관을 가진 반체제관이라고 볼 수 있다.

1) 침례교의 입장: 프로코피프(Alexei F. Prokofiev), 핀스(Georgi Vins),
크리우츠코프(Genadi K. Kryuchkov) 등의 세 사람에 의하여 대표되고 있
는 침례교 반체제운동은 먼저 소련에서 헌법으로 규정되어 있는 국가와 종교
의 분리를 명실공히 실현하여야 한다는 입장을 강하게 나타낸다. 소련의 현
실은 그들의 헌법규정과는 달리 국가가 종교문제에 너무나 깊이 관여하여 있
기 때문에 종교의 활성화를 크게 위축시키고 있다고 보고 이의 시정을 위해
서 보다 구체적인 종교전도의 자유까지를 분명한 신앙의 자유조항을 입법화
하여야 할 것이라고 주장한다.[78]

또 한 가지 이들 침례교 반체제인사들에 의하여 인권의 제한으로 들고 있는

78) Michael Bourdeaux, Religious, *Ferment in Russia: Protestant Oppo-
sition to Soviet Religious Policy*(New York, 1968), pp.53~63.

것은 종교인들에 대한 투옥과 박해라고 본다. 그들은 소련당국이 종교인들을 탄압함은 물론 종교인들의 자여들까지도 그들이 가정에서 종교적인 영향을 받을까 염려하여 고아원에 보내게 한다고 주장, 이러한 일방적인 종교적 탄압은 종교인의 인권은 물론 전체국민들의 고유한 시민권에 크게 위협을 준다고 본다.

개인별로는 프로코피프(Alexei F. Prokofiev), 핀스(Georgi Vins), 크리우츠코프(Genadi K. Kryuclikov) 등에 의하여, 단체로서는 'All Union Council of Evangelical Christians Baptists(AUCECB)'에 의하여 주도되고 있는 침례교 반체제운동은 국가의 간섭으로부터의 명실상부한 교회의 자율권의 확보를 주장한다.[79]

2) 정교회: 소련의 통치당국에 실질적인 위협이 되고 있는 정교회내의 반체제적 경향은 제2차 세계대전 이후에 그 생성을 보았다고 볼 수 있다. 전후에 소련정부당국이 교회의 대외정책에 불만을 표시하였을 뿐 아니라 극단적으로는 교회를 폐쇄함으로써 주교의 입을 막으려는 처사가 행해지기에 이르러서는 반체제적인 교회내의 경향이 더욱 노골화되었다.

1965년 12월 21일에는 에쉴리만(Nicholas Eshliman) 목사와 야쿠민(Gleb Yakuminh) 목사 양인이 포드고르니(Podgorny)와 당시의 모스크바 교구의 알렉시(Aleksii) 주교에게 항의서한을 각각 발송하였는데, 여기서는 ① 목직의 등록, ② 교회의 폐쇄와 종교 말살정책, ⑧ 종교의식의 금지, ④ 유아들에 대한 선교의 제한, ⑤ 재정적인 문제를 중심으로 한 교회와 국가의 분리원칙의 침범, ⑥ 각 분야에 있어서는 간접적인 종교단압 행위 등에 대한 시정을 강력하게 요구했다.[80]

(3) **종교와 민족문제** 소련에서의 종교적인 반체제운동은 늘 민족적인 문제와 결부되어 있는 것이 그 특징이다. 유태인, 모슬렘 및 리투아니아 가톨릭 등의 민족적 종교집단들은 그들의 갖가지 요구를 사미즈다트를 통하여 널리 확산시키고 있으며 따라서 소련의 반체제운동을 확산시키는 실질적인 역할을 하고 있다.

79) *Ibid.*, pp.53~63.
80) Bourdeaux, *Patriarchs and Prophets*, p.144.

개별 종교적 민족단체들의 활동을 살피면 다음과 같이 개괄할 수 있다.

1) 유태인집단: 유태인 종교집단의 사미즈다트에서 가장 많은 주장은 이민에 대한 요구이다. 이들의 이민에 대한 요구는 일반적인 이민에 대한 막연한 어필이기보다는 그들의 고국으로 되돌아갈 수 있는 권리를 달라는 보다 본질적인 것이다. 그러나 소련당국은 유태인들의 이러한 요구를 계급투쟁의 일환으로 파악 유태인들이 말하는 유태주의(Zionism)라는 것은 서구의 지원을 받는 반사회주의적, 즉 반혁명적인 자본국의 세력으로 몰아 이의 분쇄입장을 분명하게 하고 있다.[81] 따라서 소련당국은 유태인들이 현실적으로 견지하고 있는 시오니즘을 동일한 관점으로 파악, 이들의 경향을 계급탄압의 입장에서 억압한다. 이 같은 상황하에서 유태인들은 현실적으로 그들의 종교적인 신앙이 당국에 의하여 억압받고 있으며 특히 1965년 흐루시초프에 대한 대대적인 반유태정책은 그들의 활동에 커다란 위축을 가져왔다.

2) 모슬렘(Moslems): 이슬람민족적 종교세력들은 다른 종교세력들보다도 그 세나 규모에 있어서 아직까지도 별다른 활동을 보이지 못하고 있다. 아직까지도 산발적이며 지역적인 활동밖에 하지 못하고 있다.[82] 소련당국은 다른 종교세력과 마찬가지로 이 이슬람교에 대해서도 이중적인 정책을 보이고 있다. 한편으로는 전통적인 그들의 종교정책, 소비에트에 유해한 세력으로 이를 평가하는 입장과 또 다른 한 가지 입장은 이들의 세력을 현실적으로 인정함으로써 그들에게서도 종교의 자유가 있음을 대외적으로 특히 외부의 모슬렘 세계에 과시할 필요성이 중소분쟁과 아랍·이스라엘 간의 긴장 상태하인 오늘날에는 더 한층 두드러지게 된다.

3) 리투아니아 가톨릭: 리투아니아 가톨릭 종교세력은 특히 아래와 같은

---

81) I Braginskii, "The Class Nature of Zionism", *Kommunist*(1970), no.99 June, pp.101~102.
82) Critchlow, "Signs of Emerging Nationalism," *Problems of Communism* (*September-October. 1961*), p.15.

두 가지 면에서 다른 종교세력보다 특이하다고 볼 수 있다.[83]

첫째는 그들이 지니고 있는 종교적인 열성이 다른 종교에서보다 한결 더하다는 점이다. 그들은 정부당국의 갖은 탄압과 방해에도 무릅쓰고 동일한 청원서에 수만 명이 서명하는가 하면, 대중적인 단결에 있어서도 다른 어느 종파에 있어서보다 한결 그들의 결과력이 강하다고 볼 수 있다.

둘째, 이들은 다른 종교세력들에게서는 볼 수 없는 폭력을 사용한다는 점이다. 이들의 반체제활동은 그 양적인 면에서나 이데올로기적인 면에서도 특히 중요성을 가진다.[84] 이들은 흔히 폭력적인 힘의 행사가 자주 눈에 띄는 것도 특징적이라고 볼 수 있다.[85]

리투아니아는 1944~52년 모스크바 당국과의 3년여 동안의 처절한 내란기간 동안 약 4만여 명의 인명피해를 입은 역사적 기록으로 봐서도 그들 특유의 반체제적인 뿌리를 간직하고 있다. 이곳 반체제운동은 가톨릭신자들을 중심으로 하여 주로 새로운 체제의 특정한 제도나 차별대우 등과 비교적 사소한 문제에 국한되어 있으며 극단적인 분리주의적인 움직임은 찾아볼 수 없다. 즉, 이들 리투아니아 반체제운동가들은 민족적 자유와 같은 거창한 문제보다는 신앙문제를 비롯한 개인적인 권리의 회복문제와 같은 사소한 범위를 넘지 못한다.[86] 그들의 반체제적 내용이 이같이 민족적인 정치운동보다는 인권활동으로, 또 전체적인 체제 반대보다는 선별적인 항의의 성격으로 전환된 데는 그만큼의 이유를 찾을 수 있다. 이 같은 이유는 대체로 리투아니아

---

83) Robert A. Lewis, "The Mixing of Russians and Soviet Nationalitis", in Allworth, *Soviet Nationality Problems*, pp.116~119.
84) 1965~1978연 사이에 일어난 소련에서의 대중시위의 10.3%가 리투아니인들에 의한 것이며 3분의 2가 종교적인 시위였다. "Lithuanian Potests for Human Rights in the 1970s: Characteristics and Consequences", *Lithuanias*, Vol. 25, No. 2,(1979), p.45.
85) V. stanley Vardys."Lithuania's Catholic Movement Reappraized" *Survey* (Summer, 1980), p.49.
86) *Ibid.,* p.52.

인들의 대내적인 측면과 또 하나는 소비에트정권 당국의 정책적인 노력의 결과라고 파악할 수 있다.

리투아니아의 대내적인 측면에 있어서 먼저 그들 국민들이 소련에 의한 그들의 지배가 상당히 오래 지속될 수밖에 없을 것이라는 인식이 고조됨에 따라 과격한 민족독립 등의 투쟁목표의 비현실성을 그들 스스로 깨닫게 된 점이다. 또한 소비에트당국의 정책적 효과라는 것은 특히 스탈린 이후 소련 당국은 약소민족들의 환심을 유도하기 위하여 갖가지 자유화의 제스처를 쓰고 있는 점이라고 볼 수 있다. 민족별 고유언어를 별다른 제재 없이 사용케 하기도 하며 민족고유문화의 발전을 방치하기도 한다. 그러나 이 같은 해빙적인 소련 당국의 각종 완화조치에도 불구하고 종교문제에 있어서는 여전히 그들의 숨통을 움켜잡고 있는 것이 소련 당국의 정상적인 기만성이기도 하다. 여기에서 바로 종교적 반체제운동 발흥의 소지를 찾을 수 있으며 이러한 예는 리투아니아의 경우에서도 분명하게 나타나고 있다.[87]

리투아니아 법령 17조는 종교의식과 직접관련이 없는 어떠한 청소년들의 조직체도 부허하고 있고 동법령 45조는 신도들 간의 금전적인 보조나 도움도 금하고 있을 뿐 아니라 또한 목사가 신도들의 가정을 방문하는 것도 허용되지 못하며, 심지어 18세 이하의 누구에게도 교의를 가르치는 것이 금지되어 있다.[88] 실제로 종교문제와 관련되어 리투아니아공화국에서는 목사 또는 주교의 체포투옥, 정신병동 수용과 같은 일이 자주 일어났다. 특히 1946~51년 사이에는 35만여 명이 일반 신도들을 추방시켰으며 350명의 목사를 추방시키고 있다. 당시 리투아니아에 있는 전체목사의 약 3분의 1가량이 그곳을 떠났다. 특히 흐루시초프 시기에 단행되었던 갖가지 해빙조치의 과정에서도 교회에 대해서는 전혀 이러한 움직임이 나타나지 않았으며 그의 뒤를 이은 브레즈네프 시기에 와서는 그들의 이른바 '새로운 소비에트인간'의 창출이라는 명분으로 반종교的인 분위기가 한결

---

87) *Ibid.*, p.53.
88) *Ibid.*, p.54.

더해지기 시작한다. 이에 소련 전역에서 최초로 리투아니아 가톨릭 신부들이 당국에 대해 종교와 종교전파의 자유, 종교적인 출판, 폐지된 교구의 부활, 종교의 차별 등을 없애줄 것 등을 요구했다. 이 같은 요구는 사제신부의 약 85%의 지지와 수천 명의 신도들의 서명을 받기까지 하였다.

이 같은 가톨릭의 항의소동에 리투아니아 당국은 1970년부터 1972년 사이에 9명의 가톨릭 신부 등을 포함, 많은 사람들이 종교활동을 했다는 혐의로 실형에 처했는데 이 같은 사실은 종교계를 중심으로 전 세계적인 여론을 환기시켜 1972년에 국내외로 커다란 이슈로 화하기도 했다.[89] 그러나 리투아니아에서 시원을 본 이 같은 종교적인 자유에 대한 요구는 별다른 효과를 거두지 못하였다. 그러나 이 같은 대규모적인 서명을 받은 청원 등의 종교적 요구는 그 후에도 계속되고 있다. 가톨릭세력이 중심이 된 리투아니아 반체제운동가들은 앞에서 대체적으로 살핀 바와 같이 종교의 선교활동 등과 같은 자유문제와 결부된 종교적문제와 결부된 것은 사실이다. 그러나 이 밖의 다른 의미도 그 안에서 배제시킬 수는 없다. 즉, 종교문제 이외에도 인권침범의 고발, 민족적 전통성의 유지 등과 같은 민족적 문제도 최근에 들면서 그들의 반체제적 활동의 대중화와 더불어 서서히 고개를 들고 있다.

이 같은 경향은 전통적으로 리투아니아 반체제 가톨릭세력과 민족주의 세력은 그 궤를 같이 하고 있기 때문에 더욱 그러하다고 볼 수 있다. 즉, 민족문제를 떠난 종교문제는 존재할 수 없다는 논리로부터 종교적인 반체제운동이라는 것은 종교만이 자기민족의 멸망을 막는 유일한 도구라고 보는 관점으로 이어질 수밖에 없기 때문이기도 한 것이다. 따라서 전반적인 소련 반체제운동의 내용에서와 마찬가지로 리투아니아의 종교적인 반체제운동의 경우에 있어서도 그의 이념적인 지향성을 한 마디로 요약하기는 쉽지 않다. 그러나 어떠한 경향성을 그들이 나타내든 간에 결국은 민족적인 독립성의 확보라는

---

89) *Ibid.*, p.56.

민족적인 문제로 비약될 수 있는 소지는 어느 이데올로기적인 부류 속에도 다같이 추출해 낼 수 있다는 점은 분명하다.

V. 소련의 반체제간행물 및 단체[90]

1. The Ryleev Club Manifesto

Ryleev club은 1966년 7월 13일 시인인 쿠세프(Evgeny Kushev), 포스크레센스키(Vladimir Voskresensky)에 의하여 창립되었다. 이 클럽의 명칭은 1825년 러시아에서 일어났던 '12월당반란' 참가자 중의 한 사람인 릴리프(Kondrat Ryleev)에게서 유래되었으며 이 클럽의 모토는 'Culture', 'Truth', 'Honour'이다. 이러한 모토는 이 클럽의 설립 취지문에서 구체화되어 있다. 클럽에서 작성하여 발표한 이 선언은 현재의 소련은 하나의 문화혁명이 필요한 상태에 이르렀고 인민들은 진이(truth)를 추구하고 있기 때문에 이러한 시대적 요청에 부응하여 소련의 작가, 사상가, 시인, 개혁자들은 다시한번 그들의 영향력을 발휘하여야 한다는 것이다.

또한 이 선언은 러시아의 10월혁명과 레닌의 혁명주도에 대해서는 적극적인 찬성의 입장을 보이고 있는 것이 그 특색이라고 말할 수 있다. 이 선언은 클럽의 창시자인 쿠세프와 포스크레센스키에 의하여 집필된 것으로 추측된다. 쿠세프는 1946년 출생으로 그의 나이 18세 때 이미 '사미즈다트' 간행물인 'Notebook of Socialist Democracy'의 출간에 간여하였으며, 1967년 1

---

90) 이 항목은 F.J.M. Feldbrugge, *Samizdat and Political Dissent. op. cit.*, pp.75~79, 95~100, 150~153 부분을 요약하였다.

월 22일에는 같은 반체제인사인 부코프스키(Bukovsky)와 함께 그들의 동료인 긴즈부르그(Ginzburg)와 갈란스코프(Galanskov)의 불법적인 체포에 반대하는 프쉬킨 광장에서의 데모에 참가하였다. 이 때문에 당국에 의하여 8개월 간의 강제노동형을 선고받기도 하였으며 1971년에는 그의 저항시작품을 한데 모아 'With the Stub of a Pencil'이라는 제목의 작품집을 발간하기도 하였다. 또한 포스크레센스키(Voskresensky)도 마찬가지로 젊은 모스크바의 시인이었다. 그의 시작품은 사미즈다트 채널인 'Sfinsky' 등에 발표되기도 하였으며 'For my friend'라는 그의 지하간행 작품들을 모은 단행본을 간행하기도 하였다.

2. *Ideological disorder and searching for new ideas*

1968년 후반기나 1969년 전반기 사이에 쓰였다고 추측되는 이 글은 소련의 한 언론인이 이 작품을 외국에서의 출판을 위하여 소련을 방문한 외국기자에게 건네줌으로써 햇빛을 보게 됐다. 이 작품은 외국의 친구에게 소련에서 일이니고 있는 현재의 모든 장태를 소련의 한 정직한 지지인이 자국의 현실에 대한 견해를 설명하는 형식을 취하고 있다. 이 작품의 주된 내용은 그들 러시아는 전통적으로 서양과의 관계에서 볼 때 항상 그들은 서양에 대한 외경심을 갖고 있으며 또한 이러한 두려움과 거부감정을 서양에 대한 열등의지으로 나타내고 있었으나 이러한 전통적인 대서양 열등의지은 그들의 10월혁명으로 극복될 수 있었으며 이를 통하여 세계 제2차대전 이후로는 세계의 새로운 리더로서의 현대산업국가인 소련의 탄생을 보게 되었다는 것이다.

그러나 그 후 러시아의 지지인들은 이러한 자국의 발전이 인간의 자존심을 크게 희생시켰다는 사실을 뒤늦게 깨닫게 되었으며 또한 소련의 체코슬로바키아의 무력침공의 사실에서 그들 지지인들은 그들 정권당국이 스탈린식의 포력수단을 버리려는 생각을 갖고 있지 않았다는 사실도 알게 되었다는 것이다. 이 작품은 또한 솔제니친 등과 같이 소련 당국의 압제에 반대하여 투쟁하는 인사들도 점차적으로 네오스탈린주의의 비인도성에서 눈뜨도록 해야 한다고 믿고 있다.

3. *Pseudo-Medvedev: Truth about the present day*

이 글은 원래 메데베제프(Roy Medvedev)라는 이름으로 Posev 지를 통해 출판되었으나 이 글이 발표된 후 메데베제프는 이것이 자기의 글이 아니라고 확인한 작품이다. 따라서 이 글의 작자는 편의상 Pseudo Medvedev 라고 부르고 있다. 이 작품은 주로 소련 정치체제의 경제적인 현상들에 대해서 상당히 관심을 보이고 있으며 소련체제의 경제적 약점은 이 작품 저자의 일관된 분석의 대상이었다. 이 작품의 저자는 특히 소련체제의 현실적인 장애요인은 관료제도에 있다고 분명히 말하고 소련사회에서 일어나고 있는 이러한 관료제의 병폐가 자리잡게 된 원인은 러시아의 10월혁명 자체가 근본적인 면에서 부르주아지 혁명의 성격을 벗어날 수 없었다는 데서 그 원인을 찾고 있다. 그리고 이 작자는 또한 프랑스에서 있었던 Paris Commune이야말로 관료제와 같은 제도적인 모순을 배제시킨 것이었기 때문에 소련체제의 모든 개혁은 이 Commune의 모델에 그 기준을 두고 이루어져야 한다고 주장한다. 이 작품은 1968년 말에 쓰인 것으로 알려지고 있다.

4. *Gennady Alekseev: The open letter to*
the citizens of the Soviet Union

이 글은 그 마지막을 '러시아는 새로운 인민을 기다린다'라는 문구로 끝맺고

있는 알렉세프(Gennady Alekseev)의 이름으로 발표된 글이나 그 실제작가
는 1939년 출생의 발틱함대 장교였던 가프릴로프(Genady Gavrilov)의 작
품으로 이 글은 1968년 9월 22일에 발표되었다. 이 글은 주로 소련체제의 나
약성을 여러 가지 면에서 지적하고 이러한 나약성을 극복하기 위한 상세한 정
책대안이 제시되고 있는 것이 그 특색이다.

가프릴로프는 이 글 이외에도 'Union to struggle for political rights'
라는 단체를 결성했다는 이유로 그의 동료 두 사람과 함께 기소되어 6년간의
강제노동형을 선고받았다.

5. *The Varga Testament*

'사회주의로 향하는 러시아의 길(Russia's road of transition to socia-
lism and its results)'이라고도 칭하여지는 이 글은 1964년에 쓰인 것으로
알려지고 있다. 이 글은 '사미즈다트(samizdat)' 저널인 「Feniks」 1966년
호에 게재되었으며 그 저자는 소련과학아카데미 회원이자 저명한 소련의 경제
학자인 바르가(E. Varga)였으며, 그는 이 글을 쓴 1964년에 죽은 것으로 알
려지고 있다.

이 작품은 정통파 '마르크스-레닌'주의자의 입장에서 쓰인 가장 오래되고
가장 장문이며 가장 철저한 반체제적인 작품이라는 점에서 그 의의가 큰 것
으로서 이 글의 기본 입장인 러시아의 10월혁명이 반사회주의적이며 반부르
주아적이기 때문에 아직도 그 혁명 이후 소련을 지배하고 있는 정신세계는
부르주아적이라고 보는 데 있다. 또는 이 글은 레닌의 역할에 대해서도 그가
현재와 같은 소련의 관료제도의 토대를 구축했다는 점에 있어서는 비판적인
입장을 취하고 있으며 소련사회의 미래에 대해서도 비관적이고 회의적인 입
장을 취하고 있는 것이 일관된 내용이다.

6. *Medvedev's: A Book on Socialist democracy*

이 작품의 저자 메데베제프(Roy Medvedev)는 그의 쌍둥이 동생 메데베제프(Zhores Medvedev)와 함께 국제적으로 잘 알려진 소련의 대표적인 반체제 지식인의 한 사람이다. 그는 1925년에 태어났으며 그 후 역사학자로 활동하였으나 1969년 그의 반체제활동 때문에 당으로부터 추방되었다.

이 작품에서 메데베제프는 소련체제의 주요한 제도적인 모순들을 분야별로 나누어 비판하고 이의 시정책을 광범위하게 지적하고 있으나 그의 이러한 개혁의 기준은 어디까지나 소련정부, 당, '마르스크·레닌'주의가 되어야 한다는 입장을 견지하고 있는 것이 특색이다.

7. *Sakharov: Reflections on progress, peaceful co-existence and intellectual freedom*

사하로프(Andri Dmitrievich Sakharov)는 그의 나이 32세에 벌써 소련과학아카데미 정회원으로 발탁된 소련 제1의 물리학자이며 이러한 그의 학문적인 업적과 사회적인 신분 때문에 그는 소련 반체제운동가들 중에서 독특한 위치에 있었을 뿐만 아니라 정권당국의 불법적인 반체제론자들에 대한 정치적 탄압에도 상당히 자유롭게 이에 항거할 수 있었다.

이 책은 사하로프의 여러 가지 저술들 중에서도 소련에 의한 체코 침공사건이 일어나기 전에 쓰인 그의 유일한 책이며 이 책의 내용도 상당히 순박한 이상주의에 젖어 있음을 발견할 수 있다. 1968년에 발표된 이 책의 주요내용은 세계전쟁의 문제와 기아의 문제, 환경오염의 문제, 지적 자유에 대한 위협의 문제, 종족 간의 갈등과 민족주의 문제, 독재의 문제 등을 주로 경고하고 있는 것이며 이같이 현존하고 있는 모든 세계적인 문제들을 해결하기 위해서는 자본주의와 사회주의 양체제 간의 수렴현상이 그 가장 바람직한 대안일 수 있다는 것이다. 이 글에서는 이 같은 수렴을 촉진시키기 위하여 소련은 스탈린주의의 잔재를 하루빨리 청산하고 여러 가지 민주적인 개혁과 경제통제의 대폭적인 수정이 선행되어야 한다고 주장하고 있다.

이처럼 일견 낙관적이고 순진한 내용으로 된 이 책은 소련 이외를 막론하고 가장 많이 읽힌 반체제작품 중의 하나이며 그리고 가장 많은 반응을 가져온 책 중의 하나이다. 그러나 이 책의 출간 이후 소련에 의한 체코의 무력침공이 일어났기 때문에 그 후 사하로프는 종래의 낙관적이며 이상론으로 흘렀던 그의 생각을 크게 변화시켜 보다 과격한 반체제운동가로 전환되었음은 분명한 사실이며 사하로프도 그후 한 기자회견에서 그의 'Reflections'는 이상적이고 추상론에 흘렀으며 '마르크스-레닌'주의와 공산주의를 잘못 이해했다는 사실을 솔직하게 인정하고 있다.

8. A. Mikhailov; Thoughts on the liberal campaign of 1968

미카일로프(A. Mikhailov)라는 이름은 가명이라는 것만 밝혀졌을 뿐 이 작품의 저자가 실지로 누구인지도 아직 밝혀지지 않은 작품이다. 이 작품은 민주사회주의(democratic socialism)에의 집착을 강하게 나타내고 있으며 자유주의에 대해서는 강한 반대 입장을 나타내고 있다. 이러한 반자유주의적인 입장은 자유주의자들이 소련사회의 기본문제인 생산역과 생산관계 간의 갈등을 잘못 이해하고 있기 때문이기도 한 것이며 또한 그들 자유주의자들이 지지하고 나서는 표현에 있어서의 '자유'라는 개념 또한 그들 스스로의 계급이익을 위한 하나의 수단에 불과하다고 보고 있기 때문이다. 따라서 이 글에서는 자유주의자들은 빈곤의 고통에 허덕이고 있는 대중들을 진정한 의미에서 외면하고 있다는 것이다. 이 작품은 1969년에 쓰인 것으로 알려지고 있다.

9. *Zorin, Alekseev; Time does not wait*

'Our country finds itself at a turning point in history'라는 부어가 달린 이 글은 1969년 교사인 조린(S. Zorin)과 엔지니어인 알렉세프 (N. Alekseev)의 이름으로 출간되었는데 이 작품은 'Leningrad Programme'이라 불리기도 한다. 이 글은 앞에서 살핀 사하로프, 메데베제프, 투르친의 Memo와 사하로프의 Thoughts와는 달리 소련정치체제에 대하여 부정적인 입장을 명확히 하고 있는 것이 그 특색이다.

구체적으로 이 글은 현존 소련체제의 가장 기본적인 병인은 독점적인 국가자본주의(monopolistic state capitalism)에 있다고 전제, 이러한 현상 때문에 빚어지는 관료적인 병폐 또한 대단히 심각하다는 것이다. 관료적인 지배계층은 결국 오늘날 소련의 정국을 국제적인 모험이나 국내적인 스테그네이션, 전쟁 등과 같은 자기파멸적인 상태로 걷잡을 수 없이 몰고 가고 있다는 것이 그들의 주장이다. 따라서 이러한 파국적인 상황을 원천적인 면에서 극복하기 위해서는 정치적 민주주의(political democraoy)만이 국가를 위기에서 구할 수 있는 유일한 방책인 것이며 이를 위하여 단기적으로는 우선 시민들의 공개적인 항의를 통하여 모든 정치적 압제가 제거되어야 한다. 이 작품은 또한 부르주아 민주주의에 대해서는 철저하게 이를 반대하는 입장을 견지하며 사회주의와 생산수단의 공동소유를 찬성하고 있으며 이러한 점에서 이를 사회주의적 반체제작품으로 분류할 수 있다.

10. *The Sakharov-Medvedev-Turchin; Memorandum*

'A gradual democratization is necessary'라는 제목으로 1970년 3월에 발표된 이 작품은 당시 소련공산당 제1서기인 브레즈네프(Brezhnev), 각료회의 의장 코시긴(Kosygin), Supreme Soviet Presidium 의장인 포드고르니(Podgorny)에 대한 공개상의 형식을 띤 것이다.

이 작품의 주요내용은 소련에서의 공공생활영역의 근본적인 민주화를 위해서는 언론의 자유와 정치적 탄압의 폐기가 선행되어야 한다고 주장하고 이러한 민주화를 위한 제반조치들은 점차적이며 순서에 따라 차근차근 진행되어야 한다고 주장하고 있다.

11. *The Sower*

반체제 지하정기간행물이며 두 권밖에 출간되지 않았다. 그 첫 권은 1971연 4월에 출간된 것으로 'A social-democratic agitation bulletin'이라는 부제가 붙은 것이며, 그 제2권은 1971년 말경에 출간된 부제 없는 책이다. 이 잡지는 주로 소련의 현체제를 분석하고 비판하면서 궁극적으로는 과학적 민주사회주의(scientific democratic socialism)의 실현을 통하여서만이 오늘날과 같은 소련사회의 비리가 제거될 수 있다고 주장한다.

12. *The All-Russian Social-Christian Union for the Liberation of the People*(단체)

이 단체는 레닌그라드대학을 중심으로 1964년에 만들어졌으나 기도니(Aleksandr Gidoni)라는 사람의 배반으로 1967년 초 KGB에 의해 회원 전원이 체포되었다고 알려지고 있다. 약 60명의 회원을 가졌던 것으로 알려지고 있는 이 단체(ASCULP로 약칭)는 정권의 무력전복을 목적으로 하였으나 이에 필요한 무기를 구하지 못하였기 때문에 그들의 활동은 새로운 회원의 확보와 그들의 사상을 담은 문학작품의 배포에 국한되었다.

이 단체의 목적은 "공산주의자들의 굴레로부터 인민을 해방시키는 일은 오직 무력투쟁의 방법을 통해서만 달성될 수 있는 것이며 이러한 투쟁에서 인민의 완전한 승리를 위해서는 독재를 타도하고 전제정권을 유지하는 연관집단을 타도하는 지하해방군을 필요로 한다"에서도 분명히 나타나고 있는 바와 같은 포악한 전체주의정권으로부터 자유로운 조국, 즉 Social-Christian 체제 건설을 목적으로 하는 하나의 강력한 정차군사적인 조직체라고 말할 수 있다.

13. *Message from the USSR to the West*

이 작품은 1965년 미국에서 발간되는 반체제 노어잡지인 'Novyi Zhurnal'을 통하여 발표되었으나 그 저자가 누구인지는 알 수 없다.

이 작품의 저자는 이 작품발표의 목적을 세 가지로 요약하고 있는데 그 첫째는 소련체제에 대한 분노를 나타내기 위함이요, 둘째는 공산주의로부터 무엇을 기대할지도 모르는 서구사람들을 경고하기 위함이고, 셋째는 소련공산주의에 의해 모든 인간가치가 말살되고 있는 사실에 대해 기독교인으로서의 항의를 분명히 하려는 데 그 목적이 있다고 말하고 있다.

14. *Galanskov, Organizational problems of the movement for full and universal disarmament*

이 글의 저자 갈란스코프(Iumy Galanskov)는 'Feniks'라는 지하문학지의 발행인으로 알려진 소련의 반체제 시인의 한 사람이다. 'Feniks'라는 반체제문학지는 두 권밖에 출간되지 못한 것으로 알려지고 있는데 그 하나는

1961년에 간행된 것이며 또 다른 하나는 1966년의 것인데 이 작품은 1966년의 것에 포함되어 있다. 갈란스코프는 1967년에 체포되어 시냡스키와 다니엘재판에 관한 백서의 저자인 긴즈부르그(Aleksandr Ginzburg)와 함께 재판을 받았다.

그는 이 재판으로 7년형을 선고받고 복역 중 1972년 11월 4일 그의 나이 33세에 Mordovia 공화국에 있는 Dubrovlag Labor Camp에서 세상을 떠났다. 이 작품은 다른 반체제작품들보다는 다소 추상적이라고 말할 수 있을 정도로 극도로 이상주의적 평화관을 나타내고 있는 것이 그 특색이다.

15. *Fedor Zniakov; Memorandum*

1966년에 쓰인 것으로 보이는 이 작품은 가명을 썼기 때문에 그 실질적인 작가가 미상이다. 이는 소련정권이 안고 있는 경제적 위기를 깊이 있게 파헤쳤으며 저자의 민주주의적인 정치이데올로기 성향을 아주 분명하게 나타내고 있다. 또한 이 작품은 현실적인 소련체제의 변화를 위하여 서방세계가 이에 적극적으로 영향력을 행사하여야 하다는 입장을 고수하고 있다.

16. *Talantov; Soviet Society*

탈란토프(Boriz Talantov)는 소련반체제론자들 중에서 가장 특이한 인물의 한 사람이다. 그는 철학을 공부했으며 정교의 강한 영향을 받은 사람이다. 이 작품에서 그는 주로 소련에서의 공산당의 절대권을 비난하였으며 또한 인권의 결여, 당관료조직의 피라미드화 및 스탈린주의에의 복권을 강하게 비난하였다.

17. *To hope or to act?: The Estonian Manifesto*

The Estonia Manifesto는 사하로프의 Thoughts on Progress,
Peaceful co-existence and intellectual freedom에 대한 하나의 답서
의 형식을 띤 것으로 1968년 후반기에 쓰였다. 이는 주로 사하로프가 분석
한 소련사회 위기의 본질에 대한 비판이었다고 볼 수 있는데, 즉 현존하는
소련의 정치체제적 곤폐의 원인은 정신적 측면에 그 원인이 있다는 것이며
따라서 현재의 병폐를 바로잡기 위해서는 무엇보다도 정신혁명이 선행되어야
하며 사하로프와 같은 정치·경제적 제도의 개혁만으로는 도저히 불가능하다는
것이다.

18. *Amalrik: Will the Soviet Union Survive until 1984?*

소련반체제 작품 중에 가장 널리 알려진 작품이며 아말리크는 이 작품을
통하여 소련의 사회정치체제에 대한 비방을 했다는 혐의로 상당기간의 옥고
를 치렀다.

19. 종교적 반체제단체

1976년 12월 27일 Khristianskii komitet zashchity prav Veru-
yushchikh v SSSK(Christian Committee for the Defence of the
Rights of Believers in the USSR)라는 종교단체가 창설되었다. 이 단체
는 러시아 정교회 목사인 야쿠닌(Gleb Yakunin), 하이불린(Deacon Var-
sonofii Khaibulin)과 평신도인 카피탄츄크(Viktor Kapitanchuk) 등에

의해 주도되었으며 이 단체의 목표는 다음과 같다.

① 소련 내의 신도들에 관한 정보를 수집, 연구, 전파한다.
② 그들의 시민권이 훼손을 당할 경우 이들 신도들의 상담을 한다.
③ 신도들의 권리에 관하여 관계당국에 어필한다.
④ 소련 내의 종교의 법적 또는 실제적인 위치에 대해 조사활동을 진행한다.
⑤ 종교에 대한 소비에트의 법적 개선을 지원한다.

소비에트정권은 소련 내에는 종교문제, 종교적 신념에 의한 탄압이 전혀 없다고 주장한다. 그러나 이는 맹목적인 이야기일 뿐 실제 소련 내에는 수많은 종교적 탄압의 사례가 계속되고 있으며, 전기한 Christian Committee가 결정된 사실 자체는 이를 단적으로 표현하고 있다. 이 단체의 현실적 기능으로 둔로프(Dunlop)는 다음의 4가지를 들고 있다.[91]

① 이 위원회는 정교신도들을 비롯, 불교신자, 그 밖의 여타 종교신도들에 대한 보호자적인 역할과 함께 정보교환소의 역할을 한다.
② 사법적인 측면으로 이 단체는 소련의 법률이 신도들에게 불리한 점을 지적, 비판하고 또한 소련이 그들 헌법에 의해 신도들에게 보장된 미미한 자유마저도 지키지 않고 있음도 지적 비판한다.
③ 이 위원회는 러시아의 민족운동과 민주화운동을 연결시키는 역할을 한다.
④ 러시아민족은 물론 소삭민족 문제도 크게 신경을 쓴다.

---

91) John B. Dunlop, "The Many Faces of Contemporary Russian Nationlism," *Survey*(Summer, 1979), p.22.

제6장 소련의 반체제운동 대책

제6장 소련의 반체제운동 대책

I. 탄압정책의 경과

소련의 반체제운동에 대한 대책은 스탈린 시기에서부터 현재에 이르기까지 갖가지 테러의 수단이 동원된 물리적인 탄압의 형태를 일관적으로 지속하여 오고 있다. 일관되게 지속되고 있는 반체제운동에 대한 물리적 탄압이라는 뚜렷한 태도에도 불구하고 이러한 물리적 반체제운동 탄압정책은 그 시기와 최고통지자의 개인적인 지도형태에 따라 다소간의 신축성과 수단의 다양성을 가지기도 한다. 특히 이러한 반체제운동에 대한 대책에 있어서 시대 및 지도자별 차이는 스탈린 시기와 스탈린 이후의 시기로 크게 양대분할 수 있을 정도의 커다란 변화를 보이고 있다.

스탈린 시기는 여기서 말하는 반체제운동이 하나의 분명하고 뚜렷한 체계를 가지고 있지도 못하였을 뿐만 아니라 당시의 스탈린체제에 대한 이견이나 반대는 그 경중의 차원을 떠나서 무차별적인 탄압의 횡포에서 한 발짝도 벗어날 수 없었기 때문에 그러한 반체제적 경향이 도저히 뿌리를 내릴 수도 없었던 것이 당시의 상황이었다.

솔제니친의 유명한 고발문학인 수용소군마(Arkhipelag Gulag)가 분명하게 묘사하고 있는 것과 같이 이 시기는 스탈린체제나 그의 정책노선에서 조그마한 이탈마저 허용되지 않았다. 오직 강제수용소나 정신병동, 강제노동 등의 가혹한 처벌만이 강요되었기 때문에 스탈린시기에 있어서는 반체제운동 자체가 조직적인 단체운동으로서의 확산도 도저히 불가능하였으며 또한 일방적인 탄압 이상의 반체제활동에 대한 대책도 부재할 수밖에 없었다.

여기서는 전장에서 이미 살핀 바와 같이 스탈린 이후에 나타나기 시작했고 스탈린에 의한 과도한 전체주의적 통치양태에 대한 해방과 더불어 싹을 내리기 시작한 소련 지지인들에 있어서의 체제의 정당성과 합리성에 대한 이견 및 흐루시초프실각 이후에 또다시 나타난 스탈린주의적인 반자유화의 기운 속에서 그 광범한 조직적인 발아를 보인 소련 반체제운동에 대한 통치당국의 스탈린 시기와는 다른 모든 반체제대책들을 중점적으로 다루려는 데 그 목적을 둔다.

소련당국의 반체제운동에 대한 대책으로서 독단적인 탄압의 여러 방법들이 스탈린체제의 몰락과 더불어 한꺼번에 제거되지 않았음은 분명하다. 그러나 일반적으로 보아 스탈린 시기 이후는 반체제운동에 대한 탄압의 규모나 강도에 있어서 그 전보다는 한결 줄어들고 약하여졌음 또한 분명한 사실로서 지적될 수 있다.[1] 스탈린 이후 소련의 정치권력을 차지한 독재자들의 경우에 있어서도 그들의 정치적 안정이나 집권관료들의 특권 혹은 그들의 개인적인 권한이 위험시된다고 생각할 때에는 그들 반체제운동이나 반체제인사들에 대한 엄격한 탄압정책의 행사는 그전 시기와 별로 다를 바 없다. 하지만 이들 스탈린 이후의 독재자들에 의하여 행하여진 반체제탄압정책은 과거 20년간(1934~53) 철저한 전체주의적인 탄압만을 지속시켜 온 스탈린의 그것과는 여러 가지 면에서 상치되고 완화된 것이 사실이었다.

그러나 이러한 반체제운동에 대한 강경한 탄압정책에서의 변화에도 불구하고 소련에는 아직도 통치당국이 주장하고 있는 관제 이데올로기(official ideology)

---

1) Rudolf L. Tökés, *Dissent in the USSR*, p.36

와 지지인들을 포함한 대다수 시민들이 일반적으로 인지하고 있는 현실 간에는 현격한 괴리가 그대로 존재하고 있기 때문에 원천적인 면에서 반체제운동의 발생을 방지할 수 없음은 물론 이 운동 자체의 확산에 제동을 걸 수 있는 물이적수단 이외의 효과적인 반체제대책 또한 뚜렷하게 마련되지 못하고 있는 것이 사실이다.[2]

소련 통치당국에서 이상 지적한 바와 같이 반체제운동에 대한 효과적인 억제정책을 분명하게 제도화시키고 있지는 못하지만 전시대의 그것과 비교하여 뚜렷한 차이를 보이는 한 가지 반체제운동대책은 '선별적인 테러(elective terror)'의 수단이 일반화되고 있다는 사실이다. 소련의 통치당국이 그들 체제의 정치권력의 정통성에 도전하거나 소련 체제 자체의 구조적 변화 자체를 적극적으로 지지하고 있는 반체제운동가들의 활동에 대해서 소련 당국은 그들의 이러한 행동이 상대적으로 그들 체제나 지도력의 항사에 크게 유해롭지 않을 것이라고 판단될 때에는 사회경제적인 면에서의 간접적인 제지 방법을 동원하고 이와는 달리 그들 반체제운동가들의 행동이 크게 유해하다고 그들이 판단할 때에는 전통적인 반체제운동에 대한 탄압정책이라고 말할 수 있는 추방, 투옥, 노동수용소, 정신병동 수용 등의 적극적인 방법을 취하는 이른바 선별적인 대응책을 수입하고 있는 것이 그것이다.[3]

이밖에 또 한 가시의 특징직인 변화라고 말할 수 있는 사실은 아직도 전체적인 면에서 볼 때는 극히 제한적인 일부이기는 하나 소련사회내에서 '허용된 반체제'의 영역(Permissible dissent), 즉 허용된 비판의 영역이 다소 넓어졌다는 사실이다. 물론 이러한 허용된 비판의 영역은 흐루시초프 실각 후 특히 1968년 체코의 지지인들이 중심이 되어 '인간의 얼굴을 가진 사회주의(socialism with a human face)'의 기치를 높이 들고 일어났던 대규모 민권운동과 이에 따른 소련의 개입 이후 다소 움츠려든 것은 부인할 수 없

---

2) *Ibid.*,
3) *Ibid.*, p.36.

다. 그러나 전반적인 면에서 스탈린 시기의 그것에 비하여 볼 때 소련사회는 여러 가지 면에서 분명한 한계성이 있기는 하나 그 비판의 영역이 확대된 것이 사실이다. 이는 흐루시초프의 등장과 함께 대두된 광범위한 반체제운동의 확산에 따른 피할 수 없는 현상이기도 하였다.[4]

스탈린 시기 이후의 시대상황의 변화에 따른 일방적인 전체주의 모델의 적용에의 한계성에 대한 분명한 인식과 흐루시초프의 개인적인 특성의 조화로 나타난 소련체제 내의 반체제운동에 대한 선별적인 제재방법의 동원과 또한 반체제적인 비판영역의 확대라는 변화에도 불구하고 이러한 변화는 소련의 반체제운동대책에 있어서의 강제력에 대한 의존도의 변화에 불과할 뿐 근본적인 반체제운동 억제정책 자체가 변화되었다고는 볼 수 없다. 이러한 점은 소련체제가 변함없이 그대로 지속시키고 있는 정권과 반체제 간의 관계로 이를 설명할 수 있다는 것이 달(Robert Dahl)의 주장이다.[5]

달(Dahl)에 의하면 소련을 포함한 공산주의체제에서의 정권(regime)과 반체제(dissenter)와의 관계는 원칙적으로 체제내적(intra system) 관계이며 또한 이는 정권측의 주도권이 인정될 수밖에 없는 우월관계라는 점이 그 특징이다.

공산주의체제에서의 정권과 반체제운동과의 이러한 체제내적이며 헤게모니적인 관계는 미국, 영국, 캐나다 등의 선진자본주의에서의 이들의 관계가 체제경쟁적(inter-system)이며 다원주의적(polyarchies)[6]인 성격과는 크게 그 축을 달리하는 것이다.

소련에서와 같은 정권과 반체제운동 간의 관계에서 정권의 우월성이 인정되는 우월체제(hegemonic system)에서는 그들 체제가 전통적으로 고수하

---

4) Robert A. Dahl,(ed.), *Regime and Oppositions*, (Conn., New Haven, 1973), p.12.
5) *Ibid.*, p.37.
6) Robert Dahl은 다원주의적 관계를 'impose the fewest restraints on opponents'로 규정하는 한편 우월관계는 'regimes that impose the most severe limits on the expression, organization and representation of political preferences and on the opportunities available to opponents of the government'로 각각 규정하고 있다.

고 있는 강한 이념지향성이 결코 양보될 수 없는 것이며 또한 공산당의 배타적 지위와 유일적인 지도성, 교육성, 조직의 역할 등에 대한 도전은 철저하게 경계되고 있기 때문에 전반적인 반체제운동의 확산에도 불구하고 이 운동에 대한 기본적인 경계와 억제의 방침이 본질적으로 변화될 수는 없다. 즉, 달(Dahl)에 의하면 반체제적 운동은 그 내용의 경중에 따라 대책의 유연성을 보이고 있는 것은 작금에서의 분명한 사실이지만 본질적인 면에 있어서는 어떠한 형태의 반체제운동이든 간에 그것은 소련체제와 그들 당의 절대적 지위 자체에 위험이 될 수 있는 것은 명백하기 때문에 이에 대한 근본적인 억지와 제거가 소련체제의 반체제운동에 대한 일관된 노력이라고 본다.

> 모든 반대(opposition)라는 것은 잠재적으로 위험스러운 것이기 때문에 '받아들일 수 있는 반대(acceptable opposition)'와 '받아들일 수 없는 반대(unacceptable opposition)' 또는 '충실한 반대(loyal opposition)', '불충실한 반대(disloyal opposition)' 간의 구분이란 사실상 불가능하다. …… 따라서 모든 반대는 위험한 것일 수밖에 없으며 이는 마땅히 탄압될 수밖에 없다.[7]

이 같은 관점에서 보면 시대환경적인 변화와 최고통치자 개성의 차이에서 나타내고 있는 반체제운동 억지대책의 상이성에도 불구하고 이들의 한결같은 반체제운동 대책은 정권의 우월적인 입장을 견지하는 헤세모니적 형태를 벗어나지 못한다.[8] 그렇기 때문에 어떠한 대반체제정책의 변화에도 불구하고 그 어느 때나 소련에서의 당의 절대적인 권위나 그의 지도적인 역할이나 또한 소련정치국의 이익표출(interest articulation)에 대한 약화가 결코 허용될 수는 없다는 것이 달의 견해이다.

시간과 정책의 변화에도 불구하고 소련에서의 정권과 반체제운동과의 관계가

---

7) Robert Dahl(ed.) *op. cit.*, p.13.
8) Dahl은 각 지도자 별로 Pre-Stalin, near hegemony; Stalin, hegemonic autocratic; post-Stalin, oligarchic의 형태로 이를 분류하고 있다(*Ibid.*, p.38).

정권 우세적일 수 있고 또한 반체제운동에 대한 정권주도의 억제정책이 그런 대로의 효과를 볼 수 있는 이유는 다음의 몇 가지로 요약할 수 있다.[9]

첫째, 제정러시아의 복종적인 정치문화(subject political culture)의 전통에서 그 원인을 찾을 수 있다. 즉, 러시아에 있어서는 전통적인 러시아정교회(Russian orthodox church)와 방대한 관료조직, 잔인한 정치력에 의하여 차르에 대한 맹종의 전통이 이루어져 오늘날의 소련에까지 그의 강한 영향력을 미치고 있으며 또한 혁명 후에는 레닌에 의하여 주도된 반대파에 대한 강한 정치투쟁의 전력 또한 오늘날과 같은 일방적인 경직된 체제운영에 커다란 영향을 끼쳤다고 볼 수 있다.

레닌 등의 볼셰비키들은 철저한 정치투쟁을 통하여 과거의 러시아적인 정치제도를 타파하는 데 있어서는 성공하였다고 볼 수 있다. 그러한 반러시아적인 정치혁명을 통하여 또 다른 하나의 러시아, 즉 강한 독재를 통한 권력에의 맹종과 반대에 대한 철저한 봉쇄를 단행한 소비에트체제를 주형시키는 데 그쳤기 때문에 오늘날에 있어서까지 이러한 러시아의 혁명초기의 전통은 그대로 지속되어 권력에의 맹종과 반대에 대한 탄압은 한편 당연한 현상으로 집권자들을 비롯한 많은 사람들에게 인지되고 있다.[9]

둘째는 러시아의 후진성에서 그 원인을 찾을 수 있다.[10] 세계 제1차대전 전만 하여도 러시아는 상당한 산업발전을 이룩할 수 있었음은 사실이나 전쟁기간과 전후에서는 이러한 발전진도가 크게 떨어졌으며, 1917년 혁명기 전후에 있어서는 그 러시아가 아주 낙후된 후진 지역의 하나가 되었다. 마르크스가 말하고 있는 자본주의의 성숙과 이에 따른 사회주의 발생이라는 역사해석에서도 모순되는 인위적인 쿠데타로 10월혁명을 후진 러시아에서 성공시킨 당시의 볼셰비키들은 그들 신생 소련의 소비에트체제를 통하여 급속한 공

9) Merle Fainsod, *How Russia is ruled*(Harvard University Press, 1965), p.3.
10) Rudolf L. Tökés(ed.), *op. cit.*, pp.39~40.

업 및 산업발전을 무리하게 추진시켜 나갔다. 이러한 무이한 발전정책을 추진하는 과정에서 정권당국의 정책집행과 국력의 조직, 동원에 반대하는 세력들은 무차별 탄압되었으며, 또한 이러한 무리한 정책집행을 바람직하지 않게 생각하는 사람들에 대한 대대적인 숙청마저 스탈린에 의하여 단행된 1936~38년 간 대숙청 과정에서처럼 노골화되었다.

현실적으로 노출된 소련과 서방과의 사이에 나타난 발전의 엄청난 열세는 결국 소련 당국이 그들의 소비에트사회주의가 서방의 자본주의보다 도덕적인 우수성을 견지하고 있다는 어처구니없는 주장을 더욱 부채질하였으며 이에 따라 외국과의 연계하에 일어나고 있는 반체제적 경향과 운동에 대해서는 이를 부르주아지적인 사고와 운동으로 몰아 철저한 이데올로기적인 이단으로 몰아붙일 수가 있었다.[11] 이러한 과정을 통하여 소련의 공식적인 정치문화 속에서 구체화된 소련 지지인들의 경직된 준법의식과 기존 정치권력에 대한 맹종의식은 고전적인 마르크스주의의 교리나 그곳의 소삭지식인들이 아직까지도 분명하게 견지하고 있는 자유주의적인 가치관과는 극히 상충되고 타협될 수 없는 태도라고 볼 수 있다.[12]

셋째, 외국에 대한 위협을 들 수 있다. 소련은 그들의 10월혁명 이후 오늘에 이르기까지 거의 초조하리만큼 그들의 군사적인 안전의 획득에 광분하여 왔다. 이러한 결과에 의하여 이루어진 군사적인 팽창은 소련 반체제운동의 확산을 저지시키는 데 커다란 작용을 한다.

소련의 이 같은 군사력 확보에 대한 초조는 그들의 볼셰비키혁명 직후에 야기된 내란과 그 후 세계 제2차대전 당시 히틀러군과의 투쟁과정을 통하여 강하게 인지되었으며 특히 2차대전의 충격은 소련의 일반 국민들이 그들 정권당국자들이 기회 있을 때마다 부르짖던 이른바 제국주의 세력의 침략근성이라는 것을 사실로 믿게 하는 데 결정적인 작용을 할 수가 있었다. 또한 최근에 고

---

11) *Ibid.*, p.40.
12) *Ibid.*,

조되고 있는 중소간의 이념분쟁과 이에 따른 중국의 군사력 증강은 외세의 침략에 대한 자국의 군사력 확장에 주요한 또 하나의 구실을 주고 있다.[13]

여하튼 이상에서와 같은 경제적 낙후성과 군사적인 안전 간의 연계관계는 1931년에 있는 산업집행위원회에서 행한 스탈린의 연설에서도 극적으로 표현되고 있다. 이 연설에서 만약 소련이 이상의 두 가지 측면에서 앞으로 10년 이내에 서방의 선진자본주의국가들을 따라잡지 못한다면 그들 소련은 멸망할 수밖에 없을 것이라고 주장하였는데 그의 이러한 주장은 그 후에도 계속하여 그들 소련의 정권당국이 이른바 '제국주의의 스파이'를 알아내는 데 일반시민들이 적극적으로 협조해야 한다는 강박관념을 주입시키는 데 커다란 영향을 주었다. 또한 이는 소련의 경찰 당국이 외국의 공산주의자들까지를 포함한 소련의 반체제적인 외국인들과 접촉하는 소련인들을 기소하는 커다란 명분을 마련하기도 하였다.

스탈린에 의하여 특히 강하게 교육되어 온 이 같은 배타주의적 정권에의 맹목적 복종성 때문에 오늘날에 와서도 의심 많은 소련의 당, 정부관료들은 흔히 반체제운동가들을 불온한 목적을 가진 외국의 정보기관에 이용되고 있다고 아주 일률적으로 판단하여 버리는 경향마저 가지게끔 된 것이다.[14] 또한 마르크스-레닌주의는 현실적인 면에서 볼 때 소비에트 정치문화와도 일치되지 않을 뿐만 아니라 또한 소련정권에 대한 유일한 근원일 수도 없는 것이 분명하다. 따라서 오직 애국심과 러시아의 역사적 전통, 그리고 소련공산당이 이룩하였다고 하는 국외적인 여러 측면에서의 성과만이 현실적으로 강조되지 않을 수 없다.

이러한 보편적인 가치판단 기준은 자연히 전체 국민들의 의지 형성에도 크게 작용하고 있기 때문에 대다수 지지인들을 포함한 소련 시민들은 그들의 관심의 대부분이 현재의 직책, 지위보다 나은 물질적 혜택, 그리고 그들 개인과 가족에 대한 보다 나은 서비스 등에 관심이 집중되지 않을 수밖에 없는

---

13) *Ibid.,* p.40.
14) *Ibid.,* p.41.

것이며, 그렇지 않고 공산주의의 이상을 소련 현정권이 이의 실현에 실패하고 있다고 느껴 그들 소련사회로부터 소외의식을 느끼고 있는 반체제적 인사들의 삭는 전체 인구에 비하여 볼 때는 미미하기 짝이 없는 소수에 불과하다는 것이 바쿤(F. C. Barghoon)의 지적이다.15)

넷째, 계획경제체제가 반체제운동에 미치는 영향이다. 소련에서 형성된 소비에트체제는 고도로 중앙집중화되고 국가통제의 경제구조를 생성시켰으며 이러한 경제구조는 반체제활동에 대한 엄격한 제한은 불가피할 수밖에 없다. 이러한 국가주도의 통제경제체제하에서는 시장경제체제에서 반체제적경향의 생성에 결정적인 역할을 수행하고 있는 이익집단이라는 자율적인 조직체가 존재할 수 없으며 또한 소련과 같은 경제구조하에서는 경제적 독립성이 전무하기 때문에 반체제운동을 지탱시키고 확산시킬 수 있는 재역의 마련 또한 불가능할 수밖에 없다.16)

다섯째, 소련 당국이 취하고 있는 교묘한 반체제인사에 대한 정신적 압력이 반체제운동에 미치는 영향을 무시할 수 없다. 예컨대 지명도가 높은 반체제작가들에 대해서 직접적인 물리적 테러의 수단 이외에 그가 속해 있는 작가동맹에서 제명시킨다는 위협, 또한 철저한 민족의식을 가진 반체제인사들에게 국외추방의 위협 등의 교묘한 심리적인 압력을 행사함으로써 직접적이고 혹독한 물리적 탄압에 못지않은 정신석인 고통과 타격을 가함으로써 이들의 반체제적 성향 자체에 커다란 타격을 주고 있다.

구체적인 예로 소련 반체제운동의 대표적인 인물들인 폴핀(Alexander Volpin), 메데베제프(Zhores Medvedev) 등은 계속하여 그들의 고국을 떠날 것을 강요받아 왔으며, 또한 물리학자 사하로프와 작가 솔제니친 등은 각기 그들이 속해 있던 연구기관이나 작가동맹으로부터의 추방 결정을 통고받았으며 그 후에도 그들의 사랑하는 조국 러시아를 등질 것을 끈질기게 강

---

15) *Ibid.*,
16) *Ibid.*, p.42.

요받아 왔다. 특히 소련당국이 1974년 2월 13일 솔제니친의 국외추방을 결정한 것은 그에 대한 국내에서의 가혹한 탄압이 전세계적 여론을 불러일으킬지도 모른다는 우려에서 나온 약삭빠른 조치라고 해석될 수 있다. 결국 소련의 의도대로 솔제니친의 국외추방은 대외적인 면에서의 효과도 효과지만 대내적인 면에 있어서도 반체제운동의 구심점을 붕괴시키는 결과를 가져왔으며 반체제운동의 주요한 이슈들을 무산시키게 하는 등 그들 소련 정권당국으로 보아서는 아주 중요한 결과를 가져오게 할 수 있었다.

1972년부터 시작되었다고 볼 수 있는 이 같은 반체제운동에 대한 당국의 선별적인 테러(selective terror)는 브레즈네프와 그의 동료집단들이 반체제운동에 대한 종래와 같은 일방적인 탄압정책보다는 선별적인 방법을 채택하는 것이 보다 대내외적인 관점으로 보아 효과적일 수 있는 것이라는 판단에서 취해진 고차원적인 반체제 억압대책의 하나라고 볼 수 있는 것이다.

솔제니친의 국외추방과 함께 소련 당국에 의하여 취하여진 또 하나의 해외추방 조치는 소련 당국이 국내외 지지인들의 요구를 받아들여 1970년 메데베제프(Zhores Medvedev)를 그가 감금되어 있던 정신병동으로부터 석방시켜 그를 해외로 추방시켰다는 사실이다.

Ⅱ. 탄압정책의 제형태

1. 검열제도

소련당국이 취하고 있는 갖가지 사회화정책을 통해 그들 국민들에 대한 통제와 순화의 목적을 달성하려는 의도적인 노력을 간접적인 반체제운동억지를 위한 대책으로 이해할 수 있다면, 여기서 살피려는 반체제적 출판에 대한 사전검열과 사후의 엄격한 제재는 보다 직접적이고 물리적 통제를 동원한 억지 대책이라고 볼 수 있다.

가장 직접적인 이러한 반체제운동에 대한 소련당국의 억제대책의 하나라고 볼 수 있는 검열, 즉 모든 출판물에 대한 사전검열제를 보다 구체적으로 살피면 이는 단순한 검열 이상의 탄압임을 알 수 있다. 소련에는 현재 'Glavlit'라고 불리고 있는 소련공산당 중앙위원회 직속의 공식적인 검열기관이 설치되어 있다고 알려지고 있다. 이 검열기관에는 약 7만여 명의 인원을 확보, 소련 내에서 간행되는 신문은 물론 그 밖의 모든 출판물, 저서, 방송, 통신매체, 외국에서 들어오는 인쇄물의 사전검열까지를 도맡아 실시하고 있다.[17]

소비에트정권의 성립과 함께 일관되게 실시되어 온 이 같은 모든 출판 및 간행물에 대한 검열제도 자체는 이미 하나의 공공연하고 당연한 처사로 대부분의 문필가나 언론출판관계인사들에게 받아들여지고 있기 때문에 이러한 소련 정부당국의 처사에 대한 불만을 노골적으로 나타내고 있는 사람은 극히 그 수가 적다. 설령 이러한 정부당국의 검열제도에 대하여 불만을 가지고 있는 사람들의 경우에 있어서도 그들의 대부분은 그들의 불만을 표면화함으로써 결과될 수 있는 물리적 탄압, 심리적인 탄압 등을 늘 의지하지 않을 수 없는 것이며 특히 그러한 검열에 대한 불만의 표현으로 초래케 될 경제 및 물질생활에서의 엄청난 불이익을 늘 염두에 두지 않을 수 없기 때문에 그들의 불만은 내재화되고 겉으로 표면화되지 못한다.

모든 출판물에 대한 당국의 검열은 결국 소련지지인들의 지적인 창작의지과 다양한 사고의 욕구를 외면하는 처사이기 때문에 이러한 지적 자유에 대한 지지인들의 열망은 결국 현실적으로 소련사회 내에 비합법적이라고 말할 수 있는 자가출판, 즉 사미즈다트의 등장을 초래케 할 수밖에 없었다. 이 사

---

17) Leonid Valdimirov, Gavlit: "How the Soviet Union Censor Work", *Index on Censorship*(autum-winter, 1972), pp.31~34.

미즈다트 출판 채널을 통하여 그들의 반체제적 운동의 사상성과 경향성을 보다 발전시킨 계기가 되기도 하였다.

소련의 검열체제에 대한 정면적인 도전이라고 볼 수밖에 없는 사미즈다트 지하간행물의 범람에 대하여 이의 일소를 위한 여러 가지의 탄압대책을 실시하고 있으나 전기한 바와 같이 통신, 인쇄수단의 발달과 전파미디어의 새로운 개발 때문에 이에 대한 효과가 의문시되고 있다는 점이 소련 검열당국이 당면하고 있는 가장 커다란 두통거리의 하나이다.

2. 처벌정책

반체제적인 경향에 대한 합리성을 결여한 일방적인 물리적인 제재, 즉 처벌정책은 동원단계(mobilization stage)를 지난 공산주의 정치체제에 있어서는 그 효율성이 극히 의문시된다. 그럼에도 불구하고 소련에서는 아직도 이러한 물리적인 탄압정책이 지지인 및 소수민족에서 나타나고 있는 반체제운동의 가장 중요한 방어대책의 하나로 지속되고 있다.[18]

반체제적인 운동이나 그 경향성을 지닌 지지인들 뿐 아니라 대다수의 소련의 과학자, 기술자 및 그 밖의 소련의 지식인들은 이러한 탄압의 희생이 되어 왔으며 이러한 희생은 스탈린 이후에도 그대로 지속되어 오고 있다. 특히 흐루시초프의 실각 이후 이러한 법적 탄압은 더욱 가중되기 시작하였으며 흐루시초프 시기에 다소 완화되었던 표현의 자유를 비롯한 지적 자유의 신장이 또다시 스탈린 시기의 억압상태에 빠져들었다고 볼 수 있다.

그러나 이러한 탄압정책의 회귀에도 불구하고 흐루시초프정권 이후, 즉 브레즈네프시대에는 모스크바에 세계인권위원회지부가 설치되는 등 소련에서의

---

18) Povell, "Controlling Dissent in the Soviet Union" *Government and Opposition*, 7, Vol. I. (Winter, 1972), p.87.

종교에의 집착, 즉 신앙의 자유확대를 억제시킬 수는 없었다. 결국 흐루시초프대나 브레즈네프의 양대를 통하여 다소의 정책적인 변화는 있었으나 궁극적으로 정권과 반체제 간의 부자유스런 관계는 변하지 않고 그대로 지속되었다. 특정한 반체제인사들에 대한 탄압에서도 별다른 차이점을 발현할 수 없었다.

예컨대 부코프스키(Vladimir Bukovsky), 긴즈부르그(Alexander Ginzburg), 갈라네코프(Yuri Galanekov) 등의 반체제인사들은 흐루시초프시기에 있어서도 그들의 반체제적인 활동으로 정신병동이나 강제수용소에 수감된 적이 있으며 그 후 브레즈네프대에 와서도 이들은 그들의 반체제활동을 이유로 하여 각각 2~7년의 강제노동형에 처하여졌었다.[19]

소련에서의 법 및 정의와 반체제 간의 관계는 항상 크레믈린 당국의 정치적 목적에 따라 신축성을 가지는 것이다. 이러한 정치적 목적의 설정은 와이너(Stephen Weiner)가 지적한 바와 같이 항상 사법제도 운영 자체에 근본적인 영향을 끼치고 있다.[20] 따라서 소련에서는 항상 그들 당정책의 하나의 결정적인 수단으로서 법률이나 헌법 등이 그 역할을 담당하는 것이기 때문에 그들의 법률체제가 변한다는 것은 소련의 당정책이나 그들의 정치적인 목적의 변화를 의미하는 것으로 파악될 수 있다. 소련에서의 반체제적 경향이나 활동에 대한 정치적인 봉제는 항상 사회적인 불순세력들로 이를 규정당하는 무차별 탄압인 것이며 반역, 스파이 활동, 테러행위, 반소적인 선전이나 선동 등과 같은 행위는 반체제활동과 함께 가장 높은 사회적인 위험으로 간주하고 있다.

이상과 같은 행위들은 종래의 경우에 있어서는 반혁명적인 죄악으로 규정

---

19) Alexander Dallin and George W. Breslaner, *Political Terror in Communist System*(New York, 1971), p.273.
20) Stephen M. Weiner, *Socialist Legality on Trial in Quest of Justice* (New York, 1978), p.48.

지어졌을 것이나 소련의 사회주의 건설과 더불어 모두 반혁명적인 가능성마저 없어졌다는 그들의 주장에 의하여 이러한 죄악의 개념에서 반사회적 죄악으로 변화되었다. 따라서 반체제운동 등과 같이 사회적 질서와 국가를 위하여 결코 이롭지 못한 행동에 대해서는 강력한 법적 제재를 가하는 것이 필요하다는 것이 소련당국의 입장이다.

그러나 엄밀한 의미에서 소련의 법이론에 따르면 특정인이 견지하고 있는 사상이나 의견과 같은 내재적인 사고는 법률적 규제의 대상이 되지 못한다. 다만 사회적으로 유해한 행동만이 법적 제재의 대상이 될 수 있다고 볼 수 있으나 실제적인 면에 있어서는 현시적인 반사회적 행동뿐만 아니라 특정인이 견지하고 있는 사상이나 의현, 또는 태도까지도 그들 소련에서는 법적 제재의 대상이 되고 있다는 사실은 분명하다.[21] 그리고 이러한 법적 제재의 남용은 1960년대에 새로 제정된 형법 70조와 제190조의 1항과 3항에서 그대로 내포되고 있다. 따라서 형법에서의 이러한 독소조항의 삭제를 부르짖는 지지인들의 요구가 강렬하게 일어나는 것도 당연하다.

지지인들은 전기한 형법조문이 어떠한 행위나 행동 및 의견이라도 이를 소련의 사회체제나 국가에 유해한 행위나 의현으로 교묘하게 조작할 수 있는, 즉 의도적이고 조작적인 해석이 가능한 조항이라고 지적하고 반체제 탄압을 위한 이러한 자의적이고 의도적인 형법의 제정 자체는 또한 레닌의 사회민주주의의 원칙을 위배하는 처사임은 물론 현행 소련의 헌법에도 정면으로 위배되는 것이라고 주장하고 있다.

그러나 현행법률의 위헌성 여부에 대한 시비는 소련 당국에 의하여 허용되지 않을 뿐 아니라 심한 탄압을 벗어날 수 없는 것이 오늘날의 실정이다. 비록 이러한 현존의 법적 규제가 스탈린시기의 무차별적인 처벌의 기준에서 보면, 상당한 진보를 의미하는 것이기는 하나 스탈린 당시의 공산체제건설을 위한 동원단

---

21) *Ibid.,*

계적인 성격과 오늘날의 동원후기단계라는 상황의 변화를 전제로 하여 볼 때 별다른 지적 자유에서의 확대를 가져왔다고는 볼 수가 없다.[22]

3. 비재판적 탄압

위와 같은 법적 제재 이외에도 심리적인 탄압을 노리는 비재판적 탄압의 형태가 흔하게 반체제운동의 대책으로 사용되고 있다. 탄압과 위협의 수단과는 거리를 두고 있는 이 같은 간접적인 비재판적인 방법은 소련의 지지인들의 사고의 정립에 많은 영향을 끼치는 것으로 이러한 형태에는 소련공산당 당원의 확대와 그들 지지자들의 확대 등의 조치를 비롯, 당내 규율의 강화를 위한 새로운 조치, 직업단체들에 대한 통제의 강화 및 정치적인 교의에 대한 합리성과 체계성의 제고 등의 방법을 들 수 있다.[23] 이러한 비사법적인 제재의 활용을 반체제운동의 억지대책으로 널리 활용하고 있는 브레즈네프의 정권에서의 반체제 억지대책은 스탈린 시기의 잔인한 테러의 수단에 의지한 그것과는 크게 구별되는 점이라고 볼 수 있다. 이는 스탈린시기에 무차별적인 테러에의 의존에서 벗어나서 반체제활동을 엄격하게 그 등급별로 나누어 그 등급에 따른 적절한 대책을 세우는 방법으로 구체화되고 있다.[24]

1967년에 있었던 RSFSR 형법 190조 1항과 3항의 위헌성을 지적, 이의 시정을 강력하게 요구하는 공개서한에 서명했던 20명의 저명한 과학자, 작자, 그 밖의 지지인들에 대한 소련 당국의 조치에서도 이러한 차별적인 조처를 살필 수 있다. 이들 중에서 6명만이 그들의 행위에 대한 견책을 받았으며 그 밖의 다른 사람들은 이보다도 훨씬 가벼운 비사법적 제재에 그쳤다. 구체적으로 보면 이 청원

---

22) *Ibid.*,
23) *Ibid.*, p.62.
24) *Ibid.*, p.63.

서에 같이 서명하였던 야키르(Yakir), 사하로프 등은 그들의 행위로 비난을 받았으나 그들과 똑같은 서명자의 1인이었던 작곡가 쇼스타코비치(Dmitri Shostakovich)는 1973년 소련에 의하여 우수한 인물로 발탁되어 미국까지 방문할 수 있는 특전을 얻기도 하였다. 그리고 이 청원서에 서명하였던 이 밖의 대부분의 사람들도 그 후에는 별다른 반체제적 활동에 직접 참가하지 않았기 때문에 그 후 아무런 처벌도 받지 않고 있다.[25]

비사법적인 방법에 의한 선택적이며 차별적인 반체제 대책은 기존의 반체제인사들을 체제에 적응하고 복종하는 평범한 인간으로 만들거나 또한 그들 반체제운동 자체의 단합된 힘을 분열시키는 데도 상당한 역할을 한다고 볼 수 있다. 즉, 과거에 반체제활동을 한 사람들에 대해서도 현재의 활동이 과격하지 않을 때는 이들에게 상을 준다든가, 좀처럼 하기 어려운 외국여행과 물질적 포상을 실시함으로써 그들의 마음속에 남아 있던 반체제적 경향을 없애게 하는 한편 그들은 반체제운동 대열에서의 이탈을 통하여 반체제운동 자체를 붕괴시키게도 한다.

이와는 반대로 지금까지는 강한 체제합일적인 성격을 가졌던 사람들이라 할지라도 그들이 일단 반체제적 활동이나 성향을 노출시킬 경우에 있어서는 그가 이전에 이룩하였던 업적이나 공헌에는 상관없이 사회적인 불명예를 비사법적 방법을 통하여 행사하므로 그가 가지고 있던 권위와 명예에 치명적인 상처를 별다른 일반이나 외국의 비난 없이도 행할 수 있는 등의 장점을 이 방법은 가지고 있다. 이 같은 상반된 두 가지의 경우를 소련의 최고위 지지인들이라고 할 수 있는 후코프스카야(Lidia Chukovskaya)와 말리쉬코(Andri Malyshko)의 경우에서 구체적으로 찾아볼 수 있다.

유명한 아동문학가의 후코프스키(Kornei Chukovski)의 딸이자 소련의 존경받는 작가 겸 비평가의 한 사람이었던 후코프스카야는 소련당 23차 전당대회에서

---

25) *Ibid.*, p.63.

사냡스키와 다니엘의 처벌에 대한 정당성을 강조한 톨로크호프(Tholokhov)에게 날카로운 비난을 퍼부었으며 1968년에는 솔제니친을 옹호하는 등의 명백한 반체제적인 입장을 나타내었다.26) 이러한 그녀의 태도변화에 따라 소련의 작가동맹은 그가 긴즈부르그(Ginzburg)와 갈란스코프(Galanskov) 재판의 항의문서에 서명했다는 이유로 그를 지금까지와는 달리 비난하기 시작하였으며 그의 소열('The Deserted House)의 국내 출판을 금지시켰을 뿐만 아니라 1974년에는 또다시 사하로프를 옹호하였다는 혐의로 병들고 눈이 먼 그를 그가 지금까지 소속되어 있던 작가동맹으로부터 추방시킴으로써 66세의 노작가에게 더할 수 없는 심리적인 탄압을 가하였다.

이에 반하여 저명한 우크라이나 시인의 한 사람이었던 말리쉬코(Andri Malyshko)의 경우에 있어서 상황이 전자와는 판이하다. 당초 말리쉬코는 1955년과 1956년 사이에 있은 우크라이나 반체제운동가들의 대량체포에 따른 청원서를 우크라이나에 보내는 데 서명하였으며 이러한 행동 때문에 당국으로부터 심한 비판을 받았다. 그러나 이러한 행동과 이에 따른 비판에도 불구하고 그는 1969년 레닌 문학상을 수상하였으며 그 후에는 반체제활동에 더 이상 참가하지 않고 있다. 이러한 반체제인사들에 대한 상반된 조처를 통하여 볼 때 보다 과격하고 근본적이며 지속적인 반체제활동에 대해서는 제한적이며 다분히 체제내적인 반체제 경향보다 한결 그 탄압의 도가 더한 것은 분명한 사실이라고 볼 수 있다.27)

위의 모든 반체제운동에 대한 당국의 조치를 통하여 우리가 느낄 수 있는 것은 흐루시초프 이후의 현재에 행하여지고 있는 반체제운동에 대한 소련당국의 대책이 결코 스탈린시기의 그것에 비하여 인도주의적이라든가 호의적인 것이라고는 말할 수 없다는 점이다.28)

---

26) *Ibid.*, p.64.
27) *New York Time*, 1, 31, 1974.
28) *Ibid.*.

스탈린체제하의 반체제대책과 지금의 그것과를 비교한다면 지금의 반체제대책은 스탈린시기에 그것에 비하여 보다 기술적인 성격을 갖고 있으며 또한 훨씬 더 교묘하고 음흉하다고 한마디로 말할 수 있다. 또한 현재의 그것은 과거에 비하여 훨씬 더 치밀하고 또한 효과적인 대책이라고 말할 수 있다.[29] 또한 현재와 같은 선별적이고 차별적인 반체제에 대한 탄압정책을 통하여 소련 당국은 과격한 반체제인사들과 조심스러운 자유주의자들을 분리시키는 데 성공하였다고 볼 수 있으며 또한 1966년~1968년 사이에 저명한 지지인을 중심으로 한 반체제적인 단체들이 시간의 경과에 따라 서서히 와해되어 가기 시작하였다. 이러한 선별적이고 차별적인 반체제대책의 또 하나의 효과는 전통적으로 철저하게 지켜졌던 이민의 장벽이 부분적으로 서서히 헐리게 되었다는 점이다.

가장 극렬한 반체제인사들의 상당수가 서구로 망명 내지는 추방이 허용되었다는 사실은 소련의 전통적인 관념으로 보아서는 아주 특기할 만한 일로 크게 평가될 수 있다. 소련 당국은 이러한 극렬적인 반체제인사들에 대한 선별적인 추방 내지는 망명조치를 통하여 소련 내의 반체제적인 민주주의운동 자체에 커다란 타격을 줌은 물론 민족적인 저항운동으로서의 반체제운동에도 커다란 타격을 동시에 줄 수 있는 다면적인 효과를 거둘 수 있었던 것이다.[30] 이렇듯 외형적으로나 피상적으로 보아서는 반체제에 대한 상당한 양보를 전제로 하는 것 같은 브레즈네프의 정책에 있어서도 스탈린시대의 무차별적인 탄압정책에 못지않은 정권당국의 실효를 거두고 있다. 반면 반체제운동 자체는 과거보다 더욱 교묘한 방법으로 억지, 탄압되고 있는 것이 오늘의 현실이다.

겉으로 보기에는 훨씬 인도주의적인 브레즈네프의 반체제운동에 대한 대책도 이를 따지고 보면 단지 새로운 시대적인 변화상황에 대처하는 새로운 조치일 뿐 근본적인 면에 있어서는 스탈린 시대의 그것과 다를 바가 없다. 반체제

---

29) Yuri Glazov, "Samizdat: Background to Dissent," *Survey*(Winter, 1973), p.20.
30) *Ibid.*, p.21.

운동에 대처하는 수단에 있어서는 변화가 이루어진 것이 사실이라 하더라도
브레즈네프나 흐루시초프, 스탈린 등의 어느 독재자의 경우에 있어서나 개인
들의 권리나 자유를 허용하는 유일한 결정권은 소련공산당 지도자인 그들임을
명백하게 한 점에 있어서는 하등의 차이를 발현할 수 없다. 또한 반체제운동
에 대한 탄압과 이의 소멸을 위한 그들의 목적에 있어서도 아무런 변화를 발
현할 수 없었다는 짐에서는 그 모두가 일치하는 것이라고 볼 수 있다.

  소련지도자들의 변하지 않은 목적에 따라 크레믈린의 권력당국과 KGB의
활동도 여전히 반체제운동의 붕괴와 억제에 그 초점이 맞추어지고 있는 점
또한 주지의 사실이다. 그렇기 때문에 스탈린 시기에 비하여 다소 물리적인
탄압의 도가 완화되었다고 볼 수 있는 현재에 있어서도 비사법적 방법에 의
한 탄압의 도는 결코 완화되거나 줄어들지도 않았다. 많은 반체제적인 과학
자나 작가, 예술가, 교사 등의 지지인들이 비사법적인 절차를 통하여 그의
직장에서 해고되어 비참한 생활을 영위하고 있는 경우가 허다하며 이 밖에도
불법적인 가택 수색, 불법적인 심문, 전화도청 등의 방법을 통하여 심리적인
탄압을 받고 있는 것이 보편화된 현상이다.31) 비사법적 탄압의 보다 대표적
인 예로는 사학자인 메데베제프(Roy Medvedev)가 1969년 그의 반체제적
저술활동과 관련하여 당에서 추방된 것을 비롯 1969년과 1973년에 솔제니
친과 마크시모프(Vladimir Maksimov)가 각각 작가동맹에서 축출되었는
가 하면, 시인인 포즈헤센스키(Vozhesensky)가 계획된 미국 여행이 취소
당했으며, 첼로 연주자인 로스트로포퍼치(Mstislav Rostropovich)는 허가
된 외국 연주 여행마저 취소되었다. 이 밖에도 1968년 그의 작품 eflec-
tions의 출간을 이유로 사하로프가 지금까지 그에게 대하여 행하여 오던 당
국의 신변보호조치가 철회당하는 등 일일이 열거할 수 없을 정도로 다양한
방법들을 동원하고 있다.32)

31) *Ibid.*, p.22.
32) *Ibid.*,

소련 당국의 이러한 간접적이라고 할 수 있는 반체제운동에 대한 탄압정책은 직접적으로 반체제인사 당사자에 국한되어서 뿐만 아니라 이들 반체제인사의 활동에 동조하는 광범위한 주변 인물에 대한 탄압에까지 그 제재의 영향이 미치고 있음도 또한 간과할 수 없다. 반체제인사들의 탄압조치에 대한 항의나 그의 탄압의 제재를 위해 청원하는 일이나 그러한 청원서에 서명을 하는 등의 동조행위는 이를 반체제적 행위로 규정, 탄압의 대상이 됨은 이미 널리 알려진 일이다. 이 밖에도 가령 특정 반체제운동가가 당국에 의하여 기소되어 법정에서 재판을 받을 경우에 있어서도 이의 변론을 맡은 변호사의 경우, 그가 피고의 입장을 두둔하고 옹호하는 입장을 가질 수는 없는 것이다. 만약 그들 변호사가 이른바 그들 소련의 이데올로기와 관례적인 이러한 준칙들에 의하여 부과된 금기사항을 위반하거나 이를 고의적으로 무시하면서까지 피의자의 편에 서는 변호행위를 법정에서 행하였다고 하면 그는 반체제행위의 동조자로 낙인찍힐 수밖에 없으며 이에 대한 책임 또한 면제될 수 없다. 따라서 소련의 사법제도하에서는 변호사의 신분이라 하더라도 검사와 동일한 입장에 서서 피의자를 재교육시키고 그의 과오를 지적함은 물론 이른바 사회주의적인 정의(socialistic justice) 구현에 앞장서야 한다는 것이다.[33]

변호사의 이러한 입장은 다음의 실례에서 구체적으로 나타나고 있다. 긴즈부르그(Ginzburg)의 재판 때에 변호사로 출정했던 졸로투킨(Boris Zolotukhin)은 소련에서의 정치적 재판에서는 도저히 찾아볼 수 없는 피의자의 편에 서서 모든 기소리유를 논박하면서 그의 완전한 석방을 강력하게 요구한 적이 있었다. 이러한 긴즈부르그에 대한 변호행위 때문에 그는 그가 속해 있는 당으로부터 추방되었으며 그가 차지하고 있던 법률자문위원회 위원장의 자리도 박탈당하였다.

또한 1972년의 부코프스키(Bukovsky) 재판 당시 그의 최후진술 때 무리하게 입정하려다가 그의 변호권이 박탈당한 카민스카야(Kaminskaya)의

33) Rudolf L. Tökés, *op. cit.*, p.67.

경우와 1968년 갈란스코프(Galanskov)의 변론을 맡은 카민스카야가 그의 변론을 통하여 피고의 무죄를 주장하다가 변호권을 박탈당하는 등 그 예는 수없이 많다.34) 이 같은 반체제활동에 대한 동조 및 변호행위에 대한 직접적인 규제 이외에도 당국의 입장에서 볼 때 기소까지 이르지 않았으나 특정인의 언동이 경고해야 할 만한 것이라고 판단될 때는 그를 외관상으로는 의례적인 초청형식으로 경찰당국에 소환하여 은여중에 그의 행동에 대한 시비를 따지고 그러한 행동을 그만둘 것을 간접적인 방법으로 종용하는 경우가 흔하다. 이러한 방법 또한 주요한 비사법적인 반체제활동에 대한 심리적인 탄압의 한 형태라고 볼 수 있다.

4. 사법적인 탄압

소련 당국의 입장에 의하면 사회주의적인 합법성이라는 것은 당에 의하여 주도되고 있는 일종의 교육적 기능을 수항하는 것이 가장 현저한 특징이라는 것이다. 이러한 사법제도에서 교육적 기능의 강조를 통하여 자본주의의 그것보다 시회주의적 진이의 우월성을 나타내려는 선전적인 역할마저 동시에 수항하고 있다고 볼 수 있다.35) 이데올로기적인 선전의 기능이 모든 정치체제내에서는 다같이 내포되고 있는 속성이기는 하지만 특히 소련의 검찰당국이나 다른 일반인들이 형사적인 면에서 소비에트식의 생활태도의 장점을 홍보하고 있는 현상은 이른바 발전된 사회주의로 묘사하는 그들 사회임을 전제로 할 때는 불가사의한 현상이라고 볼 수 있다.36)

소련의 경우 정치적 반체제운동은 두 번씩이나 재판된다고 볼 수 있는데

---

34) *Ibid.*, pp.67~68.
35) *Ibid.*, p.70.
36) *Ibid.*, p.71.

그 하나는 법정에서의 재판이며 또 다른 하나는 매스컴에서의 재판이라고 볼수 있다. 다른 반체제인사들에 대한 재판에 비교하여 비교적 고상하게 행하여졌다고 볼 수 있는 시냡스키와 다니엘의 재판의 경우에 있어서도 재판이란하나의 정치적 의도에 의하여 좌지우지된다는 점을 분명히 하였다. 여기서사건 자체의 위법성 여부 자체는 별다른 의미가 없으며 재판은 하나의 구실이상의 역할을 할 수 없었던 것은 분명했다.[37] 다시 말해 합법성이라는 개념은 정치적 시녀 이상의 제대로 된 기능을 발휘할 수 없는 것이 소련의 현실이다.

그들 두 작가에 대한 기소이유는 그들의 작품을 해외에서 출판함으로써 소련체제를 중상하고 허위선전했다고 하는 점인데, 이러한 자기작품의 해외출판이라는 사실은 당시 소련헌법상 하나도 죄가 성립되지 않을 뿐 아니라 그들 작품의내용도 당국에서 주장하는 바와 같은 허위선전이나 소련체제에 대한 중상적인내용이 아니었다는 사실에서 다분히 의도적이고 정치적인 탄압의 목적에 사법기관이 시녀 노릇을 한 것 이상의 아무런 이유도 찾아볼 수 없다.[38]

시냡스키와 다니엘의 재판은 특별히 선정된 방청객 이외의 사람은 입정이금지된 속에서 관선 변호사가 검찰관보다 더욱 혹독하게 그들의 죄상을 강조하는 가운데 벌어진 법률적인 재판이 아닌 정치적인 탄압장이었다는 것이 당시에 참석했던 사람들의 견해이고 보면 소련에서의 재판이라는 것이 어떻게운영되고 있는가를 읽을 수 있다.[39] 또한 그들은 이른바 소비에트적인 정의(Soviet justice)의 선전적인 목적을 달성하기 위하여 피의자들 스스로가그들 죄가를 인정하고 또 스스로의 죄에 대한 참회를 하게 한다. 이러한 이른바 자가비판의 과정을 통해서 일반 시민들, 특히 동일한 유형의 범법행위를 할 충분한 소지가 있는 많은 사람들에게 커다란 예방적 효과를 주려고 하

---

37) *Ibid.*,
38) *Ibid.*,
39) *Ibid.*, p.72.

려는 것이 그들 당국의 숨은 의도라고 볼 수 있다.

5. 노동수용소

Mordovian에 있는 정치범들을 위한 특별 노동수용소 등을 포함하여 6년 간의 노동수용소 생활을 전전한 마르헨크(Anatoly Marchenk)는 그의 회상기를 통해 소련에서의 현재 정치범들을 수용하고 있는 노동수용소는 스탈린시기의 그것과 조금도 다를 바 없이 지긋지긋한 곳이며, 특히 그곳에서 정치범들을 다루는 가장 강력한 무기는 굶주림이라고 말한다. 음식물의 조절을 통하여 대부분의 수용자들은 얼마 못가서 그들이 견지하고 있던 사상이나 정치적 주장을 감춰버리며, 감시당국에 순응해 버리기가 일쑤이며 끝까지 자기의 주장이나 사상을 버리지 못하는 사람은 굶주림으로 인해 곧 나약해지고 돌이킬 수 없는 신체적인 타격을 받을 수밖에 없는 것이 강제노동수용소의 실상이라고 전하고 있다.[40]

또한 노동수용소에서는 이러한 식량조절 이외에도 그들 죄수들을 죄상과 회개의 정도에 따라 이를 다시 여러 가지 등급으로 나눠서 주거시설 자체에 차이를 두게 함은 물론, 일과시간배정에 있어서도 보다 악질적인 계층에 대해서는 휴식시간을 다른 계층에 비하여 훨씬 짧게 잡거나 혹은 일의 내용에 있어서도 훨씬 더 어렵고 고된 작업을 시키게 하는 등의 교묘한 수단을 동원하고 있다. 때문에 일정기간 이상을 이곳 수용소에서 생활하고서도 계속하여 그들이 평소에 지녔던 반체제적 사고나 행동을 그대로 견지할 수 있기란 지극히 어려운 실정이다.

그리고 강제노동수용소나 감옥생활에서 풀려났다고 하여 그들에 대한 소련

---

40) Maurice Hindus, *The Kremlin's Human Dilemma*, p.126.

당국의 제재조치가 끝난 것은 아니다. 그들은 항상 요주의 인물로 딱지가 붙여져 있기 때문에 직장이나 그가 사는 고장에서의 감시망이 계속하여 그들을 떠나지 않고 있다. 때문에 더 이상의 반체제활동은 극소수의 예외의 상황을 제외하고는 거의 불가능한 것이며 만약 그들이 출소 이후에도 그러한 경향이 조금만 나타나게 되면 그들의 직장에서의 해고는 물론 그 정도가 심하면 또다시 가중죄가 적용되어 보다 혹독하고 긴 기간 동안의 수용소생활을 하지 않을 수 없는 운명에 처하게 되기 때문에 대부분의 반체제인사들이 단 한 번의 수용소생활 자체만으로도 더 이상의 반대행위는 꿈에도 그릴 수 없는 것이 오늘날의 소련이다.

6. 정신병동

반체제운동가들에 대한 보다 교묘한 탄압방법으로 소련에서 널리 사용되는 것의 하나가 정신병동에 피의자를 수용하거나 아니면 정신과의사를 보호자에게 배정시켜 그들의 정신상태를 체제순응형으로 전환시키게 하는 이른바 정신치료 요법이라 볼 수 있다. 어쩌면 퍽 인도주의적인 조처로도 볼 수 있는 이 정신요법은 지식인들에게 있어서는 어쩌면 가장 혹독하고 견디기 어려운 탄압의 한 가지 형태일 수 있다.

정신치료 방법은 특별하게 외부로 표출되는 범법행위라고는 볼 수 없으나 그들 체제의 정당성에 금이 가게 할 행동이나 작품활동을 할 소지가 다분하거나 또는 현재 소규모적으로나마 그러한 행동을 하고 있는 지지계층의 인사들에게 흔하게 사용하는 방법이다. 이들 지지층의 인사들은 대부분 그 지명도가 높기 때문에 이들에 대한 공개재판이나 혹은 수용소의 입소 같은 행위는 오히려 일반대중들에게 좋지 못한 영향을 줄 것을 고려해서 은밀하게 당국에서 추진하고 있는 정신개조작업이라고 볼 수 있다.

자유로운 사고의식을 가진 건강한 사람들을 정신병동에 수용시킨다는 것은 나치의 가스처형실보다 더욱 잔인한 정신적인 살인행위라고 솔제니친에 의하여 비난되고 있다. 이 제도는 잠정적인 반체제행위의 가능성이 있는 지지인뿐만 아니라 현재 명확한 반체제행위를 하고 있는 사람들의 경우에 있어서도 만약 그가 법정에서 당국의 입장을 난처하게 할 자유변호를 할 능력을 가졌다고 판단될 경우나 또는 그가 법정에서 소련체제의 비리를 폭로할 수 있는 위험성이 있는 인물이라고 판단될 때에는 이 정신치료방법이 아주 흔하게 사용되고 있다.[41]

---

41) *Ibid.*, p.201.

제7장 반체제운동의 전망

제7장 반체제운동의 전망

 현존하는 소련공산체제 내의 이데올로기적인 갈등을 그들 체제내에 현실적으로 내재화되어 있는 반체제운동(dissent movement)의 분석을 통하여 규명하여 보려는 것이 본서의 일관된 목적이었다. 이 장에서는 지금까지 이에 대한 논의를 집약시켜 현재의 상황하에서 소련 반체제운동이 나타내고 있는 현실적 상황과 이 같은 반체제운동이 소련체제에 미치는 영향 등을 개괄, 본서의 결론에 대신하고자 한다.

I. 반체제운동의 현황

 민주화운동, 인권운동 등을 포함한 상위개념으로서 소련의 반체제운동이라는 것은 흐루시초프의 등장과 때를 같이하여 형성을 보게 된 것이며, 특히 스탈린에 의하여 광범하게 행사되었던 정치적 테러에 대한 강한 반발에서부터 그 뿌리를 내렸다고 볼 수 있다. 즉, 흐루시초프에 의하여 강력하게 추진된 반스탈린 노선의 추구는 결과적으로 과거 스탈린 치하에서 갖가지 탄압을 받아오던 수많은 지지인들이 중심이 된 반체제운동을 조직화하고 활성화하는 직접적인 계기가 되었다. 이렇듯 직접적으로 흐루시초프의 등장과 함께 본격화되었다고 볼 수 있는 소련의 반체제운동은 자연히 그 후 흐루시초프의 실각과 더불어 그 세가 꺾이기 시작하였으며 현재에 이르러서는 정권당국의 선별적인 테러(selective terror) 등과 같은 지속적인 억지책의 행사와 더불어 외형적인 면에 있어서는 소강상태를 벗어나고 있지 못하다.

여기에서 소련 반체제운동의 현황을 보다 구체적으로 요약하면 다음과 같다.

첫째, 반체제적 경향들 간의 분열상이 크게 노정되고 있다는 사실이다. 소련에는 현재 여러 갈래의 반체제적 경향과 의견들 사이에 더욱 격렬한 논쟁과 대립의 현상이 분명하게 나타나고 있으며 이들 여러 경향 간에는 상당한 거리감을 60년대와 마찬가지로 아직도 갖고 있다고 볼 수 있다. 70년대 중반부터 더욱 뚜렷하게 나타나고 있는 이 같은 반체제적 경향들 간의 의현 대립현상은 오늘날에 와서는 정치, 사회, 종교, 문화적인 영역들로 확산되어 가고 있는 느낌이다. 따라서 외관상으로 보아서는 위축되고 침체되어 있는 것 같은 소련의 반체제운동은 결코 그 성장이 중단된 것이 아니라 보다 괄목할 만한 성장과 발전을 위한 내적인 진통을 겪고 있다고 보는 것이 보다 정확하다.

둘째, 합법적인 반체제 단체들이 늘고 있다는 점이다. 70년대에 들어오면서 소련의 반체제운동은 종래의 대규모적인 조직에서 점차 벗어나 그들의 전문분야별로 세분화되고 있는 것이 일반적인 추세이다. 세분화된 반체제단체들의 관심영역도 종래의 전반적인 정치문제에의 관심으로부터 이제는 소련의 대내외정책 중의 특별한 분야들에만 국한시켜 그들의 보다 구체적인 대안제시의 형태로 그 성격을 크게 바꿔가고 있는 것이다. 따라서 이러한 전문영역별로 세분화된 반체제운동은 종래의 과격성에서 벗어나 현실적인 면에서 통치당국의 보다 합리적인 정책개발을 자극하거나 아니면 구체적인 대안을 제시하기도 하는 등의 긍정적인 기능마저 보이고 있다.

이러한 특수한 전문영역별 반체제단체들은 소련당국에 의하여 비록 명목적이기는 하나 합법적인 단체들로 인정되고 있기까지 한다. 따라서 이들 합법화된 반체제단체들은 종래와 같은 음모적인 방법이 아닌 보다 공개적인 체제비판도 일정한 범위 내에서는 허용되고 있다고 볼 수 있다. 비록 이 같은 전문영역별 반체제단체들이 그들의 활동이나 주장에서 전적으로 자유를 허용받고 당국의 간섭을 받지 않는 것은 아니며 아직까지도 여전히 일정한 수준이나 한계를 넘는 일탈적인 행동이나 반체제활동에 대해서는 심한 제재나 탄압을 받고 있는 것은 사실이다.

이들 단체들이 종전과 같은 일방적인 테러나 탄압에 의하여 그들의 욕구가 무차별적으로 외면되는 상태만을 벗어날 수 있음으로써 이 같은 온건노선을 통한 실질적인 효과를 증가시킬 수 있음은 분명하다. 70년대 후반에 들어 이러한 합법적인 단체로서 그들의 명칭을 공공연히 앞세우고 기자회현 등의 공식적인 활동을 하거나 또는 소련의 인권문제를 비롯한 분야별 비리 등을 공개하고 있는 단체들 중 대표적인 것으로는 다음 단체들을 들 수 있다.

야키르(P. Yakir), 크라신(V. Krasin), 말트세프(Y. Maltsev), 플리우쉬치(L. Plyushch), 고르바네프스카야(N. Gorbanevskaya) 등이 주축이 되어 있는 '인권옹호 그룹(Initative Group for the Defense of Human Rights in the USSR)'을 비롯, 사하로프(A. Sakharov), 찰리드제(V. Chalidze) 등에 의하여 대표되고 있는 '인권위원회(Human Right Committee)', 투르친(V. Turchin), 트페르도클레보프(A. Tverdokhlebov) 등의 '엠네스티 국제 그룹', 오를로프(Y. Orlov), 쉬차란스키(A. Shcharansky), 보너(Y. Bonner), 알렉셰에나(L. Alekseyena) 등의 '헬싱키 모니터 그룹(Helsinki Moritoring Group)', 긴즈부르그(A. Ginzburg) 등의 솔제니친 기금으로 알려진 '정치적 피의자들을 위한 구조기금(Russian Social Fund to Aid Political Prisoners)', 또한 포드랍네크(A. Podrabnek), 카플룬(I. Kaplun) 등의 '정신치료의 남용에 대한 감시위원회(Working Group for the Investigation of Psychiatric Abuse)' 등이라고 볼 수 있다.

소련당국의 보다 고차원적 반체제운동 말쇄정책의 일환으로 볼 수 있는 이 같은 반체제단체의 공식화 내지는 합법화는 이러한 정책을 통하여 그들 반체제운동단체들의 인적 구성이나 조직내용을 보다 분명하게 파악함으로써 이들 단체들의 활동을 보다 효과적으로 통제할 수 있는 소지를 그들 통치당국에 노출시키는 점도 있다. 즉, 현존하는 소련헌법은 모든 공공단체나 사회단체들은 궁극적으로 소련공산당(CPSU)의 지도노선을 위반할 수 없다고 명백히 규정하고 있기 때문에 이상과 같은 반체제단체들의 공식화 내지는 합법화라는 것은 엄밀한 의미에서 보면 반체제성향의 포기를 의미하는 것일 수밖에 없는 것이다.

일단 반체제단체들이 공식기구화된다는 것은 그들 단체의 구성원과 활동의 내용이 당국에 의하여 일일이 체크되지 않을 수 없는 것이기 때문에 이 같은 반체제단체들의 공식화가 강요되는 상황하에서 참다운 반체제적 활동을 지속하기란 현실적으로 불가능할 수밖에 없다. 때문에 이러한 공식적인 기구로서의 반체제단체는 원칙적인 면에서 그 활동의 한계성을 뚜렷하게 나타내고 있다고 볼 수 있다.

그러나 보다 장기적인 안목에서 소련체제의 변화라는 것은 그들 체제의 구조적 특성으로 보아 '외부로부터의 압력'이나 '밑으로부터의 압역'에 의해서라기보다는 '위로부터의 개혁', 즉 집권고위층에 의하여 의도적으로 추진될 가능성이 한결 더하다는 사실을 감안할 때 위와 같은 공식적인 단체로서의 '허용된 반대(permitted opposition)'가 가지는 역할을 일방적으로 무시할 수만은 없다.

셋째, 불법적인 지하반체제활동도 여전히 지속되고 있다. 많은 반체제단체들이 정권당국의 강압에 못 이겨 체제 내의 공식기구화되는 경향을 보이고 있음은 전기한 바와 같다. 그러나 이러한 상황하에서도 여전히 종래와 같은 지하조직의 형태로 남아 있는 반체제단체들이 상당수에 달하고 있을 뿐만 아니라 이들에 의한 반체제 지하간행물(samizdat)의 간행도 양적으로는 줄었으나 여전히 활용되고 있다.

최근에 이 같은 지하간행물에서 특이한 점은 과거의 반체제작품들이 다시 소개되고 있다는 사실이다. 즉, 오래전에 반체제인사들에 의하여 출판되었으나 당국에 의하여 압수되어 그 흔적을 찾을 수 없었던 많은 문건들이 새롭게 소개되고 있다.

불르가코프(M. Bulgakov), 플라토노프(A. Platonov), 조쉬첸코(M. Zo-shchenko), 자미아틴(Z. Zamyatin), 츠페타에파(M. Tsvetaeva), 아크마토파(A. Akhmatova), 구밀리오프(N. Gumilyov), 코다세비치(V. Khodase-vich) 등의 오래된 반체제문건들이 외국의 러시아 이민단체들이나 국내의 반체제인사들에 의하여 다시 사미즈다트 채널을 통하여 널리 소개되고 있다.

넷째, 해외에 조직된 이민단체들이 소련 내의 반체제활동을 크게 자극하고 있다는 점이다. 그동안 여러 가지 방법으로(이민, 추방, 탈출) 서구에 정착하고 있는 반체제인사들이 여러 가지의 이민단체를 결성하고 있으며 이러한 이민단체들은 대부분 소련 내의 반체제운동을 멀리서 원격조종하고 있는 것이다.

갈리치(A. Galich), 솔제니친(A. Solzhenitsyn), 막시모프(V. Maximov), 네크라소프(V. Nekrasov), 라빈(O. Rabin), 로스트로포비치(M. Rostropovich), 니즈페스트니(E. Neizvestny), 포로넬(A. Voronel), 페렐룸(V. Perelum), 시냡스키(A. Sinyavsky), 메데베제프(Z. Medvedev), 네크리치(A. Nekrich), 그리고렌코(P. Grigorenko), 고르반스프카야(N. Gorbansvskaya) 등과 같이 현재 해외에 거주하고 있는 소련반체제인사들은 각기 그들 나름의 조직을 결성하여 국내에서 펴지 못하였던 반체제적 의지를 외국에서 간접적인 방법으로나마 구체화하고 있다. 이들 해외반체제인사들은 주로 반소적인 저널을 발간하여 이를 소련 국내로 밀반입시키는 행동으로 그들 국내의 반체제활동을 자극하고 있다.[1]

이같이 해외에서 새로이 조직되고 있는 소련의 반체제 이민단체들과 또한 이들 단체들에 의하여 발간되고 있는 각종 간행물들은 대부분 전기한 바와 같이 소련 내에서도 익히 잘 알려진 최근에 이주한 저명인사들에 의하여 발간되고 있기 때문에 이들 저널들이 밀반입되어 소련 반체제운동의 활성화에 미치는 영향은 한층 더하다. 이들 해외에 정착한 저명한 소련의 반체제인사들이 활발한 저술활동 등을 통하여 소련국내의 반체제활동에 영향을 끼치는 바가 상당한 것이며 이와 더불어 소련의 반체제운동을 국제화시키는 데도 현실적으로 커다란 기여를 한다고 볼 수 있다.

다섯째, 소련에서의 고등교육기관의 확충이 그들 체제 내의 반체제적 경향의 확산에 실질적인 도움을 줄 수 있다는 점이다. 소련당국은 그들의 현실적인 필요(기술개발, 군비경쟁, 경영합리화 등)에 의하여 대학을 비롯한 전문교육기관을 확충하지 않을 수 없고 이들 고등 교육기관에서 외국어교육을 강화하지 않을 수 없는 상황이다. 이 같은 교육기관의 확충과 이에 따른 외국어를 이해할 수 있는 인구의 상대적인 증가현상은 결과적으로 지금까지의 근시안적 사고패턴에서 벗어나 보다 새롭고 광범위한 외국의 문물과 사상에의 접근을 용이케 하는 것이다.

특히 소련의 젊은 세대들에 있어서 이 같은 외국어 실역의 향상은 비러시아적 정치, 문화, 역사, 종교, 문학, 예술의 세계에 대한 이해를 증진시킬 수밖에 없다. 이러한 현상은 궁극적으로 그들이 지금까지 견지하고 있던 이데올로기적인 경직성으로부터의 이탈을 결과할 수밖에 없는 것이다. 따라서 이러한 고등교육기관의 확충은 결과적으로 그들 소련의 젊은이들에게 자유화, 민주화의 바람, 즉 반체제적 경향을 주입시키는 하나의 주요한 계기를 만들어 주고 있다고 볼 수 있다.

---

1) 이들 해외에서 발간되는 대표적인 저널들은 다음과 같다.
   Novy Zhurnal(New Journal), Russkaya Mysl(Russian Thought), Novoye Kusskoe Slovo(New Russian Word), Vestnik Rusekogo Khristianskogo dvizheniya(Herald of the Russian Christian Movement), Vermyaimy(Time and we), Tretyavolna(The Third Wave), Khronika Prav Cheloveka v SSSR(Chronicle of Human Rights in the USSR), Pamyat(Memory), Perekreetki (Cross roads).

II. 반체제운동의 영향

소련의 반체제운동이 가지는 현실적인 속성 때문에 이 운동이 소련체제에 미치는 영향은 한 마디로 말해 복합적일 수밖에 없으며 또한 현재까지 반체제의 발전상황에만 국한시켜 볼 때 이 운동의 영향은 미미한 상태를 벗어나지 못하고 있다고 볼 수 있다. 이 같은 견해는 소련 반체제운동이 갖는 다음의 두 가지 상황에서 충분한 이유를 찾을 수 있다.

첫째, 전장에서 구체적으로 살핀 바와 같이 현재의 소련체제운동이 표출하고 있는 이데올로기적인 경향성이 다양하여 이들 다양한 경향성 간에 일관된 주장이나 체제개선에 대한 태도가 명확하게 집약되지 못하다는 사실과 둘째, 이 같은 소련 내의 반체제적 경향이 내면적으로 심화 확산되어 가고 있는 것이 사실이라 하더라도 외형적인 면에 있어서는 그들 전체 소련 국민들 가운데서 이 같은 반체제적 경향을 뚜렷이 견지하고 있는 부류는 극히 소수에 불과한 일부 지지인 집단에 국한되어 있다는 사실이 또 다른 하나의 이유이다.

따라서 이상에서 보는 바와 같이 그들이 견지하고 있는 이데올로기적인 다기성과 전체적인 면에서 볼 때 아직까지도 일부의 제한된 지지인의 체제비판 운동으로서의 한계를 벗어나지 못하고 있는 것이 반체제운동의 현황이기 때문에 이 운동이 소련체제에 미치는 영향 또한 결정적일 수는 없다고 보는 것이 보다 정확하다.

그러나 시간의 경과에 따라 이러한 상황은 크게 변화될 수 있는 것이다. 즉, 앞으로의 사태발전에 따라 전기한 반체제적 경향이 소련사회의 전영역으로 확대될 수 있는 가능성은 충분히 예견할 수 있으며, 또한 궁극적으로는 인권의 신장과 민족 및 종교적 자치권의 확보가 전제된 민주주의적 경향에로의 수렴은 오직 시간문제일 수 있기 때문에 결과적으로 이 반체제운동은 소련체제의 발전이나 또는 변화에 지금보다 한결 심각한 영향력을 행사할 수밖에 없음은 또한 분명하다.

이 같은 반체제운동이 멀지 않은 장래에 소련체제에 미칠 결정적인 영향을 결코 무시할 수 없는 일이나 본장에서는 현재의 상황에 국한하여 이 운동이 소련체제에 미치는 현실적인 영향만을 분석의 대상으로 삼고자 한다. 대체로 반체제운동이 그들 소련의 체제유지에 미치는 영향은 이를 역기능적 측면과 순기능적 측면으로 나누어 살필 수 있을 것이다.

소련과 같은 폐쇄적인 이데올로기체제에서 일탈적인 반체제운동이 현실화되고 있다는 사실은 그들의 체제적 정당성에 대한 커다란 타격으로 우선 이를 설명할 수 있다. 이같이 반체제운동 생성이 소련체제의 정당성을 위협하는 측면으로 작용되고 있는 예를 좀더 구체적으로 살피면 다음과 같다.

첫째, 이 운동은 소련의 공식적인 통치이념인 '마르크스-레닌'주의의 비합리성을 뚜렷하게 노출시키고 있다는 점이다. 스탈린시기에 소련의 공식적 관제이데올로기로 정형을 본 이른바 '마르크스-레닌'주의 정치이념은 엄밀한 의미에서 보면 마르크스주의, 레닌주의도 아닌 그들 특유의 비합리적인 일당독재체제 영속화를 위한 이데올로기적 장치 이상일 수 없다는 것이 그들 반체제론자들의 일관된 주장이다. 요컨대 그들 소련당국이 그들의 관제이데올로기로서의 '마르크스-레닌'주의의 합리성은 적어도 소련의 상당수 지식인사회에서는 이미 분명하게 부정되고 있다는 사실을 이들 반체제운동은 뚜렷하게 밝히고 있다. 따라서 이 같은 반체제활동의 결과는 그들 체제의 정당성을 '마르크스-레닌'주의라는 명분으로 호도하려는 체제당국의 끈질긴 노력에 커다란 장애물로 등장하고 있는 것이다.

둘째, 소련에서의 반체제운동은 마르크스, 레닌, 엥겔스, 스탈린에 의하여 대표되고 있는 그들 이론가들의 논리적인 허구를 분명하게 지적하고 있다는 점이다. 공산주의이론 일반이 갖는 비현실성은 물론 특히 그들의 '유물사관'에 입각한 역사해석의 논리는 도저히 현실적으로 용납될 수 없다는 것이 민주주의적 반체제론자들은 물론 그 밖의 반체제론자들의 공통된 입장으로 볼 수 있다.

이러한 관점은 마르크스와 레닌주의의 순수성을 회복하자는 입장을 견지하고 있는 반체제론자들의 경우에 있어서는 1917년의 러시아혁명 자체가 유물사관의 역사발전법칙에 입각한 이른바 사회주의혁명으로 이를 규정지을 수는 없는 것이기 때문에 오늘날 소련에서와 같은 사회주의라는 이름의 변화(즉, 사회주의혁명을 거쳤다고 하면서도 혁명전단계라고 볼 수 있는 자본주의 제국보다 현실적으로 낙후된 상황)가 결과되었다는 논리로 유물사관의 객관적인 역사발전법칙과 소련의 현실적인 낙후성을 별개의 문제로 분리함으로써 '마르크스-레닌'류의 유물사관의 논리를 겉으로는 그대로 견지하고 있다.

그러나 이 같은 사회주의적 경향을 가진 반체제론자들이 나타내고 있는 유물사관의 일반논리와 소련의 현실을 분리하고 있는 입장, 즉 그렇게 분리하여 사태를 파악함으로써 유물사관의 관점을 옹호하고 나아가 마르크스나 레닌에 대한 그들의 지향성을 고수하려는 경향에서도 궁극적인 면에 있어서는 그들이 견지하고 있는 마르크스주의, 레닌주의의 허구성을 분명히 하고 있는 태도로밖에 이를 파악할 수 없는 것이다. 그들 사회주의적 반체제론자들의 경우에 있어서와 같은 논리, 즉 러시아의 10월혁명이 잘못되었기 때문에 소련에서는 유물사관에 입각한 역사발전이 이루어지지 않았다는 그들의 주장이 합리성을 가시리면 소련 이외의 지역, 즉 현존하고 있는 그 어느 공산주의 국가에서도 혁명과정에 있어서는 그들이 객관적 필연의 법칙으로 주장하고 있는 유물사관의 입장에 부응된 역사발전, 즉 혁명이 일어났어야 하는 것이다. 또한 그러한 혁명 이후의 단계가 자본주의 단계보다 진일보한 체제적인 성숙이나 물질적인 풍요가 이룩된 나라가 현실적으로 존재할 수 있어야 하는 것이다.

그러나 소련은 물론 소련 이외에 어떠한 국가에 있어서도 결코 그들의 이른바 공산혁명 과정에서 유물사관의 논리, 즉 법칙성이 적용된 경우는 전무한 것이며, 혁명 후의 그들 공산국가의 갖가지 체제능력이 자본주의적인 그것보다 한결같이 뒤떨어지고 있다는 분명한 사실은 그들 사회주의적 반체제론자들의 경우에 있어서도 함께 인정하고 있는 사실이다. 따라서 이들의 주장을 통하여 결국 소련의 공식적인 이데올로기로 정형된 '마르크스-레닌'주의의 허구성은 물론 이른바 개별적인 정치이데올로기로서 마르크스주의, 레닌주의가 가지는 본질적인 한계성도 함께 읽을 수 있다.

셋째, 소련의 반체제운동은 그들 소련체제가 유지시키고 있는 소비에트 정치제도에서 파생되고 있는 구조적 갈등의 측면들을 뚜렷하게 밝히고 있다는 점이다. 우리는 전기한 바와 같은 그들 반체제론자들의 현실분석을 통하여 그들 소련의 통치당국이 흐루시초프 이래로 과거의 '프롤레타리아 독재'의 시기를 지나서 이제는 '전인민국가'의 새로운 정치체제로 발전하였다고 하는 당국의 주장이 한낱 대외적인 선전에 그 목적을 두고 있는 내실 없는 또 하나의 언어조작임을 실감할 수 있다. 당초 그들 통치당국은 이른바 '전인민국가'론을 주장하면서 소련은 지금 갖가지 계급적 비리가 현실적으로 모두 제거되었으며 전인민의 프롤레타리아트화가 이룩되었기 때문에 더 이상 계급적 독재의 과도한 통치형태가 불필요하며 따라서 '전인민국가'로의 발전은 당연한 것이라고 주장하여 왔다.

그러나 소련에서 나타나고 있는 반체제적 경향의 내용분석을 통하여 이미 살핀 바와 같이 현재의 소련은 그들이 주장하는 계급적 비이가 제거되기는커녕, 이들 계급적 갈등이 더욱 확산되고 있음을 직시할 수 있다. 또한 그들 소련이 전체인민의 계급적 일체성을 달성하기는커녕 점점 더 현존하는 계급들 간의 분화가 뚜렷하게 나타날 뿐만 아니라 현실적으로 나타난 계급적 권위가 제도화되는 경향마저 분명히 밝혀지고 있는 것이다. 이른바 '전인민국가'의 형태 속에서도 여전히 그들이 이미 거쳤다고 주장하는 '프롤레타리아 독재기'와 조금도 다를 바 없는 중앙집권화된 독재권이 계속적으로 강화되고 있고 당과 정부의 관료화 현상 또한 자본주의적 관료제에서보다 훨씬 더한 배타성을 나타내고 있다는 그들 반체제론자들의 분석 또한 소련 체제의 구조적 갈등 현장을 조명하고 있다고 볼 수 있다.

넷째, 소련의 반체제운동은 그들의 경제구조에서 나타내고 있는 구조적 모순 또한 표면화시키고 있다는 점이다. 주지하는 바와 같이 소련은 그들의 10월혁명 직후 '신경제정책(NEP)'의 유예기간을 거쳐 그 후에는 그들 공산주의 특유의 사회주의적 생산양식론에 입각한 농업의 국유화, 집단화, 철저한 계획경제정책의 실시, 중국업우선원칙하에 공업화 추진 등으로 요약할 수 있는 이른바 사회주의 경제원칙을 전분야에 걸쳐 도입하였다.

그러나 이 같은 경제정책은 궁극적인 성과를 가져다주지 못하였다는 사실이 반체제문건 등을 통하여 다시 한 번 확인되었다. 중국업우선의 원칙에 따른 군비증강에의 초조는 그 대가로 군비부문에서의 상당한 발전을 가져온 것은 사실이다. 그러나 중국업부문의 발전이 전체 국민들의 생활수준 향상 등과 같은 생활여건 개선과는 별다른 연관성을 가질 수 없었으며 생필품산업의 낙후성 또한 집단농장의 생산성 부진과 함께 그들 체제의 만성적인 병폐의 하나로 지적되어 왔다. 그들 반체제론자들의 눈에 비친 소련의 경제구조는 '독점자본주의', '국가자본주의'적인 이상체제인 것이며, 집단농장 또한 솔제니친의 다음의 언명에서 보듯 그의 한계성이 분명히 나타나고 있다.

수세기에 걸쳐 러시아의 지주가 되어왔던 농촌이 이제는 최대의 약점이 되었습니다. 수십 년 동안 집단농장에 있는 힘을 다 쏟고 이제 완전히 절망상태에 빠져 마지막으로 본전이나마 찾아보려고 돈을 들일 만큼 들여 보았으나 이미 때는 늦었습니다. 일에 대한 집단농장원들의 믿음과 관심은 완전히 사라지고 말았습니다.[2]

다섯째, 민족문제와 종교문제에 대한 소련당국의 표리부동한 탄압정책의 실시가 이들 반체제론자들의 입장을 통하여 구체적으로 지적됨으로써 그들 체제의 또 다른 비이가 표출되고 있다. 민족과 종교의 이들 두 가지 문제는 그 모두가 소련당국이 공식적으로는 그의 활성화와 자율성을 보장하고 있으

2) 알렉산더 솔제니친 저, 이종진역, 앞의 책, pp.42~43.

나 그 실제에 있어서는 이와는 달리 민족적 자율성의 탄압과 종교적 량심에 매를 가하고 있다는 사실은 소련반체제론자들의 의지의 근저가 바로 이 같은 민족주의의지, 종교적 신념으로 충만하여 있다는 사실에서도 분명하게 나타난다고 볼 수 있다. 현실적으로 소련체제는 그들의 주장과 같이 종교적 문제를 궁극적으로 해결할 수 있는 능력도 없을뿐더러 다민족국가라는 그들 특유의 이 민족적 갈등마저 제거시키기는커녕 오히려 이 같은 문제로 인하여 그들의 체제능력이 크게 시험받고 있다는 사실 또한 분명하다.

이상에서 보듯 소련의 반체제운동은 정치, 경제, 사회, 문화 등의 여러 측면에서 소련체제가 현실적으로 노정시키고 있는 갖가지 비리들과 갈등 등을 보다 구체화하고 표면화시키는 비공식적 이익표출의 기능을 행하고 있다고 볼 수 있다. 때문에 이러한 반체제적 이익표출기능이 소련체제에 미치는 영향은 대내외적인 면에서 그들 체제의 정당성과 합리성의 유지를 크게 저해하고 있다고 볼 수밖에 없다. 공식이데올로기인 '마르크스-레닌'주의에 대한 회의와 그 허구성의 주장 또한 전기한 바와 같이 그들 반체제론자들 사이에서 한결같이 제기되고 있기 때문에 이는 결국 소련의 지배엘리트들이 견지하고 있는 강한 이데올로기적인 일체성에 커다란 파문을 던질 수밖에 없는 것이다.

이러한 반체제운동의 영향을 통하여 소련의 지배엘리트 내에서 공유되고 있던 강한 이데올로기성의 약화는 결국 그들 지배엘리트의 분열을 초래케 하는 것이며 이는 또한 궁극적인 소련체제의 변화를 자극하는 뚜렷한 하나의 징후일 수밖에 없다.[3] 전기한 관점은 소련에서의 반체제운동 내지는 그러한 경향의 생성은 소련체제의 유지와 발전 자체를 궁극적으로 저해할 수밖에 없는 역기능적인 측면으로만 이를 파악하고 있는 입장이라고 볼 수 있다.

이에 반하여 소련에서 반체제운동이 가지는 체제유지에 도움을 주는 순기능적인 역할을 강조하는 견해 또는 제한적이긴 하나 네오마르크스주의적인

3) Zbigniew Brzezinski "The Soviet Political System; Transformation or Degeneration," *Problems of Communism*(Jan-Feb, 1966), p.14.

반체제운동가들에게서 뚜렷하게 나타나고 있다. 자유진영내에서와 같은 정치적인 반대세력이 공식적으로 제도화될 수 없는 소련과 같은 공산체제에서는 이 같은 반체제적 경향이나 운동 자체가 오히려 그들 체제의 유지와 발전에 실질적으로 도움을 줄 수 있다는 입장이 그것이다. 지지인들에 의한 반체제적 경향은 복합구조의 현대사회에서는 어디에서나 일어날 수 있는 현상이며 특히 야당의 존재가 현실적으로 거부되고 있는 소련과 같은 사회체제하에서는 이러한 반체제 생성의 가능성은 훨씬 더하다.

이 같은 반체제 경향의 용인을 통하여 사회발전에 도움이 될 수 있는 자유로운 정책의 토론과 상반된 의견을 폭넓게 정책에 반영할 수 있기 때문에 이 같은 반체제적 성향 자체가 결코 소련의 발전에 유해한 것은 아니라는 입장은 메데베제프 등과 같은 네오마르크스주의적인 반체제인사들에게 있어서도 분명하게 나타난다.

이들의 입장에 의하면 현재 소련 내의 갖가지 비판의 대상이 되고 있는 여러 문제들이 효과적인 해결을 보이지 않을 때는 소련 내의 반체제운동이 앞으로도 계속하여 확산되지 않을 수 없다고 본다. 따라서 자생적인 반체제운동에 대하여 당국의 불법적인 탄압이 앞으로도 계속된다면 이는 결과적으로 소련의 발전을 위한 정책대안을 봉쇄하는 결과를 낳는 것이기 때문에 이는 궁극적으로 소련체제의 존폐를 결정지을 수 있는 비극적인 결과만을 초래케 하는 행동이라는 것이다.

현실적으로 소련사회에 반체제운동이 존재함으로써 그것이 당장은 그들 체제의 위신과 그들 체제의 이데올로기적인 합리성 및 정당성에 당혹을 주는 것은 사실이라 하더라도 보다 장기적이고 전체적인 관점에서 보면 이의 존재는 오히려 소련의 모든 체제능력에 도움을 줄 수 있다는 것이다. 소련의 마르크스주의적 반체제론자들과 서구의 체계론자들에 의하여 특히 강하게 나타나고 있는 이 같은 입장은 실제로 소련에서 문제가 될 수 있는 것은 이들 체제에서 생성되고 있는 반체제 경향 그 자체가 아니라 이 같은 경향을 체제내로 흡수시킬 수 있는 반체제의 제도화를 효과적으로 추진할 수 있느냐 아니냐에 달린 것으로 본다.

반체제운동이 현실적으로 존재하고 있다는 것은 소련의 내일에 결코 해롭지만은 않다는 입장을 분명히 하고 있는 학자들은 현재 소련사회내에서 그들 반체제운동가들이 소련 내의 영역들에서 실질적으로 상당한 영향력을 항사하고 있으며 체제당국 또한 이러한 반체제인사들의 자극과 주장을 선별적으로 그들의 정책에 반영시켜 나가고 있다고 보고 있다. 야당을 비롯한 뚜렷한 압력단체가 존재하지 못하는 소련체제에서 반체제운동은 규범적인 성격을 가진 비공식적인 이익표출(interest articulation)의 기능을 수행한다는 것이다.4)

구체적으로 소련의 반체제운동이 소련체제에 미치는 영향을 ① 도덕적 성향을 가진 반체제운동, ② 전문기술적 반체제운동, ③ 민족, 종교적 반체제 등의 세 가지 유형으로 나눠 살펴보면 다음과 같다.

먼저 도덕적 성향을 가진 반체제론자들의 소련체제에 대한 어필은 그들의 대부분이 구체적 대안을 제시하면서 이러한 대안의 관철을 분명하게 주장하는 입장은 아니다. 전통적인 러시아 인텔리겐차들의 파격한 자유주의적 경향을 강하게 나타내고 있는 것이 이들 부유의 특징이기 때문에 자연히 이들은 막연한 이상주의자적인 기질을 나타낸다. 따라서 이 같은 그들의 속성 때문에 이들이 소련체제에 미치는 영향 또한 분명하게 자로 잴 수는 없는 것이다.

그러나 이들은 전기한 그들의 속성에 따라 구체적인 정책대안이나 체제개선 등과 같은 국부적인 문제에 있어서 보다는 보다 포괄적인 면에서 상당한 영향력을 나타내고 있다고 볼 수 있으며 특히 이데올로기적인 면에서의 타락을 막는 데 크게 작용하고 있다. 이들 도덕절대주의 반체제론자들의 소련체제에 대한 가장 주요한 역할이라고 말할 수 있는 것은 역시 그들 체제가 또다시 스탈린주의적인 독단에 빠지는 일이 없도록 하기 위한 끈질긴 노력이라

---

4) Milton Lodge, "Groupism in the Soviet Union", in Fleron(ed.), *Communist Studies and the Social Science(Chicago, 1969), pp.250~255.*

고 볼 수 있으며 또한 그들의 그러한 노력이 실질적으로 상당한 영향력을 항
사하고 있는 것도 사실이다.[5]

이에 반하여 전문기술적인 반체제인사들은 그들의 현존체제에 대한 어필은
보다 구체적이며 전문성을 띠고 있다. 그리고 또한 그들 부유의 대부분은 현
존 소련체제의 상당한 직책에 소속되어 있는 사람들이기 때문에 그들의 요구
나 비판은 보다 민감한 반응을 불러일으킬 수 있는 현실성을 띠고 있다.[6]

과학자들을 위시하여 전문적인 기술직업인들을 주축으로 하여 형성된 것이
이들 전문기술적인 실용주의적 반체제그룹이기 때문에 겉으로 나타내고 있는
그들의 욕구는 어디까지나 소련체제 발전의 합리성(developmental ration-
ality) 문제가 가장 주된 관심이다. 때문에 이들 부류의 반체제인사들 스스로
도 자기들 자신을 그들 체제에 대한 충성스럽고 성실한 충고자라고 강하게 느
끼고 있음 또한 독특하다.[7] 그러므로 과학자 등과 같은 이들 실용적 반체제
론자들은 소련에서의 '당'의 역할을 인정하며 당의 방패 밑에서 경제적 근대화
를 통한 대중생활의 민주화를 달성하기 위하여 그들의 통치관료들과 보조를
같이하고 있다고 생각하고 있다. 즉, 이들은 그들의 이익이 결코 정치인들의
손실을 전제로 하지 않으며 이들 양자는 궁극적으로 자국의 발전을 위하여 함
께 노력하고 있다고까지 생각하는 것이다.[8]

이념적인 문제나 민족권, 종교적 문제 등과 같은 현존 소련지배층과의 과
격한 마찰을 야기할 이슈들을 애써 회피하면서 발전의 합리성에 부수된 구체
적인 문제에 집착하기 때문에 그들은 실제로 상당한 영향력을 행사하고 있

5) William Z. Griffith. "On Esoteric Communication," *Studies in Compa-
   rative Communism.* III, I. (January, 1970), pp.47~54.
6) Alexander Mitscherlich "Changing Pattern of Political Authority: A
   Psychiatric Interpretation," in Edinger, *op. cit.*, p.133.
7) A.D. Sakharov, V.F. Turchin, and R.A. Medvedev, "Open Letter to L.I.
   Brezhnev, A.N. Kosygin and N.V. Podgorny." *Survey*(Summer, 1970), p.165.
8) David Holloway, "Scientific Truth and Political Authority in the Soviet
   Union," *Government and Opposition*, Vol. 3, (Summer, 1970), p.356.

다. 그들은 소련당 기구내에서 자원의 배분과 같은 우선순위문제를 조정하는
데 있어서도 상당한 영향력을 발휘할 수 있었으며 그 밖의 과학정책의 결정,
과학연구기관 및 대학의 과학연구기관 설치 등과 같은 과학정책에 관한 그들
의 주장도 상당부분 실효를 얻을 수 있었다.9)

모든 발전정책에 관한 합리성의 강조는 결과적으로 소련정치체제하의 비마르
크스주의적인 문제 해결방식의 도입을 가져오게 하는 것으로 이는 궁극적으로
이념적 경직장태에서 벗어나지 못하고 있는 그들 통치엘리트들의 의식구조 자
체를 무너뜨리는 역할을 하는 것으로 평가할 수 있는 것이기도 하다.

민족 및 종교적 반체제운동의 경우는 전기한 두 가지 반체제 경향에서 보
다 더욱 과격한 성격을 띠고 있다. 민족주의적 욕구나 종교적인 호소는 다 같
이 소수인들의 어필이긴 해도 그것이 모두 근본적으로 이른바 '사회주의적 진리'라
는 문제와 결부되어 있는 것이기 때문에 소련당국에 의하여 일방적으로 탄압, 배
척될 수만은 없는 속성을 갖는다. 민족적 자치권의 확대와 같은 이들 그룹의
욕구는 소련헌법개정에서도 상당한 허용을 받게 되었으며 또한 러시아 민족
과 비러시아 민족 간의 차별을 의도적으로 없애려는 노력들이 당국에 의하여
부분적이나마 취해지고 있음도 볼 수 있다.10) 또한 이 같은 민족종교적인
문제는 1960년대부터 본격화되기 시작한 중소간의 이념투쟁의 결과로 본의
아니게 소련당국에 의하여 상당히 개선되어 왔으며 특히 동구의 자유화운동
은 이 같은 사태발전을 위한 커다란 촉진제가 되었음도 또한 사실이다.11)

이상에서 세 가지의 반체제적 이념유형이 소련체제에 미치는 영향을 유형별
로 분류하여 살펴보았다. 그러나 여기서 우리가 주의해야 할 점은 상기와 같

---

9) Vladimir G. Tremel. "Interaction of economic thought and economic
   policy in the Soviet Union," *History of Political Economy I.I.* (Spring.
   1969), pp.187~219.
10) Jerome M. Gilison, "Khrushchev, Brezhnev. and Consitutional Reform"
    Problems of Communism. XXI. (September-October, 1972), pp.69-78.
11) William Z. Griffith(ed.), *The Sino-Soviet Rift*(George Allen and Unwin
    LTD, 1964), pp.289-325.

은 여러 가지 측면에서 이들 반체제운동이 소련체제에 실질적으로 상당한 영향을 미치고 있는 것은 사실이나 적어도 현재까지는 그들의 영향력이라는 것이 극히 미미한 상태를 벗어나지 못하고 있다는 사실이다. 그만큼 소련체제내에서 일어나고 있는 반체제의 물결은 아직도 그 세가 극히 미미한 상태를 벗어나지 못하고 있으며 그 반면 현존 지배체제의 뿌리는 그만큼 강하다고밖에 볼 수 없다. 소련 반체제운동의 이러한 한계성을 코너(Walter Conor)는 소련의 이익표출의 형태와 정치문화에서 그 원인을 찾고 있다.

소련사회의 제도적 특수성은 모든 정치적 이익들을 모두 다 표출시키는 것이 아니라 그들 체제의 생존과 유지에 필요시되는 결정적인 이익만을 선택적으로 표출시키고 있기 때문에 그러한 사회구조 속에서 반체제론자들의 이슈들이 대중들에게 전파될 수는 없는 것이며, 때문에 소련의 반체제론자들의 이슈들이 원천적으로 제한될 수밖에 없다는 것이다. 또한 정치문화적 측면에서 보더라도 소련국민들은 전통적으로 이들 반체제론자들의 성향에서 보다는 현실적인 지배계층에 보다 밀착된 관계를 예부터 습성화하여 왔기 때문에 이러한 전래적인 보수주의적 사고를 뚫고 반체제의 물결을 파급시키고 궁극적으로는 체제개선에까지 영향을 미친다는 것은 결코 쉬운 일일 수 없다. 일반적으로 그들 국민들은 합법성이니 자유니 민주화니 하는 등의 추상적인 개념보다는 의, 식, 주와 같은 현실적인 생활환경에 너 많은 관심과 애착을 갖고 있기 때문에 이 같은 인습의 벽을 허물기는 지극히 어려운 일일 수밖에 없다. 현재까지의 상황에만 국한시켜 본다면 소련사회에서 생성되고 있는 반체제운동 자체는 그들 사회의 구조적 속성 때문에 근절시킬 수는 없다 하더라도 소련체제 자체를 전복시키거나 변화시킬 수 있는 강력한 세력으로 성장하지는 못했다는 두 가지 관점으로 이를 요약할 수 있다. 이 같은 관점의 근저에는 물론 소련체제 자체가 지금과 같은 반체제에는 버틸 수 있을 정도의 절대주의적 안정을 이룩하였다는 점과 또 하나 대부분의 반체제론자들의 성향에서 아직까지는 체제전복과 같은 과격성보다는 그들 체제의 비리제거에 관심을 집중하고 있다는 두 가지 사실이 그 전제가 되고 있다고 볼 수 있다.

이상에서 반체제운동 자체가 소련 체제에 미치는 영향을 두 가지 측면으로 나누어 살펴보았다. 그러나 이상의 분석은 어디까지나 현실적으로 보아 소련의 반체제운동이라는 것이 일부 지식인들을 중심으로 한 '제한된 운동' 내지는 '제한된 경향'이라는 전제에서 출발한 것이다. 그러나 전장에서 살핀 바와 같이 강한 이데올로기적 경향성을 그대로 지속하고 있는 소련체제의 갖가지 구조적 특성은 근본적인 면에서 반체제운동이나 그러한 경향성을 점차 확대시켜 나가지 않을 수 없다. 따라서 현재와 같은 '제한된 영역'의 반체제적 경향이 소련체제에 미치는 영향 또한 이 같은 반체제의 확대와 성장에 따라 크게 달라질 수밖에 없는 것은 주지의 사실이다.

소련의 반체제적 경향이 현재로서는 민주주의적 성향과 네오마르크스주의자적인 2대경향으로 크게 분류될 수 있다. 그러나 모든 경향이 근본적인 면에 있어서는 인권의 신장이나 양심의 자유, 민족 내지는 종교적인 자유를 다 같이 주장하고 있을 뿐만 아니라 소련의 공식 이데올로기에 대한 부정적인 태도를 분명히 하고 있다. 때문에 이 같은 반체제 경향이 점차 확대될 수밖에 없다는 사실은 결국 이 운동 자체가 소련체제의 변화에 작용할 수 있는 가장 실질적인 힘이 될 수밖에 없는 것이다. 이러한 관점에서 보면 소련체제의 내일은 결국 그들 반체제인사들의 의지와 신념, 그리고 이에 대처하는 소련 당국의 태도 여하에 따라서 크게 영향을 받을 수 있을 것이다. 반체제적인 주장이나 비판을 그들의 체제내로 수렴시키면서 그들 체제의 발전을 지속시킬 수 있을 것인지, 아니면 이에 대한 스탈린적인 탄압과 통제의 억압정책을 통하여 소련체제 자체가 결정적인 시련에 부딪치고 말 것인가에 대한 선택은 전적으로 오늘에 사는 소련지도자들과 권력층만이 행할 수 있는 고유의 권한이라는 점이 바로 소련 체제의 강점이자 약점이기도 한 것이다.

참고문헌

Anderson, Thornton, *Russia Political Thought*, Cornell University Press, London, 1967.

Apter, David E.(ed.), *Ideology and Discontent*, The Free Press, New York, 1964.

Arendt, Hannah, *The Origins of Totalitarianism*, Meridian Books, New York, 1958.

Armstrong, J.A., *Ideology Politics and Government in the Soviet Union*, Frederich A Fraeger, New York, 1962.

Barghoorn, Frederick C., *Soviet Foreign Propaganda*, Princeton University Press, New Jersey, 1964.

Baron, Samuel H., Plekhanov, *The Father of Russian Marxism*, Stanford University Press, Stanford, 1963.

Barry, D.D. and Barner-Barry C., *Contemporary Soviet Politics*, Englewood Cliffs, 1978.

Bauer, Raymond A., Inkeles, Alex and Kluckhohn. Clude, *How the Soviet System Works*, Cambridge Mass., 1956.

Beamish, Tufton and Hadley, Guy., *The Kremlin's Dilemma*, Collins and Harvill Press, London, 1979.

Beer, Samuel H. and Ulam, Adam B., (ed), *Patterns of Government*, Random House, New York, 1973.

Bell, Daniel, *The End of Ideology*, Collier, New York, 1962.

Benedict, Ruth, *Patterns of Culture*, Routledge and Kegan Ltd., London, 1935.

Bettelheim, Charles, *Class Struggles in the USSR.*, 1917~1923, Monthly Review Press, New York, 1976.

Black, Cryil E. and Thomas P. Thornton(eds.), *Communism and Revolution*, Princeton University Press, New Jersey, 1964.

Blau, Pater M.(ed.), *Social Structure*, The Free Press, Collier Mac-Millan Publishers, London, 1975.

Bloch, Sidney and Raddaway, Peter, *Psychiatric Terror*, Basic Book. Inc., New York, 1977.

Bluhm, William T., *Theories of the Political System*, Prentice-Hall, Inc., Englewood Cliffs, 1965.

Brumberg, Abraham, *Russia under Khrushchev*, Frederick A. Praeger, New York, 1962.

Brzezinski, Zbighiew(ed.), *Dilemmas of Change in Soviet Politics*, Columbia University Press, New York, 1969.

Brzezinski, *The Soviet Bloc*: Unity and Conflict, Harvard University Press, Cambridge, 1967.

Buckley, Walter, *Sociology and Modern Systems Theory*, Prentic-Hall, Inc., New Jersey, 1967.

Cocks, Paul and Danils, Robert V. and Heer, Nancy Whittier (eds.), *The Dynamics of Soviet Politics*, Harvard University Press, Cambridge, 1976.

Cohen, Leonard C. and Jane P. Shapiro(eds.), Communist System in Comparative Perspective, Anchor Press, New York, 1974.

Conquest, Robert(ed.), *The Politics of Ideas in the USSR.*, New York, Praeger, 1907.

Cornell, Richard(ed.), *The Soviet Political System*, Prentice-Hall, Inc., New Jersey, 1970.

Coser, Lewis, *The Functions of Social Conflict*, The Free Press, New York, 1956.

Crosland, C.A.R., *The Future of Socialism*, Schocken Books, New

York, 1956.

Dahl, Robert A., *Modern Political Analysis*, Prentice-Hall, Inc., New Jersey, 1963.

Dahl, Robert A.(ed.), *Political Oppositions in Western Democracies*, Yale University Press, New Haven and London, 1978.

Dahrendorf, Ralf, *Class and Class, Conflict in Industrial Society*, Stanford University Press, California, 1959.

Davies, Morton R. and Vaughan A. Lewis, *Models of Political Systems*, Pall Mall Press, London, 1971.

De George, Richard T., Patterns of Soviet Thoughts, The University of Michigan Press, Michigan, 1970.

De George, *The New Marxism*, Pegasus, New York, 1968.

Detente and Socialist Democracy, A Discussion with Roy Medvedev, Monad Press, New York, 1976.

Dewse, Robert E. and Hughes, John A., *Political Sociology*, John Wiley and Song, London, 1972.

Drucker H.M., *The Political Uses of Ideology*, The MacMillan Press, London. 1974.

Dutt, Clemens, trans and ed., *Fundamentals of Marxism-Leninism*, Manual, 2nd ed, Moscow, 1963.

Farrel, Barry(ed.), *Political Leadership in Eastern Europe and Soviet Union*, Aldine Publishing Co., Chicago, 1970.

Feldbrugge, F.J.M., *Samizdat and Political Dissent in the Soviet Union*, A.W. Sijthoff, Leyden, 1975.

Fischer, George, *Soviet Opposition to Stlain*, Harvard University Press, Cambridge, 1952.

Fleron, Frederick Jr.(ed,), *Communist Studies and the Social Science*, Rand M. Nally and Co., Chicago, 1969.

Friedrich, Carl J. and Zbigniew Brzezinski, *Totalitarian Dictatorship and Autocracy*, Harvard University Press, Cambridge, 1965.

Fromm, Erich, *Marx's Concept of Man*, Frederick Ungar Publishers Co., New York, 1966.

Gilison, Jerome M., *The Soviet Image of Utopia*, The Johns Hopkins University Press, Baltimore and London, 1975.

Goodman, Elliot R., *The Soviet Design for a World State*, Columbia University Press, New York, 1960.

Gripp, Richard C., *The Political System of Communism*, Dodd Mead and Co., New York, 1973.

Gurr, Ted Robert, *Why Men Robel*, Princeton University Press, New Jersey, 1970.

Hammer, Darrell P., U.S.S.R., *The Politics of Oligarchy.* Ⅲ: The Dryden, Press, 1974.

Hammond, Thomas T.(ed.), *The Anatomy of Communist Take-Over*, Yale University, New Harven, 1975.

Haupt, Georges and Marie, Jean-Tacques, *Makers of the Russian Revolution*, Cornell University Press, New York, 1974.

Hindus Maurice, *Crisis in the Kremlin*, Doubleday and Company, New York, 1954.

Hindus, Maurice, *The Kremlins Human Dilemma*, Doubleday and Company, Inc., New York, 1967.

Hingley, Ronald, *The Russian Secret Police*, Simon and Schuster, New York, 1970.

Howe, Irving(ed.), *Essential Works of Socialism*, Bantam Books, New York, 1971.

Hunt, Caraw, *The Theory and Practise of Communism*, Penguin Book, 1975.

Inkeles, Alex, *Social Change in Soviet Russia*, Havard University Press, Cambridge, 1968.

Ionescu, Chita, *Comparative Communist Politics*, MacMillan, London, 1972.

Janowitz, Morris, *Political Conflict*, Chicago: Quadrargle Books, Inc., 1970.

J.M. Bochenski and G. Niemeyer(eds.), *Handbook on Communism*, Praeger, New York, 1962.

Johnson, Chalmers.(ed.), *Change in Communist System*, Stanford University Press, Standford, 1970.

Johnson, *Revolutionary Change*, Little Brown and Co., Boston, 1966.

Johnson, *Ideology and Politics in Contemporary China*, The University of Washington Press, Washington, 1973.

Juviler, Peter H., *Revolutionary Law and Order: Politics and Social Change in the USSR*, The Free Press, New York, 1976.

Kassof, Allen(ed.), *Prospects for Soviet Society*, Praeger, New York, 1968.

Kirkpatrick, Jeane J., *The Strategy of Deception*, Farrar, Straus and Co., New York, 1963.

Kriegel, Annie, *Eurocommunism-A New Kind of Communism?*, Hoover Institution Press, Stanford, 1977.

Lane, David, *Politics and Society in the USSR*, New York University Press, New York, 1978.

Lane, Robert E., *Political Ideology*, Free Press of Glancoe, New York, 1962.

Leonhard, Wolfgang, *The Kremlin Since Stalin*, Frederick A. Praeger, New York, 1962.

Leonhard, Wolfgang, *Three Faces of Marxism*, Paragon Books, New York, 1979.

Lindemann, Albert S., *The Red years: European Socialism Verus Bolshevism 1919~1921*, University of California Press, Berkerly, 1974.

Lindenfeld, Frenk(ed.), *Reader in Political Sociology*, Funk and Wagnalls, New York, 1968.

Macridis, Roy C. and Bernard E. Brown(eds.), *Comparative Politics*, Ⅳ: The Dersey Press, 1978.

Manheim, Karl, *Ideology and Utopia: An Introduction to the Sociology of Knowledge*, New York, 1963.

Marcuse, Herbert, *Soviet Marxism, A Critical Analysis*, Columbia University Press, New York, 1969.

Marle Fainsod, *How Russia is Ruled*, Harvard University Press, Cambridige, 1963.

Mastny, Vojtech, *East European Dissent*(I. II), Facts on File, Inc., New York, 1972.

Mathewson, Rufus W., *The Positive Hero in Russian Literature*, Stanford University Press, Stanford, 1975.

Medvedev, Roy, *On Socialist Democracy*, Alfred A. Knopf, New York, 1975.

Medvedev, *On Soviet Dissent: Interview with Piero Ostellino*, Columbia University Press, New York, 1980.

Meyer, Alfred G., *The Soviet Political System*, Random House, New York, 1965.

Moody, Peter R., *Opposition and Dissent in Contemporary China*, Hoover Institution Press, Standford, 1977.

Moore Jr. Barrington, *Terror and Progress-USSR: Some Sources of Change and Stability in the Soviet Dictatorship*, Harvard University Press, London, 1954.

Morton, Henry W. and Tökes, Rudolf L.(eds.), *Soviet Politics and Society in the 1970*, New York, 1974.

Nogee, Joseph L.(ed.), Men, *State, and Society in the Soviet Union*, Praeger Publishars, Inc., New York, 1972.

Osborn, Robert J., *The Evolution of Soviet Politics*, The Dorsey Press, Illinois, 1974.

Parson, Talcatt, *The Social System*, The Free Press of Glencoe, New

York, 1951.

Pelikan, Jiri, *Socialist Opposition in Eastern Europe*, St. Mantin's Press, New York, 1973.

Plamenatz, John, *German Marxism and Russia Communism*, Harper and Row, New York, 1965.

Radkey, Oliver H., *The Unknown Civil War in Soviet Russia*, Hoover Institution Press, Standford, 1976.

Rakowska-Harmstone, Teresa(ed.), *Perspective for Change in Communist Societies*, Westview Press, Colorado, 1979.

Ranney, Austin and Sartori, Giovanni(ed.), *Eurocommunism: The Italian Case*, American Enterprise Institute for Public Policy Research, Washington, D.C., 1977.

Raymond, Ellsworth, *The Soviet State*, New York University Press, New York, 1978.

Rothberg, Abraham. *The Heirs of Stalin: Dissidence and The Soviet Regime*,

1953~1970, Cornell University Press, Ithaca and London, 1972.

Rubensten, Joshua, *Soviet Dissent: Their Struggle for Human Right*, Beacon Press, Boston, 1980.

Salvadori, Massimo(ed.), *Modern Socialism*, MacMillan Co., London, 1968.

Schapiro, Leohard, *Totalitarianism*, Praeger Publishing Co., New York, 1972.

Schorske, Carl E., *German Social Democracy*, 1917~1923, John Wiley and Son, Inc., New York, 1965.

Schurmann, Franz, *Ideology and Organization in Communist China*, (2nd ed.), University of California Press, Berkerly, 1966.

Stalin, J.V., *The Foundation of Leninism*, Peking Foreign Language Press, 1962.

Shanor, Donald R., *Soviet Europe*, Harper and Row Publishers, New

York, 1975.

Shatz, Marshall S., *Soviet Dissent in Historical Perspective*, Cambridge University Press, 1980.

Sinyavsky, Andre, *A Voice from the Chorus, Farrar*, Straus and Giroux, New York, 1976.

Solomon, Peter H., *Soviet Criminologists and Criminal Policy*, Columbia University Press, London, 1978.

Solzhenitsyn, Aleksandr, *The Gulag Archipelago* 1918~1956, Harper and Row, Publishers, New York, 1973.

Timberlake, Charles E.(ed.), *Essay on Russian Liberalism*, University of Missouri Press, 1972.

Tökes Rudolf L.,(ed.), *Dissent in the USSR: Politics, Ideology, and People*, The Johns Hopkins University Press, Baltimore and London, 1975.

Turchin, Valentin, *The Inertia of Fear and Scientific World view*, Columbia University, New York, 1981.

Tucker, Robert, *Philosophy and Myth in Karl Marx*, Cambridge University Press, London, 1961.

Tucker, *The Marxian Revolutionary, Idea*, W.W. Norton and Company, New York, 1970.

Tudjman, Franjo, *Nationalism in Contemporary Europe*, Columbia University Press, New York, 1981.

Wessen, Robert C., *The Soviet Russian State*, John Wiley and Son, New York, 1976.

Wesson, R.G., *Communism and Communist System*, Englewood Cliffs N.J., Prentic Hall Inc., 1978.

Wetter, Gustav A., *Dialectical Materialism*, Connecticut, Greenwood Press, 1973.

Wetter Gustav A., *Soviet Ideology Today*, Heinmann, London, 1962.

Yanov, Alexander, *The Russian New Right, Righ-Wing Ideologies in* the *Contemporary USSR*, Institute of International Studies University of California, Berkeley, 1978.

김종철 譯, 사하로프의 목소리(솔즈베리편집), 서울, 三民社, 1978.

金學俊 著, 러시아 革命史, 서울, 文學과 知性社, 1979.

이경식 譯, 러시아 知性史(니콜라이베르쟈에프 著), 서울, 종로서적, 1980.

李啓熙 編, 러시아 近代社會 思想史, 서울, 풀무, 1980.

李仁浩 著, 러시아 知性史 硏究, 서울, 知識産業社, 1980.

李仁浩, 崔璇 編, 인텔리겐차와 혁명, 서울, 弘盛社, 1981.

李 徹 譯, 러시아 思想史(니콜라이 베르쟈에프 著), 서울, 汎潮社, 1980.

조정남(趙 政 男)

고려대학교 정치외교학과 동 대학원 졸업 (정치학 박사)
고려대학교 정경대학 정치외교학과 교수

* 단독저서
『사회주의체제론』
『중국의 민족문제』
『소련의 민족문제』
『러시아민족주의 연구』
『일본의 민족문제』
『현대정치의 이념구조』
『현대정치와 민족문제』
『현대중국의 민족정책』

* 편- 역서
『사회주의체제 비교론』 (공저)
『자유민주주의의 이해』 (편)
『현대정치학의 쟁점』 (편)
『정치와 종교』 (역)
『새로운 러시아 사람들』 (역)
『사상과 혁명』 (역)
『북한의 재외동포정책』 (공저)
『외국노동자정책 국제비교』 (편)

소련 반체제운동 연구

• 초판 인쇄	2006년 4월 3일
• 초판 발행	2006년 5월 5일
• 지 은 이	조정남
• 펴 낸 이	채종준
• 펴 낸 곳	한국학술정보㈜
	413-756, 경기도 파주시 교하읍 문발리 526-2
	파주출판문화정보산업단지
	전화 031) 908-3181(대표) · 팩스 031) 908-3189
	홈페이지 http://www.kstudy.com
	e-mail(출판사업부) publish@kstudy.com
• 등 록	제일산-115호(2000. 6. 19)
• 가 격	27,000원

ISBN   89-534-5016-0 93340 (Paper Book)
        89-534-5017-9 98340 (e-Book)

* 이 책은 1983년 도서출판 대왕사에서 펴낸 『蘇聯反體制論』을 저자와의 협의하에 재교정을 거쳐 새롭게 펴낸 것입니다.